湖北经济发展中若干前沿性问题研究

Research on Several Frontier Problems in Economic Development of Hubei Province

李克勤 等\编著

中国财经出版传媒集团
经济科学出版社
Economic Science Press

图书在版编目（CIP）数据

湖北经济发展中若干前沿性问题研究/李克勤等编著．
—北京：经济科学出版社，2019．8
ISBN 978－7－5218－0839－1

Ⅰ．①湖…　Ⅱ．①李…　Ⅲ．①区域经济发展－研究－
湖北　Ⅳ．①F127．63

中国版本图书馆 CIP 数据核字（2019）第 189406 号

责任编辑：刘　莎
责任校对：靳玉环
责任印制：邱　天

湖北经济发展中若干前沿性问题研究

李克勤　等编著

经济科学出版社出版、发行　新华书店经销

社址：北京市海淀区阜成路甲 28 号　邮编：100142

总编部电话：010－88191217　发行部电话：010－88191522

网址：www．esp．com．cn

电子邮件：esp@ esp．com．cn

天猫网店：经济科学出版社旗舰店

网址：http：//jjkxcbs．tmall．com

北京时捷印刷有限公司印装

787×1092　16 开　19 印张　430000 字

2019 年 8 月第 1 版　2019 年 8 月第 1 次印刷

ISBN 978－7－5218－0839－1　定价：69．00 元

（图书出现印装问题，本社负责调换。电话：010－88191510）

前　言

问题是时代的声音。在经济发展过程中总会出现一些前沿性问题，并且往往代表着经济发展的方向。对这些问题进行敏锐的捕捉和及时的研究，具有重大的实践和理论价值。当前湖北省正处于新旧动能转换、转型升级的爬坡过坎阶段，防范风险、消除贫困、治理污染是当前和今后湖北发展中最艰巨的任务，也是全面建成小康社会决胜期最重大的考验，因此受到全社会的广泛关注。面对这些难题，必须未雨绸缪、应急谋远，有针对性地开展理论研究和实践探索。多年来，一批从事统计工作和经济研究的同志，围绕高质量发展、全面同步小康与脱贫攻坚、低碳经济、碳排放计算、自然资源资产负债表编制等前沿性问题进行了深入的探索和研究，合作完成了这部《湖北经济发展中若干前沿性问题研究》。本书虽是文集汇编，但又自成体系，既有探讨湖北发展面临的最前沿性问题，比如湖北全面同步小康与脱贫攻坚分析报告，也有湖北发展理念层面的基础问题论证，如低碳经济研究，既回答了湖北高质量发展实践中的疑难问题，如转向高质量发展研究，也关切到了高质量发展的前瞻性问题，如碳排放指标体系与统计制度，自然资源资产负债表的编制等方面。力求通过对数据和事实的分析研究和一些生动的案例，揭示转向高质量发展的内在逻辑，探讨低碳经济、高质量发展的监测体系。目的是为推进全面同步小康、实现高质量发展提供理论支撑和思路借鉴。

本书的研究主要有以下几个特点：第一，体现前沿性。改革开放40年，我国经济持续快速发展，取得了巨大成就，但也积累了许多结构性、体制性矛盾和问题，当人民日益增长的美好生活需要和不平衡不充分的发展之间的矛盾转化为主要矛盾的情况下，就必然把经济发展转向到高质量发展上来，必然要把脱贫攻坚和全面建成小康社会作为新时代的底线任务，必然要坚持“生态优先，绿色发展”。因而推动高质量发展，加快建设全面小康社会，发展低碳经济，控制温室气体排放，编制自然资源资产负债表等成为我国经济社会发展中热点、难点问题，也成为发展中的前沿问题。本书作者在吸收国内外学者研究成果的基础上，对湖北高质量发展面临的前沿问题进行研究、探讨，以提出有创新性的观点和建议。第二，体现实证性。这些研究报告将理论、实证和政策分析相结合，既结合统计工作实际，又运用了大量调研成果、工作案例和统计数据，使研究结论建立在实践成果基础上。第三，体现创新性。这些报告在写作的过程中，特别注意立足湖北省情，如关于全面同步小康与脱贫攻坚问题，提出了省、市、县全面建成小康社会的标准，自然资源资产负债表编制独创了地区表的编制方法，温室气体排放体系则首次建立了温室气体排放统计制度等，以逐步形成有自身特色的理论与实践模式。第四，体现实用性。在本书对有关问题的研究过程中，对于政策建议的设计，突出其可行性、可操作性，并发挥了重要决策参考作用，如低碳经济研究建议，被省政府采纳，专门出台《关于发展低碳经济的若干意见》，促成湖北成为最早的国家低碳经济试点地区之一；温室气体排放体系研究，为碳排放交易提供了基础理论借鉴；全面同步小康社会与脱贫攻坚报告得到省委省政府主要领导签批，并印发各地参考。

本书中的研究是由实践工作者和理论工作者共同完成的。研究过程通常是：根据对当时经济发展形势的分析预测和实际需要，提出要研究的问题，列出研究提纲，然后讨论提纲、收集资料、组织撰写，定稿后呈决策层参考。所以本书中的研究并不是在同一时间完成的，其研究的出发点是为当时的决策服务的。感谢宋雪、王道、陶红莹、王静敏、刘颖、张慧源，他们参与了第一章的撰写。感谢付春晖，他对第二、三、五章的研究做出了突出贡献。感谢吴晓秦，她不仅参与了第一章的写作，又是自然资源资产负债表编制工作的具体落实者和第四章的主要撰写者。感谢罗志勇，他提供了第二章的案例。特别要感谢张奋勤教授，正是与他领导的湖北经济学院团队的合作，使“低碳经济研究”方面结出丰硕成果。

虽然本书的编著者长期从事统计工作和经济分析研究，既是一些重大政策研究的参与者，也是统计调查的组织者，在数据解读、把握经济形势方面，有着一定的理论支撑和实践经验，但由于经济现象的极其复杂、变化迅猛，特别是自身水平能力有限，相关研究肯定存在这样和那样的不足，敬请大家不吝批评和斧正。同时，本书中的相关专题研究参考了许多专家学者的研究成果，并尽量在参考文献中列出，但仍有可能会挂一漏万，在此我们表示衷心感谢和万分歉意。

目　　录

CHAPTER 1

第一章　转向高质量发展研究

第一节　全要素生产率

经济效率是社会经济运行效率的简称，是指在一定的经济成本基础上所能获得的经济收益。全要素生产率是用来衡量经济效率的指标，它的一般含义为资源（包括人力、物力、财力）开发利用的效率。"全要素生产率"被称为"广义的技术进步"，或直接称为"科技进步"。

目前学术界关于全要素生产率内涵的界定还有分歧，因此衡量全要素生产率有多种方法，不同的测算方法，结果区别较大。常见的测算法有索洛余值法、乔根森的指数法、生产函数法，其中生产函数法较为常用。

我国一些学者估算了中国不同时期的全要素生产率增长率，还有一些学者对全要素生产率与经济增长进行了理论思考，但未给出中国全要素生产率的具体估算。本节对湖北全要素生产率现状以及如何提升全要素生产率进行简要探析，提出创新是提高湖北全要素生产率的根本途径。

一、全要素生产率与经济增长

（一）全要素生产率反映的实质是技术进步

经济增长是生产要素投入产出的结果。生产要素可以分为有形要素和无形要素。有形要素包括劳动力、资本、土地，无形要素包括技术进步及运用、规模经济及专业化分工、劳动者素质及技能、组织管理优化、体制机制创新等。通常用总生产函数 Q = AF(K、L、R) 来表明这些因素之间的关系，其中 Q 是产出、K 是资本的生产性作用、L 是投入的劳动、R 是投入的自然资源、A 是经济的技术水平。全要素生产率所反映的就是有形生产要素（K、L、R）投入之外的无形生产要素（A）对经济增长所做出的贡献，其来源主要是技术进步。于是，提高全要素生产率实际上就成为研究在供给侧中如何促进技术变革和创新，增加其作为生产要素的贡献率问题。

全要素生产率是政府制定长期可持续增长政策的重要依据。通过估算全要素生产率可以进行经济增长源泉分析，识别经济是投入型增长还是效率型增长，判断经济发展所处的阶段，进而为政府制定和评价长期可持续增长政策提供客观参考。

（二）日本、韩国跨越“中等收入陷阱”的成功经验

当前，我国正面临着能否顺利实现经济转型，成功跨越“中等收入陷阱”的考验，日本与韩国在跨越“中等收入陷阱”的成功经验值得学习借鉴。

韩国在向高收入国家迈进的阶段中，技术进步作为提高生产率的动因起到了关键作用：高科技出口占制成品出口的比重快速增长，由1989年的18%增长到1995年的26%，2004年达到33%。R&D支出也快速增长，其占GDP的比重由80年代初的0.5%左右增长到1996年的2.42%，2010年达到3.74%。韩国在跨越“中等收入陷阱”前后，资本和劳动力对经济增长的贡献率分别降低14.8个百分点和19.2个百分点，全要素生产率对经济增长的贡献率则由19.9%提高到53.9%，提高了34个百分点。

日本则将技术进步上升到法律与制度高度，确立“技术立国”战略为基本国策。并通过实行税制优惠措施，补助金、委托费低息融资等政策优惠和“产官学”相结合模式，扶持企业和民间研发活动，同时以创新型科技园区为载体，培育自主创新能力。1963～1973年，日本经济增长为9.5%，全要素生产率增长为4.9%，经济增长的一半是由全要素生产率推动的。1980～1990年资产泡沫破灭之前，日本的全要素生产率远高于美国、德国和法国。

二、湖北全要素生产率存在巨大的增长潜力

（一）湖北全要素生产率变化情况的初步分析

利用索洛经济增长模型观测2001～2014年湖北省与全国各个省份的全要素生产率及其对经济增长的贡献，其中劳动投入数据采用年中全社会从业人员数，资本投入数据根据资本存量与固定资本形成总额以及一定的折旧率并采用永续盘存法对存量进行推算，经济增长用地区生产总值来反映。总体而言，湖北全要素生产率现状如下：

（1）湖北全要素生产率增长率的变化与宏观经济运行趋势基本一致。2001年，湖北全要素生产率增长率为2.1%，随后逐年稳步攀升至2007年达到最高值6.1%，GDP增长也达到历史高位14.6%。自2008年以后，全要素生产率开始出现下滑趋势，尽管在2010年出现了回升的势头，但未能持续。2012年下降幅度继续加大，陡

降至 1.8%，近三年来都维持在 2% 以下水平，这与经济进入新常态后增速换档也是一致的，从另一个侧面也说明推进供给侧结构性改革是十分紧迫的（见表 1－1）。

表 1－1　2001～2014 年湖北经济增长与 TFP、资本、劳动的关系　单位：%

年份	GDP 增长	TFP 增长	资本增长	劳动增长	TFP 贡献率	资本贡献率	劳动贡献率
2001	8.9	2.1	12.0	0.8	23.7	72.1	4.2
2002	9.2	2.8	11.2	0.9	30.3	65.1	4.5
2003	9.7	3.7	10.4	0.9	38.3	57.4	4.3
2004	11.2	5.1	10.7	0.9	45.2	51.1	3.7
2005	12.1	4.9	12.6	0.9	40.8	55.7	3.5
2006	13.2	5.2	14.3	0.8	39.2	58.0	2.8
2007	14.6	6.1	15.2	0.7	42.1	55.7	2.2
2008	13.4	5.0	15.2	0.6	37.2	60.7	2.1
2009	13.5	4.7	16.0	0.5	34.9	63.4	1.7
2010	14.8	5.4	17.2	0.5	36.3	62.2	1.6
2011	13.8	4.0	17.8	0.7	28.6	69.0	2.4
2012	11.3	1.8	17.3	0.6	15.6	81.9	2.5
2013	10.1	1.3	16.1	0.3	13.3	85.3	1.4
2014	9.7	1.6	15.2	0.0	16.2	83.8	0.0
2001～2014	11.8	3.8	14.4	0.6	32.3	65.3	2.4

（2）湖北经济增长主要是依靠资本投入。2001～2014 年，湖北地区生产总值年均增长 11.8%，全要素生产率年均增长 3.8%，对经济增长的贡献率为 32.3%，资本年均增长 14.4%，对经济增长的贡献率为 65.3%，劳动投入年均增长 0.6%，对经济增长的贡献率为 2.4%。14 年间资本贡献率始终超过了一半以上，表明经济增长的动力主要来自资本投入。随着资本的深化达到一定水平，资本—产出比例将下降，经济增长将会更加依靠技术和制度的变革与创新。

（3）湖北全要素生产率在中部六省具有一定领先优势。2001～2014 年，湖北全要素生产率年均增长 3.8%，高于全国平均水平 1.4 个百分点，其对经济增长的贡献率高于全国平均水平 7.4 个百分点。在中部六省中，湖北全要素生产率年均增长高于安徽省 0.3 个百分点，高于湖南省、江西省 0.9 个百分点，高于河南省、山西省 2 个百分点以上，对经济增长的贡献率也高于安徽省 0.7 个百分点，高于湖南省 7.9 个百分点，高于江西省 8.4 个百分点，高于河南省、山西省近 20 个百分点。湖北全要素生产率在中部六省中的领先优势较为明显（见表 1－2）。

表 1-2　　2001~2014 年全国及部分省份 TFP、资本、劳动年均贡献率

单位：%

地区	GDP 年均增长	TFP 年均增长	资本年均增长	劳动年均增长	TFP 贡献率	资本贡献率	劳动贡献率
全国	9.8	2.4	13.3	0.5	24.9	72.7	2.4
北京	10.5	2.9	10.2	4.6	27.6	52.2	20.3
上海	10.3	3.3	9.4	4.4	31.5	48.6	19.9
江苏	12.3	4.4	14.2	0.5	35.9	62.0	2.0
浙江	11.2	3.1	13.2	2.2	27.8	62.9	9.3
广东	11.6	2.5	14.2	3.2	21.7	65.5	12.8
山西	11.2	1.6	16.0	2.2	14.4	76.3	9.3
河南	11.5	1.5	17.7	1.1	13.0	82.4	4.6
湖北	11.8	3.8	14.4	0.6	32.3	65.3	2.4
湖南	11.7	2.9	15.8	0.9	24.4	72.0	3.6
安徽	11.8	3.5	14.1	1.6	29.6	64.1	6.3
江西	11.9	2.9	15.5	1.7	23.9	69.5	6.6

（二）湖北全要素生产率存在巨大的增长潜力

（1）理念优势。理念是行动的先导，新常态下省委省政府不断深化对经济社会发展规律的认识，始终坚持“稳中求进”总基调，始终坚持“竞进提质、升级增效、以质为帅、量质兼取”的总要求，始终坚持“三维”纲要。这些发展理念科学，颇具地方特色，成为湖北逆势而进的优势和重要保证。

（2）科教优势。湖北共有普通高校 120 余所、在校生 152 万人，分别居全国第 3 位和第 4 位。“十二五”期间，全省高新技术产业增加值年均增长 24.2%，2015 年达到 5028.94 亿元。国家级高新区 7 家、省级高新区 20 家，国家级创新平台 59 家、省级创新平台 764 家；全省科技企业孵化器 300 多家，孵化面积突破 1000 万平方米，科技人员 38.84 万人；技术合同成交额保持较快增长。丰富的科教资源为提高湖北全要素生产率奠定了坚实的基础。

（3）产业优势。目前，湖北千亿元产业已达 17 个，汽车制造、农副食品加工、化学原料制造、建材、计算机通信设备等主导产业拉动作用明显。2015 年，全省第三产业增加值增长 10.7%，快于第二产业 2.4 个百分点，经济增长呈现出工业和服务业共同推动的积极信号。从 1~2 月份数据来看，全省新经济形态初步形成。限额以上批发和零售业通过公共网络实现零售额 64.2 亿元，增长 95.5%，同比加快 43.9 个百分点。全省高技术制造业增加值增长 21.2%，高出全省规上工业增加值

增速 14.2 个百分点。从产品产量来看，运动型多用途乘用车（SUV）增长 53.5%，智能手机增长 50.2%，太阳能电池增长 32.7%，光纤增长 31.8%，工业机器人增长 14.7%。传统产业升级改造与新兴产业蓬勃兴起共同为经济增长提供动力支持。

三、湖北省在提高全要素生产率方面存在的短板

我们从影响全要素生产率的因素入手，分析湖北在科技创新、要素供给和产业发展方面存在的短板。

（一）科技创新面临“三低”

（1）科技创新总投入较低。2013 年，全国 R&D 经费内部支出占 GDP 的比重超过 2%，跨入具有创新能力的行列，当年有 8 个省市超过全国平均水平。而湖北 2015 年投入强度为 1.91%，仍未达到具有创新能力的标准。2014 年，湖北地方财政科技支出占地方财政支出比重为 2.73%，低于全国平均水平 0.77 个百分点。按资金来源来看，政府资金占总资金投入的比重不断下降，2014 年，湖北政府资金占科技总投入为 19.1%，低于全国 2.1 个百分点。

（2）企业创新能力和热情较低。2014 年，全省 15957 家规模以上工业企业中仅 1960 家有研发活动，仅占 12.3%，远低于全国平均水平；企业创新平台较少，全省 600 多个省级以上技术创新平台中，企业仅占 30% 左右；企业核心自主知识产权数量较少，最能代表企业自主创新能力的发明专利数仅占 12% 左右。企业 R&D 经费支出占主营业务收入的比重仅为 0.88%，均低于全国平均水平。

（3）人才红利释放较低。科教优势是湖北经济发展的一大传统优势。然而，大规模的科教人才优势却没有充分转化为生产力优势，始终停留在要素优势和潜在优势上。同时，由于实际工资水平较低、人才市场发展滞后等因素导致湖北面临着高素质人才外流的情况。出了雷军、周鸿祎，湖北却消失在中国互联网版图，正是这一现象的真实写照。

（二）要素供给面临“两失衡”

（1）地域间失衡。2014 年，武汉市地区生产总值占全省比重为 36.8%，全社会固定资产投资占比为 27.8%，地方公共财政预算收入占比为 42.9%，地方财政支出占比为 23.8%，常住人口占比为 17.8%，从以上要素占比来看，武汉市的要素配置总量及占比远远超过了宜昌和襄阳的总和，武汉市对于全省其他地市经济的虹吸效应比较显著。

（2）企业间失衡。企业间失衡主要体现在：一方面，是政府、金融机构不断地给“僵尸企业”输血，提供源源不断的资源；另一方面，是大量的中小企业面临着融资难融资贵的生存困境。现实经济中，某些僵尸企业占比较高的行业和地区，恰恰是国有企业占比较高的行业和地区。2015 年，湖北国有工业利润总额下降 9.1%，增速低于全省平均水平 11.4 个百分点，与此同时，亏损企业亏损额大幅增加。总资产贡献率为 12.6%，比全省平均水平低 1 个百分点，资产负债率为 57.5%，比全省平均水平高 3.5 个百分点。钢铁、有色金属行业资产负债率高达 67%。因此，去产能，清理僵尸企业，矫正要素扭曲配置的任务依然较重。

（三）产业发展面临“三弱”

（1）市场主体较弱。2014 年，湖北大型工业企业占规上企业的比重为 2.2%，低于全国平均水平 0.4 个百分点。成长型中小企业的比例低。主营业务收入在 1 亿～2 亿元之间的成长性中小企业数为 3159 家，仅占中小企业数的 21.8%。

（2）产业配套能力较弱。产业配套能力对企业生产率有非常显著的正向影响。但湖北产业链条不完善，配套能力和加工延伸不够，产业结构位于产业链前端和价值链中低端。2014 年湖北的工业增加值率为 25.8%，较 2010 年下降 6.0 个百分点。重工业偏重的结构仍未扭转。

（3）第三产业发展较弱。2015 年，湖北第三产业增加值占地区生产总值的比重为 43.1%，低于全国平均水平 7.4 个百分点，分别低于山西省、湖南省 9.9 个百分点和 0.8 个百分点。2014 年，全省生产性服务业增加值占全部服务业增加值的 40.7%，与先进省市相比存在较大差距，更远低于发达国家生产性服务业占全部服务业 70% 的水平。现代服务业发展不足已成为湖北经济发展的短板。

四、对提高湖北全要素生产率的思考

提高全要素生产率通常有两种途径，一是通过技术进步实现生产效率的提高，二是通过生产要素的重新组合实现配置效率的提高。从具体因素来看，全要素生产率取决于教育、研发、创新、企业家精神、知识产权保护、经济制度等。归根到底，只有创新才是提高全要素生产率的根本途径。

（一）合理配置资源，确保市场决定性地位不动摇

从宏观层面来讲，促进资源在更大的区域范围内优化配置，用发展新空间培育发展新动力，用发展新动力开拓发展新空间。按照多层次战略，推进区域一体化协同发展。从微观层面来讲，要确保市场决定性地位不动摇。大幅度减少政府对资源的直接

配置，推动资源依据市场规则、市场价格、市场竞争实现效益最大化和效率最优化。加快推进城镇化和户籍制度改革，促进农业人口转入非农产业，提高劳动生产率。从供给端盘活要素资源，提升资源配置效率。

（二）转变发展理念，充分发挥政府战略导向作用

一是要制定制度框架，形成尊重知识尊重人才，激发创新创造的良好机制。二是要提高湖北地方财政科技支出占财政支出的比重，发挥政府资金的引导作用，带动湖北 R&D 走在全国前列。三是要充分发挥政府战略导向作用，学习借鉴日、韩两国历次产业战略调整和转型中政府发挥主导作用的成功经验，树立清晰的产业发展政策导向，大力推进各项体制机制改革创新，营造公平竞争的秩序和政策环境，强化政府监管效率和公共服务职能，落实精准调控，推动政府和市场的协调配合。

（三）供需两端发力，助力成果转化推进产业升级

紧紧抓住《长江经济带创新驱动产业转型升级方案》的实施契机，以创新驱动促进产业转型升级。一是继续进行科技体制机制改革创新，大力建设“四众”平台，培育“双创”发展良好环境，加强科技研发服务体系建设，解决研发者、投资者和消费者之间的信息高度不对称问题。二是调整产业结构。推进工业化由平推式向立体式转变，实现工业结构和技术的全方位转型升级，提高创新成果承接能力。大力发展现代服务业，力争“十三五”期间第三产业增加值占 GDP 的比重较快上升。三是激发企业自主创新活力。增强企业创新主体意识，把市场作为企业创新的出发点和落脚点。紧紧抓住企业家这一创新核心，大力弘扬企业家精神，建立健全培养企业家精神的发展机制。

（四）培育良好环境，释放人才红利打造人才高地

技术的进步离不开知识的积累，知识的积累离不开人这一关键因素。在自然资源禀赋条件一定的情况下，提升人力资本将给全要素生产率带来直接的正面影响。一要筑巢引凤，利用武汉大学、华中科技大学、中国科学院武汉分院等科研优势，将重量级的企业部分研发中心吸引到省内，培育大型知名企业，形成高端人才磁场。二要助凤展翅，在爱护人才、尊重人才上面出实招，解实难，健全人才市场，搭建人才沟通交流平台，为其施展才能提供优质的服务。三要引凤还巢，继续开展“楚才回归”活动，鼓励在外创业的湖北人以资金、人才、资源等多种形式反哺家乡。四要大力发展职业教育，培养造就适应市场需要的各类人才，提升人才供给水平。

第二节 质量变革

由高速增长阶段转向高质量发展阶段是新时代我国经济发展的基本特征。当下，湖北经济正处于建设现代化经济强省的重要窗口期，为助力湖北经济发展朝着更高质量的方向迈进，拟从结构优化、产业升级、质效提升、创新驱动、民生改善、绿色发展六个方面选取代表性指标，构建经济增长质量效益综合评价指标体系。通过测算全省近五年经济增长质量效益综合指数，进行纵向分析，通过与江苏省及全国进行横向比较，从而精准判断湖北质量变革的进程、厘清存在的短板挑战，进而就推动湖北高质量发展的路径提出相关建议。

一、湖北质量变革的指标体系

为反映党的十八大以来湖北质量变革情况，研究分析优势和短板，推动湖北实现高质量发展，我们构建了湖北质量变革评价指标体系，包含六个方面共 21 个代表性指标（见表 1－3）。

表 1－3　　湖北质量变革统计评价指标体系

指标类型	代表性指标	单位	指标性质
结构优化（20%）	服务业增加值占 GDP 比重	%	正向型
	产业结构与就业结构偏离度	%	逆向型
	城乡居民收入比	以农村为 1	逆向型
产业升级（12%）	高技术制造业增加值占规模以上工业比重	%	正向型
	装备制造业增加值占规模以上工业比重	%	正向型
	人均文化及相关产业营业收入	%	正向型
	消费需求对经济增长的贡献率	%	正向型
质效提升（20%）	全社会劳动生产率	万元/人	正向型
	投资效果系数	—	正向型
	增加值率	%	正向型
	工业企业总资产贡献率	%	正向型

续表

指标类型	代表性指标	单位	指标性质
创新驱动（18%）	R&D 经费支出占 GDP 比例	%	正向型
	每万就业人员 R&D 人员全时当量	万人年	正向型
	万元 GDP 技术市场成交额	元	正向型
	万人发明专利拥有量	件/万人	正向型
民生改善（15%）	人均可支配收入	元	正向型
	恩格尔系数	%	逆向型
	失业率	%	逆向型
绿色发展（15%）	重点城市空气质量（AQI）优良天数比例	%	正向型
	单位 GDP 能耗降低率	%	正向型
	主要河流质量达到或好于Ⅲ类水体比例（Ⅲ类及以上水质断面占比）	%	正向型

二、湖北质量变革起势良好

对照指标体系，对 2013～2017 年湖北省质量变革指数进行测算。测算结果显示：

（一）综合指数稳步提高

湖北质量变革综合指数从 2013 年的 62.61% 提升到 2017 年的 74.03%，共提升了 11.42 个百分点，年均提升 2.85 个百分点，且每年度间提升较平稳（见图 1－1）。

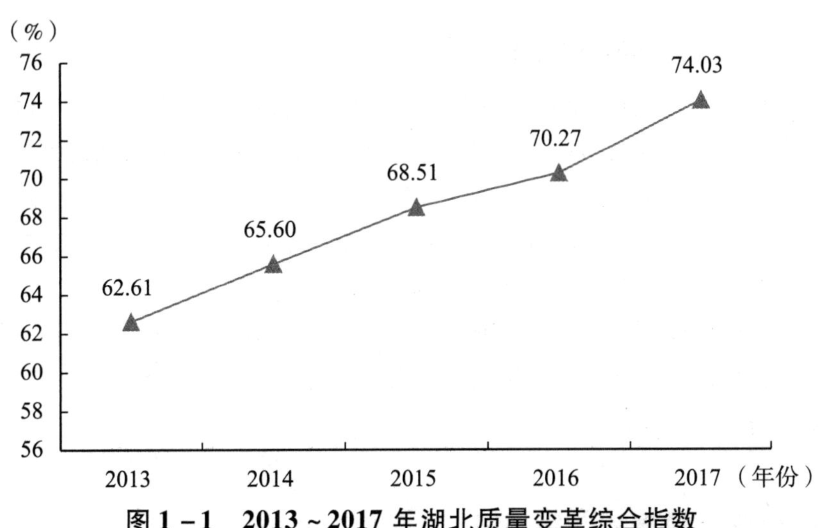

图 1－1　2013～2017 年湖北质量变革综合指数

综合指数的持续提升客观反映了党的十八大以来湖北认真贯彻习近平新时代中国特色社会主义思想，始终坚持“四个着力”，奋力推进湖北“建成支点、走在前列”总战略，湖北经济内在动力不断增强，经济发展质量不断提升（见表1－4）。

表1－4　2013～2017年湖北质量变革指数　单位：%

年份	综合指数	结构优化	产业升级	质效提升	创新驱动	民生改善	绿色发展
2013	62.61	66.20	56.84	66.17	50.07	60.62	73.66
2014	65.60	71.20	56.62	66.46	58.65	61.65	75.61
2015	68.51	73.33	57.95	63.79	67.50	67.70	78.45
2016	70.27	74.80	62.34	66.99	70.32	72.17	72.71
2017	74.03	75.91	72.24	71.69	74.15	73.04	76.78

注：测算中，水质、消费贡献率、R&D、文化产业、就业偏离度等指标数据因年报未出均采用预估数。

（二）绿色发展指数保持高水平

近年来，湖北大力实施“生态立省”战略，始终坚持发挥“绿水青山就是金山银山”指挥棒的引领作用。2013～2017年，绿色发展指数一直处于72%以上的较高水平。具体表现为：一是长江经济带水质不断提升。2016年，全省179个河流断面中，水质优良符合Ⅰ～Ⅲ类标准的断面占86.6%，比2015年提高2个百分点。二是空气质量持续改善。2017年，全省17个重点城市空气质量平均优良天数比例为79.1%，较2016年提高5.7个百分点。三是单位GDP能耗不断下降。2013～2017年，单位GDP能耗5年累计下降24.7%。

（三）创新驱动指数大幅度提升

2013～2017年，创新驱动指数共提升24.08个百分点，提升幅度在六个领域中居于首位。这得益于湖北把创新摆在全省发展的核心位置，大力实施创新驱动强省战略。主要体现在：一科技投入持续增加。研究与发展经费投入占GDP比重持续提高，由2013年的1.7%提高至2017年的1.92%，累计提高0.22个百分点。二技术市场服务能力显著增强。万元GDP技术市场成交额持续提高，2017年为291.87元，比2013年提高了131.49元，技术合同成交额居全国各省市第2位。三科技成果不断涌现。2017年全省发明专利申请量和授权量分别达51569件、10880件，分别比2013年提高183.5%、168.5%。

（四）产业升级指数逐年加快

湖北大力谋划工业核心竞争力提升、服务业跨越发展、农业转型发展，产业升级指数逐渐加快，尤其在《湖北产业转型升级发展纲要（2015～2020）》发布后提升迅速，2017 年产业升级指数比 2016 年提升近 10 个百分点，政策效果显现。一是高技术制造业和装备制造业加快发展。2017 年，高技术制造业增长 14.9%，高于规上工业增速 7.5 个百分点，占比达 8.4%，贡献率达 15.9%。装备制造业增长 12.2%，高于规上工业增速 4.8 个百分点，占比达到 31.7%，贡献率达到 50.8%。二是消费成为经济增长的主要拉动力。从结构看，2016 年最终消费支出占 GDP 比重为 45.5%，比 2012 年提高 1.5 个百分点；从增长动力看，消费对经济增长的贡献率从 2013 年的 38.2% 稳步提高到 2016 年的 59.8%，成为经济增长的主要支撑。

（五）民生改善指数显著提升

2013～2017 年，民生改善指数提升了 12.42 个百分点，表明湖北经济发展成果较好地惠及城乡居民，人民获得感不断增强。一是居民收入快速提高。2013～2017 年，湖北省城乡居民收入持续较快增长，城镇、农村居民人均可支配收入年均增速分别为 9.0%、12.8%，不仅快于经济增长，并且分别比全国快 0.74 个和 0.05 个百分点。二是失业率低位运行。5 年来城镇登记失业率逐年下降，2017 年末城镇登记失业率 2.59%，低于 4.5% 的控制目标。重点群体就业保障较好。2017 年末城镇失业人员再就业 31.37 万人，比上年增加 0.46 万人。就业困难人员实现就业 16.23 万人。

三、对比分析湖北省质量变革中存在的问题

近年来，虽然湖北经济综合实力明显提升、结构调整明显加快、发展质效明显增强。但是对照习近平总书记切实推进高质量发展、奋力谱写新时代湖北发展新篇章的重要指示，着眼湖北建设社会主义现代化强省的目标追求，对标外省市先行发达地区取得的显著成绩，仍存在较大差距。

（一）质量效益还有待大幅提升

从宏观上看，投入产出效率在下滑。2017 年，湖北省全社会劳动生产率为 10.09 万元/人，均低于全国（10.12 万元/人）和江苏省（18.08 万元/人）。2016 年，湖北全省增加值率为 25.5%，低于江苏省同期水平且在近五年内呈整体下降趋势。投入产出的较低效率根源在于传统发展模式的路径依赖，增长模式粗放、发展动力不足、投资效率低下等深层次矛盾依然存在，调结构补短板、转型升级任重道远。从微观上看，企业有效供给能力不足。2016 年，湖北省工业企业总资产贡献率为 13.5%，低于江苏省 1.9 个百分点，且在近五年内呈整体下降趋势。企业盈利能力较弱根源在于大部分工业企业处于价值分配链条的附属地位。产品结构存在着结构性短缺，一般产

品、中低档产品、初级产品多，优质产品、高技术含量、高附加值的产品少，供需仍不能有效匹配。

（二）产业结构仍处于较低层次

高新产业发展不足。2017 年，湖北高技术制造业增加值占规模以上工业比重为 8.4%，分别低于全国 4.3 个百分点、低于江苏 34.3 个百分点。2017 年，湖北装备制造业增加值占规模以上工业比重为 31.7%，低于全国 1 个百分点。传统行业依然是湖北工业最大支撑，新兴产业不仅占比低、规模小，难以稳定基本面，而且扩散带动效应较弱，难以引领整体升级转型。服务业短板亟待补齐。2017 年，湖北服务业增加值占 GDP 比重为 45.2%，分别低于全国、江苏 6.4 个、5.1 个百分点。作为培育经济新增长点、提升发展质效的重要抓手，2016 年，湖北人均文化及相关产业营业收入为 3844 元，比全国少 2978 元，不足江苏的 1/4。作为经济增长和结构转型的主引擎，服务业总量不足、比重偏低、领域狭小、业态传统等短板，制约了湖北省市场经济完善、资源优化配置、转型升级进程。2016 年，湖北产业结构与就业结构偏离度为 52.06%，分别高于全国、江苏 13.86 个、27.56 个百分点。这其中既有人力资本低层次供给过剩与中高层次供给不足并存的结构性偏差因素，也有受产业高度化进程缓慢影响。

（三）创新驱动缺“心”少“金”转化率低

核心技术缺乏。2017 年，湖北万人发明专利拥有量为 6.87 件/万人，分别低于全国、江苏 2.88 件/万人、15.63 件/万人。原始创新能力较弱，掌握的核心技术不多，难以支撑大批高科技含量、高附加值的新产品开发。资金人力投入不足。2016 年，湖北全社会研发投入占 GDP 比重为 1.9%，分别低于全国、江苏 0.2 个、0.8 个百分点。2016 年，每一万就业人员 R&D 人员全时当量仅为 37.6 人年/万人，均低于全国（50.0 人年/万人）和江苏（114.3 人年/万人）。企业创新积极性不高、研发人员总数仅为江苏的 1/4，研发经费支出增速逐年放缓拖累投入整体增速，科技创新人才储备不足。省内转化率较低。2017 年，万元 GDP 技术市场成交额持续提高到 291.87 元，技术合同成交额居于全国各省市第 2 位，但是科技进步贡献率比全国各省平均率低 2 个百分点左右，仅 20% 左右的科研成果在湖北落地，科教优势仍没有有效转换成发展优势。

四、推进湖北质量变革的路径选择

面对新时代新征程新任务，湖北必须坚持以习近平新时代中国特色社会主义经济思想为统领，以“三个第一”科学论断为指导，凝心聚力推进质量变革，激发湖北高质量发展的新动力。

（一）精准定位，始终坚持发展是第一要务

对标湖北实际，以高质量发展为纲，切实提升经济运行质效。精准扩大有效投资，夯实高质量发展基石。不遗余力优化融资结构，扩大直接融资，大力招商引资，积极向上争资，谋划项目聚资，不断提高投资边际效益。提升核心竞争力，着力发展高端制造业。紧跟大数据、云计算等前沿技术，推进智能化生产、网络化协同等制造模式，支持发展独角兽企业，培植隐形冠军企业，推动制造业向价值链高端延伸。补齐服务业短板，大力发展服务业。积极发展现代金融、文化创意、健康养老等产业基于互联网的服务新业态，培育中高端消费、绿色低碳、数字经济等领域新的增长点。

（二）创新引领，加快推进新旧动能转换

以创新“第一动力”助推“三量”齐头并进。做大增量，以新技术壮大新经济。充分挖掘湖北省科教资源，增“金”强“心”，切实加强科技创新资金投入，提升企业自主创新能力。紧跟大数据、云计算、人工智能等前沿技术，提升新技术向新兴产业转化能力，培育共享经济、中高端消费等新的增长点，形成新动能。做优存量，以新模式推动传统产业内涵式发展。加快重大园区和企业的循环化改造，对重化工等高污染行业企业集中整治，加快绿色改造，实施清洁生产，提升传统产业可持续发展的能力。做强变量，创新发展方式推进融合发展。大力推进信息化与工业化的融合、制造业与服务业的融合、军民融合，发挥融合发展的“乘数效应”。

（三）聚焦人才，倾力打造智力新高地

大力度招揽人才，多层次吸引人才。赋予创新领军人才更大的人、财、物支配权和技术路线决定权，完善科研人员收入分配政策，实施“技能人才振兴计划”提高“湖北工匠”的经济待遇和社会地位，释放知识和技术“红利”。搭建发展平台，全方位用好人才。给予配套政策支持，形成“引进一个领军人才、集聚一个创新团队、创办一个高科技企业、形成一个特色产业基地、发展壮大一个新兴产业”的模式，形成人尽其才、才尽其用的生动局面。优化育人机制，精准培养人才。充分发挥湖北省科教资源优势，深化“荆楚卓越人才”协同育人机制，引导行业、企业和用人单位参与高校人才培养，提高人才与地方的匹配度。

（四）深化改革，持续优化营商环境

优化政务环境，构建亲清新型政商关系。深入推进“放管服”改革，全面落实

“一网覆盖，一次办好”的政务服务体系，配套建设三大支撑平台，提高办事效率提升投资信心，扮演好“服务者”的角色；优化市场环境，激发发展活力。降低准入门槛，打破各类市场主体进入市场的制度瓶颈，营造公平竞争市场环境，激发市场活力和社会创造力。优化政策环境，保护合法产权。全面落实国家出台的政策，借鉴外省卓有成效的政策，大胆出台适宜湖北省发展实际的创新政策，保护知识产权，维护企业家合法权利，以政策洼地托举发展高地。

第三节 效率变革

中央经济工作会议提出，2018 年要“大力推进改革开放，创新和完善宏观调控，推动质量变革、效率变革、动力变革”。在这“三大变革”中，质量变革是主体，效率变革是主线，动力变革是基础。作为主线的效率变革，贯穿于建设现代化经济体系的全过程。湖北正处于从高速增长转向高质量发展的关键时期，加快推进效率变革刻不容缓。

一、准确把握效率变革的内涵

效率变革的关键是拓展效率视野，提升效率层次，追求效益优先。不能简单地从生产、产出层面来理解效率，更要以供给侧结构性改革为基本视角，坚持创新驱动发展，坚持生产与市场两条主线，以效益优先为目标，实现实体经济、科技创新、现代金融和人才资源的有效融合。总体上看，效率变革主要包括生产效率、市场效率和协同效率三项主要内容。

（1）生产效率着重强调要素配置效率、企业运行效率和生产组织效率等三个方面。要素配置效率的关键是推进要素的市场化配置；企业运行效率的关键是企业的组织方式、经营方式；生产组织效率强调对供给侧结构性改革深入理解和有效贯彻。

（2）市场效率重点关注三个领域，即市场准入效率、市场匹配效率和市场交易效率。市场准入效率的关键是落实好“放管服”改革，进一步实施简政放权；市场匹配效率是指完善市场的体制机制，使市场具备更好的差异化需求识别能力、管理能力和响应能力；市场交易效率主要指市场交易过程中的平稳、快速、安全等要求的实现能力。

（3）协同效率主要是指经济与社会、经济与生态之间的协同关系和运行效率。从经济与社会来看，要增强经济实力，提高保障和改善民生水平。从经济与生态来看，要转变经济发展方式，加快推进生态文明建设。

二、充分认识效率变革的作用

加快效率变革不仅是中央全面深化经济领域改革的重要内容，也是后工业化阶段湖北省经济发展的内在要求，更是促进湖北省经济高质量发展，实现“建成支点、走在前列”历史使命的必然选择。

（一）有利于厘清发展思路

效率是发展经济的重大问题。没有效率的经济体是没有竞争力的，也不会创造社会财富。把推动发展的立足点转到提高质量和效益上来，要求我们立足省情、把握时代脉搏，着眼于全面建成小康社会的要求，在提高经济效率上下功夫。这也就是说，要用效率变革的思路深入思考经济问题，把效率变革作为现阶段经济发展的主要任务。2013 年，习近平总书记视察湖北时赋予“建成支点、走在前列”光荣使命。五年来，在省委、省政府的坚强领导下，全省上下勠力同心、砥砺奋进，成效显著。2016 年，湖北省经济总量跨越 3 万亿元；2017 年，全省三次产业结构为 10. 3∶44. 5∶45. 2，第三产业超过第二产业。但我们也清醒地认识到，目前湖北经济效率偏低、全要素生产率不高、科技进步贡献率低于全国平均水平等问题依然存在，成为制约湖北省高质量发展、建设社会主义现代化强省的瓶颈。

（二）有利于保持合理增长

随着湖北省人口老龄化进程加快，全社会新增劳动力增长缓慢，劳动力成本上升。2017 年末，湖北省 15 ~64 岁劳动年龄人口达到 4273. 1 万人，比上年减少 39. 48 万人；劳动年龄人口占全省总人口的比重为 72. 4%，比上年减少 0. 9 个百分点。数据显示，全省劳动年龄人口自 2011 年出现拐点，并呈现逐年递减趋势，占全省总人口的比重也在逐年下降，全省劳动力资源已表现为逐年减少的趋势。与此同时，近年来湖北省资本回报率逐渐下降。特别是 2018 年以来，在防范金融风险、金融供给收缩的情况下，国内投资需求面临下行压力，也使得未来一段时间内，投资不再充当经济的主导性驱动力量。再加上资源环境的约束，单纯依靠要素扩张甚至以破坏生态为代价的增长方式，不适应湖北省经济发展的内在规律，是难以持续的。唯有通过提高要素的使用效率和配置效率，才能保证总产出的相对稳定，保持湖北省经济增长处于合理区间。

（三）有利于补齐发展短板

效率变革，就是要找出并填平在以往高速增长阶段被掩盖或忽视的各种低效率洼地，这些影响效率提升的不合理经济结构、体制机制障碍正逐渐成为制约湖北省经济高质量发展的短板。从产业结构看，湖北省服务业发展不够，占 GDP 比重 45.2%，在全国排第 22 位，比全国平均水平低 6.4 个百分点，比排第 1 位的北京低 35.0 个百分点；从区域发展看，一城独大越发凸显。一季度，武汉经济增长 8.0%，超过全省平均水平 0.4 个百分点，对全省经济增长的贡献率 38.3%。两副发展贡献不足。宜昌、襄阳经济增速均低于全省平均水平和上年同期水平，两地对全省经济增长的贡献率不足二成。多极支撑尚未形成。黄石、十堰、荆州、荆门、孝感、黄冈等市经济总量较小，占全省比重较低，对全省经济增长的贡献不高。县域经济发展仍不充分。初步测算，2017 年全省县域经济增速比全省平均水平低 0.1 个百分点。从机制体制看，实体经济运营的能源、物流、通信、融资等成本依然较高，市场准入、退出机制体制、社会保障体系尚不健全，金融服务实体经济能力有待增强。

三、推进湖北效率变革的路径

高质量发展阶段需要高效率支撑，必须加快推动科研要素、金融要素、人力资本创新要素等在内的效率变革，使湖北经济产生“质”的飞跃。

（一）推进供给侧改革，发力效率变革

供给侧结构性改革旨在调整经济结构，使要素实现最优配置，不断提高全要素生产率，提升经济增长的质量。因此，效率变革要以供给侧结构性改革为依托。一要加快发展先进制造、数字信息、高端研发、商务服务等高生产率行业，加快建设实体经济、科技创新、现代金融、人力资源协同发展的产业体系，以高生产率行业替代低生产率行业，实现整个国民经济行业效率提升。二要推进要素市场改革，优化资源配置，提高人力资本素质，激发土地、金融等要素活力，全面提高经济的投入产出效率。三要深入推动流通革命，拓展“互联网+流通”新技术、新模式、新业态、新品牌，打通流通中“阻梗”，切实提高流通效率。四要完善对外开放体制机制，深度融入“一带一路”倡议，加快大通道、大通关、大平台建设，加快国际贸易“单一窗口”建设；深化国际产能合作，推进境外投资“双重工程”；推进服务贸易创新，发展跨境电子商务、市场采购贸易、外贸综合服务等新业态，高水平打造中国中部国际产能合作论坛、华创会、台湾周、鄂港澳粤、世界 500 强对话湖北等交流合作平台，提升对外开放效率。

（二）厚植创新基因，引领效率变革

效率变革是经济发展的一场革命。效率变革的核心要求是提升全要素生产率，特

别是要发挥创新这个第一动力的作用。一是强化平台的载体作用。加大政府研发投入，加快武汉光电国家研究中心等各类重大创新平台建设，实施一批重大科技专项，攻克一批关键领域核心技术。建设长江中游大数据和云计算中心，推进创新创业资源共享，拓展专业化市场化众创空间，高质量建设“双创”示范基地。二是强化企业的主导作用。积极引导企业加大研发投入，牵头推进重大科技项目，实施企业创新能力提升、创新型企业培育、高新技术企业培育行动计划。支持和鼓励企业加强与科研校机构的合作，提高科研成果转化率，全力促进重大科技成果在湖北转化生根。三是强化人才的支撑作用。实施海外优秀人才引进倍增计划，引进一批具有国际水平的科技人才和高水平创新团队。推进“我选湖北”计划，促进省内外大学生在湖北就业创业。加强技能人才培养，培育更多“湖北工匠”。同时要更加重视创新环境建设，积极倡导创新文化，加强对知识产权的保护，提高创新积极性。

（三）优化管理服务，支撑效率变革

推动效率变革，政府的主要职责是优化管理服务，要及时调整制约效率变革的不合理制度障碍。通过全面深化改革，营造良好的体制机制环境。一是深入推进“互联网+放管服”改革工作，大力推进网上审批，推动更多行政职权和服务事项网上办理，实现“一网覆盖、一次办好”。二是加快省级融资平台市场化、专业化改革，完善促进民营经济发展的体制机制；全面实施市场准入负面清单制度，坚决破除各种歧视性限制和隐性障碍，让各类市场主体在湖北竞相迸发出最大活力。三是建设优质高效的投融资环境，提高金融机构的高效率金融服务水平；建立企业信用制度体系，要根据企业所处的成长阶段和企业类型进行金融融资服务分类，为企业提供更精准的服务；构建完善的企业社会服务体系，缓解企业资金短缺。四是以更大力度、更实举措保障和改善民生，加快补齐湖北省民生领域短板，实现经济社会的协调发展。

第四节 动力变革

高质量发展取决于新旧动能能否顺利转换，“三大变革”中，质量变革是主体，效率变革是重点，动力变革是关键。湖北经济发展正处于动力转换节点，动力变革的条件、机制、路径、绩效都发生了积极变化，但新动能支撑，甚至主导经济发展的任务十分艰巨。必须坚持“三个第一”，从政府、产业、企业三个层面有效激发、聚合、转化变革动力。

一、湖北动力变革的轨迹描述

动力变革需要与禀赋条件、动力机制、产业结构相适应，纵观湖北省动力变革的运行轨迹，呈现“四更”特征。

（一）动力变革的基础更实

经济总量不断壮大、产业门类不断齐全、基础设施不断完善、科教资源不断富集，为动力变革提供了强支撑。湖北省经济发展的含金量更足，韧性更强，稳定性更足。2017 年 GDP 达到 3.65 万亿元，居全国第 7 位，人均 GDP 为 61972 元，多全国 2312 元。工业门类齐全，是拥有联合国产业分类中全部工业门类的省份之一。基础底盘更加牢固，综合交通运输枢纽建设进程加快，信息通信枢纽初具规模。2017 年固定资产投资达到 3.19 万亿元，电信业务总量为 857.96 亿元，固定互联网宽带接入用户为 1242.92 万。科教富集，普通高校全国排名第 3，武汉市在校大学生在全国城市中位居第 1 位。

（二）动力变革的机制更优

营商环境是生产力、是竞争力、是动力变革的重要外在推动力。营商环境建设取得新突破，由过去追求优惠政策“洼地”，转为打造公平营商环境的“高地”，行简政之道、革烦苛之弊，施公平之策、开便利之门，深化“互联网 + 放管服”改革，取消、下放、调整行政审批等事项，开通全省政务服务“一张网”，全面实施“多证合一、一照一码”，激发了市场活力和社会创造力。全球化智库（CCG）与智联招聘联合发布《2017 中国海归就业创业调查报告》的热门海归创业地排名结果，武汉居第 5 位。在中国城市创业排名中，武汉居第 6 位。

（三）动力变革的路径更清

一是由“要素驱动”向“创新驱动”转变。综合科技创新指数从全国第 11 位进至第 7 位。工信部所属的赛迪公司发布“2016 年中国城市新经济竞争力百强榜”，武汉排名第 9 位。科技部发布《2017 中国独角兽企业发展报告》，武汉上榜企业数量达 5 家，在全国城市中排名第 5 位。从“互联网 +”指数看，2017 年武汉居全国城市第 6 位，中部地区城市首位。新技术、新产业、新业态、新模式快速发展，2017 年规模以上互联网和相关服务业实现营业收入 40.44 亿元，同比增长 48.5%，“四上”高新技术产业增加值 5841.29 亿元，增长 12.9%，专利受理量 11.02 万项，增长 15.8%，批准量 4.64 万项，增长 10.9%。

二是由“投资拉动”向“消费拉动”转变。以网上零售为代表的新兴消费快速增长，2017 年线上网上零售额 672.41 亿元，同比增长 39.1%。对外贸易稳步扩大，2017 年外贸进出口总值突破 3000 亿元，并保持高于全国、中部增速，世界 500 强在鄂企业达 267 家。

三是由“工业带动”向“三产带动”转变。服务业贡献突出，2017 年第三产业对经济增长的贡献率达到 53.3%，实现了“三二一”型的产业结构转变。工业转型升级加快，千亿元产业增加到 17 个，装备制造业增加值占比为 31.7%，对规上工业的贡献率达 50.8%。

四是由“产业扩张”向“绿色发展”转变。2016 年湖北省绿色发展指数排名全国第 7 位、中部地区第 1 位，2017 年六大高耗能行业完成增加值占规上工业比重为 28.1%，比 2012 年下降 2.9 个百分点，森林覆盖率达到 41.6%，“绿满荆楚”行动圆满完成，在全国率先实现河湖长制全覆盖。

五是由“城乡二元”向“城乡融合”转变。2017 年城镇化率达 59.3%，高于全国，居中部地区第 1 位。人口迁移流动逐渐由“输出”转向“回流”，省外流出人口由 2010 年的 589 万下降至 2017 年的 491 万，外省流入人口由 101 万上升为 157 万。

（四）动力变革的绩效更好

经济发展呈现出动力变革与质量、结构、效益相得益彰的格局。供给体系质量和效率持续提高，财政实力不断增强，工业效益逐步提升。2017 年财政总收入达 5441.42 亿元，其中地方一般公共预算收入为 3248.44 亿元，与 2012 年相比，年均增长 12.2%。规上工业实现利润 2470.6 亿元，比 2012 年增加 867.7 亿元，资产负债率为 52.9%，低于全国 2.9 个百分点，每百元主营业务收入成本持续下降。

二、湖北动力变革的掣肘表现

湖北经济仍处于新旧动能的转换期，新动能虽然对经济增长动力形成一定支撑，但是动力变革的功能和结构作用未充分有效发挥。

（一）动力变革的能量不充沛

新动能体量依然偏小。2017 年“互联网 +”指数低于河南、湖南，居中部地区第 3 位，也低于四川、福建，居全国第 11 位，比上年下降 2 位。规模以上高技术制造业占规上工业比重只有 8.4%，装备制造业占 31.7%，均低于全国，“四上”高新技术产业增加值占 GDP 比重仅为 16.0%。服务业短板依然明显。2017 年服务业增加值占 GDP 比重为 45.2%，低于全国 6.4 个百分点，对 GDP 的贡献率低于全国 5.5 个百分点。民间投资依然乏力。2017 年民间投资增长 7.1%，低于全省投资 3.9 个百分点，占全省投资比重为 61.6%，同比下降 2.3 个百分点。人才第一资源的潜力依然偏弱，劳动力资源自 2011 年出现拐点，并呈现逐年递减趋势，2017 年劳动年龄人口达到 4273.1 万，同比减少 39.48 万。对外经济指标依然偏低。2017 年进出口总额仅居全国第 16 位，外贸依存度为 9.1%，低于全国 25.1 个百分点，排在全国第 24 位。

（二）动力变革的分布不平衡

从小康指数看，只有武汉、宜昌高于全省平均水平。从产业结构看，除武汉、黄冈、恩施、神农架呈现“三二一”产业格局外，其他仍然是“二三一”型，而黄冈、恩施、神农架产业格局是低水平的。从服务业看，武汉市“一市独大”，其他市州总量偏小，2017 年除武汉、十堰、恩施、神农架外，其他地区服务业占比均在 40% 以下。从进出口看，武汉、黄石、宜昌、襄阳进出口总额占全省的 80.3%，仅武汉就占 62.6%。

三、湖北动力变革的路径选择

当前湖北传统动力和新动力处于一种胶着状态，动力变革的着力点就是把握好新旧动能接续的节奏，旧动能有序平稳退出，新动能加快成长壮大。

（一）政府层面：持续推进营商环境优化，有效激发变革动力

深刻认识和把握规律，衔接好新旧动能转换，缩短新旧动能转换阵痛期，避免因动力机制错配阻碍动力传导。系统再谋划。加强顶层设计，找出新旧动能转换的定位、重点、难点、优势、劣势，出台动力变革规划。召开动力变革工作会议，引领方向。改革再深化。注重改革的系统性、整体性、协同性，聚焦难点、痛点、堵点问题，破除体制机制弊端。深化“放管服”改革，全面实施市场准入负面清单制度，推进“互联网 + 政务服务”。政策再完善。坚持综合施策，发挥政府资金的撬动作用，创新政府基金投入方式，设立新经济基金和新经济发展基金，采取直投、引投和跟投方式，对企业发展的初创、成长、爆发阶段，提供全过程的融资服务。短板再补齐。聚焦重点领域，加快补齐动能变革短板。弘扬企业家精神，强化企业家的保护机制。建立动力变革的指标体系、政策体系、标准体系、统计体系、绩效评价、政绩考核。

（二）产业层面：持续推进新旧动能转换，有效聚合变革动力

坚持变中求新、变中求进、变中突破，加快建设现代化经济体系。注重培育“新

经济”。推动新技术、新产业、新业态加快成长，加快发展新经济。注重转换“旧动能”。推动传统产业高端化、低碳化、智能化改造，培育分享经济、数字经济、生物经济、绿色经济、智造经济、创意经济，为传统产业升级注入新动能。注重延伸“产业链”。瞄准世界产业发展趋势，甄别产业链中关键或缺失环节，实施“强链”和“补链”，构筑产业体系新支柱。注重建设“新体系”。深化供给侧结构性改革，打造全面开放新高地，实施乡村振兴战略、区域协调发展战略，坚持新型城镇化，注重绿色发展，提升“新体系”在动力变革中的直接提升作用。

（三）企业层面：持续推进企业创新发展，有效转化变革动力

必须久久为功，依靠创新引领，推动湖北制造和服务迈上中高端。更加重视技术创新。瞄准世界科技前沿，主动承接国家重大科技项目，加快关键共性技术、前沿引领技术、现代工程技术、颠覆性技术创新，与高校、科研院所合作建立企业化运作的应用型科研机构，发展平台经济、共享经济，让双方资源互补，形成线上线下结合、产学研用协同、大中小企业融合的创新创业格局。更加重视产品创新。培育尊崇创新的企业文化，弘扬劳模精神、工匠精神、创新精神，增加高品质、个性化、高复杂性、高附加值的产品供给，对标国际标准，形成规范成熟的质量标准体系。更加重视模式创新。推动互联网、大数据、人工智能与企业深度融合，发展支撑商业模式的现代服务技术，包括拓展数字消费、电子商务、现代物流、互联网金融等，做精湖北“智”造。

第五节 结构优化

党的十九大报告中指出，我国经济已由高速增长阶段转向高质量发展阶段，正处在转变发展方式、优化经济结构、转换增长动力的攻关期，建设现代化经济体系是跨越关口的迫切要求和我国发展的战略目标。经济结构既是经济发展的外在表现，也是经济发展的内在动力，与经济发展的速度、总量、质效关系密切，并通过影响就业与收入，在一定程度上对民生改善起着重要作用。目前湖北经济发展的总量与结构性问题并存，但结构性问题更为突出。重大的结构性问题，已经成为制约湖北经济向高质量发展阶段转变的深层次的、全局性的瓶颈。

一、优化经济结构有利于提高增长速度

经济结构尤其是产业结构，是经济增长的内在支柱。从世界范围来看，经济发达

地区第三产业比重较高，而经济欠发达地区则比重较低。从近年来全国和湖北三次产业对经济增长的拉动看，第三产业占比逐步提高，增速是三次产业中最快的，第三产业已成为拉动经济增长的主要力量。2016 年湖北经济增长 8.1%，其中有 4.1% 的增长来自第三产业。加快经济结构调整，大力发展第三产业，提高第三产业比重，有利于湖北经济保持中高速增长。以 2016 年为例，湖北省三次产业结构为 11.2∶44.9∶43.9，第三产业占比落后全国平均水平 7.7 个百分点。在一、二、三产业增速不变的前提下，如果湖北三次产业结构达到全国平均水平，2016 年经济增速可提高 0.2 个百分点。此外，从区域结构看，区域均衡发展也是经济稳定增长的重要保证。湖北一城独大愈发凸显，两副发展贡献不足，多极支撑尚未形成，县域经济分化加剧，均对经济增长保持在合理区间带来一定挑战。

二、优化经济结构有利于做大发展“蛋糕”

没有有效的结构支撑，总量增长是难以持续的。从产业结构看，第三产业对总量增加的贡献是最大的，2016 年湖北第三产业贡献率超过 50%，提高第三产业比重有利于增加经济总量。从存量和增量结构看，总量的扩张，一方面，要靠现有产业的贡献；另一方面，要通过大力鼓励创新、创业来带动新的产业发展，为经济增长提供新的结构性支撑，最终实现经济总量的持续稳定增长。从企业层面看，就是要加快市场主体的培育，当前湖北各行业市场主体占中部地区的比重全面下滑。截至 2017 年 11 月，湖北“四上”调查单位总数在全国的位次由第 7 位下降至第 8 位，在中部地区的位次由第 2 位下降至第 3 位。湖北单位数占中部地区的比重比上年同期占比下降 1.2 个百分点。市场主体的培育跟不上将对经济增长后劲产生较大影响。

三、优化经济结构有利于提升发展质量

从现代生产力的发展来看，反映生产力总量水平的通常是 GDP，而反映生产力质的水平的则是经济结构。没有合理的结构匹配，总需求和总供给难以达到均衡，要维持总量的稳定难度就会加大。当前，我国经济出现了低端产品供给过剩，而中高质量产品与服务供给不足的结构性失衡问题。湖北供给体系面临同样的问题，主要体现在传统制造业比较发达，高端制造业相对薄弱；一般服务业比重较大，现代服务业、生产性服务业发展滞后；金融业发展具有优势，但金融供给结构不优；科教优势潜力巨大，但成果转化率不高；农产品的产量较高，但市场竞争力不强；交通区位优势明显，但发展底盘仍不够强大。这种供给和需求结构的失衡，成为目前制约湖北经济实现高质量发展的短板。迫切需要通过大力推进供给侧结构性改革，推进产品和服务质量升级，以满足人民日益增长的对高质量产品或服务的需求，提升经济增长的质量。

四、优化经济结构有利于加快效率变革

索洛模型指出，生产率的提高能够促进经济的长期增长；库兹涅茨也指出，生产率的大幅提高决定经济总量的高增长率。由此可知，生产要素和资源的大量投入能促进经济增长，结构升级可促进要素和资源更有效、更合理地利用，从而促进劳动生产率提高，进而也促进经济增长。回顾湖北省经济的发展，主要是依赖大量资源和生产要素投入的投资拉动型经济增长。从投入产出率看，一直以来资本和劳动力对湖北经济的贡献率较高，全要素生产率较低。“十二五”以来，随着科技投入的不断增加，湖北省全要素生产率有所提高，但仍低于全国。2016 年达到 52.1%，比全国平均水平 56.2% 低 4.1 个百分点。随着湖北资本投入的边际效益递减和人口老龄化的加快，如果全要素生产率不能有效提高的话必然导致湖北经济发展的低效。

五、优化经济结构有利于促进民生改善

扩大就业，增加收入是改善民生的关键。从就业结构看，第三产业是吸纳劳动力的主体，2016 年湖北三次产业就业人口比例为 36.8∶23.0∶40.2。从工资结构看，第三产业工资水平高于一、二产业，2016 年城镇在岗职工平均工资最高的两个行业均属第三产业，平均工资排在前 10 位的有 9 个行业来自第三产业。从这个意义上讲，加快发展第三产业是促进就业、实现增收的有效途径。此外，研究表明居民收入与第三产业关联度较高，且农村居民的相关系数大于城镇居民，因此加快发展第三产业既可以增加城镇居民收入又可以更好地改善农民收入，缩小城乡差距。而当前，湖北第三产业发展仍不充分，某种意义上拖慢了民生改善步伐。

从上分析，当前湖北在产业结构、区域结构、供求结构、投入结构等方面还有较大提升空间，优化经济结构是湖北经济转向高质量发展的必然选择，也是解决湖北经济发展不平衡不充分的关键所在。因此，在抓工业强基的同时要更加注重发展第三产业，抓项目支撑的同时要更加注重创新驱动，抓需求引领的同时要更加注重供给升级，抓存量优化的同时要更加注重增量贡献。

第六节　评价体系

党的十九大指出，我国经济已由高速增长阶段转向高质量发展阶段。2017 年中央经济工作会议要求，加快形成推动高质量发展的指标体系、政策体系、标准体系、

统计体系、绩效评价、政绩考核。2018 年 4 月习近平总书记视察湖北时，对新时代湖北高质量发展提出了明确要求、寄予了殷切期望。开展高质量发展监测评价，对摸清全省及各地高质量发展总体状况，为各级党委政府制定推动高质量发展对策提供基础性、方向性依据具有重要意义。

一、高质量发展内涵及评价体系研究意义

高质量发展是一个综合性概念，必须在深刻理解新发展理念的根本要义上，明确高质量发展的内涵。具体来讲，高质量发展包含了五个方面的内容：一是科技引领、创新驱动。创新能力越强的经济体，发展质量就越高，对经济增长的贡献也就越大。全球新一轮科技革命和产业变革对中国形成了倒逼机制，也提供了大量机会。近年来我国劳动人口总量出现下滑，资源投入也面对约束，传统发展方式难以为继，需要加快实施创新驱动战略，使创新真正成为经济增长的主要引擎。二是绿色低碳、循环发展。大行绿色发展方式，提高经济发展的综合环境效益，为子孙留下美丽的自然生态环境，既是经济社会可持续发展的重要条件，也是高质量发展的重要标志。绿色发展既是当今世界潮流，也是经济可持续发展的内在要求和民众对实现美好生活的迫切希望。目前我国一方面，存在严重环境污染、生态系统退化等问题；另一方面，绿色低碳技术发展迅速，有条件也有能力加快污染防治，恢复被破坏的生态环境，从而使绿色低碳成为高质量发展的重要标志。三是转型升级、提质增效。以提升供给质量为主攻方向，大力发展先进制造业、现代农业和高端服务业，不断培育技术含量高、经济效益好、符合人民美好生活需要的产业，持续增强符合人民消费升级的高质量产品和服务的供应能力。同时，以最少的劳动、资本、土地、资源等要素投入，获得最大的产出，大力提升投入产出比率和经济效益。四是防范风险、化解矛盾。向高质量发展转变的过程不会一帆风顺，必须切实关注金融风险聚集、房地产大起大落和地方政府债务偿还压力较大等重大问题，守住不发生系统性风险的底线，有序排除长期积累的风险隐患，有效应对一些不确定性因素的冲击，为高质量发展创造有利条件和环境。五是城乡一体、协调共享。共同富裕，是社会主义的本质要求和根本目标，也是高质量发展的最终目标。一方面要推动城乡协调发展，加快实现城乡一体化进程，采取措施有效解决“三农”这一关系现代化全局的老大难问题，进一步缩小城乡差别；另一方面要贯彻共享发展理念，让发展成果惠及全体民众，更加公平地分享发展成果，充分调动广大群众积极性主动性创造性，形成推动高质量发展的强大动力。

当前，湖北经济正进入增速换挡、结构调整、动力转换的关键时期，面临着区域竞争加剧、发展不平衡不充分，产业中低级、供给中低端、企业中低效等“成长的烦恼”，推动高质量发展，是我们适应经济新常态、突破发展关口的现实选择。研究建立湖北高质量发展评价体系，是贯彻落实党的十九大、中央经济工作会议和习近平总

书记视察湖北重要讲话精神，推动湖北高质量发展的迫切要求。借鉴外省市经验，建立适合湖北实际的高质量发展评价体系，为推动高质量发展提供可量化、可考核的基础信息，有助于同先进地区进行比较，找出现阶段高质量发展的短板，明确自身发展下一阶段的目标任务；另一方面，有助于全省及各地找准制度创新的方向，更好地全面深化改革、扩大开放、发挥示范带动作用，为适应经济新常态、提升区域综合竞争力提供有力指引。

二、高质量发展评价指标体系设计

（一）指导思想

坚持以习近平总书记新时代中国特色社会主义思想为指导，深入贯彻落实党的十九大、习近平总书记视察湖北重要讲话和省委十一届三次全会精神，在深刻领会高质量发展内涵、特征及构成要素的基础上，紧紧围绕省委、省政府重大战略部署，紧密结合湖北发展实际，加快研究构建一套覆盖全面、科学系统、逻辑清晰、可操作性强的评价指标体系，准确及时全面反映全省及各地落实五大发展理念、加快经济社会发展的进程，为推动湖北高质量发展提供更好的统计保障。

（二）构建高质量发展指标体系的基本原则

1. 系统性原则。高质量发展是一个结构复杂的系统工程，由众多相互联系的子系统即构成要素组成。但这一系统并不是各个子系统简单相加，而是要使各个子系统科学地整合以求得系统“整体最优”。因此，必须运用系统论的观点和方法，构建高质量发展指标体系。指标选取要兼顾相互独立性和内在逻辑性，全面、完整地反映经济社会发展、生态文明建设、民生福祉改善的各个方面。

2. 导向性原则。指标体系中确立的各个指标，能够为推动高质量发展明确导向，即推动高质量发展要在哪些方面下功夫，抓哪些关键环节，发挥导向作用，推动各地方各部门切实转变发展理念，谋求高质量发展方式，健全完善推进高质量发展的体制机制，为制定改善高质量发展对策提供方向性依据。

3. 可比性原则。所建立的评价指标体系能用于不同地区之间的横向比较和纵向比较。横向比较以便找出不同地区之间高质量发展差别及其原因，纵向比较能客观反映各地高质量发展的进程。

4. 可操作性原则。评价体系既要力求简约，又要能够体现高质量的本质要求。各个指标数据要有可靠的资料来源，尽量选择数据可采集、便于加工的指标。指标的计算方法要科学，便于数据处理。对由于某些客观因素难以直接量化或缺乏完整性指标数据，应尽量采用变通方法获取。综合指标计算方法简便易行，便于整理和分析。

三、高质量发展评价指标体系的主要内容

高质量发展，是体现新发展理念的发展，是适应我国社会主要矛盾变化和全面建设社会主义现代化国家的必然要求。根据高质量发展内涵及要求，结合湖北实际，可从以下5个方面设计反映高质量发展评价指标体系。

（一）创新驱动的高质量发展

创新驱动的高质量发展，主要表现为创新投入和科技进步经济社会发展的贡献，可选择5个指标。

（1）R&D经费占GDP比重：指全社会研究与试验发展（R&D）经费支出占国内生产总值的比率。

（2）人均技术成交合同金额：指报告期签订成立的技术合同成交项目的总金额与同期常驻平均人口的比值。

（3）万人专利发明拥有量：指每一万人口拥有经国内外知识产权行政部门授权且在有效期内的发明专利件数，是衡量一个国家或地区科研产出质量和市场应用水平的综合指标。

（4）战略性新兴产业增加值占GDP比重：指报告期内战略性新兴产业增加值占国内（地区）生产总值的比重。

（5）科技进步贡献率：指扣除了资本和劳动生产要素后，科技等要素对经济增长的贡献份额。

（二）资源环境的高质量发展

资源环境的高质量，就是绿色发展。2016年12月，国家发展改革委、国家统计局、环境保护部、中央组织部联合印发了《绿色发展指标体系》，设置了56个二级指标。我们可选择其中7个综合性较强的指标来反映资源环境的高质量发展。

（1）单位GDP能源消耗降低率：指报告期单位地区生产总值能源消耗与基期单位地区生产总值能源消耗相比的降低幅度。

（2）单位GDP用水量降低率：指报告期单位地区生产总值水量消耗与基期单位地区生产总值水量消耗相比的降低幅度。

（3）单位GDP建设用地面积降低率：指报告期内单位地区生产总值建设用地面积与基期单位地区生产总值建设用地面积相比的降低幅度。

（4）生活垃圾无害化处理率：指本地区报告期城市生活垃圾无害化处理量与生活垃圾产生量的比率。由于生活垃圾产生量不易取得，可用清运量代替。

（5）环境污染治理投资占 GDP 比重：指本地区报告期用于环境污染治理的固定资产投资总额占同期 GDP 总量的百分比。

（6）主要污染物排放总量降低率：指报告期内化学需氧量、二氧化硫、氨氮、氮氧化物等主要污染物排放量的降低程度。

（7）地级及以上城市空气质量优良天数比率：指各市州、省直管市和神农架林区空气质量指数为 0 ~ 100 的天数占全年天数的百分比。

（三）提质增效的高质量发展

转型升级、提质增效是推动高质量发展重要途径，可选择以下 7 个指标。

（1）GDP 增速：指报告期按可比价计算的地区生产总值与上年同期相比增减变动的百分比。

（2）服务业增加值占 GDP 比重：指服务业增加值在地区生产总值中所占的百分比，用以从三次产业结构角度反映经济发展对服务业的依存度。

（3）文化及相关产业增加值占 GDP 比重：指本地区报告期文化及相关产业增加值占同期本地区 GDP 总量的百分比。

（4）规上企业总资产贡献率：规上企业是指规模以上工业企业、有承包（劳务分包）资质的建筑业企业和全部房地产开发经营企业、限额以上批发零售和住宿餐饮企业、规模以上服务业企业的统称。总资产贡献率指报告期规模以上企业利润总额、税金总额、利息支出之和与平均资产总计的比率。

（5）规上企业营业收入利润率：指规模以上企业报告期利润总额与同期营业收入的比率，它表明企业每单位营业收入能带来多少利润，反映企业经营业务的获利能力，是评价企业经营效益的主要指标。

（6）全员劳动生产率：指报告期地区生产总值与就业人员的比值。就业人员指在一定年龄以上、有劳动能力、为取得劳动报酬或经营收入而从事一定社会劳动的人员。

（7）工业产品质量省级监督抽查合格率：指经过省级质监部门组织的对各地区工业产品开展的质量检测，检测出来的合格产品占产品总数的比率。

（四）风险防范化解的高质量发展

防范和化解重大风险是全面建成小康社会决胜期“三大攻坚战”之一，重点是防范和控制金融风险和地方政府债务风险，可选择以下 3 个指标。

（1）规上企业资产负债率：指规模以上企业负债总额占企业资产总额的百分比。

（2）金融机构不良贷款率：指金融机构不良贷款占总贷款余额的比重。

（3）政府债务余额与财政收入之比：指地方政府融资平台总负债与地方政府对

外有息负债之和占地方公共财政预算收入的比率。

（五）民生福祉的高质量发展

高质量发展具有普惠性，最终体现在民生福祉的改善，可选择以下8个指标。

（1）居民人均可支配收入增速：居民人均可支配收入是城乡居民可支配收入与地区常住人口数的比值。其增速是指报告期内城乡居民人均可支配收入与上年同期相比增减变动的百分比。

（2）居民消费率：指报告期内居民消费支出在支出法地区生产总值中所占的百分比。

（3）恩格尔系数：指居民家庭中食物支出占消费总支出的比重，是用来衡量家庭富裕程度的重要指标。

（4）基本社会保障覆盖率：指本地区报告期内基本社会保障卡持卡人数占该地区常住总人口数的比例。

（5）平均受教育年限：指对一定时期、一定区域某一人口群体接受学历教育（包括承认学历教育、不包括各种学历培训）的年数总和的平均数。按照现行学制为受教育年数计算人均受教育年限，即大专以上文化程度按16年计算，高中12年，初中9年，小学6年，文盲为0年。平均受教育年限具体计算方法为：将6岁及6岁以上人口按照相应受教育年限进行加权汇总，再除以相应总人口数。

（6）每千人口拥有执业医师数：指按每一千常住人口平均的执业医师数。

（7）城镇调查失业率：指某时点（期）失业人口与同时点（期）经济活动人口（即劳动力）之比。

（8）农村贫困发生率：指农村家庭年人均可支配收入低于贫困线的人口在全部农村人口中所占的比重。

根据上述内容，我们可以构建出湖北省高质量发展统计指标体系（见表1－5）。

表1－5　　湖北高质量发展统计指标体系

一级指标	二级指标	权重	资料来源
创新驱动（20）	1. R&D经费占GDP比重	4	统计部门
	2. 人均技术市场成交合同金额	3	科技部门
	3. 万人专利发明拥有量	4	科技部门
	4. 战略性新兴产业增加值占GDP比重	4	统计部门
	5. 科技进步贡献率	5	统计部门

续表

一级指标	二级指标	权重	资料来源
绿色发展（20）	6. 单位 GDP 能源消耗降低率	4	统计部门
	7. 单位 GDP 用水量降低率	2	水利部门
	8. 单位 GDP 建设用地面积降低率	2	国土部门
	9. 生活垃圾无害化处理率	3	环保部门
	10. 环境污染治理投资占 GDP 比重	3	环保部门
	11. 主要污染物排放总量降低率	3	环保部门
	12. 地级及以上城市空气质量优良天数比率	3	环保部门
提质增效（25）	13. GDP 增速	5	统计部门
	14. 服务业增加值占 GDP 比重	3	统计部门
	15. 文化及相关产业增加值占 GDP 比重	2	统计部门
	16. 规上企业总资产贡献率	4	统计部门
	17. 规上企业营业收入利润率	2	统计部门
	18. 全员劳动生产率	5	统计部门
	19. 工业产品质量省级监督抽查合格率	4	质监部门
风险防范（10）	20. 规上企业资产负债率	3	统计部门
	21. 银行不良贷款率	4	银行部门
	22. 政府债务余额与财政收入之比	3	财政部门
民生福祉（25）	23. 居民人均可支配收入增速	4	统计部门
	24. 居民消费率	3	统计部门
	25. 恩格尔系数	3	统计部门
	26. 基本社会保障覆盖率	3	人社部门
	27. 平均受教育年限	3	教育部门
	28. 每千人口拥有执业医师数	3	卫计部门
	29. 城镇调查失业率	3	人社部门
	30. 农村贫困发生率	3	扶贫部门

四、高质量发展评价方法

高质量发展评价属于综合评价范畴，它是利用有关统计指标数据，以各项相关因素的定量和定性材料，按构建的综合评价模型，通过数量的计算和比较，求得综合评价值，对被评价对象做出明确的评定和排序进行分析，并得出结论。

（一）指标权重的确定

权数是以某种数量形式对比，权衡被评价事物总体中诸因素相对重要程度的量值。综合评价中的权重，是指每项指标对总目标实现的贡献程度，它是反映各指标在评价对象中价值地位的系数。确定权重的方法很多，根据计算权重时原始数据的来源不同可以分为主观赋权法和客观赋权法。

主观赋权法主要有专家咨询法和层次分析法。其基本原理是：较重要的指标应赋予较大的权重，各指标的权重由专家根据自己的经验和对实际情况的主观判断给出。其优点是可以根据指标的重要性给予相应的权数，重要的指标赋予较大的权数，不重要的指标赋予较小的权数，比较符合权数的本质。但由于指标的权重直接由有关专家给出，因此权数的合理性受到专家主观认识的影响，难免带有很强的主观性。

客观赋权法主要有变异系数法、熵信息法和多元统计法。其基本原理是利用指标的观测值进行赋权，权数的确定完全由统计数据得出。这类方法切断了权重系数的主观性来源，使系数具有绝对的客观性。但却容易出现“重要指标的权重系数小而不重要指标的权重指标系数大”的不合理现象。

实际工作中运用较多的是专家咨询法。关于高质量发展指标权重的设定，建议对上述 5 项一级指标分别赋予 20%、20%、25%、10% 和 25% 的权重，30 个二级评价指标权重见附件。

（二）评价模型的选择

在对指标体系确定了各指标的权重之后，就需要通过一定的评价模型，把评价对象多个指标的评价值合成一个整体性的综合评价值，以便对评价对象做出综合评判。概括地说，就是构造综合评价模型。

综合评价模型的种类有综合指数评价法、模糊综合评价法、灰色系统评价法、功效系数法等。实际工作中，综合指数评价法和功效系数法应用较多。综合指数法是利用一种规则将数据无量纲化，然后区别各个指标的相对重要性，并采用某种方法赋予一定的权数，然后加权计算得到综合指数。功效系数法是根据多目标规划原理，对每一项评价指标确定一个满意值和不允许值，以满意值为上限，以不允许值为下限，计算各指标实现满意值的程度，并以此确定各指标的分数，再经过加权平均进行综合，从而评价被研究对象的综合状况。

根据湖北经济社会发展地区间差距大的特点，我们建议高质量发展指数的计算采用综合指数法，即通过对每个具体指标数据进行加权计算，分别得出各个分类指数，然后通过各个分类指数加权计算得出总指数。

（1）二级指标指数计算。30 个二级指标个体指数计算公式为：

$$z_i = \frac{x_i}{x_{i-1}} \times 100\% \tag{1-1}$$

其中，z_i 为 x_i 的指数，x_i 为报告期值，x_{i-1} 为基期值。

当评价指标为逆指标时，通过倒数变换转化为正指标再采用上述公式计算指数。

（2）一级指数计算。高质量发展统计指标体系中创新驱动、绿色发展、提质增效、风险防范、民生福祉 6 个一级指标指数计算公式为：

$$F_j = \sum_{i=m_j}^{n_j} w_i z_i / \sum_{i=m_j}^{n_j} w_i \times 100\% \tag{1-2}$$

其中 z_i 为指标 x_i 的指数，x_i 为报告期值，w_i 为 x_i 的权数，F_j 为第 j 个类别指数，m_j 为第 j 个类别中第 1 个评价指标在整个评价指标体系中的序数，n_j 为第 j 个类别中最后 1 个评价指标在整个评价指标体系中的序数。

（3）高质量发展指数计算。计算公式为：

$$GZL = \sum_{j=1}^{5} w_j F_j \tag{1-3}$$

其中，GZL 为高质量发展指数，F_j 为一级指标指数值，w_j 为 F_j 的权数。

CHAPTER 2

第二章　全面同步小康和精准脱贫研究

第一节　全面同步小康

从现在到2020年，是全面建成小康社会决胜期。当前湖北省全面建成小康社会进程如何，精准脱贫成效怎样，与发展目标、中央要求还有多大差距，存在哪些短板，如何解决难题，本章围绕这些问题，进行了初步分析。

一、全面建成小康社会的统计指标体系介绍

（一）用于监测各省全面建成小康社会的统计指标体系

国家统计局从2012年开始，对各省（区、市）全面建成小康社会进行统计监测。经过修改完善，于2016年形成了新的监测体系，监测体系涉及5个方面，共42项指标。其中，经济发展指标9项，权重22%；民主法治指标4项，权重12%；文化建设指标5项，权重12%；人民生活指标14项，权重32%；资源环境指标10项，权重22%（详见本章附件一）。

（二）用于监测市州县全面建成小康社会的统计指标体系

国家统计局对省（区、市）全面建成小康社会的统计监测，实行“省级自主、一地一标”原则，但要求各省（区、市）以“国家标准”为参考，对照本省（区、市）“十三五”规划，制定出台“地方标准”，既与国家标准衔接，又符合地方经济社会发展实际。本着权威性和可行性原则，湖北省市州县全面小康统计监测指标体系实行区域分类方法，全省采用“国家标准”，市州、县（市、区）在国家标准的基础上，对指标、权数、目标值等进行了调整，共38项指标（详见本章附件二）。

（三）湖北省全面建成小康社会的基本原则和标准

目前国家统计局虽然没有具体明确小康指数达到多少就算实现全面小康，但我们认为，全面建成小康社会的标准要体现三个必须：一是必须落实中央决策部署和要求。贯彻落实习近平总书记新时代中国特色社会主义思想，贯彻落实党的十八大和十九大报告的精神。总书记一再强调，全面建成小康社会“一个都不能少”“最艰巨最繁重的任务在农村、特别是在贫困地区”“小康不小康，关键看老乡”，使全面建成小康社会得到人民认可，经得起历史检验。二是必须完成党的十八大、十九大和“十三五”规划提出的奋斗目标。即2020年GDP和城乡居民人均收入比2010年翻番。三是必须绝大多数县市区达到全面建成小康社会目标。必须坚持以县为单位实现全面小康，不能以全省总体水平代替县市建成小康。因此，贫困人口全部脱贫和90%以上的县（市、区）全面建成小康社会是先决条件。到2020年，在现有全面小康监测体系下，全省小康指数达到95%以上，市州小康指数达到90%以上，县（市区）指数达到85%以上。

二、湖北省全面建成小康社会进程监测情况

（一）全省全面建成小康社会进程监测情况

1. 全省全面建成小康社会进程监测结果

按照国家统计局全面小康指标体系，省统计局对全省全面建成小康社会进程进行了监测评价。2017年全省小康指数为89.43%，五大类指数由高到低依次为：资源环境（96.14%）、民主法治（92.10%）、人民生活（90.89%）、经济发展（83.99%）、文化建设（80.55%）。

在42个监测指标中，完成进度超过90%的有31个，占监测指标的73.8%，其中超过100%的有13个。完成进度在80~90%的指标有4个，占监测指标的9.5%。完成进度在80%以下的有7个，占16.7%，分别是：研究与试验发展经费投入强度、战略性新兴产业增加值占地区生产总值比重、每万人拥有社会组织数、文化及相关产业增加值占地区生产总值比重、人均公共文化财政支出、城乡居民人均收入、社区综合服务设施覆盖率指数、农村贫困人口累计脱贫率。

2. 湖北省全面建成小康社会的预测分析

一是两大核心指标预测。与2010年相比，湖北省地区生产总值到2016年已实现翻番，城乡居民人均收入预计到2018年翻番（见表2-1）。

表 2－1　　两大核心指标预测情况

指标	年份							
	2010	2014	2015	2016	2017	2018	2019	2020
GDP（亿元）	15968	27379	29550	32298	35478	39367	42000	46000
人均 GDP（2010 年不变价）（元）	27906	42062	45599	48957	52306	56386	62000	67000
城乡居民人均收入（2010 年不变价）（元）	10914	16363	17722	18980	20459	22360	24150	26100
城镇居民人均可支配收入（元）	16058	24852	27051	29386	31889	34455	37150	41000
农村居民人均可支配收入（元）	5832	10849	11844	12725	13812	14978	16000	17300

二是贫困人口脱贫销号预测。按照省第十一次党代会报告，2020 年全省 581 万建档立卡贫困人口全部脱贫销号、4821 个贫困村全部脱贫出列、37 个贫困县全部脱贫“摘帽”。

三是全省小康综合指数及五大类指数预测。2020 年全省小康指数为 97.5%，五大类指数均在 95% 以上（见表 2－2）。

表 2－2　　小康指数及五大类指数预测情况　　单位：%

指数	年份							
	2010	2014	2015	2016	2017	2018	2019	2020
小康指数	61.46	71.15	82.93	86.18	91.20	93.80	96.30	97.50
经济发展指数	49.39	52.61	77.61	81.02	86.90	93.90	96.50	97.70
民主法治指数	72.38	83.94	85.32	87.64	90.30	94.10	96.70	98.80
文化建设指数	60.40	73.82	76.07	78.12	78.93	86.30	92.40	95.30
人民生活指数	67.58	75.62	82.35	87.24	91.90	95.20	96.90	97.90
资源环境指数	59.24	74.75	91.53	93.38	94.80	95.90	97.20	98.40

（二）市州县全面建成小康社会进程监测情况

1. 市州县全面建成小康社会进程监测结果

2016 年 17 个市州全面小康社会进程监测指数多数处于 80% 左右，其中高于全省平均水平的有武汉、宜昌，分别为 92.96%、90.17%。指数在 80%～90% 之间的市州有 6 个，在 70%～80% 之间的有 9 个。

全省所监测的县市区有73个（不含3个直管市、神农架林区），小康进程监测指数在80%以上的有17个县市区，占23.3%；在70%～80%之间的有40个县市区，占54.8%；在70%以下的有16个县市，占21.9%。

2. 市州、县（市、区）全面建成小康社会的预测分析

以翻番标准预测。从人均GDP指标看，与2010年相比，2020年湖北省17个市州、73个县市区（全面建成小康社会监测的县市区，下同）均能实现翻番；从收入指标看，与2010年相比，2020年湖北省17个市州、73个县市区城乡居民人均收入（2010年不变价）均能实现翻番。

以目标值标准预测。从人均GDP指标看，与58000元（国家小康目标值）相比，到2020年仅有8个市州、21个县市区能实现目标值；从收入指标看，与25000元（国家小康目标值）相比，到2020年仅有6个市州、18个县市区能实现目标值。其他地区达标还存在困难（见表2－3、表2－4）。

表2－3 市州县人均GDP预测情况

年份	人均GDP（2010年不变价）与2010年相比实现翻番		人均GDP（2010年不变价）达到58000元	
	市州（个）	县市区（个）	市州（个）	县市区（个）
2016	1	21	3	8
2017	4	39	4	11
2018	14	61	5	17
2019	16	69	8	18
2020	17	73	8	21

表2－4 市州县收入预测情况

年份	城乡居民收入（2010年不变价）与2010年相比实现翻番		城乡居民收入（2010年不变价）达到25000元	
	市州（个）	县市区（个）	市州（个）	县市区（个）
2016	1	21	1	0
2017	4	53	1	0
2018	14	70	1	1
2019	17	71	1	9
2020	17	73	6	18

三、湖北省全面建成小康社会的短板分析

（一）文化建设指数偏低

2016 年全省文化建设指数在 5 大类指数中排位倒数第 1。其中，文化产业增加值占 GDP 的比重为 2.92%，评价值仅为 58.4%，而在 17 个市州中，有 12 个市州文化产业增加值占 GDP 的比重这项指标只完成了目标值的 50% 不到。人均公共文化财政支出为 164.61 元，评价值仅为 65.84%，且 17 个市州中仍有 7 个市州此项指标评价值低于 60%，与目标值存在较大差距。

（二）主要指标进程滞后

虽然近年来我省第三产业呈现了总量快速提升、后劲稳步增强、结构渐趋优化的发展态势，但是第三产业发展总体滞后、总量不大、质量不高，占 GDP 比重仍然偏低。2016 年第三产业增加值占 GDP 比重为 44.7%，只完成了目标值的 79.8%。战略性新兴产业增加值占 GDP 比重不到 5%，评价值仅为 27.8%。同时，经济创新动力亟待提升，R&D 经费占比低。2016 年全省 R&D 经费支出占 GDP 比重为 1.9%，评价值为 74.4%。

（三）市州、区县发展不平衡

从市州看，2016 年小康指数超过 90% 的只有武汉、宜昌，9 个市州小康指数在 80% 以下（见表 2－5）。

表 2－5　全省及各市州 2015～2016 年小康社会综合指数　单位：%

地市	2015 年小康社会综合指数	2016 年小康社会综合指数
全省	82.93	86.18
武汉市	92.28	92.96
宜昌市	87.98	90.17
襄阳市	82.95	86.09
黄石市	82.39	84.28
鄂州市	80.92	83.45
荆门市	79.16	82.10
潜江市	77.70	81.54

续表

地市	2015 年小康社会综合指数	2016 年小康社会综合指数
十堰市	77.25	81.28
咸宁市	74.09	78.54
仙桃市	74.86	77.42
神农架	71.82	77.24
孝感市	71.16	75.83
荆州市	70.80	74.27
随州市	70.42	73.21
恩施州	70.67	73.09
黄冈市	68.93	71.53
天门市	69.24	70.45

从县（市、区）看，16 个地区小康指数在 70% 以下，占监测县市区数的 21.9%（见表 2－6）。

表 2－6　2016 年湖北省各县市区小康社会综合指数　单位：%

小康社会综合指数	地区				
80% 以上（含 80%）	东宝区 89.01	宜都市 86.75	远安县 86.51	枝江市 85.15	兴山县 84.20
	夷陵区 84.17	当阳市 82.60	秭归县 82.36	曾都区 82.18	赤壁市 82.17
	谷城县 82.01	大冶市 81.44	咸安区 81.28	襄州区 81.71	江夏区 80.46
	荆州区 80.15	黄州区 80.10			
70% ~80%（含 70%）	钟祥市 79.36	老河口市 78.79	嘉鱼县 78.63	蔡甸区 78.54	枣阳市 78.02
	京山县 77.84	保康县 77.81	五峰县 77.38	黄陂区 77.20	丹江口市 76.74
	石首市 76.22	应城市 75.78	宜城市 75.74	通山县 75.71	新洲区 75.65
	鹤峰县 75.61	孝南区 75.58	郧阳区 75.39	安陆市 75.27	汉川市 75.21
	咸丰县 74.81	来凤县 74.78	恩施市 74.32	崇阳县 73.87	长阳县 73.67
	洪湖市 73.44	南漳县 73.20	武穴市 73.01	云梦县 72.87	公安县 72.25
	沙洋县 72.09	房县 71.97	竹山县 71.51	通城县 71.39	监利县 71.22
	巴东县 70.55	竹溪县 70.34	罗田县 70.30	英山县 70.27	建始县 70.04
70% 以下	广水市 69.94	松滋市 69.83	孝昌县 69.72	阳新县 69.39	宣恩县 69.26
	大悟县 69.03	江陵县 68.57	郧西县 68.54	红安县 68.28	麻城市 68.03
	蕲春县 67.90	黄梅县 67.79	浠水县 66.14	利川市 65.96	团风县 64.74
	随县 62.34				

在评价指标体系中，经济发展指标只有6项，权重仅占22%，且指标体系大多考核的是人均指标，故有部分贫困县小康指数高于非贫困县。

四、高质量推进湖北省全面小康社会进程的建议

（一）不折不扣落实好中央决胜全面小康决策部署

要全面贯彻落实党的十九大精神和习近平总书记视察湖北重要讲话精神，切实增强各级领导干部推进全面建成小康社会的责任感和使命感，举全省之力，学习好、贯彻好、落实好习近平总书记关于新形势下做好湖北各项工作的总要求，特别是贯彻新发展理念、打好三大攻坚战、实施乡村振兴战略、推动经济高质量发展等重大决策和部署，真抓实干、埋头苦干，确保同步全面建成小康社会。

（二）全力以赴推进全面小康社会各项工作

从2018年到2020年，是全面建成小康社会决胜期，也是最后冲刺期，3年时间很短，但目标任务很重。要紧扣全面小康社会目标要求，综合施策、精准发力，突出抓重点、补短板、强弱项，赢得全面建成小康社会的最后胜利。

（1）分解责任目标。一是认真落实《省人民政府办公厅关于开展全面建成小康社会统计监测工作的通知》，完善指标体系，建立全面建成小康社会工作联席会议制度。二是切实将全面建成小康社会摆上重要议事日程，落实省、市、县三级责任分工，对照目标和标准，分解市、州、县目标责任。三是建立健全联动协调机制，各级党政主要负责同志要亲自抓、负总责，分管负责同志要靠前督战、直接指挥，各地各部门要各负其责、各尽其责，形成合力。

（2）补短板强弱项。要清醒看到湖北省全面建成小康社会面临的困难挑战和突出问题，坚持整体推进和重点突破。一是全省要从打赢三大攻坚战、科技创新投入、文化产业发展、公共服务设施、民主法治等方面进行整体推进，特别是聚焦研发经费投入占GDP比重、文化及相关产业占GDP比重等短板指标，要加大投入力度。二是围绕指数在80%以下的市州、70%以下的县市区和深度贫困县要进行重点突破，这些地区在民主法治、人民生活、文化发展等方面小康指数落后，一方面，要在实施乡村振兴上下功夫，补齐产业、人才、文化、组织方面的短板；另一方面，要在精准脱贫上下功夫，以深度贫困地区为主战场，聚焦深度贫困，精准施策、精准发力，确保2020年现行标准下的农村贫困人口全部脱贫，消除绝对贫困；确保贫困县全部摘帽，解决区域性整体贫困。

（3）树立目标导向。要参照全国小康指标，进一步完善市、州、县全面建成小

康社会指标体系；完善全面小康社会监测体系，健全统计监测制度。制定科学合理的全面小康监测考核体系，规范小康数据评价简则制度，科学制定考核方式方法。

第二节　如期精准脱贫

一、湖北省精准脱贫基本情况

2014 年，按照国家扶贫标准 2300 元（2010 年不变价）测算，全省建档立卡贫困人口 580.79 万人，贫困户 191.51 万户；贫困发生率 14.4%；国家和省定贫困县 37 个，共有贫困村 4821 个。2014 ~ 2017 年底，湖北省累计减少建档立卡贫困人口 385.21 万人；贫困发生率下降 9.3 个百分点；红安、远安、神农架 3 个贫困县于 2017 年率先“脱贫摘帽”，已有 3058 个贫困村“脱贫出列”。截至 2017 年底，全省还有建档立卡贫困人口 203.77 万人（脱贫人数加现有贫困人数大于建档立卡贫困人数原因如表 2 – 7 所示），贫困户 78.24 万户未脱贫；34 个贫困县未“摘帽”；1763 个贫困村未“出列”（见表 2 – 7）。

表 2 – 7　市州减贫脱贫情况

市州	2014 年建档立卡数			2014 ~ 2017 年脱贫人（户）数及贫困发生率 ± %		现有贫困人（户）数及贫困发生率（截至 2017 年底）		
	贫困人口数（万人）	贫困户数（万户）	贫困发生率（%）	贫困人口数（万人）	贫困发生率 ± %	贫困人口数（万人）	贫困户数（万户）	贫困发生率（%）
全省	580.79	191.51	14.40	385.21	–9.30	203.77	78.24	5.10
武汉市	8.79	3.48	3.30	6.44	–2.50	2.15	0.96	0.80
黄石市	12.66	4.17	9.00	8.42	–5.70	4.71	1.69	3.30
十堰市	88.80	26.29	39.70	52.14	–24.50	34.10	12.85	15.20
宜昌市	42.57	16.36	16.00	29.52	–10.60	14.41	5.81	5.40
襄阳市	36.49	12.33	11.90	25.48	–8.20	11.44	5.18	3.70
鄂州市	5.86	2.43	13.20	3.72	–6.50	2.96	1.19	6.70
荆门市	21.80	7.18	10.00	15.74	–7.20	5.99	2.19	2.80
孝感市	32.87	11.32	8.40	18.62	–4.60	14.92	5.75	3.80

续表

市州	2014年建档立卡数			2014~2017年脱贫人（户）数及贫困发生率±%		现有贫困人（户）数及贫困发生率（截至2017年底）		
	贫困人口数（万人）	贫困户数（万户）	贫困发生率（%）	贫困人口数（万人）	贫困发生率±%	贫困人口数（万人）	贫困户数（万户）	贫困发生率（%）
荆州市	40.67	13.56	8.20	29.32	-5.80	11.69	4.27	2.40
黄冈市	101.24	34.01	16.70	71.31	-11.30	32.56	13.76	5.40
咸宁市	38.09	12.09	17.40	27.40	-12.50	10.68	3.60	4.90
随州市	18.22	6.54	8.80	10.64	-5.00	7.99	3.70	3.80
恩施州	108.79	33.80	30.80	71.46	-19.20	40.88	14.03	11.60
仙桃市	7.99	2.48	7.00	5.04	-4.30	3.09	1.07	2.70
潜江市	6.51	1.94	12.50	3.88	-7.00	2.86	0.97	5.50
天门市	7.81	2.93	6.60	4.45	-3.80	3.29	1.20	2.80
神农架林区	1.63	0.60	32.40	1.63	-31.50	0.05	0.02	0.90

注：因历年新增贫困人口多于自然减少贫困人口，导致2014~2017年脱贫人数加上现有贫困人数大于2014年建档立卡贫困人数。数据由省扶贫办提供。

几年来，湖北通过实施“五个一批”工程，脱贫攻坚取得了显著成效。主要表现在：

（1）以产业扶贫为抓手，夯实了脱贫奔小康基础，拓宽了农民增收渠道。37个贫困县中224家省级以上重点龙头企业与贫困户建立了帮扶机制，95%以上的贫困村成立了农民专业合作社；38个县开展了电商扶贫试点；建成并网光伏扶贫项目4523个、总装机101.54万千瓦。通过产业扶贫，共使170.76万贫困人口脱贫，同时37个贫困县农村常住居民人均可支配收入由2013年的6033元，增加到2017年的10702元，年均增长15.4%，高出全省平均水平3.7个百分点。

（2）以易地扶贫搬迁为契机，转变了贫困户生产生活方式。坚持安置房建设标准，竣工验收后直接分配到户，实现“交钥匙工程”全覆盖。截至2017年12月底，全省已实现易地扶贫搬迁对象共有61.47万人。

（3）以对口帮扶为纽带，增强贫困地区造血功能。省外及中央单位投入帮扶资金38.8亿元，定点帮扶25个贫困县，帮助投资项目884个。对口城市共投入帮扶资金4.64亿元，帮助投资项目40个。112个省直单位、146所学校、22家三级医院、54家国有企业、74家大型民营企业，对37个贫困县进行集团式帮扶，投入帮扶资金8.77亿元，帮助引进项目892个、引进资金7.83亿元。2983家民营企业帮扶3289个贫困村，实施帮扶项目5915个，投入帮扶资金32.62亿元，辐射带动贫困人口

35.01 万人。杭州市投入财政援助资金达 4000 万元，落实对口帮扶项目 110 个。

（4）以生态扶贫为手段，探索生态脱贫新路子。率先在贫困地区实施森林生态效益补偿，贫困林农人平增加现金收入近千元。同时，把符合条件的建档立卡贫困人口就地转化为生态护林员，稳定增加其收入来源，2017 年，湖北 2.5 万名贫困人口通过当生态护林员实现脱贫。

（5）以教育扶贫为突破，斩断贫困穷根。2013 年以来，湖北用于“雨露计划”资金达 3.7 亿元，覆盖 26.47 万贫困人口。出台贫困户子女精准资助政策，对不同教育阶段进行补助。落实各类困难家庭学生资助资金 27.79 亿元，支持贫困地区招录教师 4377 名，培训中小学教师 4.3 万人次，截至目前，全省因学致贫贫困人口共减少 5.9 万户。

（6）以兜底扶贫为依托，构筑脱贫防火墙。全省贫困人口城乡居民大病保险起付线由 1.2 万元降低至 5000 元，94 个县区建立了建档立卡贫困人口补充医疗保险制度；深入推进兜底保障，全省农村低保标准平均达到 4646 元，农村五保集中供养标准平均达到 8750 元、分散供养标准达到 8377 元，共帮助 164.15 万贫困人口脱贫。

二、湖北省贫困户致贫原因分析

据统计，湖北省贫困人口致贫原因大致有 12 种，部分贫困户是由于多种原因造成的，集中反映在因病致贫占 48.6%、缺资金致贫占 7.2%、缺劳力致贫占 8.7% 和因残致贫占 17.2%，具体如表 2－8 所示：

表 2－8　　各种原因致贫占比情况

主要致贫原因	贫困户（万户）	占现有贫困户的比率（%）
因病致贫	37.99	48.60
因缺资金致贫	5.65	7.20
因缺技术致贫	5.20	6.60
因缺劳力致贫	6.80	8.70
因残致贫	13.43	17.20
因学致贫	2.21	2.80
因灾致贫	1.37	1.80
因缺土地致贫	0.32	0.40
因缺水致贫	0.13	0.20
因交通条件落后致贫	3.32	4.20
因自身发展能力不足致贫	1.71	2.20
因其他原因致贫	0.11	0.10

注：数据由省扶贫办提供。

三、现有贫困人口的结构性分析

从贫困人口分布来看，湖北省现有贫困人口主要集中在恩施自治州 40.88 万人、十堰市 34.10 万人和黄冈市 32.56 万人，分别占全省现有贫困人口的 20.1%、16.7% 和 16.0%。

按片区统计，大别山、武陵山、秦巴山、幕阜山 4 大片区是湖北省扶贫开发的重点，2014 年 4 大片区有建档立卡贫困人口 378.57 万人，占全省贫困人口的 65.2%；贫困户 112.43 万户，占全省贫困户的 58.7%；贫困村 2576 个，占全省贫困村的 53.4%。2014 年深度贫困地区建档立卡贫困人口为 107.45 万人，贫困发生率 37.9%；2014～2017 年有 63.95 万人脱贫，贫困发生率下降 22.6 个百分点；截至 2017 年底，还有贫困人口 43.5 万人，占全省现有贫困人口的 21.4%，贫困发生率为 15.3%（见表 2－9）。

表 2－9 片区减贫脱贫情况

片区	2014 年建档立卡数			2014～2017 年脱贫人（户）数及贫困发生率 ±%			现有贫困人（户）数及贫困发生率（截至 2017 年底）		
	贫困人口数（万人）	贫困户数（万户）	贫困发生率（%）	贫困人口数（万人）	贫困户数（万户）	贫困发生率 ±%	贫困人口数（万人）	贫困户数（万户）	贫困发生率（%）
四大片区	378.57	112.43	26.20	238.25	61.24	－16.60	137.86	51.19	9.60
大别山片区	96.74	30.71	21.10	63.09	17.83	－14.00	32.76	12.88	7.10
武陵山片区	131.24	41.62	30.10	81.58	23.78	－18.40	50.90	17.84	11.70
秦巴山片区	112.97	28.42	33.00	69.81	12.38	－21.00	41.22	16.04	12.00
幕阜山片区	37.62	11.68	18.40	23.77	7.25	－12.10	12.98	4.43	6.30

注：数据由省扶贫办提供。

按年龄段统计，2014 年建档立卡时主要集中在 31～59 岁年龄段，共有贫困人口 270.6 万人，占全省贫困人口的 46.6%；截至 2017 年底，结构基本没有改变，该年龄段贫困人口为 83.61 万人，占全省现有贫困人口的 41.0%，这说明湖北省贫困人口主要是中青年群体（见表 2－10）。

表 2-10　　贫困人口年龄结构

年龄段	2014 建档立卡人数（万人）	现有贫困人数（截至 2017 年底）（万人）
0～16 岁	66.83	27.73
17～30 岁	110.21	29.68
31～59 岁	270.64	83.61
60 岁及 60 岁以上	133.11	62.75

注：数据由省扶贫办提供。

按性别统计，现有贫困人口男性占 57.1%，女性占 42.9%（见表 2-11）。

表 2-11　　现有贫困人口性别结构

性别	男性	女性
贫困人口数（万人）	116.38	87.39
占比（%）	57.10	42.90

注：数据由省扶贫办提供。

按收入水平统计，在现有贫困人口中人均年收入在 2000 以上（扶贫标准以下）的有 62.39 万户，占现有贫困户的 79.7%（见表 2-12）。

表 2-12　　贫困人口收入结构（截至 2017 年底）

收入分段	1000 元以下	1000～2000 元	2000 元以上（扶贫标准以下）
贫困户数（万户）	2.82	75.42	62.39

注：数据由省扶贫办提供。

四、精准脱贫差距与难点分析

（一）中央对精准脱贫的要求

中共中央总书记习近平指出，全面打好脱贫攻坚战，要按照党中央统一部署，把提高脱贫质量放在首位，聚焦深度贫困地区，扎实推进各项工作。一是确保到 2020 年现行标准下农村贫困人口全部脱贫，消除绝对贫困；确保贫困县全部摘帽，解决区域性整体贫困。二是稳定实现贫困人口“两不愁三保障”，贫困地区基本公共服务领域主要指标接近全国平均水平。既不能降低标准、影响质量，也不能调高标准、吊高胃口。三是贫困县贫困发生率控制在 2% 以下。

（二）湖北精准脱贫与目标差距分析

要全面建成小康社会，实现脱贫攻坚是硬条件。从现有存量数据看，湖北离精准脱贫目标仍有较大差距。近200万贫困人口要全部实现脱贫，意味着每年要减少贫困人口65万以上。目前只完成3个贫困县摘帽，还有34个贫困县需要在今后3年全部完成摘帽。2017年全省贫困发生率为5.1%，四大片区贫困发生率高达9.6%，深度贫困地区贫困发生率高达15.3%，与中央要求的2%以下差距较大。

（三）脱贫攻坚难点分析

贫困人口结构性难题。目前，全省还有203.77万贫困人口未脱贫，总量较大，这些贫困人口还多是贫中之贫、困中之困，贫困程度较深，致贫原因复杂，自身发展能力很弱。其中，因病致贫的建档立卡贫困户还高达31.66万户，占存量贫困人数的40.6%，脱贫难度大。2017年全省贫困发生率为5.1%，其中四大片区和深度贫困地区贫困发生率仍高达9.6%和15.3%，脱贫成本高。

贫困地区面临"一高二低三不足"。"一高"就是贫困人口比重高，2017年四大片区尚有贫困人口137.86万人，占全省贫困人口的70%，贫困发生率高，2017年四大片区贫困发生率达到9.6%，比全省高4.5个百分点，深度贫困地区贫困发生率达到15.3%，比全省高10.2个百分点；十堰、恩施贫困发生率分别高达15.2%和11.6%。"二低"是指人均GDP水平低，农村常住居民人均可支配收入低。2017年37个贫困县人均GDP为34403元，仅占全省平均水平的55.5%；农村常住居民人均可支配收入为10702元，相当于全省平均水平的77.5%，其中，9个深度贫困县农村常住居民人均可支配收入为9717元，只相当于全省平均水平的70%。"三不足"是指基础设施不足、产业发展不足和公共服务不足。目前湖北省深度贫困村道路、民房等基础设施比较薄弱，亟待改善；深度贫困地区多数村缺乏产业支撑，集体经济收入低；公共服务水平低，全省贫困地区人均公共财政支出仅占全省平均水平的70%。

脱贫长效机制有待完善。一是少数贫困家庭脱贫动力不足。只想着依靠政府、依靠其他的单位帮扶，自己不发奋，不努力，"等靠要"思想严重。二是资金投入不足，未能形成合力。政府扶贫资金投入力度较大，但社会资金投入较少。金融扶贫运用不够充分，未能充分解决贫困群众贷款难的问题。三是扶贫机制有待进一步完善。部分地区扶贫脱贫不够精准，帮扶措施制定得不够接地气，与贫困户联结不够紧密，还存在着"大水漫灌"现象，离"一村一策、一户一法"的精准滴灌要求还有差距。

五、湖北省精准脱贫预测与对策建议

（一）湖北省脱贫目标完成情况预测

国家2013年、2017年分别公布的脱贫线基数为人均年收入2300元和2952元（2010年可比价），4年平均增幅为6.2%，依据6.2%推测，到2020年脱贫线大约为3537元（标准脱贫线以国家公布数为准），再根据近几年消费价格指数推算，2020年现价扶贫线大约为3608元。鉴于以上情况，在湖北省现有贫困人口中，人均年收入1000元以下的还有2.82万户，1000～2000元以内的还有13.03万户，这部分人收入与目标值相差较大，下步将是我们脱贫攻坚的重点（见表2－13）。

表2－13　　扶贫线预测

	2013年	2017年	2018年	2019年	2020年
可比价（元）	2300	2952	3136	3331	3537
现价（元）			3199	3398	3608

注：根据年均增率测算，具体以国家公布为准。

（二）实现精准脱贫需要解决的问题

1. 补齐短板问题

对照脱贫攻坚目标，湖北必须补齐脱贫指标短板。从脱贫约束性指标看，湖北省还有203.77万贫困人口、1763个贫困村、34个贫困县需在2019年脱贫、出列、摘帽，27.61万贫困人口需要易地扶贫搬迁，还有一部分贫困户需要进行危房改造；其他5个预期性指标虽有一定差距，但能如期实现。当前要围绕短板指标，要把目标任务细化到地区、部门，集中攻坚，确保如期脱贫，确保全面建成小康社会。

2. 精准施策问题

精准脱贫是湖北省同步实现全面小康社会的前提和基础，精准脱贫的难点在农村，核心在贫困人口。实现精准脱贫，就是要根据致贫原因，紧紧盯住“两不愁、三保障”的目标，采取分类措施脱贫，坚持因人因户因村施策。一是保持战略定力，大力推动产业扶贫、易地搬迁和劳务输出，进一步提高脱贫成效。二是坚持政策兜底，认真落实中央和省委省政府有关政策。努力搞好农村低保发放，加强五保户供养工作；着力解决因病致贫、因残致贫和无劳力致贫，积极推动医疗保险和医疗救助脱贫，防止因病返贫；加强教育脱贫和生态保护脱贫，阻断贫困传递机制。三是聚焦深度贫困地区，积极争取中央财政、金融政策支持，加大基础设施、公共服务领域的投入力度，保障贫困户住房、饮水安全。争取沿海发达省份支持，加大社会帮扶力度，争取项目、资金、人才等向深度贫困地区倾斜。

3. 目标导向问题

习近平总书记在2018年初的打好精准脱贫攻坚战座谈会上强调："要清醒认识把握打赢脱贫攻坚战面临任务的艰巨性，清醒认识把握实践中存在的突出问题和解决这些问题的紧迫性，不放松、不停顿、不懈怠，提高脱贫质量，聚焦深贫地区，扎扎实实把脱贫攻坚战推向前进。"我们务必以习近平总书记重要讲话为遵循，加大力度尽快落实。一是加大全省精准脱贫监测力度，科学反映湖北省扶贫攻坚推进情况，发挥脱贫攻坚监测的导向作用，为省委省政府提供决策依据。做实中央要求的关键指标数据，特别是贫困人数、农村常住居民人均可支配收入、贫困县贫困发生率等指标。二是明确推进精准脱贫责任目标。完善市州县政绩和脱贫考核机制，围绕小康社会目标、精准脱贫和高质量发展、乡村振兴，强化市州县发展质效考核，引导各地党政领导把工作重点放在中央和省委决策部署上，放在精准脱贫目标要求上来。三是认真落实中央、国务院驻村工作队意见。2017年底中共中央办公厅、国务院办公厅印发了《关于加强贫困村驻村工作队选派管理工作的指导意见》，并发出通知，要求各地区各部门结合实际认真贯彻落实。一方面，要规范人员选派，强化工作责任，加强日常管理，防止形式主义、官僚主义，坚决贯彻落实"十不准"规定，让脱贫攻坚成效得到群众认可、经得起历史和实践检验；另一方面，要积极采取具体措施，加强关心爱护驻村队员，为其提供必要的工作条件和生活条件，特别是落实好生活补助、交通、通信补贴、医疗和意外伤害保险等。

附件一

全国全面建成小康社会的统计监测指标体系

	监测指标	单位	权重	目标值
一、经济发展(22.0)	1. 人均GDP（2010年不变价）	元	4.0	≥58000
	2. 服务业增加值占GDP比重	%	2.0	≥56
	3. 常住人口城镇化率	%	2.0	≥60
	4. 互联网普及率指数	%	3.0	=100
	5. 科技进步贡献率	%	3.0	≥60
	6. 研究与试验发展经费投入强度	%	2.0	≥2.5
	7. 战略性新兴产业增加值占GDP比重	%	2.0	≥15
	8. 高技术产品出口额占总出口额比重	%	2.0	≥30
	9. 服务贸易占对外贸易比重	%	2.0	≥16

续表

	监测指标	单位	权重	目标值
二、民主法治（12.0）	10. 基层民主参选率	%	3.0	≥93
	11. 每万人口拥有律师数	人	3.0	≥2.3
	12. 每万人口行政诉讼发案率	件	3.0	≤1
	13. 每万人拥有社会组织数	个	3.0	≥6.5
三、文化建设（12.0）	14. 文化及相关产业增加值占 GDP 比重	%	3.0	≥5
	15. 人均公共文化财政支出	元	3.0	≥250
	16. “三馆一站”及村（社区）综合性文化服务中心覆盖率	%	2.0	≥110
	17. 广播电视综合人口覆盖率	%	2.0	≥99
	18. 城乡居民文化娱乐服务支出占家庭消费支出比重	%	2.0	≥4.2
四、人民生活（32.0）	19. 城乡居民人均收入（2010 年不变价）	元	4.0	≥25000
	20. 失业率	%	2.0	≤6
	21. 基尼系数	—	2.0	≤0.45
	22. 城乡居民家庭人均住房面积达标率	%	2.0	≥60
	23. 公共交通服务指数	%	2.0	=100
	24. 平均预期寿命	岁	2.0	≥77.34
	25. 劳动年龄人口平均受教育年限	年	2.0	≥10.8
	26. 每千人口执业（助理）医师数	人	2.0	≥2.5
	27. 每千老年人口养老床位数	张	2.0	≥35
	28. 社区综合服务设施覆盖率指数	%	2.0	=100
	29. 基本社会保险参保率指数	%	3.0	=100
	30. 农村贫困人口累计脱贫率（现行标准）	%	3.0	=100
	31. 单位 GDP 生产安全事故死亡率（2010 年不变价）	人/亿元	2.0	≤0.078
	32. 产品质量合格率	%	2.0	≥92
五、资源环境（22.0）	33. 单位 GDP 建设用地使用面积（2010 年不变价）	公顷/亿元	2.0	≤53
	34. 单位 GDP 用水量（2010 年不变价）	立方米/万元	2.0	≤80
	35. 单位 GDP 能源消耗（2010 年不变价）	吨标准煤/万元	3.0	≤0.62
	36. 非化石能源占一次能源消费比重	%	2.0	≥15
	37. 环境质量指数	%	3.0	=100
	38. 污水集中处理指数	%	2.0	=100
	39. 生活垃圾处理指数	%	2.0	=100
	40. 一般工业固体废物综合利用率	%	2.0	≥73
	41. 农村自来水普及率	%	2.0	≥80
	42. 农村卫生厕所普及率	%	2.0	≥85

附件二

湖北省市州县全面建成小康社会的统计监测指标体系

	监测指标	单位	权重	目标值
一、经济发展（22.0）	1. 人均 GDP（2010 年不变价）	元	8.0	≥58000
	2. 服务业增加值占 GDP 比重	%	2.0	≥48
	3. 常住人口城镇化率	%	2.0	≥60
	4. 互联网普及率指数	%	3.0	=100
	5. 研究与试验发展经费投入强度	%	4.0	≥2.2
	6. 高新技术产业增加值占 GDP 比重	%	3.0	≥23
二、民主法治（12.0）	7. 基层民主参选率	%	3.0	≥93
	8. 每万人口拥有律师数	人	3.0	≥2.3
	9. 每万人口行政诉讼发案率	件	3.0	≤1
	10. 每万人拥有社会组织数	个	3.0	≥6.5
三、文化建设（12.0）	11. 文化及相关产业增加值占 GDP 比重	%	3.0	≥5
	12. 人均公共文化财政支出	元	3.0	≥150
	13. “三馆一站”及村（社区）综合性文化服务中心覆盖率	%	2.0	≥110
	14. 广播电视综合人口覆盖率	%	2.0	≥99
	15. 城乡居民文化娱乐服务支出占家庭消费支出比重	%	2.0	≥4.2
四、人民生活（32.0）	16. 城乡居民人均收入（2010 年不变价）	元	4.0	≥25000
	17. 失业率	%	2.0	≤6
	18. 恩格尔系数	%	2.0	≤40
	19. 城乡居民家庭人均住房面积达标率	%	2.0	≥60
	20. 公共交通服务指数	%	2.0	=100
	21. 平均预期寿命	岁	2.0	≥77.34
	22. 劳动年龄人口平均受教育年限	年	2.0	≥10.8
	23. 每千人口执业（助理）医师数	人	2.0	≥2.5
	24. 每千老年人口养老床位数	张	2.0	≥35
	25. 社区综合服务设施覆盖率指数	%	2.0	=100
	26. 基本社会保险参保率指数	%	3.0	=100
	27. 农村贫困人口累计脱贫率（现行标准）	%	3.0	=100
	28. 单位 GDP 生产安全事故死亡率（2010 年不变价）	人/亿元	2.0	≤0.078
	29. 制造业产品质量合格率	%	2.0	≥92

续表

	监测指标	单位	权重	目标值
五、资源环境（22.0）	30. 单位GDP建设用地使用面积（2010年不变价）	公顷/亿元	2.0	≤53
	31. 单位GDP用水量（2010年不变价）	立方米/万元	2.0	≤80
	32. 单位GDP能源消耗（2010年不变价）	吨标准煤/万元	3.0	≤0.62
	33. 环境质量指数	%	3.0	=100
	34. 污水集中处理指数	%	2.0	=100
	35. 生活垃圾处理指数	%	2.0	=100
	36. 一般工业固体废物综合利用率	%	2.0	≥73
	37. 农村自来水普及率	%	4.0	≥80
	38. 农村卫生厕所普及率	%	2.0	≥85

第三节　以双河口村为例

双河口村精准扶贫精准脱贫：

一、双河口村扶贫脱贫的基本情况

双河口村隶属于黄冈市浠水兰溪镇，面积2.8平方公里，设5个村民小组，共有村民197户、789人，现有耕地1188亩、林地约1000亩、水面约100亩，是2015年建档立卡的贫困村，当时认定贫困户27户、82人，至2017年年初，期间有3人死亡，共有贫困户27户、79人，截至2018年6月30日，又有五保户2户2人自然死亡、1人迁出双河口村，现在共有贫困户25户、76人，其中：五保户8户8人；低保户8户29人；一般贫困户9户39人。

根据省委省政府精准扶贫精准脱贫工作部署，省统计局驻村帮扶双河口村。省统计局于2015年9月成立驻村工作队，并进驻该村。经过省统计局和双河口村两年多的共同努力，逐人逐项对接落实党中央国务院、省委省政府以及市县精准扶贫政策措施，到2017年底，双河口村全村贫困户最高人均可支配收入达13000多元，最低也有4600元，平均达到8100元，远远超过3300元脱贫标准线。按照“两不愁、三保障”脱贫标准（不愁吃、不愁穿，保障义务教育、基本医疗和住房安全），2017年年底，双河口村贫困人口全部脱贫。

二、双河口村精准扶贫精准脱贫的主要做法

一是坚持理念先行，谋划精准扶贫脱贫的大格局。2015 年 9 月，省委省政府安排省统计局对口帮扶双河口村精准扶贫精准脱贫。省统计局主要负责人在一个半月之内，3 次到村调研，对双河口村贫困现状、致贫原因以及全村人口结构、地理区位、资源禀赋、村“两委”班子建设等情况进行了全面了解，创造性地提出了结合精准扶贫精准脱贫工作、把双河口村建设成为美丽乡村、富裕乡村、文化乡村的工作理念和工作目标。“三个乡村”的理念和目标，帮助村党支部“一班人”跳出了就扶贫论扶贫、就脱贫论脱贫的狭隘思维，拓宽了立足村庄长远发展的视野，一下子提升了扶贫脱贫工作的格局，消除了急于脱贫摘帽的焦虑，增强了实现乡村建设美好愿景的信心。

二是坚持急用先办，补齐基础设施建设的最短板。人们常说，脚下无路，致富无门。当时的双河口村，只有一条简易的水泥公路从村口经过，全村内部全是泥巴路，晴天灰尘满天，雨天泥水横流，群众生产生活极不方便。“要想富，先修路。”省统计局协调浠水县和兰溪镇两级党委政府支持，村党支部号召村民集资捐款捐物，省统计局投入一部分帮扶资金，首先在 2015 年底前修通了到村中心湾的水泥路 1.5 公里，并修好了通往田间地头的“产业发展路”5.7 公里。到 2017 年底，全村共铺通到组到户的水泥路 16.2 公里，基本实现了路路硬化、户户通达。

三是坚持产业主导，发展符合村情民情的好产业。贫困村、贫困人口脱贫，不能简单走给钱给物的救济式老路，关键要靠发展产业来让村集体和贫困群众得到长远的实惠。在双河口村“两委”进行广泛摸底和招商引资意向分析的基础上，省统计局和村党支部根据双河口土地规模、土壤条件、劳动力供应等情况，经过协商评估，认为中药材玉竹种植和大棚蔬菜两个产业比较适合在村发展，决定引进这两个产业。村里很快组织了完成了土地集中流转、地块平整、沟渠整修等基础工作，并协调产业投资方和村民群众特别是贫困人口签订了用工协议书。与之前生产模式相比，村民特别是贫困群众不承担投资风险，又可以从产业发展中获得土地流转费用和务工劳务报酬两项收入。到 2017 年，玉竹种植面积达到 500 亩，大棚面积达到 400 亩，其中包括流转相邻地块的邻村土地 170 亩。长期在两个产业基地务工的村民，每年人均收入不少于 8000 元。

四是坚持精准施策，落实各级党委政府的好政策。精准扶贫，精准脱贫，贵在精准，要在精准，难在精准。从中央到省委，从市县到乡镇，从贫困人口的衣食住行到教育医疗，出台了一系列扶贫脱贫的政策措施，需要区分情况、区分对象，对接政策、落实到人。

首先，是做功课摸清底数。省统计局和村党支部下苦功夫、用“笨办法”，安排

驻村工作队联合村“两委”班子成员，反复登门入户，彻底摸清27户79人贫困底数，逐户逐人对接落实中央和省、市、县各项扶贫政策措施，做到一户一策、一人一策，通过差异化工作方案提高帮扶工作针对性。制作《帮扶手册》并根据实际情况变化及时更新，帮助驻村工作队员和村干部对扶贫政策规定、工作方法等加深理解消化，对贫困户情况“一口清”，在帮扶措施上“一条心”。

其次，是出实招聚焦精准。到2017年底，工作队帮助双河口村对全村贫困户25户76人在全部纳入社会保障的基础上，实现就业扶贫15户65人、易地搬迁12户21人、教育扶贫11户16人、生态补偿7户32人，另有两批共13户20人享受菜单式扶贫奖补政策，累计获得奖补资金11800元，6户享受小额贴息贷款扶持政策，贷款总额28万元。

五是坚持以人为本，激发贫困人口自身的原动力。贫困群众之所以贫困，除了身患重病、身有严重残疾、丧失劳动能力以外，一个重要原因是精神上存在一定的“等、靠、要”思想，因此要让他们彻底告别贫困，一方面，得激发他们的志气，做好“扶志”工作；另一方面，贫困还与其受教育程度、文化水平和技能知识有关，因此在“扶志”的同时还要“扶智”，要提高贫困人口的自我发展能力。省统计局和双河口村党支部在全村发起了“人穷志不穷、脱贫靠行动”和“我脱贫，我光荣”的倡议，教育引导贫困群众通过自身努力，自主脱贫、早日脱贫，同时对贫困户提供技术培训和资金扶持。贫困户的志气一旦树立起来了，观念一旦更新了，致富的办法和干劲自然就有了。

贫困户李山林以前靠跑摩托车拉客谋生，又辛苦又危险，收入也很低。精准扶贫开展以后，他借助扶贫政策，借到了小额贷款，在浠水县城开了一家早餐店，通过辛勤努力，收入很快得到大幅改善。2016年底，他主动提出脱贫申请，被兰溪镇评为优秀脱贫户。

贫困户舒又利在上学时大脑受过严重刺激，被卫生部门认定为精神残疾，在母亲的悉心照料下，精神状态逐渐恢复正常。村党支部帮助他学习开展家庭养猪，增加了家庭收入，他自己对生活充满了信心。

贫困户南秀文的丈夫十年前因为车祸成为植物人，经过她多年如一日的精心照顾，丈夫奇迹般地恢复了知觉，但仍然长年卧病在床生活不能自理，需要24小时照顾。家庭遭此大难，南秀文坚决不同意两个孩子辍学，坚持靠养猪供两个孩子上学。南秀文被浠水县妇联评为2016年度“浠水好媳妇”。2018年，南秀文的大儿子毕业参加工作有了收入，小儿子在村里帮助下申请到刚刚推出的“雨露计划”教育扶贫政策，每年得到教育补助3000元，她主动配合村里畜禽污染治理和环境卫生整治，关停了自家的养猪场。村委会考虑到她家的实际困难，安排她在村里做保洁员，年收入8000元。她总是一副乐观的笑容，自信地说，贫困是暂时的，只要自己努力，生活总会一天一天好起来的！

六是坚持服务基层，帮助建设坚强有力的党支部。省统计局是连续多年的党建先进单位，注重把省直机关特别是省统计局抓党建的成熟经验介绍推广到村，帮助建强村党支部这个战斗堡垒。

首先，是充分信任和依靠村党支部。省统计局驻村工作队一到村，就和村党支部达成“精准扶贫、精准脱贫，我们一起努力”的共识，依靠村党支部团结全体村民，最大限度地凝聚脱贫攻坚合力。工作队与村党支部、村委会合署办公，密切合作，从工作理念思路到办事程序规范，从干部团结协作到村民组织发动，把控节奏，精准发力，用真诚赢得信任，用沟通强化影响，安抚村里干部群众急于脱贫、急于摘帽的焦虑情绪，引导他们既要抢抓机遇、乘势而上、有所作为，又要量体裁衣、量力而行、积小胜为大胜。工作队与村“两委”合署办公，厉行节约，杜绝浪费，加大对村级办公经费的支持力度。多方筹措资金，帮助建设生活污水处理设施，修复升级进村道路，改善自然生态和村民生产生活环境，夯实双河口村长治久安基础。

其次，是积极动员和引导村民群众。省统计局工作队认真学习习总书记“绿水青山就是金山银山”的思想和绿色发展新理念，细心分析村情民情，向村民发出“清洁生产、干净生活、美好生态”的“三生”活动倡议，带动村民树立绿色、环保理念，在生产、生活中身体力行，让群众更有获得感和幸福感。从现在中央有关部委实施推进乡村振兴的规划、举措和要求来看，我们的“三生”倡议具有一定的前瞻性和原创性。2017 年，5 次组织村干部、党员、村民代表到浙江湖州、蕲春、罗田、英山及县内先进村参观学习，帮助大家更新思想观念，转变工作理念思路。2018 年又组织村干部到鄂州梁子湖区万秀村、团风县总路咀镇瓦土库村考察学习生活污水处理和垃圾分类回收处理工作。几年来，村里共投资 363 万元，对各个自然湾实行村庄整治，新建 800 立方米粪污处理综合利用中心，集中处理养殖 25 万只鸡的粪污，提供沼气清洁能源和大棚蔬菜有机肥料沼液。目前已经协调浠水县委县政府在双河口村开展农村生活污水无害化处理试点。

三、双河口村精准扶贫的主要成效

在“三个乡村”理念指引下，经过省统计局近 3 年来的接力帮扶，双河口村发生了翻天覆地的变化，村民精神面貌更加昂扬，村庄基础设施更加完善，居住环境质量更加优化，“两委”班子建设更加坚强，脱贫攻坚目标更加接近，乡村振兴力量更加凝聚，被省委省政府授予“省级文明村”称号，连续被黄冈市委、浠水县委表彰为先进基层党组织，多项工作获得县镇党委政府表彰。最显著的成效有三项：

一是贫困人口全部脱贫。2017 年，全村贫困家庭最高人均可支配收入达 13000 多元，最低也有 4600 元，平均达到 8100 元，远远超过 3300 元脱贫标准线。按照“两不愁、三保障”脱贫标准（不愁吃、不愁穿，保障义务教育、基本医疗和住房安全），2017 年底，双河口村贫困人口全部脱贫。

二是绿水青山逐渐回归。畜禽养殖业曾经是浠水县的支柱产业，双河口村是浠水县第二大养殖村，前些年一些群众通过养殖发了家致了富，但是养殖带来的环境污染也让乡村付出了惨痛的代价，村子里整天臭烘烘的。用村支书胡秋良的话说：所有鱼塘因为污染养不了鱼，所有的沟渠全部是鸡粪，一到夏天，房前屋后到处是苍蝇和蚊子。2016 年以来，双河口村一口气关停了 50 家养殖场。这些养殖户怎么办？出路在哪里？在村党支部引导下，一部分外出务工、做生意，一部分就地转型，种起了有机蔬菜、中药材和果树。两年下来，臭气熏天的双河口村又逐渐回复到之前的绿水青山。村民李如谷说，我们村环境变美了，鱼塘里面养了鱼，池塘岸边种了花，到处都是鸟语花香，现在再也闻不到鸡粪的臭味。住在村里面，空气新鲜，生活美满、幸福。以前“逃”出去在县城、在黄石城区买了房子的年轻人和孩子们也都很乐意“常回家住住”了。

三是特色文化稳步推进。双河口村争取浠水县委有关部门支持，开展基层党建示范点创建工作，大力建设廉洁支部，积极推进平安双河建设，打造环境卫生优胜村，争取专项资金 23 万元，赢得奖励 5 万元。结合村情民风，努力传承李汰清廉文化，广泛征求意见，制定新时代的村规民约，开展幸福家风文稿征集。利用省统计局帮扶的 10 万元专款，启动垃圾分类处理公益创投基金，常态化开展环境卫生整治。2017 年 8 月，在省统计局李克勤局长亲切关怀和亲自协调下，中国地质大学 9 名大学生志愿者到村开展暑期支教活动，为全村 70 多个孩子进行暑期辅导，得到村民交口称赞。周边几个村的家长闻讯后都纷纷把孩子送到双河口村来参加学习。

2017 年 9 月，双河口村被省委省政府授予“省级文明村”称号，荣获浠水县精准扶贫先进单位、县红旗党支部、兰溪镇综合实绩优胜单位、红旗党支部创建优胜单位、精准扶贫工作优胜单位、人口与计划生育优胜单位、农村环境卫生整治优胜单位等荣誉。2018 年 7 月，双河口村党支部再次被浠水县委表彰为先进基层党组织。

四、对精准扶贫精准脱贫工作的思考

精准脱贫作为党的十九大部署坚决打赢的三大攻坚战之一，关系到全面建成小康社会的成败，关系到“两个一百年”目标的成败。从现在到 2020 年是脱贫攻坚的决战决胜期，精准扶贫精准脱贫工作要抢抓中央实施乡村振兴战略的重要机遇，落实创新、协调、绿色、开放、共享新发展理念，推进农业供给侧结构性改革，立足“三农”工作实际，在“三农”工作大局中下“绣花”功夫、做扎实文章。精准扶贫精准脱贫工作要特别重视以下三个方面：

一是实现短期目标与谋划长远发展相结合。联合国 2015 年可持续发展峰会正式通过的，由 193 个会员国共同达成的成果性文件《2030 年可持续发展议程》，把消除饥饿与贫困作为促进人类可持续发展的全球性议题之一。我国党和政府把消除贫困、实现共同富裕，定义为社会主义的本质要求。经过改革开放四十年的积极努力，即使在贫困标准提高的情况下，我国贫困人口仍然大幅度减少，成为全世界减贫贡献最大的国家。按照2014年的统计，全国还有7000万人仍然有待脱贫，而且这些贫困人口大多分布在集中连片的深度贫困地区，是脱贫难度最大的一个群体，我国的扶贫脱贫工作进入攻坚克难、啃硬骨头的阶段。

经过几年来的精准扶贫、精准脱贫实践，我们坚信，按照中央部署，通过“五个一批”（发展生产脱贫一批、易地扶贫搬迁脱贫一批、生态补偿脱贫一批、发展教育脱贫一批、社会保障兜底一批）等措施，最终一定可以实现脱贫目标。

然而，消除农村的贫困，对于农村建设和中国发展来说，仅是一个阶段性目标和任务。就国内而言，一个区域的发展，既要考虑短期的脱贫目标，更重要的是要谋划长远发展，高度重视区域的产业发展和基础设施建设，以区域的整体发展，带动贫困人口整体“跨越”贫困线，这是阻断贫困在代与代之间传递、打破贫困因果链条的关键。

当前，一些地区非常突出、普遍的问题是农业基础设施薄弱，农业生产水平和条件较差，抵御气象灾害和虫害、疫情等能力低下，这在一定程度上给精准扶贫精、准脱贫增大了压力、增加了难度。加强农村道路、水利设施以及水、电、通信等基础设施的建设可以使农产品的生产、流通、加工、存储、物流等串联起来，可以提升农业产业层次，推动农村一二三产业融合发展，实现农民真正脱贫致富和促进区域经济发展。农村基础设施的改善，给农业和农民带来的好处是“普惠”的，可以支撑区域经济的长期发展，持续提高区域群众整体的收入水平，“水涨船高”式地不断减少贫困人口直至全部完全消除贫困。

二是推动产业发展与遵循市场规律相契合。我国实行的是社会主义市场经济体制，要发挥市场在资源配置中的决定性作用。精准扶贫、精准脱贫是一场调配巨大资源的硬仗，自然也应该按照市场经济的法则来稳步推进。精准脱贫攻坚战是党的领导、政府主导的“人民战争”，产业发展是其中的关键一招。在推动产业发展、实现精准扶贫精准脱贫的过程中，必然要遵循市场规律，界定好政府与市场的边界，实现“两只手”的协调配合。在市场经济体制中，产业的形成、发展、淘汰、消亡主要决定于市场的力量。扶贫产业也必然适用这个规律，适应市场规则、满足市场需求，才可能得到发展，起到扶贫脱贫的支柱作用，否则，照样会被市场无情的淘汰。

目前，各地都有各式各样的扶贫产业、扶贫项目，有的产业项目开发的产品由于市场调研不充分、市场评估不审慎，产业产品背离市场，往往不是市场需要什么就引导发展什么，而是基层政府看中什么就号召推行什么，导致一些产业项目不具备市场竞争力，无法抵御市场风险，不仅起不到扶贫脱贫的支撑作用，反而严重挫伤了市场主体和农户发展产业的积极性。如何做到政府与市场的有机结合，本身就是一个艰难的实践命题。在精准扶贫中，必须用市场经济的法则和思维来促进产业项目的选择和实施，在实践中探索政府推动产业发展与遵循市场规律相契合的具体方式方法，因地制宜发展扶贫产业。

扶贫产业必须走绿色发展的道路。过去，我们在经济快速发展的同时，也造成了资源枯竭、环境污染等严重问题。现在看来，实际上还是走了一条“先污染后治理”“先破坏后修复”的老路。现在，“绿色”“环保”“循环经济”“低碳经济”等成为发展的主题词，实现可持续发展成为国家和区域的发展战略。在实施精准扶贫精准脱贫过程中，要实现“户脱贫、村出列、县摘帽”，使贫困地区经济社会获得发展，就一定不能把以破坏环境为代价而获得发展的道路作为经验加以复制，必须创新生态扶贫的思路，把“生态保护＋产业发展”作为扶贫产业发展的新方向和新模式。根据各地自身地理区位、自然资源、生态环境实际，在促进人与自然、人与山水林田湖草的和谐共生中，发展生态经济产业，发展循环经济，发展特色产业，促进生态保护与扶贫开发的良性互动。

三是运用经济手段与解决社会问题相融合。贫困不仅是一个经济问题，还有着深刻的社会根源。有学者指出，贫困在现实社会中表现为很低的收入水平，而低收入状态则是多种因素恶性循环造成的结果。贫穷的生活让人的素质得不到发展，人的发展受限又导致能力受限，而有限的能力无法让人获得更高的收入。所以说，贫困不仅指一个人身处贫困状态，而且包括由个人所处的环境和社会限制所造成的机会缺失，从而使其失去自由选择的权利。从我们精准扶贫精准脱贫的实践来看，贫困人口不仅是经济收入低下，更是获得收入的能力和机会的丧失。因此，在精准扶贫精准脱贫中必须深挖贫困的社会根源，把运用经济手段解决生产生活的现实困难，与推进深化改革解决社会根源问题相融合。

比如，由于城镇化的快速推进，社会结构在明显变化，许多地方的农村青年，只要谈婚论嫁，就要求在城市至少是县城购置房产，因为城里房价高企，一旦买房一两个家庭就会债台高筑，经济上实际上就会变成贫困户；另外还有一些年轻人因为经济困难实在买不起房，就很难找到对象，在一些贫困地方已经出现“光棍村”的现象。面对呼啸而至的城镇化大潮，被“裹挟”的农民特别是贫困农民很茫然、很被动，他们几乎没有任何选择的余地。同样，在由于城镇化而出现的“空心村”中，老龄化和低龄化现象同时出现，都显得非常严重，许多留守老人甚至处于“绝望”状态，留守儿童由于合村并镇等原因造成小学、初中上学距离都比较远，每天早出晚归来回奔波，甚至有些刚刚上学的孩子就要长期住校，容易使这些学生产生性格和心理上的问题。

由此看来，在探究贫困的经济根源的同时，必须找到贫困的社会根源，只有综合经济、社会、文化等加以统筹解决问题，才能最后拔掉“穷根”，最终实现区域和整个社会的可持续发展。

CHAPTER 3

第三章 低碳经济研究

第一节 研究起因

湖北是较早开展低碳经济研究的省份之一。其研究发端于给书记、省长的一封建议信。2009 年 2 月 20 日，李克勤同志在广州参加全国能源统计工作会议期间，给罗清泉书记、李鸿忠省长和李宪生常务副省长写了一封信，提出着手考虑在湖北建立低碳经济试验区的建议。这一建议立即引起省委、省政府主要领导的高度重视，并在信上做出重要批示，充分肯定了这一建议。同时，李克勤同志组织力量撰写了一系列关于低碳经济的研究报告，均引起省委、省政府的高度重视。2009 年 11 月 10 日，湖北省政府出台了《关于发展低碳经济的若干意见》，2010 年 7 月 19 日，国家发改委正式批准将湖北作为开展低碳试点的省份之一。随后，与湖北经济学院合作成立以李克勤、张奋勤为组长的联合课题组，对中国低碳经济发展的相关问题进行了深入探讨。在这一背景下，湖北省相关院校、机构也开展了低碳经济有关问题的研究，取得了一些理论成果和实践成果，如湖北碳交易所的成立。

专栏：关于着手考虑在湖北省建立低碳经济试验区的建议

李克勤

2009 年 2 月 20 日

低碳经济是以低能耗、低污染、低排放为基础的经济模式，是人类社会继农业文明、工业文明之后的又一次重大进步。其实质是提高能源利用效率和优化能源结构，核心是能源技术创新、制度创新和人类生存发展观念的根本性转变。随着能源安全和气候变化对各国经济社会可持续发展的威胁日益加重，发展低碳经济已经成为各国需要考虑的迫切问题。向低碳经济转型已经成为世界经济发展的大趋势。发展低碳经济有可能演变为中国未来社会经济发展的主流模式，成为促进国内节能减排和应对全球气候变化的重要战略选择。一份由中国和欧洲研究机构合作完成的报告建议：在中国经济繁荣的东部和欠发达的西部各选一个地区，开展“低碳经济区”试点。为此，国内一些地方已经开始行动。面对广东高耗能、高污染的发展模式，珠海市政协委员陈利浩提出：“珠海应该申请成为中国第一个低碳经济示范区。”上海已着手在南汇区临港新城、崇明岛等地建立“低碳经济实践区”。

为了湖北省的长远发展，从湖北省的实际出发，建议省委省政府着手考虑在湖北省选择合适的区域建立低碳经济试验区并开展发展低碳经济的试点工作。理由如下：

第一，有利于抢占先机争取国家政策支持。我国领导人在国内外会议等多种重要场合提倡和肯定了应对气候变化、发展低碳经济。2008 年 6 月 27 日，中央政治局集体学习会议首次把应对气候变化、发展低碳经济作为学习内容。据悉，国家有关部门正研究如何在我国发展低碳经济。可能在不久的将来会上升到国家战略的层面。因此，湖北省应早谋略，如果国家提出这方面的战略，湖北省能抢占先机，争取国家政策支持。

第二，有得于树立良好的对外开放形象；低碳经济将成为世界的发展趋势，未来的合作领域非常广泛。及早准备，打低碳经济品牌与国际共识接轨，可进一步扩大我省对外开放的良好形象，吸引各方面的合作。

第三，有利于扬长避短发挥湖北省比较优势促进产业结构调整。湖北省煤、石油等化石能源探明储量少，对外依存度较高，而湖北省科教人才资源十分丰富。发展低碳经济一方面，要提高对“碳能源”的利用效率；另一方面，要使湖北省在风能、太阳能、核能、生物能、高端制造业等产业和技术方面占更大份额，通过发展低碳经济促进湖北省产业调整和升级。

第四，有利于“两圈”建设。发展低碳经济是与武汉城市圈两型社会建设、鄂西生态文化旅游圈建设的要求是一致的，符合湖北省的发展战略。提倡低碳经济一方面，可丰富“两圈”建设的内涵；另一方面，又适应了全球发展趋势的要求。

基于以上理由，我们建议：

1. 选择武汉东湖高新技术开发或其他地方作为首个低碳经济试验区。

2. 指定省发改委及相关部门研究此事，提出整体构想并适时向国家相关部门汇报和申报。

3. 积极从现有项目库中选择一批低碳经济项目，再新筹划一批，一旦时机成熟积极申报争取国家立项。

第二节　低碳经济的内涵

所谓低碳经济，是指在可持续发展理念指导下，通过技术创新、制度创新、产业转型、新能源开发等多种手段，尽可能地减少煤炭石油等高碳能源消耗，减少温室气体排放，达到经济社会发展与生态环境保护双赢的一种经济发展形态。发展低碳经济，一方面，是积极承担环境保护责任，完成国家节能降耗指标的要求；另一方面，是调整经济结构，提高能源利用效益，发展新兴工业，建设生态文明。这是摒弃以往先污染后治理、先低端后高端、先粗放后集约的发展模式的现实途径，是实现经济发展与资源环境保护双赢的必然选择。

“低碳经济”最早见诸英国政府2003年发布的能源白皮书——《我们能源的未来：创建低碳经济》中，其含义主要是指低能耗、低污染、低排放的经济模式，是以低碳能源系统、低碳技术体系和低碳产业结构为基础，以降低温室气体排放为出发点，以适应气候变化、构建生态文明为核心内容的经济模式。可以说，低碳经济是人类社会继农业文明、工业文明、知识信息文明之后的又一次重大进步。2006年秋，英国政府发布了由经济学家尼古拉斯·斯特恩主笔的一份关于全球气候变化的重要报告——《斯特恩报告》，报告指出，世界人民正在遭受着由温室气体排放所带来的痛苦，如果不及时采取行动，那么人类社会的生存和发展将会受到严重的威胁，而当前的温室气体排放会对未来产生潜在的灾难性影响。

低碳经济是以低能耗、低污染、低排放为基础的经济模式，是人类社会继农业文明、工业文明之后的又一次重大进步。低碳经济实质是能源高效利用、清洁能源开发、追求绿色GDP的问题，核心是能源技术和减排技术创新、产业结构和制度创新以及人类生存发展观念的根本性转变。“低碳经济”提出的大背景，是全球气候变暖对人类生存和发展的严峻挑战。随着全球人口和经济规模的不断增长，能源使用带来的环境问题及其诱因不断地为人们所认识，不只是烟雾、光化学烟雾和酸雨等的危害，大气中二氧化碳（CO_2）浓度升高带来的全球气候变化也已被确认为不争的事实。在此背景下，“碳足迹”“低碳经济”“低碳技术”“低碳发展”“低碳生活方式”“低碳社会”“低碳城市”“低碳世界”等一系列新概念、新政策应运而生。而能源与经济以至价值观实行大变革的结果，可能将为逐步迈向生态文明走出一条新路，即：摒弃20世纪的传统增长模式，直接应用新世纪的创新技术与创新机制，通过低碳经济模式与低碳生活方式，实现社会可持续发展。作为具有广泛社会性的前沿经济理念，低碳经济其实没有约定俗成的定义。低碳经济也涉及广泛的产业领域和管理领域。

一、低碳经济的产生背景

(一) 全球气候变化

气候变化是一个最典型的全球尺度的环境问题。20 世纪 70 年代，科学家把气候变暖作为一个全球环境问题提了出来。20 世纪 80 年代，随着对人类活动和全球气候关系认识的深化，随着几百年来最热天气的出现，这一问题开始成为国际政治和外交议题。1992 年联合国里约环发大会上，通过并开放签署《气候变化框架公约》。气候变化问题直接涉及经济发展方式及能源利用的结构与数量，正在成为深刻影响 21 世纪全球发展的一个重大国际问题。

在地质历史上，地球的气候发生过显著的变化。一万年前，最后一次冰河期结束，地球的气候相对稳定在当前人类习以为常的状态。地球的温度是由太阳辐射照到地球表面的速率和吸热后的地球将红外辐射线散发到空间的速率决定的。从长期来看，地球从太阳吸收的能量必须同地球及大气层向外散发的辐射能相平衡。大气中的水蒸气、二氧化碳和其他微量气体，如甲烷、臭氧、氟利昂等，可以使太阳的短波辐射几乎无衰减地通过，但却可以吸收地球的长波辐射。因此，这类气体有类似温室的效应，被称为温室气体。温室气体吸收长波辐射并再反射回地球，从而减少向外层空间的能量净排放，大气层和地球表面将变得热起来，这就是“温室效应”。大气中能产生温室效应的气体已经发现近 30 种，其中二氧化碳起重要的作用，甲烷、氟利昂和氧化亚氮也起相当重要的作用。从长期气候数据比较来看，在气温和二氧化碳之间存在显著的相关关系。目前国际社会所讨论的气候变化问题，主要是指温室气体增加产生的气候变暖问题。

地球的大气使太阳短波辐射（可见光辐射）到达地面，但是地表向外放出的长波热辐射线（例如红外线）却也被大气中的“痕量气体”（Trace Gases）吸收，这样太阳辐射到地球上的热量就无法向外层空间发散，地表与低层大气的温度将增高，由此产生了温室效应。而“痕量气体”主要以二氧化碳为主（还有甲烷、氯氟碳化合物等），所以二氧化碳也被称为温室气体。《斯特恩报告》提到，2006 年世界的温室气体含量为 430ppm（百万分比浓度），而且正在以每年 2. 5ppm 的速度上升。如果不加以限制，21 世纪末的浓度将会达到甚至超过 750ppm，而在这样的浓度水平下，地球气温上升 5℃的概率将接近 50%。当气温增加 5℃时，世界上大部分的冰雪，包括主要的冰原将消失，海平面将上升 10 米以上，世界一半以上的物种将会灭绝，人口大规模的迁徙，更严重的洪水、飓风、雪灾将席卷地球，人类的生存可能会变得艰难甚至不可能。根据《斯特恩报告》整理得“温室气体的浓度与气温上升的可能性列表”，由表 3 - 1 可见，全球气候变暖、环境的日益恶化已对人类的生存和发展提出了严峻的挑战。

表 3－1　温室气体的浓度与气温上升的可能性　单位：%

稳定水平（ppm）	2℃	3℃	4℃	5℃	6℃	7℃
450	78	18	3	1	0	0
500	96	44	11	3	1	0
550	99	69	24	7	2	1
650	100	94	58	24	9	4
750	100	99	82	47	22	9

21 世纪以来所进行的一些科学观测表明，大气中各种温室气体的浓度都在增加。1750 年之前，大气中二氧化碳含量基本维持在 280ppm。工业革命后，随着人类活动，特别是消耗化石燃料（煤炭、石油等）的不断增长和森林植被的大量破坏，人为排放的二氧化碳等温室气体不断增长，大气中二氧化碳含量逐渐上升，每年大约上升 1. 8ppm（约 0. 4%），到目前已上升到近 360ppm。从测量结果来看，大气中二氧化碳的增加部分约等于人为排放量的一半。按照政府间气候变化小组（IPCC）的评估，在过去一个世纪里，全球表面平均温度已经上升了 0. 3℃ ~0. 6℃，全球海平面上升了 10 ~25 厘米。许多学者的预测表明，到 22 世纪中叶，世界能源消费的格局若不发生根本性变化，大气中二氧化碳的浓度将达到 560ppm，地球平均温度将有较大幅度的增加。政府间气候变化小组 1996 年发表了新的评估报告，再次肯定了温室气体增加将导致全球气候的变化。依据各种计算机模型的预测，如果二氧化碳浓度从工业革命前的 280ppm 增加到 560ppm，全球平均温度可能上升 1. 5℃ ~4℃（见图 3－1）。

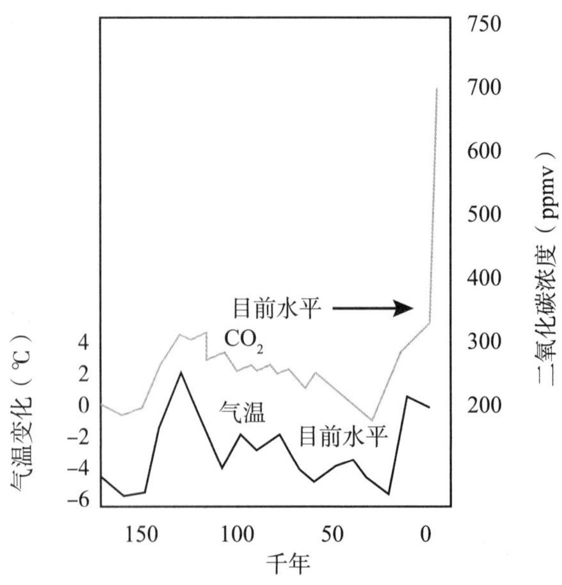

图 3－1　大气二氧化碳浓度与气温变化

自然界本身排放着各种温室气体，也在吸收或分解它们。在地球的长期演化过程中，大气中温室气体的变化是很缓慢的，处于一种循环过程。碳循环就是一个非常重要的化学元素的自然循环过程，大气和陆生植被，大气和海洋表层植物及浮游生物每年都发生大量的碳交换。从天然森林来看，二氧化碳的吸收和排放基本是平衡的。人类活动极大地改变了土地利用形态，特别是工业革命后，大量森林植被迅速砍伐一空，化石燃料使用量也以惊人的速度增长，人为的温室气体排放量相应不断增加。从全球来看，1975～1995 年，能源生产就增长了 50%，二氧化碳排放量相应有了巨大增长（见图 3－2）。迄今为止，发达国家消耗了全世界所生产的大部分化石燃料，其二氧化碳累积排放量达到了惊人的水平，20 世纪 90 年代初，美国累积排放量达到近 1700 亿吨，欧盟达到近 1200 亿吨，苏联达到近 1100 亿吨。目前，发达国家仍然是二氧化碳等温室气体的主要排放国，美国是世界上头号排放大国，包括中国在内的一些发展中国家的排放总量也在迅速增长，苏联解体后，中国的排放量位居世界第二，成为发达国家关注的一个国家。但从人均排放量和累计排放量而言，发展中国家还远远低于发达国家（见表 3－2）。

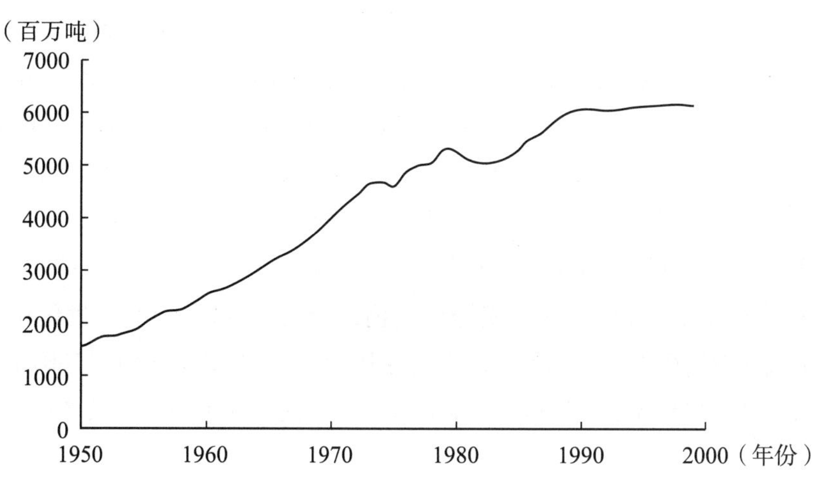

图 3－2　1950～1995 年全世界化石燃料燃烧产生的碳排放量

表 3－2　15 个排放二氧化碳最多的国家

序号	国家	二氧化碳排放量（百万吨）	人均排放量（吨）
1	美国	4881	19.13
2	中国	2668	2.27
3	俄罗斯	2103	14.11
4	日本	1093	8.79
5	德国	878	10.96
6	印度	769	0.88
7	乌克兰	611	11.72

续表

序号	国家	二氧化碳排放量（百万吨）	人均排放量（吨）
8	英国	566	9.78
9	加拿大	410	14.99
10	意大利	408	7.03
11	法国	362	6.34
12	波兰	342	8.21
13	墨西哥	333	3.77
14	哈萨克斯坦	298	17.48
15	南非	290	7.29

资料来源：世界资源（World Resources），1996～1997年。

人为的温室气体排放的未来趋势，主要取决于人口增长、经济增长、技术进步、能效提高、节能、各种能源相对价格等众多因素的变化趋势。几个国际著名能源机构——国际能源局、美国能源部和世界能源理事会，根据经济增长和能源需求的不同情景，提出了人为二氧化碳排放的各种可能趋势。从这些情景和趋势来看，在经济增长平缓，对化石燃料使用没有采取强有力的限制措施的情况下，到2010年化石燃料仍将占世界商品能源的3/4左右，其消费量可能超过目前水平的35%，同能源使用相关的二氧化碳排放量可能增长30%～40%。发展中国家的能源消费和二氧化碳排放量增长相对较快，到2010年，可能要从20世纪90年代初的不足世界二氧化碳排放量的1/3增加到近1/2，其中中国和印度要占发展中国家排放量的一半左右。即便如此，发展中国家人均排放量和累积排放量仍低于发达国家。到21世纪中叶，发达国家仍将是大气中累积排放的二氧化碳的主要责任者。当然，如果世界各国采取更加适合环境要求的经济和能源发展战略，二氧化碳排放可能出现不同的前景（见表3-3）。

表3-3　世界能源理事会预计的能源消费和二氧化碳排放情况（1990～2020年）

经济年增长	高增长（1990～2020年）	修改的参考方案（1990～2020年）	参考方案（1990～2020年）	强化生态保护（1990～2020年）
经合组织国家	2.4%	2.4%	2.4%	2.4%
发展中国家	5.6%	4.6%	4.6%	4.6%
世界能源需求的增加比例	98%	84%	54%	30%
CO_2年排放量超过1990年的比例	93%	73%	42%	5%

资源来源：世界资源（World Resources），1996～1997年。

（二）工业化进程的高碳排放

1. 农业社会：基于碳水化合物利用之上的低碳经济

碳水化合物亦称糖类化合物，是自然界存在最多、分布最广的一类重要的有机化合物，是一切生物体维持生命活动所需能量的主要来源。在漫长的农业社会里，处于生态食物链高端的人类，一方面，从绿色植物获取碳水化合物中的植物蛋白等糖类化合物，又从食草动物中获取动物蛋白，以维持生命所需的物质和能量；另一方面，从碳水化合物中的纤维素获得生物质能，如木材和干草为人类提供了供热取暖的生物能源。太阳能为自然生态系统提供了取之不尽、用之不竭的清洁能源。同时，太阳能通过绿色植物的叶绿体进行光合作用，把太阳能以化学能的形式储存在生物质有机体内。植物生长的过程是利用太阳能，把二氧化碳和水合成为储存能量的有机物，并且释放出氧气的过程。

科学研究测算，每年绿色植物从空气中吸收约1500亿吨的碳，产生约4000亿吨的氧。太阳能不仅是清洁能源，而且通过太阳能与植物的叶绿素进行光合作用，还能吸收大量的二氧化碳并产生氧气，因此，可以说农业社会是一个原始的低水平二氧化碳排放的社会，人类对自然生态系统的影响是有限的，大气中的二氧化碳含量一直稳定在250～280ppm左右（IPCC，1994）。这个浓度对于地球大气温度的变化起到了平衡作用。当然，农业社会的低碳排放量也是低经济发展水平的标识。

2. 工业社会：基于碳氢化合物使用基础上的高碳经济

工业文明的标识是人类对碳氢化合物的发现和使用。碳氢化合物或其衍生物是自然界经历几百万年逐渐形成的化石燃料（能源）的物质基础，如煤炭、石油和天然气等。工业社会是建立在对化石燃料（能源）的勘探、开采、加工、利用基础之上的经济社会，它使人类经济发展方式发生了翻天覆地的变化。近代科技革命，使人类掌握了开发和利用化石能源的手段和方法，直接导致了近代工业革命——蒸汽机革命和电力革命。尽管工业化早期人类积极开发水电（清洁能源）、“二战”后努力利用核能（无碳能源），但是，在工业社会的能源结构中化石能源始终占据主导地位。化石能源是由生物有机质在沉积岩经过漫长的时间转化而来的碳氢化合物，而碳氢化合物通过充分燃烧能产生巨大能量，同时，产生了大量二氧化碳（见表3－4）。长期以来，人们对化石能源使用过程中所产生的二氧化碳并不在意，事实上，以化石能源为基础的工业社会已悄然地把人类带入了“高碳经济”体系，化石能源是以高二氧化碳排放为代价的。在化石能源体系的支撑下，人类形成了火电、石化、钢铁、建材、有色金属等工业、并由此衍生出汽车、船舶、航空、机械、电子、化工、建筑等行业，这些高能耗的工业都可称之为高碳工业，即化石能源密集型产业。甚至连传统的低碳农业也演变成高碳农业，支撑现代农业发展的化肥和农药都是以化石能源为基础的。人们发现：一方面，化石能源的开发和利用改变了人类经济发展方式和水平，是人类社会物质和财富的评价标识；另一方面，化石能源的使用规模和速度与二氧化碳排放量的增长呈线性相关，并正在影响着地球自然生态系统内在平衡性，同时，化石能源的稀缺性和不可再生性也对传统的工业文明提出新挑战。

表 3－4　　不同的能源形式产生二氧化碳数量的比较

不同燃烧产生二氧化碳的计算方法	煤炭	石油	天然气	可再生能源
燃烧每吨物质产生的二氧化碳（吨）	0.70	0.54	0.39	0
单位热量燃烧产生的二氧化碳（天然气为升）	1.61	1.19	1.00	0

注：可再生能源是指太阳能、风能、水能、生物质能、潮汐能、地热能等。

（三）国际相关系列协议的履行

21 世纪人类经济发展方式的变革起因于 1972 年罗马俱乐部发表了《增长的极限》报告，该报告第一次对高能耗、高污染的传统工业文明和高碳经济的发展方式进行了深刻反思。而 1992 年联合国环境与发展大会首次把全球资源环境管理提升到国家发展战略高度，提出了“可持续发展”（Sustainable Development）理念，通过《联合国气候变化框架公约》（UNFCCC），明确提出了控制大气中温室气体浓度上升，减少二氧化碳排放是国际社会共同的责任和义务。随后的 15 年中，国际社会都在为协商和制定二氧化碳减排的国际履约协议而努力，这些努力为孕育低碳经济和低碳社会播下了思想的种子。众所周知，温室气体主要包括二氧化碳、甲烷（CH_4）、氧化亚氮（N_2O）、氢氟碳化物（HFCs）、全氟化碳（PFCs）、六氟化硫（SF_6）六种气体。由于非二氧化碳温室气体的浓度致暖与二氧化碳有着固定的函数关系。因此，人们将非二氧化碳的温室气体排放量折算成二氧化碳排放当量，以实现所有温室气体排放量之间的可加性。当人们在探索碳减排的途径和方法时，发现“碳减排”不仅涉及传统的产业结构、工业结构和能源结构的问题，而且涉及人类传统的生产方式、生活方式和消费方式等问题，从本质上触动了人类经济发展方式变革的问题。

1.《京都议定书》的国际履约协议催生了国际“碳交易”市场

1997 年在日本京都通过的世界上以法律约束力来控制温室气体排放的国际条约《京都议定书》是引发低碳经济理念形成的触点，也是催生国际“碳交易”市场的动因。《京都议定书》成功之处在于：一是规定“共同但有区别的责任”原则，即综合历史和发展水平等因素，发达国家应首先承担二氧化碳减排的责任，而发展中国家暂时不承担减排责任。二是明确全球温室气体的二氧化碳当量排放总量在 2008～2012 年（第一个承诺期），在 1990 年的基准上至少减少 5.2%。三是架构了二氧化碳减排的国际合作机制，即温室气体减排“三机制”：联合履行（Joint Implemented，JI）、清洁发展机制（Clean Development Mechanism，CDM）和“碳减排”贸易（Emission Trade，ET）。三种域外减排和减排额交易，使发达国家可与发展中国家合作取得“碳减排”的抵销额，以低成本获得“碳减排”配额，缓解发达国家的减排压力，以履行《京都议定书》规定的减排义务。碳减排的国际履约协议直接推动了高碳经济向低碳经济的转变。《京都议定书》的另一个成果还表现在它把温室气体减排形式化地归结为二氧化碳减排问题，让温室气体排放权形式化地归结为二氧化碳排放权问题。它让“碳排放”有了可测算、可折算、可视化的标准，让二氧化碳减排配额交易（以下简称“碳交易”）变成了现实的国际“碳交易市场”。它鼓励发达国家通过向发展中国家转移低碳能源技术和碳减排技术，从而获得碳减排配额，以实现发达国家的减排目标和承诺，获得“双赢”效果。2005 年随着《京都议定书》的正式实行，欧盟的“碳交易市场”开始启动交易，在短短两年内，众多欧洲的公司开始参与碳交易，迄今为止，二氧化碳欧洲交易价格，从每吨 7 欧元涨到现在的 21 欧元（中国 CO_2 商务网，2008）。据专家预测，发达国家通过清洁发展机制（CDM）项目方式低偿的减排义务，将给全球的碳交易带来巨大的市场。预计在 2008 ~ 2012 年这 5 年的时间内每年碳减排量为 7 亿 ~ 13 亿吨。因此，全球“碳交易”市场交易规模将达到 140 亿 ~ 650 亿美元。由此可见，发展低碳经济不仅有利于遏制气候暖化，而且经济上也是有利可图。

2. 碳排放总量的刚性约束改变了发达国家的能源政策和发展模式

尽管发达国家对发展中国家在第一承诺期（2008 ~ 2012 年）暂不承担责任颇有微词，但为实现承诺期碳减排的刚性约束目标，客观上加速推进了发达国家向低碳经济转变。降低化石能源的消耗比重，高效和节约利用化石能源、实现能源结构的低碳化，增加清洁能源、低碳能源和无碳能源的利用规模等成为发达国家未来能源政策的重点。2003 年英国能源白皮书《我们未来的能源——创建低碳经济》就是英国发展“低碳经济”的宣言书，英国希望在二氧化碳减排方面成为世界的引领者。英国能源白皮书是从能源结构入手，通过英国能源政策的调整来推动低碳经济的发展。英国政府为了达到 2010 年二氧化碳排放量在 1990 年水平上减少 20%，到 2050 年减少 60% 的目标，动足了脑筋，想尽了办法。一是优化能源结构，大力发展可再生能源，到 2010 年可再生能源的比例达到 10%。进一步降低化石能源消耗量，并寄希望于“可控核聚变”技术突破，以获得更多的清洁能源和无碳能源。二是调整能源政策，英国准备征收气候变化税和能源产品税，以促使从事化石能源开发和使用的公司改善能源利用效率，从而减少温室气体的排放。三是强调科技创新，发展低碳能源技术。英国计划在新的国家能源研究中心设立研究局，开展可再生能源、节能新技术等低碳能源技术的基础研究和开发研究。希望在二氧化碳捕获与埋存等领域，开发出有效控制温室气体排放的新技术。四是全方位节能减碳。推动家庭节能减碳，如推广隔热保温建筑材料实现建筑节能；推广节能灯，采用 LED 绿色照明，淘汰白炽灯，实现照明节能；购买节能家电，如节能空调、节能冰箱、节能洗衣机、节能电脑等，实现家电节能；推广混合燃料汽车，鼓励使用自行车出行，实现低碳交通。以发展低碳经济为目标的能源政策，不仅涉及生产和流通领域，而且涉及消费领域；不仅对政府企业提出要求，而且对社会公众进行舆论引导。

3. 发展中国家正面临着高碳与低碳不同经济发展方式的痛苦抉择

根据斯默兰（1998）、加莱奥蒂（1999）的研究，证实了二氧化碳排放与人均收入之间也符合库兹涅茨的倒“U”型曲线理论。发达国家由于经济发展水平高，机场、公路、城市等社会基础设施完善，而重化工业等高碳产业都不断向发展中国家转移，使得碳排放量正处在倒“U”型曲线的下降通道之中。而发展中国家正好相反，巨大的经济发展要求，大规模的基础设施建设，以及对发达国家高碳产业的承接，使得发展中国家的碳排放量正处在倒“U”型曲线的上升趋势之中。一些发展中国家，如中国、印度、巴西等国经济的快速发展，成为世界化石能源和资源消费新的增量，同时，也伴随着碳排放量的快速上升。2007 年在印度尼西亚巴厘岛召开了联合国气候变化大会，主要讨论后《京都议定书》时代的碳减排安排，即 2012 年第一个承诺期完成以后，各国在碳减排所应承担的责任和义务。所谓的“巴厘岛路线图”目标直指美国和发展中国家。美国作为发达国家，碳排放量占全球 1/4，理应承担责任和义务。但发展中国家则在排放权和发展权之间做痛苦的选择。一方面，发达国家要求发展中国家也应该承担碳排放义务和责任，从某种意义上限制了发展中国家的发展权利；另一方面，发展中国家也意识到高能源、高排放的传统工业化道路给本国的资源环境带来巨大的压力，变革经济发展方式是必然趋势。但是，目前全球重化工业等高碳产业在发展中国家的集聚度在不断地提高，发展中国家，尤其是中国日益成为世界工厂，而发达国家掌控着高新技术产业、低碳能源产业、生产性服务业等的技术、设计、标准、专利、品牌等主导权，掌控着金融、保险、物流、销售网络等低碳经济主要领域。发达国家向发展中国家转移高碳产业，为其发展低碳经济提供了空间，而发展中国家在承接高碳产业转移后的 20～30 年，将背负高碳经济所带来沉重的资源环境包袱。因此，围绕碳排放权和经济发展权问题将是发达国家与发展中国家博弈的焦点。2006 年英国政府发表了引起国际社会普遍关注的《斯特恩报告》（Nicolas Stern，2006），该报告是由英国的前世界银行首席经济学家尼古拉斯·斯特恩（Nicolas Stern）主持完成的一份有关全球气候变暖问题的报告。报告认为，“不断加剧的温室效应将会严重影响全球经济发展，其严重程度不亚于世界大战和经济大萧条。要求世界各国必须从国内生产总值中拨出 1%，约合 1840 亿英镑对抗全球变暖，否则全球经济将付出比治理这一问题高 5～20 倍的代价。世界每排放 1 吨二氧化碳，会造成至少 85 美元的破坏”。尽管结论有点耸人听闻，但是，人类保护环境，遏制气候暖化是发达国家和发展中国家的共同责任。因此，人类社会未来经济发展方式会因碳减排而发生深刻的变化。

4. 节能减排：中国揭开了应对气候变化和发展低碳经济的序幕

中国是发展中国家，目前正处在工业化、城市化和市场化的发展过程之中，资源环境与经济发展的矛盾十分突出，并处在两难选择之中。一方面，经济的快速发展，希望承接发达国家的产业转移，重化工业快速发展需要大量的化石能源的支撑；另一方面，化石能源为基础的产业又不可避免地带来高能耗、高污染、高排放。中国的高碳经济特征十分明显，如作为出口大国，已成为“世界工厂”，能源和资源的消耗快速增长。同时，中国又是一个煤炭消费大国，2007 年煤炭消费占全球的 30% 左右，国内一次性能源需要中，煤炭占 70%，电力部门 90% 的燃料是煤炭。高碳化的能源结构使中国的二氧化碳排放已占全球的 18%，受到世界的关注。因此，大力发展低碳经济是中国未来经济发展的客观要求和战略选择。2006 年中国政府首次在国家“十一五”发展规划中提出了“节能减排”的约束性指标，即到 2010 年单位国内生产总值能耗降低 20% 左右，主要污染物排放总量减少 10%。资源环境的约束性指标的提出推动了全社会各个层面的节能减排工作，而节能的本质就是降低二氧化碳排放量。从某种意义上说，中国大力发展循环经济，建设资源节约型和环境友好型社会是揭开了中国发展低碳经济的序幕。尽管《京都议定书》中“共同但有区别的责任”条款，使得中国作为发展中国家暂时还没有承担二氧化碳减排的责任，但是，作为全球第二大（二氧化碳）排放国，中国正面临着巨大的国际社会压力。2007 年中国政府颁布了《中国应对气候变化国家方案》和《节能减排综合性工作方案》，彰显出我国政府在节能减排和发展低碳经济等方面的决心。

（四）中国参与“低碳经济”发展的脚步

2006 年底，科技部、中国气象局、发改委、国家环保总局等六部委联合发布了我国第一部《气候变化国家评估报告》。

2007 年 6 月，中国正式发布了《中国应对气候变化国家方案》。

2007 年 7 月，温家宝总理在两天时间里先后主持召开国家应对气候变化及节能减排工作领导小组第一次会议和国务院会议，研究部署应对气候变化工作，组织落实节能减排工作。

2007 年 9 月 8 日，中国国家主席胡锦涛在亚太经合组织（APEC）第 15 次领导人会议上，本着对人类、对未来的高度负责态度，对事关中国人民、亚太地区人民乃至全世界人民福祉的大事，郑重提出了四项建议，明确主张“发展低碳经济”，令世人瞩目。他在这次重要讲话中，一共说了 4 回“碳”：“发展低碳经济”、研发和推广“低碳能源技术”“增加碳汇”“促进碳吸收技术发展”。他还提出：“开展全民气候变化宣传教育，提高公众节能减排意识，让每个公民自觉为减缓和适应气候变化做出努力。”这也是对全国人民发出了号召，提出了新的要求和期待。胡锦涛主席建议建立“亚太森林恢复与可持续管理网络”，共同促进亚太地区森林恢复和增长，减缓气候变化。

同月，国家科学技术部部长万钢在2007年中国科协年会上呼吁大力发展低碳经济。

2007年12月3日，联合国气候变化大会在印尼巴厘岛举行，15日正式通过一项决议，决定在2009年前就应对气候变化问题新的安排举行谈判，制订了世人关注的应对气候变化的“巴厘岛路线图”。该“路线图”为2009年前应对气候变化谈判的关键议题确立了明确议程，要求发达国家在2020年前将温室气体减排25%～40%。“巴厘岛路线图”为全球进一步迈向低碳经济起到了积极的作用，具有里程碑的意义。

2007年12月26日，国务院新闻办发表《中国的能源状况与政策》白皮书，着重提出能源多元化发展，并将可再生能源发展正式列为国家能源发展战略的重要组成部分。不再提以煤炭为主。

联合国环境规划署确定2008年“世界环境日”（6月5日）的主题为“转变传统观念，推行低碳经济”。

2008年1月，清华大学在国内率先正式成立低碳经济研究院，重点围绕低碳经济、政策及战略开展系统和深入的研究，为中国及全球经济和社会可持续发展出谋划策。

2008年6月27日，胡锦涛总书记在中央政治局集体学习上强调，必须以对中华民族和全人类长远发展高度负责的精神，充分认识应对气候变化的重要性和紧迫性，坚定不移地走可持续发展道路，采取更加有力的政策措施，全面加强应对气候变化能力建设，为我国和全球可持续发展事业进行不懈努力。

2008年，应低碳经济的趋势，深圳市宗兴环保科技有限公司技术研发中心开发了新的项目《减碳技术咨询服务》，并服务企业近百家。项目包括评估减碳空间、实施减碳措施、评价减碳效果、形成减碳报告。

2008年7月，G8峰会上八国表示将寻求与《联合国气候变化框架公约》的其他签约方一道共同达成到2050年把全球温室气体排放减少50%的长期目标。

2008年“两会”，全国政协委员吴晓青明确将“低碳经济”提到议题上来。他认为，中国能否在未来几十年里走到世界发展的前列，很大程度上取决于中国应对低碳经济发展调整的能力，中国必须尽快采取行动积极应对这种严峻的挑战。他建议应尽快发展低碳经济，并着手开展技术攻关和试点研究。

2009年，深圳市能博特科技有限公司受邀参加沃尔玛2009年供应商能效提升项目启动大会并作大会发言。与会者对提出的低成本节能思路和方法非常感兴趣，给予了积极评价，纷纷咨询。作为世界500强之首的沃尔玛，实施了一项可持续发展计划，作为计划的一个部分，要求其供应商2009年相对2007年单位产品能耗下降7%，2012年下降20%。鉴于大多数供应商对达成节能目标可能缺乏方案，沃尔玛本次大会也邀请了十几家能源服务商为供应商提供节能咨询服务。深圳市能博特科技有限公司凭借顾问多年的服务经验，可以为企业的节能减排，提供优质的服务。

中国社会科学院发布的《城市蓝皮书：中国城市发展报告（NO.2）》指出，在全球气候变化的大背景下，发展低碳经济正在成为各级部门决策者的共识。节能减排，促进低碳经济发展，既是救治全球气候变暖的关键性方案，也是践行科学发展观的重要手段。在低碳经济问题上，人们需澄清一些认识上的误区。第一，低碳不等于贫困，贫困不是低碳经济，低碳经济的目标是低碳高增长；第二，发展低碳经济不会限制高能耗产业的引进和发展，只要这些产业的技术水平领先，就符合低碳经济发展需求；第三，低碳经济不一定成本很高，温室气体减排甚至会帮助节省成本，并且不需要很高的技术，但需要克服一些政策上的障碍；第四，低碳经济并不是未来需要做的事情，而是应从现在做起；第五，发展低碳经济是关乎每个人的事情，应对全球变暖，关乎地球上每个国家和地区，关乎每一个人。

二、低碳经济及其科学内涵

（一）低碳经济的概念

“低碳经济”（low carbon economy）一词最早正式出现于2003年的英国能源白皮书《我们能源的未来：创建低碳经济》（*UK Energy White Paper: Ourenergy future-creating a low carbon economy*）。这一概念一经提出，很快在联合国召开的气候变化大会即“巴厘路线图”中得到进一步肯定，并受到世界各国政府的普遍欢迎和学术界的广泛关注。《能源白皮书》（UK Government，2003）给出的低碳经济（low carbon economy）概念是：以减少温室气体排放为前提来谋求最大产出的经济发展理念或发展形式。这标志着低碳经济开始从学术命题上升为政治命题。

自英国提出低碳经济后，一些学者从不同的角度对其内涵进行了诠释。我国学者庄贵阳（2005）认为，低碳经济的实质是能源效率和清洁能源结构问题，核心是能源技术创新和制度创新，目标是减缓气候变化和促进人类的可持续发展。即依靠技术创新和政策措施，实施一场能源革命，建立一种较少排放温室气体的经济发展模式，减缓气候变化。张坤民等（2008）为我们勾勒出低碳经济的一幅长篇画卷，阐明了解决气候变化问题和走低碳之路的逻辑关系，强调低碳概念不仅涉及经济和社会等诸多方面的问题，而且还在重塑未来的人类文明。鲍建强等（2008）认为低碳经济的实质是全方位地改造建立在化石燃料（能源）基础上的现代工业文明，转向生态经济和生态文明；是提高能源效率和清洁能源结构。认为“低碳经济”就是以低能耗、低污染为基础的经济。夏堃堡（2008）认为低碳经济分为低碳生产与低碳消费，二者都应该以一种可持续的模式存在。他指出循环经济和清洁生产是较好的低碳生产形式。因此，所谓“低碳”强调的是一种区别于传统的较高能耗、较多污染为代价的新发展思路；所谓“经济”强调了这种新理念根本上不能排斥发展、排斥产出最大化、排斥长期经济增长（胡鞍钢、管清友，2008）。马学禄（2008）认为低碳条件下新的经济体系应该以能源、环境为边界限制条件，赋予能源效率而非能源特殊价值。牛文元（2009）、贺庆棠（2009）等认为，低碳经济是绿色生态经济，是低碳产业、低碳技术、低碳生活和低碳发展等经济形态的总称。方时姣（2009）指出，低碳经济是经济发展的碳排放量、生态环境代价及社会经济成本最低的经济，是一种能够改善地球生态系统自我调节能力的可持续性很强的经济。龚建文（2009）认为低碳经济一是要实现碳的低排放或零排放，二是要形成低碳甚至零碳能源的国民经济体系。

由此可见，目前关于低碳经济虽然还没有统一的概念定义，但是学者们都普遍认同“低碳”在广义上的意义是碳能源的低消耗以及碳的低排放；而“经济”则是一种在此新的发展思路指导下可持续的、可循环的经济发展模式。

结合国内外学者对低碳经济的分析，我们认为，所谓低碳经济，是指在不影响经济和社会发展的前提下，通过技术创新和制度创新，尽可能地降低能源和资源消耗，最大限度地减少温室气体排放，从而减缓全球气候变化，实现经济和社会的清洁发展与可持续发展的经济形态。

低碳经济不仅是一场大规模的环境革命，更是一场深刻的经济变革，其实质是提高能源利用效率和创建清洁能源结构，发展低碳技术、产品和服务，确保经济稳定增长的同时消减温室气体的排放量，其核心是提高能源利用效率和创建洁净能源结构。

低碳经济有两个方面的含义，第一，低碳经济包括生产、交换、分配、消费在内的全过程社会活动的低碳化，努力降低温室气体排放，实现低排放乃至零排放。由此获得最大的生态经济效益；第二，低碳经济要实现社会活动全过程的能源消费低碳化，提高能源效率、降低能源消耗，用低碳能源或无碳能源支撑国民经济和社会活动的可持续发展。

（二）低碳经济的特征

1. 综合性

低碳经济不是一个简单的技术或经济问题，而是一个涉及经济、社会、环境系统的综合性问题。从第一个层面理解，低碳经济意味着经济发展与温室气体排放之间关系的“脱钩”，即 GDP 的增长率高于温室气体排放的增长率（相对脱钩），或经济稳定增长而温室气体排放量零增长甚至减少（绝对脱钩）；从第二个层面理解，低碳经济所确立的是一种在促进发展的前提下解决气候变化问题的基本思路，与单纯的节能减排思路不同，它强调发展与减排的结合，重点在低碳，目的在发展，通过改善经济发展方式和消费方式来减少能源需求和排放，而不是以降低生活质量和经济增长为代价实现低碳目的；从第三个层面理解，低碳经济还关系到人类的发展权和社会公平问题。因为几乎人类所有的生产和消费活动都一定程度依赖能源，产生相应的温室气体排放，不同的国家由于发展水平不同，面临的发展潜力和减排空间不同，要设计合理的、能为国际社会所认同的碳排放方案，必须从社会公平与人类可持续发展的角度进行考虑。

2. 战略性

气候变化所带来的影响，对人类发展的影响是长远的。低碳经济要求进行能源消费方式、经济发展方式和人类生活方式进行一次全新变革，是人类调整自身活动、适应地球生态系统的长期的战略性选择，而非一时的权宜之计。

3. 全球性

全球气候系统是一个整体，气候变化的影响具有全球性，涉及人类共同的未来，超越主权国家的范围，任何一个国家都无力单独面对全球气候变化的严峻挑战，低碳发展需要全球合作。多年来，各国围绕着气候问题展开了一系列的谈判，从而形成全球性的制度框架，如《京都议定书》。但是，由于没有一个世界政府，这种全球性的制度规范往往在参与和执行方面受到国家利益的左右而大打折扣。

4. 经济性

包含两层含义，一是低碳经济应按照市场经济的原则和机制来发展；二是低碳经济的发展不应导致人们的生活条件和福利水平明显下降。也就是说，既反对奢侈或能源浪费型的消费，又必须使人民生活水平不断提高。更通俗地说，发展低碳经济不能也不是让人类回到农耕社会。

5. 技术性

也就是通过技术进步，在提高能源效率的同时，也降低二氧化碳等温室气体的排放强度。前者要求在消耗同样能源的条件下人们享受到的能源服务（如照明、家用电器消耗等）不降低；后者要求在排放同等温室气体情况下人们的生活条件和福利水平不降低，这两个“不降低”需要通过能效技术和温室气体减排技术的研发和产业化来实现。

6. 目标性

发展低碳经济的目标应该是，将大气中温室气体的浓度保持在一个相对稳定的水平上，不至于带来全球气温上升影响人类的生存和发展（如海平面上升导致小岛屿国家的淹没等），从而实现人与自然的和谐发展。

（三）低碳经济产生的经济学分析

资源的稀缺性是经济学分析的前提，而低碳经济作为一种新的经济发展模式，其产生也正是因为资源的稀缺性。此处资源的稀缺性包括两个方面：

一是能源的稀缺性。能源是人类社会赖以生存和发展的重要物质基础。在过去

100 多年里，发达国家先后完成了工业化，消耗了地球上大量的自然资源，特别是化石能源资源。当今社会经济的发展也主要依赖于传统的化石能源，全球总能耗的 74% 来自煤炭、石油、天然气等矿物能源。化石能源的应用推动了社会的发展，但由于其不可再生性，化石能源资源正在日益被耗尽。世界上一些地方的煤炭、石油等化石能源已被采光或即将采光已是不争的事实。而经济的发展，社会对于能源的需求却丝毫没有减少，需求的无限性和资源的有限性就造成了化石能源的稀缺性。

二是环境资源的稀缺性。化石能源的无节制使用，在日益耗尽资源的同时也造成了严重的环境污染和气候变化问题。使用化石燃料这种高碳能源是产生这种生态环境灾难的主要原因。研究表明，地球生态系统自净二氧化碳的能力每年只有 30 亿吨，全世界每年约剩下 200 多亿吨残留在大气层中，使地球生态系统不堪重负。长此下去，气候将更为反复无常，生态环境灾害范围更大、更频繁、更严重，直接威胁着人类的生存与发展。然而，随着环境问题日趋严重，人们对于美好环境的需求却是不断增加的，这就造成了环境资源的稀缺性。

资源稀缺的约束使得企业必须转变经济发展模式。一方面，已持续大量耗费的不可再生资源已经不能支撑原有的粗放的经济增长模式，当不可再生资源越来越稀缺的时候，如果不转变经济增长模式，企业就难以生存，整个社会就难以发展；另一方面，随着环境污染和气候变化问题日益严重，控制大气中二氧化碳浓度增加，缓解全球气候变暖，是现代人类得以生存与发展的内在要求和迫切需要，以至于联合国环境规划署确定 2008 年“世界环境日”的主题为“转变传统观念，推行低碳经济”。不管是从能源稀缺还是环境资源稀缺的角度看都必须转变经济发展模式，实施低碳经济。因此，能源资源和环境资源的稀缺就成为低碳经济产生的根源。

（四）低碳经济的科学内涵

发展低碳经济是一场涉及生产模式、生活方式、价值观念和国家权益的全球性变革，它的内涵十分丰富。我们认为：低碳经济是一种经济发展新理念，更是一种经济发展新模式；低碳经济是一个规制世界发展格局的新规则，更是一场引领未来世界经济发展新潮流的产业革命。

1. 低碳经济是一种发展新理念

温室气体排放导致气候变化是一个历久弥新的话题。当瑞典科学家斯·阿累尼乌斯（Svante Arrhenius）1896 年首创“温室效应”[①] 一词、并预言能源释放的 CO_2 将使地球变暖时，当时社会对他的警告很不以为然。然而，这位 1903 年度诺贝尔奖获得

---

① 温室效应（英文：Greenhouse Effect）：又称“花房效应”，是大气保温效应的俗称。大气能使太阳短波辐射到达地面，但地表向外放出的长波热辐射线却被大气吸收，这样就使地表与低层大气温度增高，因其作用类似于栽培农作物的温室，故名温室效应。

者不幸言中，在他预言后的100多年间，全球化石能源占能源比重从当时58%上升到90%以上，大气CO_2浓度比产业革命之初增长了1.34倍。

随着全球人口和经济规模的不断增长，能源使用带来的环境问题及其诱因不断地为人们所认识，大气中二氧化碳（CO_2）浓度升高带来的全球气候变化业已被确认为不争的事实。温室气体像一层透明的玻璃罩阻碍地表的红外线向太空反射，使地表温度无法散发出去，地球不断增温变热。根据科学观测，地球表面的温度正以每10年0.2摄氏度的速度不断升高。每10年0.2摄氏度的气温增长看起来是微小的，然而在某一时间段引起的连锁反应却是非常强烈的。气温异常影响正常的大气环流，会导致各种“极端天气事件”。

从20世纪中期开始的几十年来，随着新技术革命的爆发，全球社会经济以空前的速度飞快发展。人类创造的财富大大增加，同时伴随着沃土、清泉、矿藏、能源以及生物多样性耗损的加剧，各种环境污染更是不断地伤害着人类赖以生存的生态系统和公众健康。从英国伦敦烟雾事件到美国洛杉矶光化学烟雾；从日本水俣湾的怪病到北欧森林与湖泊的死亡……一次次惨痛的环境事件彼伏此起，一地一国的生态问题扩展蔓延。不同领域的科学家们越来越深刻地认识到，地球已经出问题了，延续传统的经济增长模式和无节制的消费模式，将是地球环境所无法承受的。人类的发展必将毁灭人类自身。

低碳经济作为一种新的经济形态，本质上体现了可持续发展的理念。这种发展理念以低能耗、低污染、低排放为基础前提，以减缓全球气候变化为最终目标。它是人类对人与自然、人与社会、人与人和谐关系进行理性认知后，开始在经济增长与福利改进的关系、经济发展与环境保护的关系中积极寻求一种理性权衡，是人类在“后工业时代”经济发展的方向。

2. 低碳经济是一种发展新模式

低碳经济是一种以能源的清洁开发与高效利用为基础，以低能耗、低排放、低污染为基本经济特征，顺应可持续发展理念和控制温室气体排放要求的社会经济发展模式。是将传统的高碳型经济发展模式改造成低碳型的新经济发展模式。

低碳经济作为一种新经济模式，包含三方面的内涵：

首先，低碳经济是相对于高碳经济而言的，是相对于基于无约束的碳密集能源生产方式和能源消费方式的高碳经济而言的。因此，发展低碳经济的关键在于降低单位能源消费量的碳排放量（即碳强度），通过碳捕捉、碳封存、碳蓄积降低能源消费的碳强度，控制CO_2排放量的增长速度。

其次，低碳经济是相对于新能源而言的，是相对于基于化石能源的经济发展模式而言的。因此，发展低碳经济的关键在于促进经济增长与由能源消费引发的碳排放“脱钩”，实现经济与碳排放错位增长（碳排放低增长、零增长乃至负增长），通过能源替代，发展低碳能源和无碳能源控制经济体的碳排放弹性，并最终实现经济增长的碳脱钩。

最后，低碳经济是相对于人为碳通量而言的，是一种为解决人为碳通量增加引发的地球生态圈碳失衡而实施的人类自救行为。因此，发展低碳经济的关键在于改变人们的高碳消费倾向和碳偏好，减少化石能源的消费量，减缓碳足迹，实现低碳生存。

3. 低碳经济是一种发展新规则

发展低碳经济已成为一个环境、经济和政治的外交“大拼盘”，国际气候制度的演进，更是纷繁复杂的国际环境外交的一个缩影。以欧盟为首的发达国家正在不遗余力地为发展低碳经济摇旗呐喊，同时正在加紧推进《联合国气候变化框架公约》的实施。《联合国气候变化框架公约》的本质就是抢占话语权、分配排放权、划分环境容量空间、争夺经济发展空间，此公约将会是继《联合国宪章》《关贸总协定》之后的又一个规制世界发展格局的新规则，它将可能是人类从工业文明向生态文明过渡的法律文件，它将会要求任何国家、民族、企业和家族，甚至有可能包括个人的生存和发展不能危及别的国家、别的民族、别的企业和别的个人发展的权利，不仅对当代负责，还要对未来，也就是对后代负责。

因此，无论低碳经济是发展的机遇还是“圈套”，它的确是中国和大多数发展中国家，尤其是企业发展未来所必须面对的一个现实和必须遵守的新规则。

4. 低碳经济是一场产业新革命

“产业革命”一词是恩格斯在1845年出版的《英国工人阶级状况》一书中首先使用的，从恩格斯书中对产业革命的描述可以领会出，产业革命既是生产技术的巨大革命，也是生产关系的深刻变革。产业革命不是指哪一个局部的变化，不是生产技术应用到哪一方面所引起的飞跃，而是全局性的，整个生产体系的飞跃变化，不只是工业，还有农业、交通运输，以至经济关系的变化。

低碳经济的本质是通过提高效率、转变能源结构、发展低碳技术、产品及服务，确保经济稳定持续增长，同时消减温室气体的排放量，以保护生态环境。发展低碳经济，涉及经济、社会、生活的各个方面，有助于加快经济结构和产业结构的调整步伐；有助于促进经济转型；有助于转变人民的消费观念；有助于推动生态文明建设，其意义十分深远。以德国为代表的一些欧洲国家通过提高能源和资源效率，大力发展可再生能源，已形成了相对成熟和完备的绿色产业，在世界未来经济发展中抢占了有利的战略支点。可再生能源产业已经成为世界经济的新热点，大量的投资、研发和广阔的市场前景，正在掀开通向低碳经济发展的新一轮技术和产业革命。

低碳经济作为一种新的发展形态，已成为人类社会由工业文明向生态文明过渡的主要特征，成为未来社会经济发展和人民生活质量改善的主流模式。它不仅会引发以新能源技术、节能减排技术为核心的技术革命，而且还会带来整个社会生产体系组织结构以及经济结构的飞跃变化。它将是人类社会继农业革命、工业革命、信息革命之后，世界经济形态新出现的革命浪潮，即低碳革命。

三、碳问题相关概念的经济解读

“低碳经济”提出的大背景，是全球气候变暖对人类生存和发展的严峻挑战。随着全球人口和经济规模的不断增长，能源使用带来的环境问题及其诱因不断地为人们所认识，在此背景下，“碳排放”“碳足迹”“碳交易”“碳税”“碳金融”“碳汇”等一系列新概念应运而生。

（一）碳排放

1. 含义

碳排放主要指的是二氧化碳和其他温室气体的排放，《京都议定书》附件中强调了6种温室气体，除二氧化碳外，还有甲烷、氧化亚氮、氢氟碳化物、全氟化碳、六氟化硫。

碳排放分为可再生碳排放和不可再生碳排放两种。前者指在地球表面的各种动植物正常的碳循环，也包括使用各种可再生能源的碳排放；后者指从地下把几亿年前沉积下来的矿物能源开发出来，燃烧后产生的碳排放。无论具体碳排放的数值大小如何，不可再生碳排放将地下的碳元素释放出来，积累产生的温室效应都比可再生碳排放更大，对于环境造成的影响也更加严重。

2. 碳减排的方法

与其他污染物不同，CO_2 的减排存在很大的技术难度。目前，主要有3种技术方向和选择。一是采取化石能源的替代技术，主要包括清洁能源替代技术、可再生能源技术、新能源技术；二是提高能效，进而通过减少能耗实现削减 CO_2 排放；三是碳埋存及生物碳汇技术。此外，税收等财政金融政策可以起到加速技术改造进程，优化资源配置，降低全社会减排成本的作用。

3. 《京都议定书》确立的促进碳减排的三个机制

《京都议定书》确立的促进碳减排的三个机制是指联合履行机制（简称“JI”）、国际排放贸易机制（简称“ETS”）和清洁发展机制（简称“CDM”）。

JI指发达国家之间通过项目级的合作，实现的减排单位（ERU）可以转让，但是同时必须在转让方的分配数量（AAU）上扣减相应的额度。

ETS采用总量管制和排放交易的模式，指一个发达国家将其超额完成的减排义务指标，转让给另外一个未能完成减排义务的发达国家，并从转让方的分配数量上扣减相应的额度。

CDM指发达缔约国通过提供资金和技术的方式，与发展中缔约国开展项目级的合作。通过项目所实现的“经核证的减排量”（简称“CER”），用于发达缔约国完成减排承诺。发展中缔约国通过合作可以获得资金和技术，有助于实现自己的可持续发展，发达缔约国可以大幅降低其在国内实现减排所需的高昂费用。

（二）碳足迹

1. 含义

碳足迹，它标示一个人或者团体的“碳耗用量”。“碳”，就是石油、煤炭、木材等由碳元素构成的自然资源。“碳”耗用得多，导致地球暖化的元凶“二氧化碳”也制造得多，“碳足迹”就大，反之“碳足迹”就小。打个比方，一个人开着车子在马路上转一圈就留下了一个碳足迹。总的来说“碳足迹”就是指一个人的能源意识和行为对自然界产生的影响。

碳足迹的计算包括一切用于电力、建设我们的家园、运输（包括旅行时乘坐汽车、飞机、铁路和其他公共交通工具）的能源，以及我们所使用的所有消耗品。以上很多个人的因素，可分别计算（例如个人碳足迹，从你的家、旅行、食品等）。一旦你明白你所产生的碳足迹，你的碳足迹从哪来，那你就可以开始减少它；很多方法方式产生碳足迹，但总有有一些方法可以减少碳足迹。

2. 减少碳足迹方法

第一，主动减少碳排放。比如换节能灯泡：11 瓦节能灯就相当约 80 瓦白炽灯的照明度，使用寿命更比白炽灯长 6 ~ 8 倍，不仅大大减少用电量，还节约了更多资源，省钱又环保。二十六摄氏度空调：空调的温度设在夏天二十六摄氏度左右，冬天十八摄氏度至二十摄氏度对人体健康比较有利，同时还可大大节约能源。购买那些只含有少量或者不含氟利昂的绿色环保冰箱。选择“能效标志”的冰箱、空调和洗衣机，能效高，省电加省钱。购买小排量或混合动力机动车，减少二氧化碳排放。购买本地食品：如今不少食品通过航班进出口，选择本地产品，免去空运环节，更为绿色。

第二，碳补偿或碳抵消：通过植树、种草或其他吸收二氧化碳的行为，对自己曾经产生的碳足迹进行一定程度的抵消或补偿。

（三）碳交易

1. 含义

碳交易是为促进全球温室气体减排，减少全球二氧化碳排放所采用的市场机制。即把二氧化碳排放权作为一种商品，从而形成了二氧化碳排放权的交易，简称碳交易。

2. 碳交易基本原理

碳交易基本原理是，合同的一方通过支付另一方获得温室气体减排额，买方可以将购得的减排额用于减缓温室效应从而实现其减排的目标。

在碳市场的构成要素中，规则是最初的、也是最重要的核心要素。有的规则具有强制性，如《京都议定书》便是碳市场的最重要强制性规则之一，《京都议定书》规定了《公约》附件一国家（发达国家和经济转型国家）的量化减排指标。当然也有的规则是自愿性的，没有国际、国家政策或法律强制约束，由区域、企业或个人自愿发起，以履行环保责任。有了《京都议定书》的法律约束，各国的碳排放额开始成为一种稀缺的资源，因而也具有了商品的价值和进行交易的可能性，并最终催生出一个以二氧化碳排放权为主的碳交易市场。

基于《京都议定书》确立的促进碳减排的三个机制，国际碳交易市场形成了两大类型：一种是以项目为基础的交易市场，JI 和 CDM 是其最主要的交易形式；一种是以配额为基础的交易市场，可分为强制碳交易市场和自愿碳交易市场，ETS 是其主要的交易形式。强制碳交易市场是由强制性减排指标产生的，如欧盟碳排放交易体系（EUETS）。自愿碳交易市场是基于一些国家或组织自己确定的减排体系，并没有得到《京都议定书》的认可，其参与者是自愿作出减排承诺并出资抵偿其超额的排放量，如芝加哥气候交易所（CCX）。

3. 碳交易的经济学分析

从经济学的角度看，碳交易遵循了“科斯定理”，即以二氧化碳为代表的温室气体需要治理，而治理温室气体则会给企业造成成本差异；既然日常的商品交换可看作是一种权利（产权）交换，那么温室气体排放权也可进行交换；由此，借助碳权交易便成为市场经济框架下解决污染问题最有效率方式。

碳市场从资本的层面入手，通过划分环境容量，对温室气体排放权进行定义，延伸出碳资产这一新型的资本类型。碳交易把原本一直游离在资产负债表外的气候变化因素纳入了企业的资产负债表，改变了企业的收支结构。而碳交易市场的存在则为碳资产的定价和流通创造了条件。本质上，碳交易是一种金融活动，但与一般的金融活动相比，它更紧密地连接了金融资本与基于绿色技术的实体经济：一方面，金融资本直接或间接投资于创造碳资产的项目与企业；另一方面，来自不同项目和企业产生的减排量进入碳金融市场进行交易，被开发成标准的金融工具。碳交易将金融资本和实体经济联通起来，通过金融资本的力量引导实体经济的发展。

碳交易把气候变化这一科学问题、减少碳排放这一技术问题与可持续发展这个经济问题紧密地结合起来，以市场机制来解决这个科学、技术、经济综合问题。

（四）碳税

1. 含义

碳税实际上是二氧化碳排放税的简称，它是以减少二氧化碳排放为目的，对化石燃料（如煤炭、天然气、成品油等）按照其碳含量或碳排放量征收的一种税。碳税与能源税以及硫税、氮税、污水税等税种共同构成了环保税体系。

碳税与能源税既有差别，又相互联系。能源税一般泛指对各种能源征收的所有税种的统称，包括国外征收的燃油税、燃料税、电力税以及我国征收的成品油消费税（燃油税）等各个税种，其主要开征目的是节能。碳税是在世界各国认识到温室气体排放破坏生态环境以及对全球气候变化造成影响后，才得以设计并出现的，其主要开征目的是减排，即温室气体减排的目的更加明确和直接。碳税与能源税都对化石燃料进行征税，鼓励使用清洁能源，有利于促进能源消费结构的转变，这可以说是两者的共同特征或者说共同作用。同时，碳税的开征，在直接促进温室气体减排的过程中，也间接地推动了能源的节约使用，而能源税的开征，在直接促进能源节约使用的同时，也间接推动了温室气体的减排，两者相辅相成。

2. 碳税的经济学分析

化石燃料燃烧过程中产生大量的包括二氧化碳在内的温室气体的排放，由于空气属于公有资源，工厂可以自由排放各种污染物而不必支付任何成本。于是，对于排污的工厂来说，它的“交易净产值”将是最大化的，而对于“社会净产值”而言，将无以达到最大化。这不啻意味，企业的私人成本与社会成本（受污染影响者与企业损失的总和）之间存在差异。也就是说，所谓差异实际上是私人经济活动成本的外部化。即差异并未反映在企业的生产成本中，但是工厂的烟雾产出品却成为众多消费者效用函数的一个有害投入品。此类外部性与公共产品相似，不过这类公共产品是有害的而非有益的，所以应称之为“公害”。

成本的外部化，使得污染并不致影响该产品的生产者与消费者之间的交易达成。显然，污染的存在使厂商获利，但却给社会带来不利影响。由此而形成“边际社会成本”。正是因为边际私人净产值与边际社会净产值背离现象的存在，使得国家干预有了必要性与合理性。政府应根据污染所造成的危害对排污者收税，以税收形式弥补私人成本和社会成本之间的差距，将污染的成本加到产品的价格中去。这种税即碳税。碳税的征收对企业产生负激励，从而达到减少化石燃料消耗和二氧化碳排放的目的。

（五）碳金融

1. 含义

所谓碳金融，是指由《京都议定书》而兴起的低碳经济投融资活动，或称碳融资和碳物质的买卖。即服务于限制温室气体排放等技术和项目的直接投融资、碳权交易和银行贷款等金融活动。

通常来看，国际范围内与低碳经济相关的“碳金融”业务主要包括四个方面：一是“碳交易”市场机制，包括基于碳交易配额的交易和基于项目的交易；二是机构投资者和风险投资介入的碳金融活动；三是碳减排期货、期权市场。《京都议定书》

签订以来，碳排放信用之类的环保衍生品逐渐成为西方机构投资者热衷的新兴交易品种；四是商业银行的"碳金融"创新。

2. 碳金融：国际金融市场新符号

全球应对气候变化的行动使得碳交易风生水起，而碳交易发展至今，其金融化日趋明显。

在碳市场中，由于减排的实际行动往往发生在交易之后，这种形式与商业信用十分类似，因此碳信用的概念就被引入其中。与石油一样，碳交易既有商品属性，又有金融属性；既有经济价值，又是国际政治博弈的产物。碳信用虽然历史很短，却已经成为一种新兴的衍生金融商品，成为继石油等大宗商品之后又一新的价值符号。全球各大碳交易所陆续推出与 EUA、CER 等挂钩的期货、期权交易，使二氧化碳排放权如同石油、大豆（资讯，行情）等商品一样可自由流通。

随着碳市场规模的扩大，碳货币化的程度越来越高。围绕碳减排权，已经形成了碳交易货币以及包括直接投资融资、银行贷款、碳指标交易、碳期权期货等一系列金融工具为支撑的碳金融体系，碳市场的主导地位因此成为各国争夺的焦点。

（六）碳汇及相关概念的经济学解读

1. 含义

碳汇一般是指从空气中清除二氧化碳的过程、活动、机制。它主要是指森林吸收并储存二氧化碳的多少或者说是森林吸收并储存二氧化碳的能力。森林碳汇是指森林植物吸收大气中的二氧化碳并将其固定在植被或土壤中，从而减少该气体在大气中的浓度。

有关资料表明，森林面积虽然只占陆地总面积的 1/3，但森林植被区的碳储量几乎占到了陆地碳库总量的一半。树木通过光合作用吸收了大气中大量的二氧化碳，减缓了温室效应。这就是通常所说的森林的碳汇作用。二氧化碳是林木生长的重要营养物质。它把吸收的二氧化碳在光能作用下转变为糖、氧气和有机物，为生物界提供枝叶、茎根、果实、种子，提供最基本的物质和能量来源。这一转化过程，就形成了森林的固碳效果。森林是二氧化碳的吸收器、贮存库和缓冲器。反之，森林一旦遭到破坏，则变成了二氧化碳的排放源。

2. 碳汇交易

森林碳贸易也可以理解成碳交换，就是"碳汇单位与碳源单位二氧化碳排放权的交易"，具体一点讲就是森林碳汇功能起到固定二氧化碳的作用，可以得到相应的二氧化碳排放权，森林所有者将森林碳汇产生的二氧化碳排放权作为产品投放市场进行交易的行为。

森林碳贸易的出现是和《京都议定书》紧密联系在一起。《京都议定书》生效实际上已经形成了二个森林碳贸易的隐性市场：第一个隐性市场：国家间接森林碳汇市场。《京都协定书》鼓励各国通过绿化、植树造林来抵消一部分工业源二氧化碳的排放。这一规定具有两方面的意义，一是体现了对各个国家以前森林碳汇作用的肯定和认可。用森林碳汇量抵减二氧化碳排放量实际上已经部分完成了以往森林碳汇的交易过程。二是各个国家为了争取二氧化碳排放抵减量，也为了在国际气候谈判中争取有利地位，都会更加重视林业投入，以促进本国林业发展和森林碳汇量增加，这就形成了国家层次的森林碳汇市场，这个市场是通过传统的森林生态效益补偿大循环来完成的，但是补偿的目的性很明确，是完全针对森林碳汇的补偿。

第二个隐性市场：林业 CDM 碳汇项目市场，林业 CDM 碳汇项目是《京都议定书》规定的清洁发展机制允许的林业项目。这一项目的开展实际上就是一种非常具体、可操作性很强的国际间森林碳贸易形式。这种森林碳贸易的产品是森林碳汇形成的“碳信用”（或者碳排放权）。为推动林业 CDM 碳汇项目，世界银行启动了生物碳基金，它允许项目申请者分阶段对 CDM 碳汇项目进行准备和申报，以降低风险。这有利于发展中国家在资金和技术不充分的前提下，准备和实施造林再造林碳汇项目。

3. 森林碳汇交易的经济学分析

全球碳循环中，森林通过光合作用固定大气中游离的二氧化碳，使之转化为有机碳，这便是森林的固碳功能，即所谓的碳汇。森林碳汇服务交易市场实质上是一种重要的环境经济手段，它的最终目标是降低大气中二氧化碳的浓度，有效遏制全球气候变暖，从而在全球碳循环和碳蓄积中扮演重要角色。温室气体排放源为了获取排放空间，向森林碳汇服务提供者购买“碳信用”。森林碳汇服务交易市场以森林资源提供的一定数量和质量的碳汇服务为交易中介，一端连接碳汇服务提供者，另一端连接温室气体的排放者。

森林碳汇服务市场建立的经济学依据在于：森林生态系统提供的碳汇功能通过吸收大气中的二氧化碳浓度减缓全球气候变暖，对全球的可持续发展具有显著的积极效果，然而，森林碳汇服务供给是一种正外部性，这种正外部性无法反映到供给者的收益函数中。因此，森林碳汇服务产品的供给使社会收益大于私人收益，仅依靠市场调节必然导致供给不足。二氧化碳的排放通过增加大气中温室气体的浓度加剧全球变暖，对全球可持续发展带来严重的负外部影响，而这种行为造成的外部成本并未反映到二氧化碳排放者的生产函数中，这使边际社会成本大于边际私人成本，所以，单纯的市场调节不会使二氧化碳排放者产生足够的激励降低温室气体排放量，从而达到社会最优排放量。

依据科斯定理，充分理解森林碳汇服务、二氧化碳排放与温室气体浓度的生物物理关系，采取温室气体排放者对森林碳汇服务提供者有效支付的方式，以解决社会边际收益和边际成本内部化问题，实现社会最优的温室气体浓度水平。

四、低碳经济的发展原则和发展理念

(一) 低碳经济的发展原则

低碳经济中“低”的要义在于降低经济发展对生态系统碳循环的影响，维持生物圈的碳平衡，其根本目标是促进经济发展的碳中性，即经济发展人为排放的CO_2与通过人为措施吸收的CO_2实现动态均衡。低碳经济本质上属于碳中性经济。因此我们在发展低碳经济的过程中要遵循“少排放、多吸收、循环再利用”的原则。

1. 少排放原则

少排放原则属于输入端控制原则，旨在用较少原料和能源的投入来达到预定的生产目的和消费目的，在经济活动的源头就注重节约能源、资源和减少污染。

在生产中，少排放原则要求制造商通过采用新能源、节能减排等方法来减少产品生产过程中的高碳能源使用和物质使用量，最终节约能源和减少污染物的排放。

在消费中，少排放化原则提倡人们以选择包装物较少的物品，购买耐用的可循环使用的物品而不是一次性物品，以减少垃圾的产生；减少对物品的过度需求，反对消费至上主义。生活作息时尽力减少所耗用的能量，从而减低二氧化碳的排放量。比如生活中节电、节水、节油、节气，采用绿色建筑和公共交通等。

2. 循环再利用原则

循环再利用原则本质上是低碳经济对循环经济生产方式的要求，其目的是通过延长产品的服务寿命和废弃物的资源化，来减少资源的使用量和污染物的排放量，从而达到间接减少二氧化碳排放的目的。它包含两方面的含义：一是再利用原则。通过延长产品和服务的时间强度，也就是说，尽可能多次或多种方式地使用物品，避免物品过早地成为垃圾。在生产中，制造商可以使用标准尺寸进行设计，例如使用标准尺寸设计可以使计算机、电视和其他电子装置非常容易和便捷地升级换代，而不必更换整个产品。在生活中，人们可以将可维修的物品返回市场体系供别人使用或捐献自己不再需要的物品。

二是再循环（资源化）原则，也即把废弃物再次变成资源以减少最终处理量，也就是我们通常所说的废品的回收利用和废物的综合利用。资源化能够减少垃圾的产生，制成使用能源较少的新产品。不但节约了资源，同时也间接减少了二氧化碳的排放。

传统经济模式下处理废弃物的运作流程为：“资源—产品—消费—生活垃圾”物质单向的开环式流程，特征是高开采、高投入、低利用、高排放。循环经济模式下城市生活垃圾的运作流程为：“资源—产品—消费—生活垃圾—再生资源—再生产品”物质循环的闭环式流程。其特征是低开采、低投入、高利用、低排放。这种资源—产品间的深层次循环在降低自然资源消耗的同时，必将为发展低碳经济提供有力的支撑。

3. 多吸收原则

根据物质不灭定律，地球生物圈的碳储量是恒定的，大气中 CO_2 含量增加意味着非气态碳“过多地”转化为气态碳，使得单位时间内通过大气的 CO_2 量（即碳通量）超过了地球生态系统的碳平衡阈值，导致大气中的碳过剩。解决碳过剩问题的根本方法是降低大气的碳通量。降低大气碳通量的方法除了发展低碳能源，节能减排，减少温室气体的排放以外，进行二氧化碳的吸收同样非常重要。由于人类对化石能源的依赖不可能短期消除，以及生产和生活活动的进行，即使现在减少排放，二氧化碳人为排放的日积月累也会使得地球不堪重负，因此，减少碳的排放和增加碳的吸收是解决问题的不可分割的两个方面。

多吸收主要体现在两点：一是发展碳吸收技术，通过碳捕捉和碳封存增加碳蓄积、减少地球生态圈的碳循环通量，促进碳平衡。也即二氧化碳的人工埋存；二是增加碳汇，通过植树造林、草原修复、湿地保护、农田改造和海洋管理等措施保护自然碳库，利用植物和土壤吸纳大气中的 CO_2，清除大气中的温室气体，也即二氧化碳的生态埋存。由于技术经济、环境影响等一系列复杂的问题有待解决，人工埋存目前尚处于探索阶段。而森林和陆地生态埋存简便易行是最理想的廉价埋存方式。研究表明：陆地森林植被的生长通过光合作用，可以吸收并将二氧化碳固定在森林生物有机体中，每年森林植被净碳吸收量约 10 亿 ~ 15 亿吨。国际社会对森林吸收二氧化碳的汇聚作用越来越重视。《波恩政治协议》《马拉喀什协定》将造林、再造林等林业活动纳入《京都议定书》确立的清洁发展机制，鼓励各国通过绿化、造林来抵消一部分工业源二氧化碳的排放，并将造林、再造林作为清洁发展机制项目。发达国家也可以通过在发展中国家实施林业碳汇项目抵消其部分温室气体排放量。因此，植树造林的功能并不是简单的绿化生态环境，而是成为发展低碳经济的重要组成部分，成为生物固碳、扩大碳汇、减缓温室效应、减少二氧化碳排放最经济和最有效途径之一。

（二）低碳经济的发展理念

1. 低碳技术是低碳经济发展的动力

“科学技术是经济发展的第一生产力。”低碳技术是国家核心竞争力的一个重要标志，是解决日益严重的生态环境和资源能源问题的根本出路。低碳技术，也称为清洁能源技术，主要是指提高能源效率来稳定或减少能源需求，同时减少对煤炭等化石燃料依赖程度的主导技术，涉及电力、交通、建筑、冶金、化工、石化等部门以及在可再生能源及新能源、煤的清洁高效利用、油气资源和煤层气的勘探开发、二氧化碳捕获与埋存等领域开发的有效控制温室气体排放的新技术。这些低碳技术一旦物化和作用于低碳经济的生产过程就成为直接生产力，成为低碳经济发展最为重要的物质基础，成为低碳经济发展强大的推动力。

2. 低碳能源是低碳经济发展的核心

低碳经济的实质就是用低的能源消费、低的排放和低的污染来保证国民经济和社会的可持续发展。发展低碳经济就是要改变现有的能源结构，使现有的“高碳”能源结构逐渐向“低碳”的能源结构转变。未来能源发展的方向是清洁、高效、多元、可持续的。具体就我国而言，发展低碳经济和低碳能源技术的实质是可再生能源的开发和化石能源的洁净、高效利用。特别是以煤为主的能源结构和以重化工业为主的产业结构，决定了我国目前发展低碳能源技术的重点在于煤炭的洁净高效转化利用和节能减排技术。低碳经济和低碳能源发展实际上就是两方面：需求方面，必须大幅度压缩碳排放需求；供应方面，要大力发展对气候影响较小的低碳替代能源，包括核电、天然气和可再生能源。

3. 低碳产业是低碳经济发展的载体

“载体”是事物从一种状态变化到另一种状态的过程中所借助的中介物质；经济发展载体是经济发展中起核心支撑作用的平台，它的作用就是承载、传递和催化经济数量的增长和经济质量的提升。经济发展不同阶段应有不同的经济发展载体与之相对应。

低碳经济发展的载体是低碳产业。低碳型产业模式就是按照低碳经济的发展理念，对现有产业结构进行改造，加速产业结构优化与升级，实现建立产业结构优化式低碳发展的模式。根据产业结构的宏观构成，按照不同产业结构与能源的消耗和碳排放的关系进行低碳化。一般而言，按照经济发展和增长的逻辑，产业结构经过从“一二三”到“三二一”的转换过程，由于第三产业是服务型产业，能源消耗、碳排放比第二产业低很多，再加上第一产业中的农林牧渔等产业又具有增汇的功能，所以，第三产业所占比重越多，低碳经济发展的状态越好。另外可以根据不同产业间产品、废弃物不同的联系，通过构建循环经济产业链，来实现减排的目的，实现低碳化发展。

4. 低碳政策是低碳经济发展的保障

低碳政策主要是建立健全发展低碳经济的法律法规、体制机制的创新和科技创新的推动等方面，它是低碳经济发展的保障。根据来自英国的经验，低碳政策措施主要包括三个方面，一是提高能源效率和发展可再生能源，即不断提高建筑物的能效，执行更高的产品标准，并将低碳能源技术应用于可再生能源发电中；二是建立温室气体排放贸易等市场机制，通过设定排放上限，依靠碳排放贸易来激励对提高能效和清洁技术开发的投资；三是设立碳基金，发挥政府在扶持和鼓励开发低碳技术领域的重要作用。

5. 低碳生活是低碳经济发展的必然选择

低碳经济实质上是经济发展方式、能源消费方式、人类生活方式的一次新变革。所谓低碳生活，通俗地说，就是尽可能避免消费那些会导致二氧化碳排放的商品和服务，以减少温室气体的排放。由于人类的活动必须以能源消耗为代价，我们的一举一动都意味着向大气中排放更多的二氧化碳，人类的现代文明是以大量二氧化碳排放为代价的。联合国官员指出，如果发展中国家的每一个人都拥有像加拿大人或者美国人一样的碳排放量，那么我们需要 9 个地球来吸收这些污染，而现实是我们只有一个地球。英国环保部门统计数据显示，英国每年的二氧化碳排放量为 6.1 万吨，其中 40% 直接来自个人和家庭的活动。据环保专家估算，歌坛天后麦当娜最新的全球巡回演唱会将带来 1635 吨的二氧化碳排放，其中搭乘私人飞机 95 吨废气、250 名工作人员搭乘客机 1080 吨碳污染、货运交通碳排放达 460 吨。另有权威调查显示，过去的十年间，每年我国城镇居民生活用能已经占到全国能源消费量的大约 26%，二氧化碳排放的 30% 是由居民生活行为及满足这些行为的需求造成的。尽管目前中国人均二氧化碳排放量相对较低，但增长速度很快。所以我们个人的低碳生活方式对于全球温室气体的减排也具有相当重要的意义。发展低碳经济的关键在于改变人们的高碳消费倾向和碳偏好，减少化石能源的消费量，减少碳足迹，实现低碳生存。低碳生活方式是低碳经济的重要环节，低碳经济只有依托于低碳生活方式才能实现真正的节能减排目的。

五、发展低碳经济必须处理好的几个重要关系

（一）低碳经济与循环经济

1. 低碳经济是循环经济的重要组成部分和深化

低碳经济要解决高能耗、高污染、高排放的问题，循环经济要解决资源有限和需求无限的矛盾、经济发展和环境保护的矛盾，两者的目标是一致的，都是追求更大经济效益、更少资源消耗、更低环境污染的先进经济模式。发展循环经济是在更大、更广范围内解决能源资源的浪费、环境污染与生态破坏等问题；而低碳经济是集中缓解二氧化碳排放大幅度增长对地球和人类社会造成的灾难和严重影响。

从解决碳的高消耗、高排放、高污染这一主要矛盾入手，来调整产业结构、能源结构、能源消费结构，提高能源利用效率，将有利于实现“基本形成节约能源资源和保护生态环境的产业结构、增长方式、消费模式，循环经济形成较大规模”的要求。

从高碳经济转向低碳经济，既是发展低碳经济的关键所在，又是循环经济要解决的突出难题，还能促进循环经济向纵深加快发展；发展低碳经济有利于循环经济产业链的完善和延伸。循环经济的“3R”原则（减量化、再循环、再利用）完全可以成

为发展低碳经济的重要工具。所以，低碳经济是循环经济的重要组成部分和深化。

2. 循环经济是实现低碳经济可持续发展的生产方式和经济方式

循环经济是一种运用生态学规律和经济规律来指导人类社会的生产方式。这种生产方式以资源的高效利用和循环利用为核心，以“减量化、再利用、再循环”为资源配置原则，以低消耗、低排放、高效率为基本特征。从技术层次上看，循环经济是一种新的物质流动、能源流动、信息流动、活劳动流动的模式。它是将传统的“资源开发—产品生产—废物排放”的开放型流动模式转变为“资源能源开发—产品生产—废物再生资源”的闭环型流动模式。从经济层面上看，循环经济的实质是以尽可能少的资源消耗和尽可能小的环境代价实现最大的经济效益和社会发展福利的生产方式，也是符合发展以人类共同福祉为本，科学发展、可持续发展的经济模式。

如果说低碳经济作为应对气候变暖最有效的经济方式是高碳工业化时代最具有特征的可持续发展的经济方式，那么循环经济作为以节约型和环境友好型为特征的经济方式，就成为即便在低碳经济时代也能适应可持续发展的经济方式。

的确，人类经济在历经工业化、信息化之后，正在走向以“低碳为核心”的“绿色经济”。发展低碳经济具体地说，除了要构建以低碳为主的经济结构，加速传统产业转型和新产业崛起之外，除了要实现能源产业的清洁绿色之外，还需要整个制造业特别是资源加工业，全面推广循环经济的生产方式，否则低碳经济和绿色经济不能实现。

（二）低碳经济与可持续发展经济

发达国家工业文明发展模式，导致了越来越严重的全球气候变化问题，大气中二氧化碳（CO_2）浓度不断增加，使全球气候变暖。使用化石燃料这种高碳能源是产生这种生态环境灾难的主要原因。研究表明，地球生态系统自净 CO_2 的能力每年只有 30 亿吨，全世界每年约剩下 200 多亿吨残留在大气层中，使地球生态系统不堪重负。长此下去，气候将更为反复无常，气象灾害范围更大、更频繁和更严重，直接威胁着人类的生存与发展。因此控制大气中 CO_2 浓度增加，缓解全球气候变暖，是现代人类得以生存与发展的内在要求和迫切需要。

另外从世界传统化石能源储量看，如在现有技术经济水平和开采强度下，煤炭还可以用 100 多年，石油还可以用 40 多年，而且人类使用化石能源的经济成本越来越高，技术要求越来越强。人类正面临着传统化石能源耗竭的发展窘境。

正是基于突破资源约束与环境约束的角度，低碳经济的发展理念应运而生。这种发展理念的本质就是通过技术创新和制度创新，降低能源和资源消耗，尽可能最大限度地减少温室气体和污染物的排放，实现经济和社会的可持续发展。低碳经济是经济发展的碳排放量、生态环境代价及社会经济成本最低的经济，是以改善地球生态系统自我调节能力为目标的可持续发展的新经济形态。可以说，为应对全球气候变暖而提出的低碳经济发展模式，已经成为能源、经济甚至价值观大变革的突出标志，低碳经济是建立在现代经济高度发展的前提下，更关注人与自然，人与社会，当代人与后代人和谐共生的可持续发展的人类理性自觉的经济发展模式。

（三）低碳经济与新型工业化道路

低碳经济模式与新型工业化道路有一致的一面。前者要求经济发展要符合“三低”标准，后者要求工业化要不同于传统工业化道路，走科技含量高、环境污染少、资源消耗低、人力资源得到充分发挥、以工业化促进信息化、以信息化带动工业化道路，二者均强调低消耗低排放低污染的发展理念，强调走内涵式、集约式发展道路。着眼点是人类社会的可持续发展，用循环经济思维来构建经济发展模式，突出强调以人为本的发展理念，发展的目的是不断提高民生指数、幸福指数，不能仅仅为了GDP的增长而发展，使人民的生存环境日益恶劣，两者均符合科学发展观的要求，是科学发展观在经济发展道路上的具体体现。

低碳经济模式与新型工业化道路也有不同的地方，二者范围不同，前者是从人类整个经济社会活动出发，把低碳作为生产生活的基本准则，不但要构建低碳经济而且要构建低碳城市、低碳社会、低碳国家，同时，低碳经济也是就生产、流通、分配、消费所有环节和“一二三”产业全部领域而言的。后者局限于工业化道路的选择，工业化的结果不可避免会造成对环境的破坏，围绕先污染后治理还是对污染物进行有效防控处理，防止污染事件的发生，有传统工业化道路和新型工业化道路之分。

已经完成工业化的国家主要是西方发达国家，这些国家所走过的工业化道路属于传统工业化道路，目前碳排放的80%是发达国家所造成的。在这个不断积累的过程中，人们开始时没有认识到碳排放会对气候变化、环境生态变化有如此大的影响，现在已认识到这个问题的严重性。发达国家已完成工业化过程，进入后工业时代，产业结构高度化，制造业向发展中国家推移，生产排放大幅度下降，而生活排放相对较高。中国是世界上最大的发展中国家，实现工业化是中华民族复兴的不二选择，但时代决定我们不能走传统工业化道路，只能走新型工业化道路。

第三节　低碳经济评价指标体系

低碳经济研究中的一个重要的问题是：如何评价低碳经济发展的状况和程度，也就是说低碳经济发展应由哪些指标来表征，以及如何通过这些指标来评估目前的低碳经济发展程度。低碳经济评价体系的制定不仅是量化低碳经济发展的基础性工作，也是低碳经济发展理论研究的基本内容，是评判低碳经济发展质量的主要依据。它可以使政府明确低碳经济发展进程中需要优先考虑的问题，同时给决策者和公众一个了解和认识低碳经济发展进程的有效信息。只有建立了一套科学、严密、完整的低碳经济指标体系，才能利用一定的方法、手段对低碳经济发展状况进行监测和预测，从而为低碳经济的发展规划提供决策服务。也只有建立了低碳经济指标体系，才能对低碳经济发展程度进行科学评判，找出存在的问题，校正其发展方向。因此，建立低碳经济指标体系，是对低碳经济研究从定性向定量迈进过程中必不可少的一个环节。

一、低碳经济指标体系的设计原则

（一）低碳经济指标体系的设计思路、原则

1. 低碳经济指标体系的设计思路

指标体系的建立主要是指标选取及指标之间结构关系的确定。这是一个非常复杂的过程，应该采用定性分析和定量研究相结合的方法。定性分析主要是从评价的目的和原则出发，考虑评价指充分性、可行性、稳定性、必要性等因素。定量研究则是通过一系列检验，使指标体系更加科学和合理的过程。因此，指标体系的构建过程可以分为两个阶段，即指标的初选过程和指标的完善过程。指标体系的初选方法有综合法和分析法两类。综合法是指存在的一些指标按一定的标准进行聚类，使之体系化的一种构造指标体系的方法。分析法是指将度量对象和度量目标划分成若干部分、侧面（即子系统），并逐步细分（形成各级子系统及功能模块），直到每一部分和侧面都可以用具体的统计指标来描述、实现。科学的指标体系是获得正确的统计分析结论的前提条件。而初选后的指标体系未必是科学的，因此必须对初选的指标体系进行科学性测验。指标体系的测验包括两个方面的内容：单体测验和整体测验。单体测验是指测验每个指标的可行性和正确性。可行性是指指标的数值能否获得，那些无法或很难取得准确资料的指标，或者即使能取得但费用很高的指标，都是不可行的。正确性是指指标的计算方法、计算范围及计算内容应该正确。

2. 构建低碳经济指标体系的设计原则

指标体系应以低碳经济发展理论为基础。低碳经济的发展模式是一种从生态环境角度提出的人类长期持续稳定健康发展的战略模式，强调生态环境的长期稳定对于区域建设发展进程、改善社会经济生活质量至关重要，反映了经济社会发展与生态环境的相互联系、相互协调、相互适应的关系。因此，低碳经济的评判指标应立足于三个子系统，才能求得经济、社会的长期稳定和发展，生态环境的不断优化。因此，我们说指标体系是建立在理论基础上的指标集合，是一个有机整体，而不是一些指标的简

单组合。依据低碳经济发展的理论和目标，建立指标体系应遵循如下 8 个统一性原则：

（1）科学性和实用性相统一原则。

具体指标的选取应建立在充分认识、系统研究的科学基础上，指标体系应能全面涵盖低碳经济发展战略目标的内涵和目标的实现程度，社会进步、经济发展、资源的保护和利用水平、环境质量等要素都应在指标体系中得到反映。同时，指标的设置要简单明了，容易理解，要考虑数据取得的难易程度和可靠性，最好是利用现有统计资料，尽可能选择那些有代表性的综合指标和重点指标。

（2）系统性与层次性相统一原则。

低碳经济的发展是一个复杂的系统，由不同层次、不同要素组成既有人类社会本身也包括与人类社会有关的各种基本要素、关系和行为。因此，根据这些基本要素、关系和行为的特点，可把低碳经济发展系统划分为经济、社会、资源和环境等支持子系统，这些子系统既相互联系，又相互独立。指标体系应能全面反映低碳经济发展的各个方面，能较客观地反映系统发展的状态，又要避免指标之间的重叠性。同时，应根据系统的结构分出层次，并将指标分类，使指标体系结构清楚，便于使用。在较高层次上，应选择一些概括性指标，越往下指标应越具体、细化。这样可以使指标体系结构明晰，便于使用。

（3）全面性和代表性相统一原则。

指标体系作为一个有机整体是多种因素综合作用的结果。因此，指标体系应反映影响低碳经济发展系统的各个方面，从不同角度反映出被评价系统的主要特征和状况。同时，对于要表达的各个子系统，指标选取应强调代表性、典型性，避免选择意义相近、重复的指标，使指标体系简洁易用。

（4）可比性和可靠性相统一原则。

指标体系的设计应注重时间、地点和范围的可对比性，以便于纵横向比较，体现其特点。纵横向比较与统计指标口径的可比性及资料来源和可靠性关系很大，这是进行指标设计时应关注的关键。

（5）相关性和整体性相统一原则。

低碳经济发展系统的各要素相互联系构成一个有机整体。指标选取包括不同支持子系统之间、相同子系统不同主题之间相互联系、相互协调的指标，从而有利于对低碳经济发展系统进行整体性的框架把握。

（6）动态性与静态性相统一原则。

低碳经济的发展既是目的又是过程，因此指标体系应充分考虑系统动态变化的特点。能综合反映低碳经济发展的现状和未来趋势，以便于预测和决策。同样，在一定时期内，指标体系内容不宜频繁地变动，应保持其相对的稳定性，也就是说，低碳经济指标体系应是动态与静态的统一，既要有静态指标，又要有动态指标。

（7）引导性与针对性相统一原则。

低碳经济指标体系在用来评价经济、社会、生态环境态势的同时，还应该结合低碳经济发展战略目标，用指标权重变化引导低碳经济发展战略目标的逐步优化。低碳经济的发展要根据不同国家或地域的实际情况，从实际出发，有区别、有针对性地进行指标体系的设置和评价。

（8）可操作性与简明性相统一原则。

指标体系中的指标内容要简单明了，要考虑指标量化和数据取得的难易程度等问题，指标要有明确的含义，要尽量选择那些有代表性的综合指标和主要指标，要避免相同或相近的变量重复出现，否则，不仅会给指标体系的收集、整理带来困难，而且也将给指标体系的评判带来不便。

建立适合我国实际的低碳经济评价指标体系，同时必须充分考虑我国的特殊国情及特点要重点考虑以下几个问题：突出经济发展的重要性；体现“保护环境”的基本国策；体现“科学发展观”的思想；突出资源的合理开发与保护；体现“科教兴国”的基本思想。

（二）低碳经济指标体系的功能

任何事物都具有量的规定性和质的规定性。每时每刻事物的数量都处于变化状态，量变积累到一定程度就会引起质的变化。只要存在人类的社会经济活动，存在大自然的作用，经济、社会、生态环境等各个方面就会不断地发生着量和质的变化。通过低碳经济指标体系可以描述经济、社会、生态环境系统的变化，进而反映这些变化是否以低碳经济的发展模式前进。也就是说，低碳经济指标体系具有信息功能，它能为我们提供反映低碳经济发展方面的各种信息。客观世界的任何事物都存在相互联系、相互影响的关系，低碳经济涉及的经济、社会、生态环境系统之间同样存在相互联系、相互影响的关系。通过经济、社会、生态环境系统各方面本身数量和质量变化以及相互影响和制约的分析研究可以揭示、评价和监测低碳经济发展变化的趋势与规律。例如就业状况、社会安定等必然影响经济系统的变化，而经济的变化又导致社会、生态环境等的变化，生态环境的变化又制约着经济、社会的变化，如此相互影响、相互制约。通过建立指标体系，可以对目前的发展程度进行监控、未来的发展变化进行科学的预测。

低碳经济指标体系是一个涉及社会、经济、生态环境多方面协调、综合发展的整体。显然，采用一个或若干个指标往往难以较客观地评价低碳经济发展过程，而需要根据描述对象的特点，从不同的侧面、不同的层次进行考察和评价，同时考虑时间的变化。建立一整套指标，才能满足定量评价低碳经济发展过程的要求。依据低碳经济指标体系可以研究和设计低碳经济发展的标准值或发展度等指标。通过这些模型、方法、指标从多方面来评价一个城市、一个地区、一个国家是否以低碳经济的模式发展。作为反映低碳经济发展状态、程度的指标体系应具有以下功能：

（1）描述功能：所选指标应能客观反映任何一个时点上或时期内社会、经济、生态环境发展的现实状况和变化趋势。

（2）解释功能：能对低碳经济的发展状态、协调程度、失调原因、变化原因作出科学合理的解释。

（3）评价功能：根据一定的判别标准，综合测度一个国家或一个地区发展的各系统之间的协调性，从而在整体上对低碳经济发展状况作出客观评价。

（4）监测功能：在获取有关资料后，可对大系统的低碳经济发展状况进行监测，并对导致系统失调的主要因素进行干预，为决策和政策的制定提供科学依据。

（5）预警功能：可对未来系统的结构、功能进行预测，为低碳经济发展模式的实现提供切实可行的决策方案。

二、低碳经济的量化评价方法

低碳经济发展评价涉及的范围不同、评价的角度和评价的目的不同，从而有不同的评价方法。本章就低碳经济发展评价的不同约束条件，提出若干评价方法；并对各种量化方法进行客观评析，指出各自的实用价值、应用范围及其存在缺陷；研究低碳经济评价指标体系的设计原则、框架结构和指标内容，为建立低碳经济发展的评价指标体系奠定基础。

（一）层次分析方法

1. 层次分析法的定义

层次分析法（the analytic hierarchy process，即 AHP）是美国运筹学家，匹兹堡大学萨迪（T. L. Saaty）于20世纪70年代提出的一种定性与定量相结合、系统化、层次化的决策分析方法。层次分析法就是指决策者通过把复杂问题分解成各个组成因素，又将这些因素按支配关系分组形成有序的递阶层次结构，通过两两比较和计算，就可得出不同方案的权重，确定各个因素的相对重要性的总的排序，从而为最佳方案的选择提供依据。层次分析法体现了人们决策思维的基本特征，即分解、判断、综合。从本质上讲层次分析法是一种思维方式，是一种将人的主观判断用数量形式表达和处理的方法；它把复杂的决策问题层次化，通过逐层比较各种关联因素的重要性来为分析、决策提供定量的依据，特别适用于那些难于完全用定量进行分析的复杂问题。该方法的优点在于思路简单、便于计算，可用于复杂的非结构化的问题，以及多目标、多准则、多时段等各种类型问题的决策分析，具有较广泛的实用性。用层次分析法进行决策，可以提高决策的科学性、有效性的可行性。

萨迪认为：决策问题的关键在于对行为、方案、决策对象进行评价与选择，而这种评价与选择总是要求把决策对象进行优劣排序，取优汰劣。在进行优劣评判排序中，需要建立完整的评价系统，而很多评价系统可以简化为有序的递阶系统：大指标下有小指标，小指标下还可以有子指标的系统。对于任何简洁的有序递阶系统，可以运用简单的两两比较方法对系统中各有关因素进行比较评判。通过对这种比较评判结果的综合计算处理，可以得到关于决策对象、方案、行为的优劣排序，从而为决策者提供定量形式的决策依据。

2. 层次分析法的发展

1972 年萨迪发表了“用于排序和计划的特征要分配模型”，1975 年发表了“层次和排序——特征要分析”，1977 年又发表了一系列关于 AHP 应用方面的文章，并且在工作中成功地应用了 AHP 方法，获得了瞩目的成果，萨迪也因此获得了解 1977 年美国管理研究院的最佳应用研究奖。同年，萨迪在第一届国际数学建模会议上发表了“无结构决策问题的建模——层次分析理论”，从此，AHP 方法开始受到人们的广泛注意，得到深入的研究和应用。1980 年，萨迪出版了《层次分析法》一书，全面论述了 AHP 方法的原理、应用及数学基础。这部书可以称之为 AHP 方法的“经典著作”。此后，萨迪又与其他学者合作，陆续写出了注重 AHP 应用的三部著作。到 1986 年，萨迪完成了 AHP 的公理证明，这使 AHP 方法获得了更加扎实坚厚的数学基础。

3. 层次分析法所遵循的基本原理

将复杂的决策问题层次化是层次分析法所遵循的基本原理。可根据问题的性质以及所要达到的目标，把问题分解为不同的组成因素，并按各因素之间的隶属关系和相互关联程度分组，形成一个不相交的层次结构。上一层次的元素对相邻的下一层次的全部或部分元素起着支配作用，从而形成一个自上而下的层支配关系。具有这种性质的结构称为递阶层次结构。递阶层次结构的决策问题，最后可以归结为最低层（供选择的方案、措施等）相对于最高层（系统目标）的相对重要性的权值或相对优劣次序的总排序问题。

层次分析法的层次可分为目标层、准则层与方案层三类。其中，目标层只有一个元素，它是问题的预定目标或理想结果；准则层包括为实现目标所涉及的中间环节、所需要考虑的准则，该层可由若干层组成；方案层包括为实现目标可供选择的各种措施、决策方案等。

4. 层次分析法结构模型的设计要求

在研究社会的、经济的等复杂问题时，首先，要把问题条理化、层次化，构造出一个层次分析的结构模型。递阶层次结构模型所涉及的各因素可以组合为属性基本相同的若干层次，层次内部因素之间不存在相互影响或支配关系，或者这种影响可以忽略；层次之间存在自下而上、逐层传递的支配关系，没有下层对上层的反馈作用，或层间的循环影响。层次分析法将引导决策者通过一系列成对比较的评判来得到各个方案或措施在某一个准则之下的相对重要性的量度。这种评判能转换成数字处理，构成一个所谓的判断矩阵。其次，使用准则排序计算方法便可获得这些方案或措施在该准则之下的优先度的排序。在深入分析实际问题的基础上，将有关的各个因素按照不同属性自上而下地分解成若干层次；层次模型中，用作用线表明上一层次因素同下一层次因素之间的关系。如某个因素与下一层次中所有因素均有联系，则称这个因素与下一层次有完全层次关系。如这个因素仅与下一层次中的部分因素有联系，则称该因素与下一层次存在着不完全的层次关系。同一层的诸因素从属于上一层的因素或对上层因素的影响，同时又支配下一层的因素或受到下层因素的作用；同一层的各因素之间尽量相互独立；每层包含的因素不要多于 9 个，过多时应进一步分出子层次。

5. 应用 AHP 解决问题的思路

（1）把要解决的问题分层系列化，即根据问题的性质和要达到的目标，将问题分解为不同的组成因素，按照因素之间的相互影响和隶属关系将其分层聚类组合，形成一个递阶的、有序的层次结构模型。

（2）对模型中每一层次因素的相对重要性，依据人们对客观现实的判断给予定量表示，再利用数学方法确定每一层次全部因素相对重要性次序的权值。

（3）通过综合计算各层因素相对重要性的权值，得到最低层（方案层）相对于最高层（总目标）的相对重要性次序的组合权值，以此作为评价和选择方案的依据。

6. 应用层次分析法的基本步骤

（1）建立层次结构模型。

分析系统中各因素之间的关系，建立系统的递阶层次结构。运用 AHP 进行系统分析，首先要将所包含的因素分组，每一组作为一个层次，按照最高层、若干有关的中间层和最低层的形成排列起来。对于决策问题，通常可以将其划分成层次结构模型。其中，最高层表示解决问题的目的，即应用 AHP 所要达到的目标；中间层表示采用某种措施和政策来实现预定目标所涉及的中间环节，一般又分为策略层、约束层、准则层等；最低层表示解决问题的措施或政策（即方案层）。如果某个因素与下一层次所有因素均有联系，那么称这个因素与下一层次存在完全层次关系。有时存在不完全层次关系，即某个因素只与下一层次的部分因素有联系。

（2）构造成对比较阵。

对同一层次的各元素关于上一层次中某一准则的重要性进行两两比较，构造两两比较判断矩阵。任何系统分析都以一定的信息为基础，AHP 的信息基础主要是人们对每一层次各因素的相对重要性给出的判断，这些判断用数值表示出来，写成矩阵形式就是判断矩阵，判断矩阵是 AHP 工作的出发点。构造判断矩阵是 AHP 的关键一步。判断矩阵表示针对上一层次某因素而言，本层次与之有关的各因素之间的相对重要性。

(3) 层次单排序。

所谓层次间排序是指，根据判断矩阵计算对于上一层某因素而言，本层次与之有联系的因素的重要性次序的权值。它是本层次所有因素相对上一层次而言的重要性进行排序的基础。

层次单排序可以归结为计算判断矩阵的特征要和特征向量问题，即对判断矩阵B，计算满足：

$$BW = \lambda_{max} W \tag{3-1}$$

的特征要与特征向量，式 (3-1) 中 λ_{max} 为 B 的最大特征根，W 为对应于 λ_{max} 的正规化特征向量，W 的分量 W_i，是相应因素单排序的权值。

为了检验矩阵的一致性，需要计算它的一致性指标 CI，定义：

$$CI = (\lambda_{max} - n)/(n-1) \tag{3-2}$$

式 (3-2) 中，n 为方案的个数。显然，当判断矩阵具有完全一致性时，CI = 0。$\lambda_{max} - n$越大，CI 与平均随机一致性指标 RI 进行比较，在此不再详细解释。

(4) 层次总排序。

利用同一层次中所有层次单排序的结果，就可以计算针对上一层次而言，本层次所有因素重要性的权值，这就是层次总排序。层次总排序需要从上到下逐层顺序进行，对于最高层下面的第二层，其层次单排序即为总排序。

(5) 计算权向量并做一致性检验。

由判断矩阵计算被比较元素对于该准则的相对权重，利用一致性指标进行一致性检验。

(6) 计算组合权向量并做组合一致性检验。

计算各层元素对系统目标的合成权重，并进行排序。利用一致性指标进行组合一致性检验。

7. 层次分析法应用价值

层次分析法应用非常广泛，在经济计划和管理、能源政策和分配、科研成果评价、行为科学、军事指挥、城市规划、教育管理、社会科学、政策分析、医疗、环境、运输等方面都具有广泛的应用。层次分析法是如今广泛应用于经济决策，尤其是多目标属性决策的一种决策方法，它将定性分析和定量分析完美结合起来，使决策变得更加合理科学。此方法还可用于微观层次的企业循环经济发展水平差异比较及宏观层次的国家循环经济发展趋势分析。

具有而言，层次分析法应用价值主要体现在以下几个方面：

(1) 用于方案排序。

第一，应用 AHP 对问题进行分析，建立层次结构模型。

第二，比较各因素的相对重要性，构造判断矩阵并进行计算。

第三，层次总排序。

（2）用于问题的提出。

第一，问题的提出。

第二，层次结构模型的建立。

第三，构造判断矩阵并计算。

（3）用于产品质量管理。

第一，建立层次结构模型。

第二，构造判断矩阵并计算。

第三，建立重要度因果分析图。

第四，结论。

（4）用于生态省建设指标体系的研究。

第一，构建生态省建设指标体系。

第二，采用专家调查问卷的方式构造判断矩阵。

第三，确定各指标的权重。

第四，运用环境质量综合指数模型，对省的生态环境质量进行分级，评价结果。

（二）因子分析法

1. 因子分析法的概念

因子分析法的概念最初起源于20世纪初，由卡尔·皮尔逊（Karl Pearson）和查尔斯·斯皮尔曼（Charles Spearmen）等人设计的关于智力测验的统计分析。因子分析法应用于循环经济发展量化评价的基本思想是：在进行循环经济发展水平综合评价时，往往需要面对5个以上的变量或维度的情况，由于收集到的指标通常都会存在或多或少的相关性，变量间信息的高度重叠和高度相关会给统计方法的应用带来许多障碍，这时应可以根据变量间的相关程序高低对初始变量进行重新组合，将其减缩或合并成少数几类变量。一类变量称为一个公共因子，一个公共因子代表一组相关程序较高的原始变量。这样对原始变量的研究就转化成对公共因子关系的研究，由于公共因子的个数较原始变量少了许多，使得计算工作量大大减少。所以，因子分析既可以大大减少参与数据建模的变量个数，同时又不会造成信息的大量丢失，是一种降低变量维数的有效方法。由于原变量重组出来的因子之间线性关系较弱，因子参与建模能够有效解决变量多重复共线性给分析应用带来的诸多问题。

探讨存在相关关系的变量之间是否存在不能直接观察到、但却对可观测变量的变化起着支配作用的潜在因子的分析方法称为因子分析。通常，因了分析产生的因子能够通过各种方法最终获得命名性解释，因子的命名解释性有助于对因子分析结果的解释评价，还可以挖掘出变量的潜在结构及主要特征，使分析的结果更具客观性、科学性，对因子的进一步解释有重大意义。

设原始变量为 X_1，X_2，…，X_M，它们与潜在因子之间的关系为：

$$X_1 = a_{11}Z_1 + a_{12}Z_2 + \cdots + a_{1m}Z_m + e_1$$
$$X_2 = a_{21}Z_1 + a_{22}Z_2 + \cdots + a_{2m}Z_m + e_2$$
$$\cdots\cdots$$
$$X_p = a_{p1}Z_1 + a_{p2}Z_2 + \cdots + a_{pm}Z_m + e_p$$

其中，Z_1，Z_2，…，Z_m 为 m 个潜在的因子，是各原始变量都包含的因子，称为共性因子，e_1，e_2，…，e_p 为只包含在某个原始变量中的，只对一个原始变量起作用的个性因子，是各变量特有的特殊因子。共性因子与特殊因子相互独立，找出共性因子是因子分析的主要目的。计算结果后对共性因子的实际含义进行探讨，并给以命名。

主成分分析是因子分析常用的方法。如果特殊因子可以忽略，可以使用主成分分析的计算方法进行因子分析。

2. 公共因子个数的确定

根据累计方差贡献率尽量大的原则决定公因子个数。若公共因子个数为 K，则初始因子模型为：

$$X_1^* = a_{11}F_1 + a_{12}F_2 + \cdots + a_{1k}F_k + e_1$$
$$X_2^* = a_{21}F_1 + a_{22}F_2 + \cdots + a_{2k}F_k + e_2$$
$$\cdots\cdots$$
$$X_m^* = a_{p1}F_1 + a_{p2}F_2 + \cdots + a_{pk}F_k + e_m$$

其中，X_1^*，X_2^* 和 X_m^* 是对原始变量进行均值为 0，标准差为 1 标准化后的变量。F_i 为第 i 个因子，a_{ij}为 X_i^* 在公因子 F_i 上的载荷，它在统计上的意义是第 i 个变量和第 j 个公共因子的相关关系，表示 X_i^* 对 F_i 的依赖程度。

3. 因子分析对变量的要求和假设

（1）因子分析研究的是包含原始变量的绝大部分信息的综合变量，对原始变量不分因变量和自变量。因子分析要求参与分析的变量必须是等间隔测度的或是比率的数值型变量，分类变量不适合做因子分析。那些明显可以做皮尔逊相关系数计算的数据才适合进行因子分析。观测量应该彼此独立。一般观测量数应该为变量数的 5 倍以上才好。

（2）因子分析的前提。因子分析模型指定变量由公因子（由模型估计的因子）和特殊因子（与原始观测变量不交叠）确定。参数计算的前提是，假设所有特殊因子彼此不相关，而且与公因子也不相关。

4. 因子分析的步骤

（1）原始变量的标准化。

在用软件进行因子分析时先是将指标进行标准化处理，标准化过程可采用如下方式：

第一，对越大越好的指标（即正向提标），取某区间数值最大者为 1 分，最小者为0分。标准化过程的计算公式如下：

$$X'_{ij}=(X_{ij}-X_{jmin})/(X_{jmax}-X_{jmin}) \tag{3-3}$$

第二，对越小越好的指标（即逆向指标），取某区间数值最小者为-1分，最大者为0分。标准化过程的计算公式如下：

$$X'_{ij}=(X_{jmin}-X_{ij})/(X_{jmax}-X_{jmin}) \tag{3-4}$$

式（2-3）与式（2-4）中，X'_{ij}为变换后的数据，X_{ij}为原始数据，X_{jmax}为第j个变量原始样本数据的最大值，X_{jmin}为第j个变量原始样本数据的最小值。变换后的数据有了统一的量纲，其最大值为1，最小值为0，或最大值为0，最小值为-1。变换前后两两变量之间的相关程度不变，其几何意义相当于把坐标原点移至最小值位置。

（2）提取公因子并进行方差最大化正交旋转。

根据累计方差贡献率尽量大的原则（80%以上即可）提取公因子，并作方差最大化正交因子旋转，使每个因子上的具有最高载荷的变量数最小，以此简化对因子的解释。

（3）计算因子得分。

根据因子得分系数矩阵计算出标准化后的因子得分，还可以根据标准化过程再进一步得出原始变量得分。

（4）样本排序。

据各因子分值，以各因子的方差贡献为权重计算样本得分，以便对样本排序比较。

5. 因子分析的应用价值

由于因子分析的具有处理多个具有一定相关性变量的能力，因此，因子分析适用于任何领域的多变量分析。

姚奕（2003）采用因子分析法对上证180指数31只样本股进行分析，通过统计软件SPSS的计算，提取3个公共因子来反映影响个股的主要因素，并采取计算因子得分的方式给出衡量这些股票财务状况的方法。梁国巍等（2003）用因子分析法对2001年各地区的多个经济指标进行分析，计算出各地区的综合因子得分，然后用聚类分析法将综合因子进行聚类，得出各地区经济排名及分类，为区域经济规划提供了依据。常琨、贾肇源（2003）采用多元统计中的因子分析法对国内11家商业银行2001年度的经营业绩进行了分析，兼顾营利性、风险性和发展指标，力图对商业银行业绩进行全面评价。通过分析发现，股权结构和经营规模是影响我国商业银行业绩的主要因素，并根据分析结果提出了政策建议。李奎（2005）采用因子分析法，对北京市内18区县反馈城市发展状况的指标进行定量综合评估，以明确北京市各区县城市发展的主导因素，为确定各区县发展优势及功能定位提供科学依据，并结合北京市现有城市功能空间分布特点，提出在城市服务核心区（主城区）和生态涵养截然

（山区）之间的城市功能拓展区内，建立朝阳—通州、丰台、石景山、海淀的4个发展区。李娜（2006）基于对省际竞争力内涵的理解，运用系统分析法构建了省市竞争力评价指标体系，采用因子分析法，对我国31个省区市（不含港澳台地区）的竞争力进行了静态和动态比较分析，客观评价了各个省市的竞争力。此外，由于因子分析的数据处理功能，这种方法在市场调研的各个领域中也有着广泛的应用。

因子分析法也适用于区域循环经济发展水平进行差异分析，适用于对我国各省、区、市的循环经济发展水平进行综合讲价，从整体上把握区域循环经济发展的优势和不足，进而科学地制定循环经济建设规划。郭莉、郭亚军（2006）基于区域生态效率增长与环保投入的平衡关系，构建了区域生态经济平价模型，以反映一个地区在一定环保投入条件下的环境改善效果，并利用因子分析法对中国30个城市的经济环境协调状况进行综合评价，力求为现阶段中国区域生态经济状况提供新的可行评价方法。

（三）能值理论分析法

美国著名生态学家奥德姆提出的能值分析理论开拓了一个对自然、经济和社会复合系统全方位透视的新视野，开辟了一条定量研究生态系统、生态经济系统以及人类活动的新方法，同时也是评价可持续发展的一条有效标准。

1. 能值的概念及能值分析的意义

能值（emergy）分析理论和方法是美国著名生态学家奥德姆（Odum）于20世纪80年代创立的。奥德姆将能值定义为；一种流动或储存的能量所包含另一种类别能量的数量，称为该能量的能值。任何能量均始于太阳能，因而能值分析常用太阳能值（solaremergy）来衡量某一能量的能值大小。任何流动的或贮存状态的能量所包含的太阳能的量，即为该能量的太阳能值，以太阳能焦耳（solarem joules，缩写为Sej）为单位来表示。

运用能值分析法对组织可持续发展问题进行研究时一般分为四个步骤：一是确定原始数据，即用实物计算法计量出组织内各能质的实际数量；二是绘制能量图，形成包括系统主要部分和相互关系及能物流、货币流等流向的系统能量图解，概况研究对象各部分和环境的关系；三是确定能值转换率（能值转换率可采用H. T. Odum经实验测定的数据）和能值货币比率（由定义可计算得到，取样时间和空间范围越小越精确）；四是建立能值综合指标体系，计算得出该组织的能值——货币价值以评价资源环境对经济系统的贡献和经济系统对自然环境的作用。

一般而言，处于自然生态系统和社会经济系统较高层次上产品或生产过程具有较大的能值转换率。人类的劳动、高科技产品和复杂的生化物质等均属高能质，具有高能值转换率。运用能值分析理论和方法，把生态环境系统与人类社会经济系统有机地联系和统一起来，定量分析自然与人类经济活动的真实价值，有助于调整生态环境与经济发展的关系，对自然资源的科学评估与合理利用、经济发展方针的制定都有积极的指导意义。

2. 基于能值分析理论的生态足迹模型

（1）改革生态足迹模型的基本原理。

改进生态足迹模型是一种基于能值分析理论的计算生态足迹和生态承载力的模型。改进生态足迹模型就是将能值分析方法与生态足迹理论框架相结合，首先，把各种不同类型、不同等级的能量流通能值转换率，换算成可以直接进行加减的太阳能值，其次，引入能值密度，将各消费项目的太阳能值换算成相对应的生物生产性土地面积，从而计算出研究区域的生态足迹和生态承载力，由此确定其可持续发展状况。

（2）改进生态足迹模型的步骤及方法。

第一，计算人均太阳能值。首先，划分消费项目，其次，引入能值转换率，计算区域各消费项目的太阳能值，最后，计算各消费项目的人均太阳能值。将能值转换率乘以给定项目的能量，该给定的能量就换算为能值，其计算公式可表示为：能值 = 某有效能/能值转换率。

第二，计算生态承载力。为了更好地理解生态承载力，将自然资源分为可更新资源和不可更新资源两类。由于不可更新资源的消耗速度要快于其再生速度，随着人类的不断利用，会日益枯竭，只有利用可更新资源，生态承载力才具有可持续性。

因此，在计算生态承载力时，只考虑可更新资源的能值，其计算公式是：

$$E_e = e/p_1 \tag{3-5}$$

其中，E_e 表示人均生态承载力，e 表示可更新资源的人均太阳能值，p_1 表示全球平均能值密度。

一切自然资源所包含的能量均来源于太阳能，为了避免重复计算，取可更新资源人均能值中的最大值所折算出的相对应的生物生产性土地面积作为研究区域的人均生态承载力值。

第三，计算生态足迹。首先，计算区域能值密度。在计算区域总能值时，主要考虑 5 种可更新资源的能值：太阳辐射能、风能、雨水化学潜能、雨水势能及地球旋转能，为避免重复计算，以其中最大能值作为区域总能值。区域能值密度的计算公式是：

$$P_2 = \text{区域总值}/\text{区域土地面积} \tag{3-6}$$

然后将各消费项目的人均有值换算成对应的生物生产性土地面积。计算生态足迹时，其包含的消费项目主要分为两类：生物资源消费和能源资消费。生物资源消费分为农产品、林产品、畜产品和水产品等大类，大类下有一些细分类。能源资源消费主要包括煤、焦炭、燃料油、原油、汽油、柴油和电力等。其计算公式是：

$$E_f = \sum_{i=1}^{n} a_i = \sum_{i=1}^{n} (c_i/p_2) \tag{3-7}$$

式中，E_f 表示人均生态足迹，i 表示资源类型，a_i 表示第 i 种资源的人均生态足迹，c_i 表示第 i 种资源的人均能值，p_2 表示区域能值密度。

（3）计算生态赤字或盈余。将计算的各消费项目的人均生态足迹汇总，与人均生态承载力进行比较，计算得到生态赤字或盈余，从而衡量研究区域的可持续发展状况。

3. 企业生态系统的能值分析模型

能值分析建立在能量符号语言基础之上。能量符号语言分析是一个简化了的循环经济系统能值分析（见图 3－4）。绿色制造系统的外部输入由可更新资源（Em_R）和系统内部的不可更新资源（Em_N）两部分组成。循环经济系统在运行过程中同时接收反馈输入（Em_F），最终产生输出（Em_Y），在循环经济系统运行过程中，系统各部分的内部运行及各部分之间的相互作用而产生的不能再被系统利用的无效能（H_S），最终扩散到系统周围的环境中。而基于能值分析的循环经济评价指标，便是建立在这种输入，输入及反馈能值流间运算基础之上。

（1）净能值产出率（net emergy yield ratio，NEYR）——系统运行过程中系统产生的能值与经济反馈能值之比，即 $NEYR=(Em_R+Em_N)/Em_F$。净能值产出率是衡量系统生产效率的一种指标，它可以衡量整个系统对经济活动的净贡献以及系统能源的利用效率。它表征了经济过种是否满足向日葵经济活动提供基础能源。通过比较净能值产出率，可以更好地了解某一种资源是否具有竞争力和经济效益的大小。如果 NEYR 小，则说明该种资源的竞争力较弱，开发时产生的回报效益较低；反之，竞争力较强，开发效益较高。

（2）能值投资率（emergy investment ratio，EIR）——经济活动的反馈能（构成同上）与本区域能值输入的比值，即 $EIR=Em_F/(Em_R+Em_N)$。这个比率指数是衡量开发单位本地区资源而需要的能值投入，也是衡量经济发展程度与环境负载程度的指标。为了使生产过程更经济，开发中应当同其他竞争者具有相似的比率。如果经济系统的运行主要依赖于本地资源，则比率较低。当比其他竞争者无偿从环境中获取较多能量时，这一比值也会较低。然而，太低的能值投资率将不利于吸引域外资金，进而影响本地资源开发。当这一比值较高时，几乎所有的投入都是有偿的，这就使得价格上涨，系统的竞争力较低。这一指数的变化常受政治或社会经济因素的影响。

（3）环境负载率（environmental loading ratio，ELR）——系统不可更新能源投入能值总量与可更新能源投入能值总量之比，即 $ELR=(Em_F+Em_N)/Em_R$。一个较高的 ELR 值表明在经济系统中存在高强度的能值利用，同时对环境系统保持着较大压力。ELR 是经济系统的一个预警指标，若系统长期处于较高的环境负载率，将产生不可逆转的功能退化或丧失情况。从能值分析角度来看，外界大量的能值输入以及过度开发本地不可更新资源，是引起环境系统恶化的主要原因（见图 3－3）。

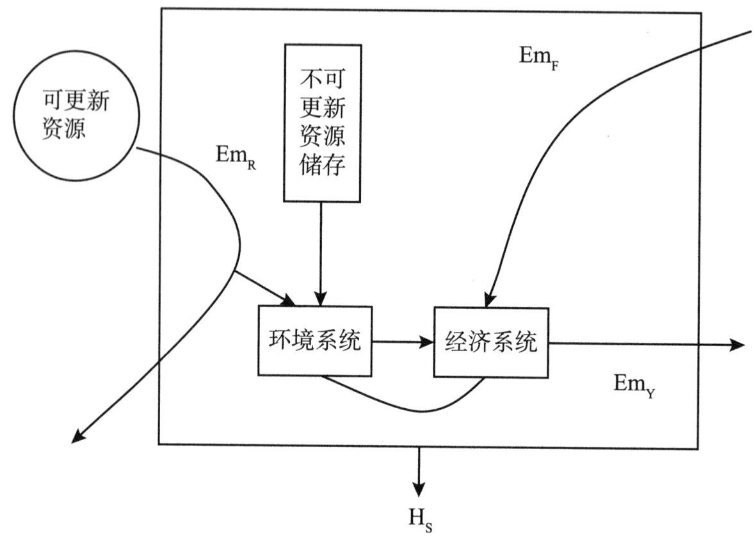

图 3-3 资源、经济和环境系统能值分析

（4）基于能值分析的可持续发展指数（emergy-based sustain-ability index，ESI）——能值产出率与环境负荷率的相对比较，即：ESI = NEYR/ELRESI。得显然，如果一个国家或地区的经济系统能值产出率高而环境负荷率又相对较低，则它是可持续的；反之是不可持续的。但并不是 ESI 值越高，可持续性就越高。ESI 值在 1 和 10 之间表明经济系统富有活力和发展潜力，ESI 高于 10 则是经济不发达的象征；当 ESI 低于 1 时，为消费型经济系统。以循环经济系统可持续发展指数（ESI）为基本评价指标，经系统净能值产出率（NEYR）、能值投资率（EIR）、环境负载率（ELR）为分析辅助指标，对循环经济系统性能进行评价的意义可以体现在以下两方面：一方面，对经济发展水平相当的循环经济系统进行横向比较研究。ESI 值在允许范围内越高的系统，具有更高的可持续性，在可持续发展的长远尺度上越具有竞争优势；另一方面，对循环经济系统模式进行纵向比较研究。在系统原有基础上减少可更新资源的投入，可降低环境负载率，使系统可持续发展能力得以提高，并促进人类可持续发展总体战略的实现。

（四）多级灰色关联度分析法

关联度分析方法作为一种技术方法，用于分析系统中各种因素关联程度，这种分析方法在环境生态和可持续发展指标体系的评价中得到了应用。

1. 灰色关联度分析法的基本思想

关联度作为一种技术方法，用于分析系统中各因素的关联程度，将灰色关联度方法用于指标体系评价的基本思想是：根据曲线间的相似程度来判断关联程度，即确定目标序列和若干比较序列，计算出它们之间的关联系数，结合相对重要性权重，逐层计算各序列与目标序列的关联度。关联度越大则认为两者之间的相对变化基本一致；

反之，则认为两者的变化差异较大。利用多级灰色关联度分析方法，既可以对不同时段循环经济建设的状况进行纵向比较分析，考核规划目标的完成效果和达标情况，也可以对不同区域循环经济考核规划目标的完成效果和达标情况，还可以对不同区域循环经济建设的状况进行横向比较，找到本研究区域的优势和弱点，所长避短，学习先进经验，及时采取措施，保障规划目标按期实施完成。

2. 基于灰色关联度分析方法的资源环境节约评价模型

灰色关联度分析方法可用于工业行业资源环境节约水平的比较评价，利用关联度综合分析评价各工业行业的资源环境节约程度的关键是确定评价的最优序列，其参考数据是多个行业历年的最优水平，实际上特定区域现有工业行业历年资源环境节约程度的最优模式，就是关联度评价的标准。用各行业与该模式对比做出定量评价，关联度越大，说明该工业行业资源环境的节约水平越高。灰色关联度法在资源环境评价方面已经得到了较好的应用。利用灰色关联度法评价工业行业资源环境节约水平的步骤如下：

（1）确定目标序列。

目标序列由历年各工业行业中资源环境节约程度最高行业的分值组成，记为 X_0，于是得到目标序列：

$$X_0 = |x_0(1),\ x_0(2),\ \cdots,\ x_0(k)|$$

（2）确定比较序列。

比较序列由各行业历年资源环境节约程度分值组成，记为 X_j，于是得到比较序列：

$$X_j = |x_j(1),\ x_j(2),\ \cdots,\ x_j(k)|$$

（3）计算关联系数。

由于各序列量纲相同，这里无须进行无量纲化处理，直接计算关联系数。各比较序列 X_j 的每一个分值相对目标序列 X_0 的对应关联系数为：

$$\xi_j(k) = (\Delta_{min} + \rho\Delta_{max})/(\Delta_j(k) + \rho\Delta_{max})$$

其中，$\Delta_j(k) = |x_0(k) - x_j(k)|$，$\Delta_{min} = \min\limits_j \min\limits_k |x_0(k) - x_j(k)|$；$\Delta_{max} = \max\limits_j \max\limits_k |x_0(k) - x_j(k)|$，ρ 为分辨系数。

（4）计算灰色关联度。

计算目标序列与对比较序列的关联程度，即灰色关联度：

$$r_j = \frac{1}{n}\sum_{k=1}^{n}\xi_j(k)$$

3. 企业核心竞争力多层次灰色关联评价模型

由于企业核心竞争能力的评价指标体系是多层次而复杂的，指标值的确定往往取决于评价者的经验、认识能力和个人偏好，很难消除人为因素造成的误差。而且在评价中所选取的数据有些是已知的，有些是未知的，因而使评价信息 够准确和完整，具有“灰色”特征。因此，本书应用多层次灰色关联综合评价方法对企业核心竞争能力进行评价。评价模型构建过程与步骤如下：

（1）选择参考数列。

设：i为第i个被评企业的序号（i=1，2，…，m），k为第k个评价指标的序号（k=1，2，…，n）。则V_{ik}为第i个被评企业的第k个指标的评价值。对于一个由m个被评企业，n个评价指标的系统，有下列矩阵：

$$V=(V_{jk})_{m\times n}=\begin{bmatrix} V_{11} & V_{12} & \cdots & V_{1n} \\ V_{21} & V_{22} & \cdots & V_{2n} \\ \vdots & \vdots & \vdots & \vdots \\ V_{m1} & V_{m2} & \cdots & V_{mn} \end{bmatrix} \tag{3-8}$$

取每个指标的最佳值v_{0k}为参考数列V_0的实体，于是有：$V_0=(v_{01},\ v_{02},\ \cdots,\ v_{0k})$，其中：$v_{0k}=\text{Optimum}(v_{ik})$，i=1，2，…，m；k=1，2，…，n；选取的参考数列为：$V_0=(v_{01},\ v_{02},\ \cdots,\ v_{0k})$。

（2）指标规范化处理。

为使各指标之间可以比较，按照下式对各指标进行规范化处理：

$$X_{ik}=\frac{V_{ik}-\min\limits_{i}V_{ik}}{\max\limits_{i}V_{ik}-\min\limits_{i}V_{ik}} \tag{3-9}$$

用式（3-7）将式（3-8）规范化处理后的指标值组成一个新矩阵：

$$X=(X_{ik})_{m\times n}=\begin{bmatrix} X_{11} & X_{12} & \cdots & X_{1n} \\ X_{21} & X_{22} & \cdots & X_{2n} \\ & \vdots & \vdots & \vdots \\ X_{m1} & X_{m2} & \cdots & X_{mn} \end{bmatrix}$$

相应地，$X_0=(X_{01},\ X_{02},\ \cdots,\ X_{0n})$。

（3）计算灰色关联系数。

把规范后的数列$X_0=(X_{01},\ X_{02},\ \cdots,\ X_{0n})$作为参考数列，$X_i=(X_{i1},\ X_{i2},\ \cdots,\ X_{in})$（i=1，2，…，m）作为比较数列，计算关联系数$\xi_{ik}$，为第i个被评企业的第k个指标的与第k个最佳指标的关联系数。计算公式为：

$$\xi_{ik}=\frac{\min\limits_{i}\min\limits_{k}|x_{0k}-x_{ik}|+\rho\max\limits_{i}\max\limits_{k}|x_{0k}-x_{ik}|}{|x_{0k}-x_{ik}|+\rho\max\limits_{i}\max\limits_{k}|x_{0k}-x_{ik}|} \tag{3-10}$$

式（3-10）中，ρ为分辨系数，ρ∈[0，1]，一般ρ取0.5；i=1，2，…，m；k=1，2，…，n。利用式（3-9）得到关联系数ξ_{ik}矩阵：

$$E=(\xi_{ik})_{m\times n}=\begin{bmatrix} \xi_{11} & \xi_{12} & \cdots & \xi_{1n} \\ \xi_{21} & \xi_{22} & \cdots & \xi_{2n} \\ \vdots & \vdots & \vdots & \vdots \\ \xi_{m1} & \xi_{m2} & \cdots & \xi_{mn} \end{bmatrix}$$

（i=1，2，…，m；k=1，2，…，n）

（4）计算评价系统的单层次关联度。

因各指标的重要程度不同，所以关联度计算方法采取权重乘以关联系数。根据专家法或其他方法得到某一层指标相对于上层目标的优先权重：

$$W = (w_1, w_2, \cdots, w_n)$$

式中，$\sum_{k=1}^{t} w_k = 1$，t 表示该层中的指标个数。则单层次的关联度 R 为：

$$R = (r_i)_{1 \times m} = (r_1, r_2, \cdots, r_m) = WE^T$$

（5）计算多层评价系统的最终关联度。

对于一个多层评价系统，其最终关联度计算如下：将第 k 层各指标的关联系数进行合成，分别得到其所属的上层，即 k－1 层各指标的关联度；如此过程合成直至得到最终关联度 $r_i(i=1, 2, \cdots, m)$。依据最终关联度 r_1 大小进行排序，该大小次序即代表企业核心竞争能力的优劣次序。

4. 灰色关联分析的应用价值

应用灰色关联分析法对环境生态和可持续发展指标体系进行综合评价的文献已非常丰富。总结近几年的研究成果，对灰色关联分析法应用较为成功的有如下代表作：董春游等（2006）针对企业评价中已有评价方法权数分配不合理、指标权数测定困难、难以对企业进行有效的综合评价的现状，采用粗糙集理论和加权灰色关联度的方法测定指标权数，对煤炭企业进行综合评价。以 2006 年煤炭行业上市公司的财务报表数据为实例进行实证分析，结果表明：基于粗糙集和灰色关联度的企业综合评价方法能够克服传统评价指标权数确定的主观偏好，是一种可行的评价方法。汪琳媛等（2006）运用灰色系统理论，建立了江西省国内生产总值（GDP）及各产业的预测模型，并对模型进行了关联检验；利用灰色关联分析，分析了江西省各产业对 GDP 的影响。周庆文等（2007）针对陕西省渭南市产业结构发展现状，对渭南市产业结构变动趋势作了定性定量分析，通过实证分析证实了产业结构的变动对经济增长的影响；最后运用灰色系统理论的灰色关联度进行定量的分析产业投资与产业结构的关系，论证了渭南市产业结构调整的方向合理性，由此为区域规划中产业发展提供有力的控制方法。曾伯等（2007）将灰色关联分析引入我国的能源消费和环境质量关第的研究中，利用近十年来的统计数据进行定量分析，探索现有能源消费结构和其环境影响程度，为调整能源消费结构，环境压力最小化，改善环境质量提供科学依据。任彪（2007）利用灰色关联侵权分别对能源消耗和环境污染治理投资对经济发展的影响以及能源消耗对环境污染治理投资的影响进行了分析。结果表明水电的消耗和环境污染治理投资对经济发展影响较大，而水电的消耗又对环境污染治理投资的影响比较大，这与中国目前的状况相符合。冯丹（2007）根据近几年来我国煤炭消费总量和各行业煤炭消费数据，通过灰色关联度分析了我国煤炭消费总量与各主要行业煤炭消费量的相关关系。在此基础上，提出了发展低能耗、高附加值的高新技术产业，大力发展新型服务业，并且提高煤炭利用效率。杨竹莘、张军涛（2007）采用灰色关联度确定权重的多目标决策方法，根据科技创新能力相关的数据指标集，对我国八大经济区科技创新能力给予了综合评价和排序。这种定量确定权重的方法，为综合评价区域的创新能力提供了一种更为实用、简洁、可操作性的新方法。

三、低碳经济评价指标体系的构建

（一）低碳经济指标体系的构建步骤

低碳经济指标体系是对区域社会、经济、生态环境系统协调发展状况进行综合评价与研究的依据和标准，是综合反映社会、经济、生态环境系统不同属性的指标按隶属关系、层次关系原则组成的有序集合。

第一步：以低碳经济建设目标的层次性为指导，建立包含目标层、准则层、指标层的指标体系，较为全面地反映省域低碳经济。构建省区低碳经济评价指标体系难点在于建立准则层，准则层起承上统下的作用，其是否设计得科学合理将关系到整个指标体系的质量。本书尝试将省区低碳经济评价指标分为经济发展系统、低碳技术系统、低碳能耗排放系统、低碳社会系统、低碳环境系统（自然）、低碳理念系统六大类作为省区低碳经济评价的准则层，主要基于以下考虑：

（1）国家环保总局颁布试用的低碳城市指标体系是目前国内比较完整的低碳城市建设指标体系，其将建设指标分为经济发展、环境保护、社会进步三大类，较好地体现了区域经济、社会、生态环境协调发展的思想，为构建省区低碳经济指标体系提供了很好的框架。

（2）低碳技术系统在建设低碳经济中占据较重要的位置，应从层次上给予体现，低碳技术涉及电力、交通、建筑、冶金、化工、石化等传统部门，也涉及可再生能源及新能源、煤的清洁高效利用、油气资源和煤层气的勘探开发、二氧化碳捕获与埋存等众多新领域。“低碳技术几乎涵盖了国民经济发展的所有支柱产业，从某种意义上说，谁掌握了发展低碳核心技术，谁就将赢得商机、获得话语权”，可见低碳技术系统在低碳经济建设中的地位很重要，把低碳技术系统放在准则层，有利于加强社会、政府、企业对低碳技术的重视。

（3）低碳能耗排放系统是反映了节能减排的量化指标层，而发展低碳经济的目的是减少温室气体的排放，减少能源的消耗，特别是近年国家相继出台了建设节约型社会、发展生态文明等政策，更进一步显示出低碳能耗排放在我国小康社会建设中的权重，因此本书把低碳能耗排放系统放在准则层。

（4）低碳理念系统拟在反映人们对低碳经济的重视程度。

把低碳经济评价指标分为上述六大类能较好地体现系统的组成。至于评价单项指标的选取，主要参考国家环保总局颁布试用的低碳城市的建设、生态省建设指标体系，并采用频度统计法和理论分析法进行取舍补充。我们设计省区低碳经济评价指标体系如图 3 -4 所示。

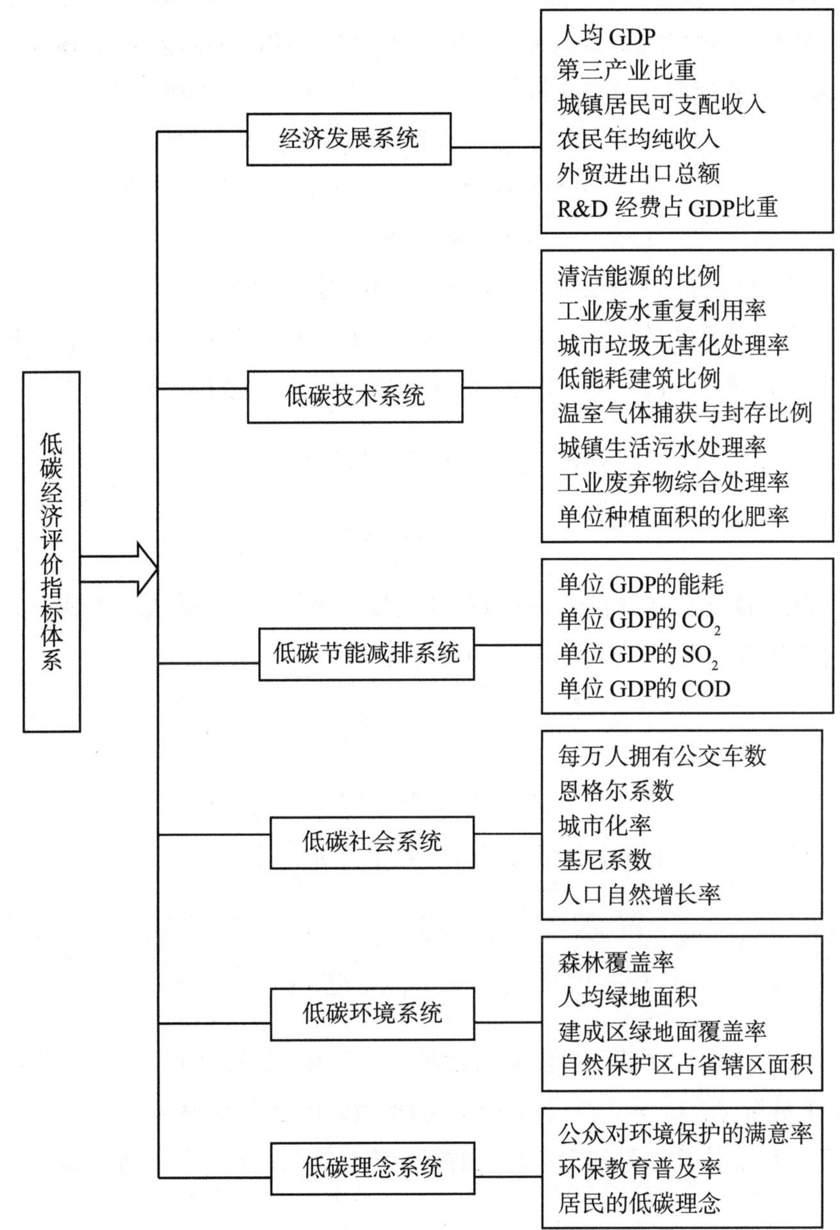

图 3 -4 省区低碳经济评价指标体系

第二步：确定指标目标值。本书通过借鉴政府工作目标要求、生态省的目标值、低碳经济发展的目标值、全国低碳经济发展较好省份的相关指标值，然后采取专家咨询的方式，最终确定了低碳经济发展的目标值，力求做到科学、合理。

第三步：应用 FAHP 确定权重。模糊层次分析法采用三标度，其三标度法属于互补型标度，符合人们的思维逻辑，由度量各元素之间的比较关系，就其实质而言，不存在度量不准确的可能性，建立的优先判断矩阵虽然粗糙，但极容易建立，由优先判断矩阵改造而成的模糊矩阵满足一致性条件，无须再进行一致性检验。通过 FAHP 确定各指标对评价目标所起作用的大小，即权重。在实际的操作中使用 Excel 应用的具体步骤如下：

（1）建立判断矩阵（优先矩阵）。

$$f_{ij}=\begin{cases}1 & c(i)>c(j)\\ 0.5 & c(i)<c(j)\\ 0 & c(i)=c(j)\end{cases} \tag{3-11}$$

式中 c(i) 和 c(j) 由此分别为标度 f_i、f_j 相对重要程度。

（2）将优先关系矩阵 $F=(f_{ij})_{m\times n}$转化成模糊一致矩阵 $Q=(q_{ij})_{m\times n}$，模糊一致性矩阵满足一致性条件，没有必要再进行一致性检验，对 F 做行求和以及行变换：

$$q=\sum_{j=1}^{m} f_{ij} \quad i=1,\ 2,\ \cdots,\ m \tag{3-12}$$

$$q_{ij}=\frac{(q_i-q_j)}{2m}+0.5 \tag{3-13}$$

（3）利用和行归一法得到权重向量，模糊一致矩阵 $Q=(q_{ij})_{m\times n}$每行元素的和（不包含自身比较）及不含对角线元素的总和：

$$l_i=\sum_{j=1}^{m} q_{ij}-0.5 \quad i=1,\ 2,\ \cdots,\ m \tag{3-14}$$

$$\sum_{i} l_i=m(m-1)/2 \tag{3-15}$$

由于 l_i 表示指标 i 相对于上层目标的重要性，所以对 l_i 归一化处理即可得到各指标权重：

$$W_i=\frac{l_i}{\sum_{i} l_i}=\frac{2l_i}{[m(m-1)]} \tag{3-16}$$

第四步：对指标数据进行无量纲化处理，得到指标的标准分。对于正指标：$C_{ki}=X_i/U_i$，对于负指标：$C_{ki}=U_i/X_i$。其中 X_i 为现值，U_i 为目标值。

第五步：综合指标权重和无量纲化的指标值计算低碳经济综合评价指数：

$$Y=\sum_{k=1}^{n}(b_k\sum_{i=1}^{n} a_{ki}C_{ki}) \tag{3-17}$$

上式 Y 是省区低碳经济综合评价指数，a_{ki}是判断矩阵中隶属第 k 项中一级指标的第 i 项二级指标的权重，b_k 是第 k 项中一级指标的权重，C_{ki}是判断矩阵中隶属于第 k 项中一级指标的第 i 项二级指标的标准数值。

通过比照发达国家和我国低碳经济发展较好省份的低碳经济发展水平，我们将 Y 处于（100～80）去见定义为低碳经济；处于（80～60）区间的定义为中碳经济；（60～0）为高碳经济。

（二）低碳经济评价指标体系的应用：案例分析

1. 四川低碳经济发展评价，如表 3－5 所示。

表 3－5　　　　四川省低碳经济评价指标数据分析（2007 年）

目标层	一级指标	一级指标权重	二级指标	二级指标权重	现值（2007）	标准值（省）	指标类别	各项指标综合指数	综合指数
低碳经济评价指标体系	经济发展系统	0.211	人均 GDP	0.124	12893 元/人	≥33000 元/人	正指标	39.51	54.6
			第三产业比重	0.195	36.5%	≥60%	正指标		
			城镇居民可支配收入	0.167	11098.28 元	≥24000 元	正指标		
			农民年均纯收入	0.167	3546.69 元	>11000 元	正指标		
			外贸进出口总额	0.138	143.8 亿美元	3923 亿美元	正指标		
			R&D 经费占 GDP 比重	0.209	1.32%	3%	正指标		
	低碳技术发展系统	0.182	清洁能源的比例	0.175	44%	50%	正指标	51.8	
			工业废水重复利用率	0.108	91%	100%	正指标		
			城市垃圾无害化处理率	0.108	69%	100%	正指标		
			低能耗建筑比例	0.117	0.1%	50%	正指标		
			温室气体捕获与封存比例	0.175	0	10%	正指标		
			城镇生活污水处理率	0.099	80%	80%	正指标		
			工业废弃物综合处理率	0.134	52.28%	100%	正指标		
			单位种植面积的化肥率	0.084	952.8kg/公顷	≤250kg/公顷	负指标		
	低碳节能减排系统	0.211	单位 GDP 的能耗	0.084	1.432 吨标准煤/万元	≤0.9 吨标准煤/万元	负指标	39.7	
			单位 GDP 的 CO_2	0.317	1.033 吨标准煤/万元	0.6 吨标准煤/万元	负指标		
			单位 GDP 的 SO_2	0.183	11.22kg/万元	<4.5kg/万元	负指标		
			单位 GDP 的 COD	0.183	7.34kg/万元	<3.5kg/万元	负指标		
	低碳社会系统	0.122	每万人拥有公交车数	0.2645	9.64 辆	15 辆	正指标	70.73	
			恩格尔系数	0.157	41.2%	30%	负指标		
			城市化率	0.157	35.6%	≥50%	正指标		
			基尼系数	0.157	0.45	0.3～0.4	负指标		
			人口自然增长率	0.2645	0.64%	0.5%	负指标		
	低碳环境系统	0.181	森林覆盖率	0.352	30.27%	35%	正指标	77.58	
			人均绿地面积	0.251	8.37 平方米	15 平方米	正指标		
			建成区绿地面覆盖率	0.251	34.2%	40%	正指标		
			自然保护区占省辖区面积	0.146	8%	>10%	正指标		
	低碳理念系统	0.093	公众对环境保护的满意率	0.366	60%	>95%	正指标	61.8	
			环保教育普及率	0.634	55%	90%	正指标		
			居民的低碳理念	—	一般	显著提高	正指标		

资料来源：《四川省统计年鉴 2008》。

本书以四川省为例评价其低碳经济发展阶段，具体数据分析见表3－5。四川的低碳经济综合评价指数为54.6，在发展的阶段依然处在高碳经济，表格数据显示，低碳理念系统得分为61.86、低碳自然环境77.58、低碳社会系统70.72，这三个方面建设较好，主要是得益于四川生态省建设、主体功能区、低碳示范区的宣传，人们树立了环境保护、低碳经济、生态文明的理念，四川省在全国率先进行“天然林保护”和“退耕还林还草”两大生态工程的建设，四川的生态环境有极大改善。

四川省经济发展的得分为39.51，究其原因是四川地处我国的西部，对外开放度不高，同时研究与发展的经费占GDP的比重不高，对科学研究发展的重视程度有待于提高；技术发展系统得分为51.83，这可能与四川的资源丰富有关。技术进步体现在新能源、无污染能源的开采与利用上，而四川是我国最大的天然气基地，也是水电资源丰富的地区，同时由于四川得天独厚的资源优势——地表水资源，平均低温为16摄氏度，低能平衡，这都为四川推行低能耗建筑提供了条件，此项得分比较合理。

低碳能耗排放系统得分为39.76，由于四川正处于迅速推进工业化的阶段以及承接东部部分产业的转移，四川能耗较高，温室气体的排放程度高，得分很低。

2. 其他省份低碳经济发展水平比较

为了进一步认识低碳经济发展水平，本书选取了六省份进行比较。考虑到数据的可获得性，在东、中、西各选取了六个典型省进行横向的比较（数据来源于各省2008年统计年鉴）。六省低碳经济各项指标完成率（现值/目标值）以及最终得分见表3－6和表3－7所列。从六个省区的经济系统得分，我们可以看到广东和江苏得分相对较高，分别为66.3和68，但均属于中碳经济，四川、贵州、安徽、山西尚处于高碳经济。

表3－6　2007年六省区低碳经济发展各项指标完成率　单位：%

完成率指标	山西	安徽	江苏	四川	广东	贵州
人均GDP	51.38	33.88	100.00	39.07	100.00	20.95
第三产业比重	58.83	65.00	62.33	60.83	72.12	69.73
城镇居民可支配收入	48.19	47.81	68.24	46.24	73.75	44.49
农民年均纯收入	33.32	32.33	59.65	32.24	47.85	21.58
外贸进出口总额	2.95	4.06	100.00	3.67	100.00	0.82

续表

完成率指标	山西	安徽	江苏	四川	广东	贵州
R&D 经费占 GDP 比重	26.67	33.67	56.00	44.00	43.33	17.33
清洁能源的比例	36.00	16.00	56.00	88.00	66.00	60.00
工业废水重复利用率	88.20	94.70	97.30	91.30	86.05	71.92
城市垃圾无害化处理率	38.15	49.00	86.90	69.00	63.03	71.18
低能耗建筑比例	0.08	0.06	0.10	0.20	0.16	0.06
温室气体捕获与封存比例	0.00	0.00	0.00	0.00	0.00	0.00
城镇生活污水处理率	65.00	96.50	100.00	100.00	87.50	50.38
工业废弃物综合处理率	49.00	82.30	98.70	52.20	87.72	37.60
单位种植面积的化肥率	31.14	27.90	28.04	26.24	14.94	23.74
单位 GDP 的能耗	32.64	79.93	100.00	62.85	100.00	29.39
单位 GDP 的 CO_2	32.01	78.33	100.00	58.08	100.00	28.82
单位 GDP 的 SO_2	18.62	57.92	95.14	40.11	100.00	8.97
单位 GDP 的 COD	53.68	57.15	100.00	47.75	100.00	42.32
每万人拥有公交车数	44.13	57.80	77.00	64.27	52.67	53.60
恩格尔系数	93.46	75.57	83.33	72.82	84.99	60.00
城市化率	70.46	82.00	92.28	71.20	86.08	54.00
基尼系数	63.83	75.00	56.60	66.67	46.15	88.24
人口自然增长率	93.81	78.74	46.00	78.13	68.49	74.85
森林覆盖率	37.97	68.66	21.54	86.49	100.00	82.37
人均绿地面积	47.53	58.13	83.93	55.80	61.47	39.27
建成区绿地面覆盖率	81.50	90.25	100.00	85.50	96.25	76.25
自然保护区占省辖区面积	68.00	34.50	55.00	80.00	38.40	26.30
公众对环境保护的满意率	54.74	52.63	53.68	63.16	55.79	63.13
环保教育普及率	58.89	57.78	64.44	61.11	66.67	60.00

表 3－7　　　　2007 年六省低碳经济评价指标数据

省份	各项指标综合指数	得分	综合得分	省份	各项指标综合指数	得分	综合得分	省份	各项指标综合指数	得分	综合得分
四川	经济发展系统	39. 51	54. 6	贵州	经济发展系统	30. 96	42. 77	江苏	经济发展系统	71. 41	66. 3
	低碳技术系统	51. 83			低碳技术系统	37. 98			低碳技术系统	55. 18	
	低碳节能减排系统	39. 76			低碳节能减排系统	20. 96			低碳节能减排系统	75. 81	
	低碳社会系统	70. 73			低碳社会系统	65. 72			低碳社会系统	68. 99	
	低碳环境系统	77. 58			低碳环境系统	61. 82			低碳环境系统	61. 78	
	低碳理念系统	61. 86			低碳理念系统	61. 15			低碳理念系统	60. 5	
山西	经济发展系统	37. 43	44. 11	安徽	经济发展系统	37. 80	52. 68	广东	经济发展系统	69. 62	68
	低碳技术系统	35. 57			低碳技术系统	41. 25			低碳技术系统	49. 34	
	低碳节能减排系统	26. 11			低碳节能减排系统	52. 60			低碳节能减排系统	76. 70	
	低碳社会系统	72. 24			低碳社会系统	72. 60			低碳社会系统	66. 15	
	低碳环境系统	55. 68			低碳环境系统	66. 40			低碳环境系统	80. 39	
	低碳理念系统	57. 36			低碳理念系统	55. 80			低碳理念系统	62. 68	

江苏、广东的经济系统在 70 分左右，究其原因，广东省是我国对外开放的窗口，对外开放度高，金融、外贸、信息等第三产业发展迅速，三产比重较为合理；江苏位于长江三角洲，地理位置优越，文化底蕴深厚，人力资源丰富，科学研究投入高，科学进步较快，对外开放程度较高，有效地促进了江苏经济的发展。而中西部的四个省份对外经济度不高，科技投入也有待于进一步提高，经济发展水平相对较低。

对于技术发展系统，六个省份均在 60 分以下，以江苏得分最高，这可能与江苏省重视科技发展，加强构建强有力的科技体系有关。江苏省加快了科技创新，着力提升环境对经济社会发展的支撑能力，重视以企业为主体，产学研结合的环保体系建设，并组织跨部门、跨地域、跨学科的环境科技协作和攻关，突破长期制约经济、社会和环境发展的关键性科技难题。积极推进国家科技重大专项“水体污染控制与治理”省内项目的实施。推广先进实用技术应用示范工程，为污染物减排提供技术支撑。

在低能耗低排放系统得分中，江苏和广东得分较高，主要是因为这两个省份第三产业比重高，相对污染少，同时东部沿海城市的污染产业已经部分转移到中西部相对落后的省份；而安徽、山西、四川、贵州还正处于推进工业化阶段，能耗较高，温室气体排放多，污染严重，不可避免得分较低。

六省份在低碳社会系统、低碳环境系统、低碳理念系统三个方面得分相差不大，这是由于生态文明、低碳经济理念已经在全社会树立，节能减排、保护环境，已经在全社会行动起来。

第四节　低碳经济的实现机制与发展模式

发展低碳经济在于能源利用效率的提高、清洁能源结构的构建和碳排放的减少，是一场涉及生产模式、生活模式、价值观念和国家权益的全球性革命。为实现这种以低能耗、低排放、低污染为基础的经济发展模式，必须构建相应的低碳经济发展综合机制体系，并不断探索推动低碳经济发展的有效模式。本章将在现有研究的基础之上，综合阐述低碳经济的实现机制和发展模式。

一、低碳经济的实现机制

（一）市场机制

目前，学术界普遍认为应当以市场机制作为解决碳排放问题的主要途径。斯密关于经济自由的譬喻，描述了追求自身利益的个人如何在市场机制的引导下增进公共利益。在市场经济条件下，消费者和企业在“看不见的手”的指导下，通过市场机制发生相互作用，来决定经济组织中的三个核心问题：生产什么和生产多少、如何生产、为谁生产。在没有发生市场失灵的情况下，这样一种经济运行方式是最有效率的。但是在能源利用和污染排放领域往往存在不同程度的市场失灵，从而导致许多国家和地区出现能源利用低效和碳排放无度的局面。即便如此，只要市场失灵的问题得以解决，市场机制也能够有效地推动低碳经济向前发展。

导致目前能源利用和碳排放领域市场失灵的主要原因是存在外部性，即能源利用和碳排放所带来的社会成本没有或没有完全被计入企业内部生产成本。只要将社会成本完全内部化就能够利用市场机制来推进低碳经济的发展。

价格是市场机制的核心，利用市场机制优化资源配置的基础是形成合理的价格机制。能源产品和碳排放价格形成机制不科学、定价偏低，是许多国家和地区能耗水平偏高的根本原因。改革和完善价格形成机制，形成既能反映企业内部成本又能反映环境损失、资源稀缺程度等外部成本的价格体系，培育和形成统一的能源交易市场，是加快实现低碳经济的根本途径。为此，应推进价格形成机制改革，理顺能源产品价格，建立反映资源稀缺程度、市场供求关系和能源开发利用过程中环境成本的价格形成机制；提高碳排放成本，使碳排放成本内部化，成为企业内部成本的组成部分和价格形成的一个要素，以促使企业自觉降低碳排放，同时让从事环境保护和降低碳排放的企业可获取利益；建立碳等排放物的交易市场，是应对气候变化这一全球性问题最有效的措施之一。交易市场能把环境成本显性化，能推动产业优化升级，将增强各方节能减排的积极性，加快节能减排新技术的开发、应用和推广。排放权交易有利于相关产业将内部优势转化为节能减排优势，将产业的节能减排潜力转化为可持续发展的能力。交易机制能发挥市场优化环境资源配置的基础性作用，体现排放权的稀缺性和价值，有效确定排放权价格，为遏制气候变暖的努力提供有效激励。

推行以市场机制为基础的节能减排新机制，将改变节能减排领域“只有投入，没有收入”的现象，使在节能减排方面表现优异的企业拥有新的盈利模式，将激励更多的企业转换发展方式。

（二）政策机制

利用政府政策降低碳排放的理论基础应追溯到“庇古税”的提出。在许多商品生产过程中都存在社会成本与私人成本不一致的现象，形成了私人成本与社会成本的差异，由于这一差异并未反映在企业的生产成本当中，就形成了边际净社会产品与边际净私人产品的差额。庇古认为，这一差额不可能通过市场自行消除。在这种情况下政府可以采取行动，以征税的形式，将污染成本加到产品的价格中去。即由政府或其他权威机构给外部不经济性确定一个合理的负价格，以使外部成本内部化。庇古的研究为后来政府应对环境污染等外部性问题提供了理论基础，在此基础上，后来的人们做了大量有益的创新和尝试。

总的来说，实现低碳经济的政策机制一般从以下两个方面起作用。第一，通过政策手段将碳排放带来的负外部性内化到企业生产成本当中，从而抑制企业的过量碳排放；第二，通过政策手段对企业为减少碳排放而付出的成本给予补偿，从而激励企业减少碳排放。

具体来说，完善低碳经济政策机制的过程，就是综合运用财政、税收、信贷等政策手段来调节市场主体经济行为的过程，将碳排放成本转化为企业内部成本，引导企业自觉减少碳排放。

1. 促进低碳经济发展的财政政策

增加资金投入，形成以中央专项资金为引导、地方财政资金相配套、企业自筹资金为主体的低碳经济投入机制；完善以奖代补等方式和政府采购政策，建立低碳产品的财政补贴机制；完善碳排放收费政策，加快环境成本内部化进程。比如对符合国家产业政策，有利于地毯经济发展的产业结构调整项目给予贴息入股支持，在企业偿还贷款后，政府贴息入股的资金再退出并改投其他需要支持的企业，以提高政府支持资金的带动效应。

2. 促进低碳经济发展的税收激励和制约机制

在现代社会里，税收具有三种职能，即分配职能、调节职能和监督职能。利用好税收这个杠杆，就能够加快促进低碳经济的实现过程。对鼓励发展的行业和领域实施优惠税率，特别是对采用高能效技术和生产高能效产品的企业实施税收优惠；实行税率与企业碳排放挂钩，对低碳产品给予税收优惠，对使用低碳设备的企业也给予税收优惠；对碳排放大的产业、产品扩大征税范围、增设税种、提高税率；对发展低碳经济和清洁生产成效显著的企业，给予税收减免等政策优惠；完善出口退税政策，严控高碳产品出口，严控高碳设备进口。

3. 促进低碳经济发展的信贷激励和制约机制

发展低碳经济需要大量的资金投入，也需要建立相应的融资机制。要充分认识利用信贷手段推进低碳经济的重要作用和意义，建立健全低碳经济发展的信贷激励和制约机制，严格对企业和建设项目的环境监督和信贷管理，适时调整信贷激励和制约政策取向，才能加快促进低碳经济的发展。具体来说，首先，应制定和实施强化低碳发展的信贷激励政策，建立严格的管理制度和有效的激励机制，实施和推进可持续发展的“低碳信贷”政策，加大政府资金的引导力度。对不符合低碳经济发展要求的项目限制贷款发放，对低碳项目给予信贷支持。其次，应持续完善环保部门与金融系统之间的信息沟通和协作机制。最后，还应研究制定低碳信贷指导目录。

4. 促进低碳经济发展的生态补偿机制

生态环境补偿机制是社会生产不断发展与资源能源环境容量有限之间矛盾运行的必然产物。它以“资源价值论”的观念重新评价生态环境资源的现实价值，运用政府调控和市场化运作的方式，让开发、利用和破坏生态环境资源的人们支付相应的经济补偿，用于生态建设和环境保护，为社会发展提供可持续利用的资源基础和生存环境。建立健全生态补偿机制能够有效地促进低碳经济的发展。应建立促进低碳经济发展的能源开发利用的生态补偿机制，建立生态环境补偿基金，并探索生态补偿的市场化途径，建立政府、市场和社会多元化补偿模式。明确生态补偿和被补偿主体，细化补偿对象、标准、范围、方式和资金来源，建立生态补偿责任保险机制。

5. 促进低碳经济发展的技术创新扶持机制

一方面，通过推进高耗能、高污染行业和企业的技术改造。加大政府投入，并引导社会资金投入，研发一批重点行业共性和关键性的低碳技术，加大低碳技术的自主创新力度；另一方面，通过建立健全清洁能源开发利用扶持机制，鼓励以新能源替代传统能源，以可再生能源替代化石能源，以低碳能源替代高碳能源。积极扶持风能、太阳能、地热能、海洋能等的开发和利用；编制和落实可再生能源开发利用规划；对清洁能源消费给予一定政策补贴；建立落实鼓励和扶持可再生能源研究和开发的经济激励政策。

专家观点：低碳转型的三大动力机制

我认为，碳排放已经开始成为国际规则的新内容，在很大程度上将决定一国的发展空间。因此，是否低碳化也将成为评价企业发展、一国经济增长的重要标准。这对处在城市化、工业化中后期的中国来说，挑战和压力前所未有。但是低碳转型中也有我们可以抓住的机会。面对这个不可逆转的趋势，我们的发展之路也要做出及时合理的调整。我认为，主动应对比被动应付好，早动手比晚动手好，预先知道变化的方向迎头赶上去更好。

2009 年末，我国政府做出了举世瞩目的温室气体减排国家承诺，确立了 2020 年单位 GDP 二氧化碳排放比 2005 年降低 45% 的国家战略目标。这种主动积极的态度非常值得赞赏。而国家目标一旦确定，与此相关的行为，无论是企业还是个人都要随之发生变化。

我认为，国家目标对经济社会发挥作用，对行业、企业产生影响是通过 3 个机制向下传导的。第一，是政策与法律机制。政府一旦做出承诺，就必然采取行政的、经济的、法律的各项手段向下施压，推动全社会低碳转型。这是非常值得企业界关注的，因为相关政策、法律等进程可能突然加速，或者转弯。第二，就是市场机制。我们不怀疑政府的执行力和决心，但是单靠行政施压进行减排是不经济的。如果考虑到综合社会成本最低，应该是行政手段与市场手段联合起作用，这就是市场机制。要对那些动用资金、技术、人力大幅度减排的企业给予奖励与补偿，要对那些不积极减排的企业给予惩罚，用市场杠杆引导社会资金的走向。第三，非常重要的动力机制，就是技术进步，而这也是低碳转型的最主要或是基础的推动力。如果说，在很多技术领域中国与发达国家还有代差，那么在新能源领域，我们与他们就只有年差。而中国又是最大的应用市场，资金实力雄厚，完全有可能抓住这一轮新能源等低碳技术突破的机会。

上述3个动力机制一旦发生传导作用，必然要触及所谓低碳经济最核心的问题，就是能源。首先要求能源结构更加合理。降低碳基能源的比例，到2020年，我国能源结构中核能、风能、太阳能等可再生能源将占15%。这一变化将极大推动新能源产业发展。此外，我国煤炭作为主要能源消费的状况短期内不可能改变。即使到2020年，其比例仍然还会占60%。因此，煤炭的清洁利用对减排目标的实现也非常重要，传统能源清洁利用技术产业也将激活，包括煤的气化、液化以及热电联产一系列的重大工程将加快推进。

对各个主要耗能行业而言，也将发生一系列的变革。比如低碳交通。现在国际上在比较航空、海运、铁道、公路等运输效益。从经济性与排放性综合考虑，最经济、最低碳的将成为未来投资和发展的重点。还有低碳建筑。建筑的碳排放占排放总量的1/4左右，采暖空调占整个建筑排放的一半。而我国正处在城镇化过程中，拥有400亿～500亿平方米的建筑，同时建筑节能技术相对成熟。只要国家把建筑节能的标准稍微抬高一点，在初期建设可能增加5%～10%的建筑成本，但是在建筑50年生命周期内能够节约一半能源，综合的节能减排效果将非常显著。

最后一个层面，就是要改变整个经济体系的能源使用现状。我国能源效率是美国1/3，是日本的1/6。要让整个国民经济发展实现低碳化，最重要一个环节就是提高能源的使用效率，而这个上升的空间也是非常巨大的。

作者：熊焰

资料来源：《中国环境报》2010年4月12日。

二、低碳经济的发展模式

（一）低碳经济发展模式概述

低碳经济的发展模式就是在实践中运用低碳经济理论组织经济活动，将传统经济发展模式改造成低碳型的新经济模式。具体来说，低碳经济发展模式就是以低能耗、低污染、低排放和高效能、高效率、高效益（三低三高）为基础，以低碳发展为发展方向，以节能减排为发展方式，以碳中和技术为发展方法的绿色经济发展模式。其中，低碳经济的发展方向、发展方式和发展方法分别从宏观层面、中观层面和微观层面论述了低碳经济模式（见图3－5）。低碳经济的发展方式不同于具体的发展方法，它是指在实现低碳经济发展目标过程的基本操作手段以及行为、态度和认知取向，是区域发展低碳经济过程中所采取手段的共同特征。在完成发展目标过程中我们会采取一系列步骤或措施，每个步骤和措施称为发展方法。低碳经济的发展方式和发展方法不但具有尺度的不同，还具有战略和战术的关系，只有将不同的低碳经济的发展方法成功运用到发展实践中，才能逐渐形成具有区域特色的、稳定的低碳经济发展方式，最终实现低碳发展的目标。

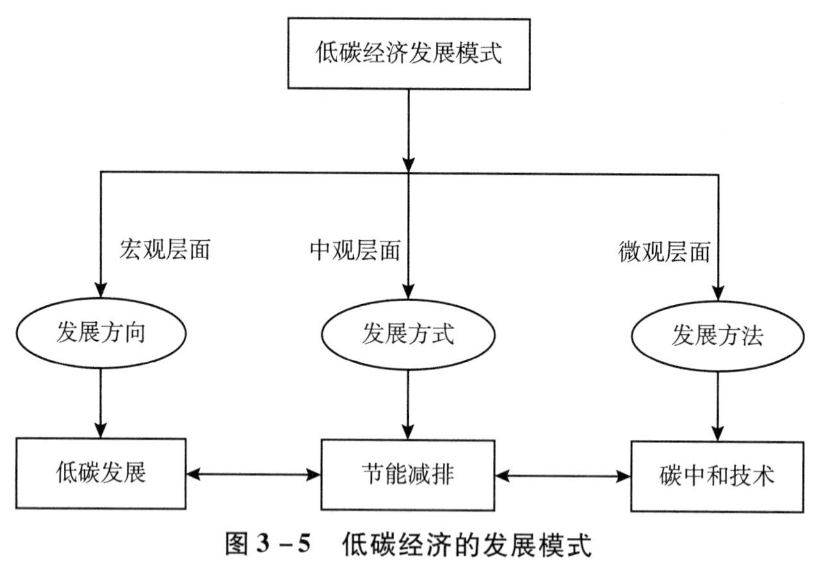

图 3－5　低碳经济的发展模式

1. 低碳经济的发展方向：低碳发展

所谓低碳发展，是指在保证经济社会健康、快速和可持续发展的条件下最大限度减少温室气体的排放。低碳发展，重点在低碳，目的在发展，是一种更具竞争力、更可持续的发展。低碳约束将制约经济发展方向的选择，决定经济社会向低温室气体排放的方向演化发展。在保持现有经济发展模式和技术水平不变的条件下，碳排放的总量约束会限制经济发展的速度；而在保持现有经济发展速度和质量不变甚至更优的条件下，通过改善能源结构，调整产业结构，提高能源效率，增强技术创新能力，增加碳汇等措施可以实现碳排放总量和单位排放量的减少。由此看来，为了实现温室气体排放降低和经济规模持续增长的双重目标，各国需要重新审视现有发展模式，重新选择更持续的经济发展模式，而低碳经济是实现这一目标的首选，低碳发展是低碳经济的发展方向。当然，要实现低碳发展，技术创新是关键，因为能源效率的调高、低碳新能源的开发、化石能源的低碳化都要依赖于技术创新。

2. 低碳经济的发展方式：节能减排

为了实现经济的可持续发展，减少能源消费和增加可再生能源及清洁能源使用是减轻能源生产和消费负面影响的主要手段，前者属于节约能源的范畴，而后者属于减少温室气体排放的范畴。概括起来，要实现经济的低碳发展和可持续发展，节能减排是一种重要的方式和手段。节能就是在尽可能地减少能源消耗量的前提下，获得与原来等效的经济产出；或者是以原来同样数量的能源消耗量，获得比原来更有效的经济产出。换言之，节能就是应用技术上现实可靠、经济上可行合理、环境和社会都可以接受的方法，有效地利用能源，提高能源利用效率。本书中减排的含义不仅是指污染物排放的减少，还指温室气体排放的减少，偏重于温室气体减排这一内容。节能减排是应对温室气体减排国际压力、能源供需矛盾和生态日益恶化问题的主要手段，是实现节约发展、低碳发展、清洁发展、低成本发展、低代价发展的方式，是实现低能耗、低污染、低排放和高效能、高效率、高效益发展目标的着力点。

3. 低碳经济的发展方法：碳中和技术

政府间气候变化专家委员会（IPCC）认为低碳或无碳技术的研发规模和速度决定未来温室气体排放减少的规模。低碳或无碳技术也称为碳中和技术。“碳中和”（carbon-neutral）这术语是由伦敦的未来森林公司于1997年提出的，意思指通过计算二氧化碳排放总量，然后通过植树造林（增加碳汇）、二氧化碳捕捉和埋存等方法把排放量吸收掉，以达到环保的目的。碳中和技术主要包括三类：

（1）温室气体的捕集技术，主要有三条技术路线，即燃烧前脱碳、燃烧后脱碳及富氧燃烧，燃烧前脱碳的关键技术是转化制氢，涉及高温下氢的膜分离技术，包括膜式转化装置、膜材料等方面的技术开发；燃烧后脱碳的技术核心是胺吸收脱除 CO_2，难点在于分子水平吸附剂的开发，此外，低能量 CO_2 吸附、溶剂、小型高效压缩机、过程标准化等均待进一步研究；富氧燃烧技术属于提高能源效率的范畴，技术的关键是氧气供应及高技术涡轮机的开发。

（2）温室气体的埋存技术，即将捕集起来的二氧化碳气体深埋于海底或地下，以达到减少排放温室气体的目的，目前的研发工作主要集中在探索地下盐水储层、采空的油气藏储层、不可开采的煤层以及深海下的地层作为 CO_2 储库的可能性。

（3）低碳或零碳新能源技术，如太阳能、风能、光能、氢能、燃料电池等替代能源和可再生能源技术。

目前，碳中和技术仍处于研发阶段，从技术经济角度来看离全面推广应用还有很大距离。

专家观点：构建低碳经济发展模式的路径设计

构建低碳经济发展模式，必须处理好产业增量上的“低碳化”及逐步压缩产业存量上的“高碳化”，重点应做好构建新兴低碳产业集群、一般传统产业的低碳保持和传统高碳产业的低碳化创新等三个层次的路径设计。

低碳经济的发展模式就是运用低碳经济理论组织经济活动，将传统经济改造成低碳型的新经济模式，其内在要求是实现人类社会系统过程的各个单元在低能耗、低排放、低污染的条件下和谐共生，告别不可持续的高碳经济发展时代。

实现低碳经济战略目标，政府政策是第一驱动力。在设计各种有效的低碳政策工具时，既要充分利用市场机制，尽可能调动微观经济主体的积极性，也要弥补市场失灵。目前产业经济学中关于低碳经济的政策工具有以下五类：

一是基于市场失灵理论的低碳政策工具。传统的市场失灵理论认为，垄断、外部性和信息不对称的存在，使得市场难以完全解决资源配置的效率问题，充分实现资源配置效率最大化，从而出现市场失灵。为了实现资源配置效率的帕累托最优，就必须借助政府干预来完成。经济学理论以外部性和公共品性质来解释能源环境领域的市场失灵，经常采用的是政府管制、税收、补贴、碳基金等手段。政府管制就是政府通过制定严格的产品能耗效率标准逐步淘汰现存的高碳产品，并对进口贸易商品确定并认定其能耗标准；碳排放税就是政府针对二氧化碳排放所征收的税种；碳税通过对燃煤和石油下游的汽油、航空燃油、天然气等化石燃料产品，按其碳含量的比例征税来实现减少化石燃料消耗和二氧化碳排放，是目前普遍看好的政策工具之一；补贴又称为“反税收”工具，其作用与税收的负激励作用相反，是起到正向激励的效用，诸如对新能源技术研发给予补贴，等等；碳基金就是通过设立基金来促进碳排放和促使开发商采用低碳技术。

二是基于产权理论的低碳经济政策工具。这一观点认为在处理外部性问题时，市场失灵与产权紧密相连，效果最优化的实现依赖产权的分配与界定。碳交易是为促进全球温室气体减排、减少二氧化碳排放所采用的市场交易机制。碳排放权交易制度作为市场经济体制下最有效率的污染控制手段已在全世界范围内被广泛采用。基于产权理论的排污权交易有助于消除环境“公共物品”的外部性，目前世界上最大的排污权交易项目就是2005年《京都议定书》实施之后的跨国间的碳排放交易，该协议也是历史上第一个给成员国分配强制性减排指标的文件。根据国际碳咨询公司预测，到2020年全球碳交易市场规模将达到3.5万亿美元，有望超过石油市场成为世界第一大市场。

三是基于信息不对称、委托—代理理论的低碳经济政策工具。是指为了克服能源节约与碳减排方面的信息不对称和复杂的委托—代理问题，依据激励相容机制理论设计的政策工具，包括自愿协议、标签计划等具体措施，用以激励厂商和消费者主动减少“逆向选择”和“道德风险”。自愿协议主要指发达国家一些社会责任意识比较强烈的企业，通过自愿承诺减少碳排放或采用清洁生产技术，以实现减少政府管制的目的。标签计划、ISO14000认证等均属于激励信息公开的政策工具。企业通过这些认证能够在社会上树立起自身“碳中性”和“碳生态足迹为零”的良好“低碳”形象。

四是基于不确定性理论的低碳政策工具。在低碳经济政策工具研究上，对于不确定性碳排放和企业责任测度，成为低碳政策工具的重要内容。例如，由于非点源污染无法测度个体责任，点源污染只能承担有限责任，能源节约与环境保护的投资具有投资大而收益不明显的特征，解决这些问题的政策工具有能源合同管理与第三方融资。能源合同管理是一种新型的市场化节能机制，其实质是以减少的能源费用来支付节能项目全部成本的节能业务方式。第三方融资是一种由技术革新带来的基于储蓄的金融方式。拥有技术和金融能力的第三方为顾客提供能源转换系统，从而获得经济收益。

五是基于生态工业学理论的低碳政策工具。低碳经济与生态经济、循环经济是一脉相承的。生态工业学通过把生态学、经济学和工业组织理论联系在一起，研究工业系统的能源物质流动及其对环境的影响。循环经济发端于生态经济，将范围从生产延伸到消费领域，以源头预防和全过程管理替代末端治理的模式。这类政策工具主要倡导生态工业园区的建设。在国外发达国家生态工业园区，已经成为能源环境和发展政策的关注焦点。2009 年 5 月，科技部社发司、中国 21 世纪议程管理中心组织成立了低碳科技示范专家组，提出了《低碳经济科技示范区工作方案》。据此方案，科技部将选择不同类型的城市、社区、行业进行试点和示范，建设低碳经济科技示范区。在示范区开展技术推动和完善推广，通过可复制的模式探索，最终实现整个社会的低碳发展。

目前，中国正在从工业化初级阶段向中级阶段迈进，自然也正处在以高碳为主的重工业化的关键时期。根据环境库兹涅茨曲线学说，我国的环境污染状况正处于环境库兹涅茨曲线倒 U 形左侧，即制造业、重化工业发展迅速，对资源的耗费超过资源的再生能力，环境恶化加速。这些都将形成中国经济最大的负外部性，将给中国的发展带来巨大的制约。

对照国外低碳经济政策工具理论，结合我国的特点，不难发现我国低碳经济政策导向主要采取的是以“目标责任制”为主线，以“命令—控制”为主体的政策。实践证明，这是目前我国最有效、最直接的政策工具。从实际情况来看，我国的企业尚未有明确的二氧化碳减排目标承诺意识和行动，也没有系统性、专门性的低碳经济政策，节能减排措施以行政手段为主，这与我们的发展阶段有关，自然也与发达国家以市场为主的政策工具有着较大区别。

基于我国经济发展现实，构建低碳经济发展模式，必须处理好产业增量上的“低碳化”及逐步压缩产业存量上的“高碳化”，重点应做好三个层次的路径设计：一是构建新兴低碳产业集群。通过构建新兴低碳产业集群，培育以低碳技术产业为主体的产业集群，降低低碳产业生产成本，并加速企业间知识外溢效应和技术创新步伐。二是一般传统产业的低碳保持。一般传统产业是指农业、手工业、旅游等相对低碳排放的产业，维持这些产业的低碳现状要求，可以通过开展生物多样性农业来发展低碳农业，以及倡导生态旅游来发展低碳旅游业，等等。第三，传统高碳产业的低碳化创新。传统高碳产业主要指能源、钢铁、汽车、交通、冶金、化工、建材、机械制造等，解决此类产业的低碳创新，需要在技术、流程、制度等方面做出相应的创新行为。

资料来源：《西安日报》2010 年 4 月 19 日。

（二）低碳城市发展模式

城市是由建筑所构成的，从碳排放来讲，城市是碳排放最主要的来源。2008 年是世界“城市化年”，人类历史上首次有 50% 的人口集聚在城市，这是一个重要的历史节点。在未来，城市人口仍将不断增加，二氧化碳排放将更加集中于城市。因此从可持续发展的角度考虑，未来城市发展必须遵循低碳模式，必须坚持两手抓：一方面，从绿色建筑入手；另一方面，还必须从城市整体的层次来寻求应对之道，即打造生态城、低碳城。

1. 低碳生态城的主要类型

（1）技术创新型生态城市。

进入 20 世纪后，人类所有的科技创新都产生于城市，城市聚集了最有创意的人才；城市提供了人才相互交流学习、专业化分工与协作的平台及创意转变为生产力的孵化器。有了城市就有了聚集和专业化分工的细化，知识积累的快速进行，从而产生科技创新。通过这些创新，可以解决城市带来的问题，所以才有由英国人设计、阿拉伯国家准备花费 220 亿美元建造零排放生态城区的计划。这个生态城区使用了所有我们能想象到的科技，220 亿美元的造价，只有 5 万人居住，其昂贵程度惊人（该计划于 2008 年动工）。这样的项目具有不可复制性，代价过于昂贵，很难推广。

（2）适用宜居型生态城市。

低碳城市的建设不能仅寄托于未来的技术发展，更要有效利用那些现有的资源和技术，正是基于这种理念，才有了中国与新加坡、英国、意大利、瑞士、德国等发达国家合作来建设生态城市的项目。这类生态城市一般设定居住人口为 30 万左右，以实用技术为技术主体；以绿色建筑为建筑主体；以服务业或新兴产业为产业主体；以步行、自行车、公交等绿色交通为交通主体；以 TOD 为主导的土地利用开发模式；以可复制、可持续、可改进为目标主体。这种模式在中国和其他发展中国家是可推广、可借鉴的。国务院领导再三强调，我国现在建设生态城要选择土地贫瘠、非常缺水的地方，如果人类可以在这样恶劣的自然环境下造就一个适宜居住的生态城市，那无论什么样的地方都可以做到。所以，第一个生态城就选在不毛之地的盐碱地上建设。

（3）逐步演进式生态城市。

城市是社会、经济、文化、自然、生态资源等各种元素在有限地理空间相互交织的网络系统，是具有自组织、自动演进的复杂有机体。低碳城战略能促使这些传统城市向可持续发展的方向演进。所以对于任何一个城市，只要确立了低碳城的发展目标并加以适当的引导、刺激，协同市民和社会各界的力量促进其健康发展，就可以使之逐渐演变成一个低碳城市。

（4）灾后重建改造型生态城市。

生态化重建规划能促使受灾城市改变原先的演进轨道，跳跃性地获得抗灾害能力、系统的自主适应性和发展的可持续性，正在修复中的四川汶川、青川等城镇将逐渐被改造成灾后重建型的生态城市。

2. 我国各地低碳生态城的实践案例

目前我国中新天津生态城、曹妃甸生态城、深圳光明生态城，以及湖南长株潭和湖北武汉“两型社会”配套改革试验区正在规划建设中，还有越来越多的城市投入低碳生态城实践中。据估计目前有十几个城市已经在实施生态城市计划，有二十多个城市已经在着手规划生态卫星城。中国正以最快的速度向世界上生态城市最多的国家迈进。2007 年温家宝总理与新加坡李显龙总理共同签署了在中国天津建设生态城的框架协定。天津中新生态城的规划建设指标体系体现了复合生态原则——经济蓬勃发展、环境友好、资源节约、产业注重生态环保，并以服务业为主体。在生态评价上，体现了生态能量的要求，必须是紧凑的、宜居的、自我创造就业的城市，探索在盐碱地上构建社会的生态网络，而且由生态河、生态链、生态走廊逐步向沿江、沿渤海湾延伸，交通是低能耗、低污染模式，倡导高密度混合型的土地利用模式。

再如唐山曹妃甸生态城，占地 80 平方公里，在荒滩上进行可持续发展模式的尝试，主要从集约利用土地、积极利用可再生资源、加强环保基础设施建设等方面探索生态城市建设的新途径，并致力于生态城指标体系的建立完善。在这方面，创新使用了多种评估工具，从零排放城镇、绿色交通、绿色建筑、开发新能源、中水回用、回收利用废弃物等理念，来探寻低碳生态城的开发模式。

新闻报道：世博“低碳风”引领海西生活新时尚

2010 年的上海世博“低碳风”劲吹，马德里“竹屋”、英国“零碳馆”让“低碳”不再抽象。炎炎夏日，世博馆内外的人造雾（又称“室外新型空调”）更是让游客们感受到了“低碳亦可带来舒适清爽”。

低碳生活，已经不仅仅是挂在嘴边的口号，更是一种生活态度，同时也成为推进潮流的新方式。在海峡西岸经济区的许多角落已经真真切切地感受到了低碳这一种绿色生活方式：闽都福州三坊七巷的南后街傍晚人造雾同样带来清爽更像是一种意境；侨乡泉州新门街元和堂创意会所，一座隐匿于城市老城区的地标性建筑低碳也无处不在。

节电、节气、熄灯一小时……植树，坚持爬楼梯，形形色色有趣的生活，海西有一群“低碳一族”正以自己生活细节的改变证明：气候变化已经不再只是环保主义者、政府官员和专家学者关心的问题，而是与每个人息息相关。在提倡健康生活已成潮流的今天，“低碳生活”不再只是一种理想，更是一种值得期待的新的生活方式。

“我个人能做的都是小事，但是如果每个人都能够选择低碳的生活方式，效果就是巨大的。”作为“低碳一族”的刘女士鼓励大家不要用空调，鼓励大家发扬中华民族节俭的美德。“其实，低碳的生活方式就是传统的生活方式。节约一向是传统美德。可是现在，人们崇尚消费主义，总想赚更多的钱、住更大的房子、开更好的车子。”刘女士希望中国人能够重拾传统哲学提倡的“天人合一”的理念。

垃圾分类、一周至少一次素食、外出随身自备饮水杯、多在户外运动少去健身房……“低碳家庭”目前有了第一套民间标准。此时有人会担心，低碳生活会带来生活品质的降低。

福建省政府发展研究中心副主任杨益生说，低碳生活并不是一个落后的生活模式，搞低碳经济并不一定会降低我们的生活品质。在低碳经济状态下，交通便利、房屋舒适宽敞是完全可以通过采取低碳技术得到保证的。如城市中可以利用生活用水浇灌绿地，利用太阳能等可再生能源进行照明和日常用电，利用煤层气等清洁能源作为汽车的燃料，利用污水源、浅层水源、深层高温地下水源、土壤源等可再生能源热泵技术解决建筑的供热等。

美国环保协会首席经济学家杜丹德亦认为，倡导低碳的消费和生活方式，需要体制机制创新，中国在绿色标识认证、绿色信贷、绿色家电下乡政策、环境税费政策、政府绿色采购制度等“绿色新政”方面均大有可为。

泉州市嘉荣环保设备有限公司邓金荣总经理告诉我们，在气候压力日趋加大的今天，发展低碳经济、开展低碳城市建设、全面实现低碳生活逐渐成为社会各界共识。目前低碳世博正推动海西低碳城市建设，低碳建筑、低碳交通、低碳生活，低碳的各类标准正在逐步形成和统一。他们作为低碳观念的推广者，对未来行业的发展充满这信心，世博“低碳风”必将引领海西生活新时尚。

资料来源：《海峡西岸杂志》，2010 年 7 月。

（三）低碳产业发展模式：以低碳农业和旅游业为例

一般而言，人们会很直观地将低碳经济与第二产业的节能减排和清洁生产联系起来。其实，除了第二产业之外，其他产业的发展模式转变对加快实现低碳经济也同样重要。以下分别以低碳农业和低碳旅游业为例加以说明。

1. 低碳农业

人类的农业生产活动与全球气候变化相互联系又相互影响。农业生产在全球温室气体（包括 CO_2、CH_4、N_2O）循环中占有重要地位。土壤中的有机物质经微生物分解，以 CO_2 的形式释放入大气，CH_4 可在长期淹水的农田中经发酵作用产生，全球一半以上的 N_2O 来自土壤的硝化和反硝化过程。农业作为国民经济的基础产业，是一个重要的温室气体来源，同时又受到温室效应的严重影响。响应“低碳经济”的号召，确定农业温室气体的排放量并探寻减排办法已成为世界各国的当务之急。

（1）农业是温室气体 CO_2 的一个重要来源。

土壤本身就是一个巨大的碳库。土壤圈是地球岩石圈、大气圈、水圈和生物圈交界的一个圈层，它不仅是人类赖以生存的自然资源和人类与生物生活栖息的基地，而且是生态系统中生物与环境间进行物质、能量交换的枢纽。土壤圈在全球气候变化尤其在全球碳循环中的重要作用可归纳为两方面：首先，土壤圈是碳素的重要贮存库和转化器。其贮存形式为土壤有机质，它含有的有机碳量占整个生物圈总碳量的3/4。储存的大量有机碳是土壤质量和功能的核心，有利于作物的生长；但由于大量施用化肥，加速了农田土壤中有机碳的矿化，进而向大气中排放了大量的 CO_2 和 CH_4 等温室气体，尤其是千百年来因种植水稻而形成的水稻土，每年排放的 CH_4 占全球 CH_4 排放总量的10%～15%。其次，土壤呼吸使大量的有机碳以 CO_2 形式释放到大气中。土壤呼吸作用释放的 CO_2 量是相当可观的。据估计，全球每年由土壤释放到大气中的碳量约为（0.8～4.6）×1015g。因此，土壤呼吸的微量变化将导致大气中 CO_2 浓度的显著变化，从而影响由于 CO_2 浓度升高所伴随的全球变暖和其他气候因素的变化。

农业生产是温室气体的一个排放源。第一，人类活动尤其是人类的农业生产活动，已引起各类生态系统显著变化，如毁林开荒、放牧、种植经济收益高的作物、弃牧毁草开垦、草场退化、农田侵蚀性退化、土地沙化等。森林和草场破坏所引起的大气 CO_2 浓度变化是双向性的：一方面，植物通过光合作用吸收固定 CO_2 的数量减少；另一方面，被毁坏林木、草通过燃烧或腐解而释放到大气中的 CO_2 数量增加。第二，土地利用变化是目前大气中碳含量增加的第二大来源，其作用仅次于化石燃料的燃烧。目前由于土地利用变化每年向大气中排放 1.6PgC/a，约占人类活动总排放量的20%。长期以来大量自然生态系统向人工生态系统转换，增加了大气中 CO_2 的含量。第三，施肥不当会加剧温室效应。向土壤中施用石灰能够降低土壤的酸性，促进作物生长；但是碳酸盐和重碳酸盐的溶解和释放过程中也会产生大量的 CO_2。尿素施用过程中碳素的易挥发性也导致大量 CO_2 的损失。因此施用石灰和尿素也成为 CO_2 的排放源。由此可见，在全球变暖过程中农业生产活动产生了重大影响。如何减少农业的温室效应是我们应该充分重视的问题。

（2）温室气体增多对农业的影响。

CO_2 等温室气体增多，导致全球气候变暖、冰川融化、海平面上升、生态系统退化、自然灾害频发，深度触及了农业和粮食安全。在制约农业布局的众多因素中，气候因素是最终的决定性因素。因此，气候变化必将对农业产生广泛影响。

CO_2 浓度直接影响农作物的产量。CO_2 是植物光合作用的原料，是作物生长发育的主要生态因子，随着全球变化过程中 CO_2 浓度的增加，作物的生长发育加快，同时能抑制作物的呼吸作用，提高植物水分利用率。作物产量可能会暂时有所上升，但是随着 CO_2 浓度的大量增加，温度的继续升高，产量将随之下降。4℃或更高的温度增长，将使全球粮食产量受到严重的影响。

气温升高对农业的直接影响包括：一是大气中温室气体增多，会影响和改变气候生产潜力，从而改变生态系统的初级生产力和农业的土地承载力。二是由于气温升高，海水变暖和膨胀，极地和高山冰雪融化，海平面将上升 20～140cm，不利于沿海滩涂的农业开发，甚至会淹没部分农田，也将增加盐渍土地范围，台风、风暴潮、暴雨等造成的危害将更为严重。三是气候变暖，冰川后退，变薄，雪线上升，河川径流量会减少，地面蒸发加剧，中纬度的一些地区的干旱有进一步发展的可能，同时中纬度降水趋于减少，农业水资源面临的困境更为严重。四是低纬度地区的洪涝和高纬度地区农田的渍涝，可能经常发生。五是部分地区雨热同季，有利于农作物生长的优势将被削弱，旱涝灾害出现次数将增多。六是冬季越冬菌量和虫源量增多，农作物受病虫危害会加重。

气候变化改变了生态环境的状况，为了保证种植业的高产、稳产，人们及时、正确、有力地采取行动是必不可少的，这就需要大量投资。由于气候变化而引起的额外投资，我们把它视为气候变化的间接影响。这种影响主要有以下几方面：一是水利工程建设投资。增温后会多耗水量，地表径流也会增加，洪涝灾害出现的频率也会增大。不论是洪灾增加还是旱灾增加，都意味着对原有水利工程的改造必须提高防洪和抗洪标准，或者兴修新的水利工程。这种水利工程的额外投资是气候变暖对农业间接影响的重要组成部分。二是化肥农药投资。温度升高必然会提高农业害虫的活动能力，并增加其活动范围，作物发病范围也会随之扩大，农田杂草生长更茂盛。为了对付这些灾害，必须投入更多的化肥和农药，增加农业投资。三是土地生产力建设投资。气候变化的另一结果是沙漠化土地、盐碱化土地的面积扩大，水土流失现象加重，土地生产力大大降低。为提高土地生产力必须增加投资，对这些受损土地进行恢复和改造，势必增加农业生产成本。全球气候变化对农业带来的间接影响还包括对农业生产能源供应的影响，对生物多样性保护的影响，对农产品市场平衡的影响，对人类消费结构的影响，对人类饮食结构和生活方式的影响等。

（3）低碳农业发展模式。

农业生产的目标是作物的高产、稳产、优质、高效。在农业生产上，应从适应变化和减缓变化两个方面采取措施，既保证作物高产、稳产，又不会对气候变暖增添大的压力。

农业生态系统是建立在一定的气候、生物背景上的。随着气候变化，生物适应性也发生变化。在变化的气候、生物背景上，必须建立与之适应的农业生态系统，并采取相应的农业管理措施，降低气候变暖引发的农业自然灾害，主要措施有：一是根据气候变暖产生的一系列自然环境条件的特点，及时调整农业结构，优化作物布局，改革种植制度。发展对 CO_2 利用高的作物，增加种植密度，控制和减少空地面积，保持全年有充足的吸收和固定 CO_2 的绿色面积。调整作物育种的方向任务，培育作物新品种，加强选育与引进耐中高温型、抗因高温引发病害的新品种作物的工作。二是根据气候变暖易引发干旱和加快水分蒸发的特点，发展节水型农业，改革灌溉制度，提高灌溉水的利用率，增加抗旱作物种植面积，发展旱作农业，建设水利工程，人为调节降水在地表重分配，可以大大缓解降水时空分布不均与农业用水需求的矛盾。三是提倡化肥深施，推广缓释长效肥，提高化肥利用率。四是生产新型农药，加强研制高效低毒或无毒农药，加强生物防治和抗病虫育种工作，发展农业灾害预报防治和病虫草害综合防治技术，减少农药用量，减轻病虫害。

农业生产减少碳排放的许多措施具有“双赢”的效果，除实现减少碳排放之外，还具有提高土壤肥力，保护土地持续利用，节省开支，增加农产品种类的额外效益。这些措施包括：一是通过农业生产的生物燃料代替化石燃料消费，减少碳排放。所有农业生物燃料，包括生物燃料作物、农林混合系统、作物秸秆等，每年可代替全球化石燃料消费的8%～27%，降低碳排放量。二是提倡非经济产量资源化利用。农作物副产品应进行深加工利用，如扩大秸秆作为饲料、工业或手工业原料的比例；推行过腹还田，发展沼气；直接还田的秸秆要在粉碎，沤制后施用，严禁就地焚烧；加强生物能源的商品化技术研究与推广等。三是充分利用耕地资源。气候变暖有利于多熟种植，应因地因时提高复种指数，调整耕作制度，变农业经济的二元结构为三元结构。提高耕地利用率可增加碳吸收，减少冬闲田和裸地则会降低土壤碳排放。四是培育推广优良品种。根据我国农业生产实际和未来气候变化趋势，有计划地抓紧培育或引进具有对高温、干旱等极端气候及病虫害有抗性的品种，确保在新的生态环境中农牧产量不断提高，扩大碳的吸收存储。五是重视土壤保护和改良。强调施用有机肥，调控化肥施用，加强盐碱涝洼地、黄红壤等低产田的治理改良，增加土壤有机质，提高单位面积产量，扩大碳吸收，减少碳排放。六是合理利用和保护草地资源。改良天然草地，扩大人工草地，既能使土壤减少碳排放，又有利于提高产草量，促进畜牧业生产，增加碳储存。还应特别注意对草地资源的保护，严禁破坏草地，防止草地沙荒化。七是稳定耕地，控制人口。在国民经济发展中必须制定严格的政策法规，限制耕地的非农业占用，最大限度稳定耕地。严格执行基本国策，控制人口增长。八是实施机械化秸秆禁烧工程。包括机械化秸秆还田，秸秆收获打捆，覆盖免耕等保护性耕作。这样做不仅变废为宝，而且减少温室气体排放。大面积实施秸秆还田，使碳元素以固态的形式存在于土壤中，从而减少空气中二氧化碳气体的总量。九是实施机械化农业废弃物处理工程。包括农、林、牧、副业废弃物处理，制作生物肥料，减少环境污染，以减少温室气体排放。

2. 低碳旅游业

低碳旅游就是在低碳经济的大背景下产生的一种新的旅游形式，它是旅游业持续发展的目标。

低碳旅游，就是借用低碳经济的理念，以低能耗、低污染为基础的绿色旅游。它不仅对旅游资源的规划开发提出了新要求，而且对旅游者和旅游全过程提出了明确要求。它要求通过食、住、行、游、购、娱的每一个环节来体现节约能源、降低污染，以行动来诠释和谐社会、节约社会和文明社会的建设。

低碳旅游以减少二氧化碳排放的方式，保护旅游地的自然和文化环境，包括保护植物、野生动物和其他资源；尊重当地的文化和生活方式；为当地的人文社区和自然环境做出积极贡献的旅游方式。低碳旅游是一种理念，更重要的是一种措施。

（1）低碳旅游行为方式。

低碳旅游在世界范围内都是一个新形式。目前，一些低碳旅游的行为方式已在旅游的各个方面初见端倪。一是旅游者的低碳行为。比如骑自行车旅游和徒步旅游，将旅游过程中的垃圾带回等。二是旅游企业的低碳行为。比如绿色旅馆要节约能源，以与环境友好的方式经营，不提供牙刷、牙膏、拖鞋等一次性物品等。三是旅游目的地的低碳行为。比如在旅游景区内旅行团放弃大巴而换乘景区提供的电瓶车。四是行政部门的低碳行为。许多城市已经开始打造“低碳”城市概念。

但这些行为仍处于小众化和非系统化，如果各地都能像中国台湾坪林那样创建低碳旅游景区，让旅游者亲身体验低碳旅游活动，则低碳旅游的理念和效果将会马上显现出来，创造出政府、社区、旅游资源、旅游企业和旅游者五个主要利益相关者多赢的格局。

（2）中国台湾坪林低碳旅游景区的模式借鉴。

坪林低碳旅游景区于1997年创建，是由台北市低碳中心策划，当地居民参与的台湾地区第一个低碳旅游示范区。坪林实施低碳旅游的四个原则是“走路骑车共乘好，自备餐具不可少，当季当地饮食好，只留回忆垃圾少”。让我们来具体了解坪林“低碳之旅”的旅游特色。

一是低碳交通。共乘前往：通过旅游车换乘方式，鼓励旅游者以共乘方式进入坪林。交通管制：实行交通管制。鼓励以步行或使用自行车的方式，将因运输所造成的二氧化碳排放降至最低。低碳换乘：安排中巴及电动车协助景区内换乘，景区之间用电动车定点定时运送客人。二是低碳资讯。挂牌成立“台北市坪林低碳旅游服务中心”：提供低碳旅游咨询、查询自行车租借点、提供低碳饮食资讯。标示“低碳营业商店”：凡响应不使用一次性餐具、落实垃圾分类回收、不主动提供包装塑料袋、优先使用当地食材的商家皆有标示。专业低碳导游：配有专职低碳导游，在讲解坪林的美丽中融入低碳的知识。三是低碳行为。垃圾回收：旅游者自带垃圾袋，将自己产生的垃圾带回家。自备环保餐具：旅游者需自备环保餐具，供自己用餐时使用。四是低碳活动。结合坪林的商业街、登山步道、观鱼自行车道、茶业博物馆等观光资源，旅游者可以在坪林喝好茶、读好书、骑自行车、观鱼、品尝当地茶餐、欣赏表演，体验坪林的低碳生活，还可以亲手种下一棵“低碳纪念树”。五是低碳记录。坪林设置了台湾地区第一个“碳减量计数器”作为活动的精神堡垒，在游客每一次低碳之旅活动结束时，导游员会引导游客前去按下活动减碳计数按钮，计算游客所从事的活动与一般旅游模式相比较减少的二氧化碳，并由工作人员颁发坪林减碳证书。六是低碳效益。5 个月的活动，坪林的旅游人数增加了 25460 人，创造了折合人民币约 800 万元的经济效益，提供坪林地区就业人数 39 人，减碳效益约 48726 千克，相当于一年内植树 10000 棵。

（四）低碳社区发展模式

社区是人们生活、居住的主要场所，透过低碳社区建设低碳经济更具效果。低碳社区指在社区内除了将所有活动所产生的碳排放降到最低外，也希望透过生态绿化等措施，达到零碳排放的目标。全球各地已出现了不少低碳社区或碳中和社区，典型的有英国的贝丁顿（BedZED）、德国的弗班（Vauban District）和瑞典的维克舍（Vaxj）。这些地区都有计划地以低碳或可持续的概念来改变民众的行为模式，来降低能源的消耗和减少二氧化碳的排放。

现代大都市社区是内部凝聚和外部协调的对立统一体。低碳社区的充分利用能源、优化内部结构、减少外部效应，切合了可持续社区和一个地球生活社区的要求，是实现可持续发展的具体形式。

1. 低碳社区发展模式借鉴

（1）贝丁顿——英国的零能耗社区。

零能源消耗社区——贝丁顿，又被称为“贝丁顿能源发展”计划。此计划在 2000 ~ 2002 年之间完成，自始至终贯穿着可持续发展及绿色建筑理念。

贝丁顿零能源消耗社区的设计原则包括：零能源消耗。只使用基地内生产的可再生能源及树木废弃物的再生能源；高品质。提供高品质的公寓；能源效率。建筑面南，使用三层玻璃及热绝缘装置；水效率。雨水大都回收再利用，并尽可能使用回收水；低冲击材料。材料来自35英里范围内的可再生及回收资源；废弃物回收。设有废弃物收集设施；共乘制及鼓励生态友善的运输。鼓励居民以共乘方式取代自行开车；电动及LPG油气双燃料车比汽柴油车享有优先路权，停车场提供电力充电设备等。

贝丁顿社区六年多来的实际经验与运行模式验证了此一模式社区的高可行性，使用者也能获得相当的满意度，彻底落实了“一个地球生活”的十大可持续原则，成为碳平衡值趋近于零的社区。贝丁顿证实了可持续生活可以是简单的、负担得起的、具有吸引力的。因为技术层面与可持续观念的成熟，使得可持续生活已经可以不用再像以前那样高不可攀，生活品质更不会因为环保而被牺牲。

（2）弗班——德国可持续社区的标杆。

德国弗莱堡市郊的弗班区被誉为德国可持续社区的标杆，弗莱堡享有“欧洲太阳能之都”及“欧洲环境之都”的美誉，也是全球率先实现可持续发展理念的城市之一。

“学习型规划”奠定了弗班社区成功发展的基础，它结合民众参与和共同治理的精神，让市区规划能够有最大的弹性，同时也让市民能够进入决策过程。由“弗班论坛”所策动的广泛民众积极参与的各项活动，推动了“弗班可持续模式”计划，以合作参与方式、可持续社区理念来实践可持续发展理念。

“弗班可持续模式”计划在节能减排、减少交通、社会整合及创造可持续邻里方面都取得了相当成功的经验。例如，使用80%木屑及20%天然气的高效热电联产再生能源装置提供弗班区的供暖系统，通过好的隔热及有效的暖气供应大约可减少60%的二氧化碳排放；提倡“生活不须有车”的交通概念，减少了35%的车辆。与此同时，社区提供各种替代的运输方式（例如共乘、便利的大众运输）通过弗班论坛负责的社会工作，居民可参与更多的社区活动，例如创造合作社商店、农民市场及邻里中心等。

（3）韦克舍——瑞典的绿色城市。

韦克舍是瑞典克鲁努省的省辖市，是相当成功的低碳城市，其市政愿景是希望让所有市民享有休闲、富裕且不需化石燃料的好生活。韦克舍的政府官员早在1996年便决定将该市建设成为不使用化石燃料的城市。

维克舍的发电厂和暖气系统有90%使用再生能源，发电厂以当地木材工厂剩余的薄木片取代传统的燃油，燃烧过程中变热的水，正好可以用于家用和办公室的供暖，燃烧木片的灰烬则可以拿到森林施肥，冷却发电设备后产生的温水亦用于家庭供暖。这一套整体设计使资源的循环利用得以实现。维克舍市还建造了许多木头房屋，因为在这些房屋的周围均为森林，在建造时可就近取材，降低运输费用，而且木材与水泥、钢铁等建材相比，产生的温室气体更少。

为了提高能源效率，韦克舍市政府要求该市所有公共住宅和私人企业都必须修建节能型房屋，现在该市所有公共浴室的热水供应已经都采用太阳能加热；倡导公共交通车辆使用清洁能源，如沼气、酒精、太阳能等；对于驾驶环保车辆的车主，政府则免费提供停车场。

2. 低碳社区建设的实现途径

低碳社区建设的核心是零能源消耗系统，零能源的设计理念在于最大限度地利用自然能源，减少环境破坏与污染，实现零化石能源使用的目标，实现能源需求与废物处理基本循环利用的居住模式。

低碳社区建设的实现途径包括：

（1）建造节能建筑。

只有居民协力实施节能降耗的行动，人类才能实现远大的环境目标。当代技术的不断更新，如更具有绝缘和节能特性的供热系统的推出，使得现有的住宅建筑效率利用率更高，极大地降低了对环境造成的负面影响。低能耗、低环境冲击的设计，显示了未来的城市设计方式。

为了减少建筑能耗，贝丁顿社区的设计者探索了一种零采暖的住宅模式，通过各种措施减少建筑热损失及充分利用太阳热能；采用了三层窗户，而且所有的房子都坐北朝南，以最大限度地储存热量；采用了自然通风系统来最小化通风能耗；经特殊设计的“风帽”可随风向的改变而转动，以利用风压给建筑内部提供新鲜空气和排出室内的污浊空气，而“风帽”中的热交换模块则利用废气中的热量来预热室外寒冷的新鲜空气。根据实验，最多有70%的通风热损失可以在此热交换过程中挽回。

弗班社区是全欧洲“被动式能源建筑”密度最高的地区。弗莱堡市政府在弗班社区初期规划时就制定了65kWh/m2a的建筑能源标准，目前已经有接近150栋达到“极低耗能”标准（15kWh/m2a）的被动式能源住宅。弗班社区有超过65%的住户用电来自区域供电系统，并大量推广太阳能及社区能源循环系统，这让弗班社区更加节省电力，并且减少了二氧化碳的排放量。

（2）利用新能源。

可再生能源的开发以及对生物质能的积极利用，使得能源供应更多地脱离了传统化石燃料。同时，小型热电联产、太阳能、风能装置具有分散式能源的特点，综合供暖、供电，更具能源效率，且无污染性。

贝丁顿社区充分利用了太阳能和生物能。首先，整个小区的生活用电和热水的供应由一台13千瓦的高效燃木锅炉来提供，燃木来源于包括周边地区的木材废料和邻近的速生林；其次，交通工具的能源需求由太阳能电力来满足。

弗莱堡很早就开始发展替代能源，截至2007年，弗莱堡的太阳光电板铺设面积已达11000平方米，同时运作时可生产7300千瓦电力。维克舍的供暖所用燃料来自废旧木料，如“森林或锯木场的木片、树皮或树枝”。1980年，瑞典开始引进生物能源技术。20多年后，生物能源已在这个北欧国家得到普及。

（3）采用环保材料。

贝丁顿社区为了减少对环境的破坏，在建造材料的取得上，制定了“当地获取”的政策，以减少交通运输，并选用环保建筑材料，甚至使用了大量回收或是再生的建筑材料。项目完成时，其52%的建筑材料在场地56.3平方公里范围内获得，15%的建筑材料为回收或再生的。例如项目中95%的结构用钢材都是再生钢材，是从其56.3平方公里范围内的拆毁建筑场地回收的。选用木窗框而不是UPVC窗框则减少了大约800吨UPVC在制造过程中的二氧化碳排放量。相当于整个项目排放量的12.5%。

维克舍有大量的木屋，木材将成为未来瑞典的主流建材。之所以如此，是因为制造钢筋、水泥等建材需耗费大量能源，而培育森林能耗则基本为零。而且瑞典境内森林资源丰富，发展木结构民居可谓得天独厚。此外，树木还能吸收二氧化碳，而混凝土则做不到这一点。

（4）优化社区结构。

在贝丁顿社区，对建成房产进行了有组织的分配；三分之一的房子用于社会公共设施；三分之一用于出租，所得收入归中间人——慈善机构或民间团体所有，另外的三分之一则以传统的售房方式上市销售。这样的分配使用方式搭建了住宅小区与外界的桥梁，促进了小区居民与当地团体的交流。为了让这些以不同方式入住的居民们生活得更团结更和谐，设计师预见性地设置了很多公共场所以及设施例如幼儿园、图书馆。

（5）倡导绿色交通。

减少私人汽车使用。如弗班开展了“无车社区”活动，贝丁顿社区汽车俱乐部则让居民们共享轿车，建立便利的公共交通设施。

改善交通能耗。贝丁顿社区的每一间朝阳温室都装有太阳能电池板，为生态村的电车和滑行车提供电力；维克舍的公共交通车辆使用清洁能源如沼气、酒精、太阳能等。

（6）倡导公众参与。

居民参与社区的可持续发展的设计过程是建设可持续社区的重要环节。“居民参与”的落实，可以让大家得以凭借沟通协调的设计过程感受到社区发展中一直为人们所寻求的“归属感”与“亲切感”，让社区的每一分子都有可以打破藩篱、彼此教育、相互约束及相互鼓励的机会；全面自主性的决策过程，也让人为的决策风险彻底分摊，这样做让居民们真正学会了承担责任——不是只为自己负责，也要对社区负责。

在弗班，三大组织构成了这样的行政运作平台最上面的是市政府执行单位，最下面的是社区居民所组成的弗班论坛，而介于市政府与社区居民之间负责信息交换、讨论与决策准备的平台，则是专属的市议会。原则上，只要市政府与弗班论坛双方取得同意，政策就可以实施，整体决策的风险也明确由所有居民共同分担。弗班社区的居民在规划之初就得以参与整个社区运作，他们充分拥有决定建筑物形式、开放空间比例与细部设计的权力。所有人在规划之初也因此熟识，继而是沟通讨论的过程，一个稳定的社区架构在规划过程中便逐步建立了。

"无车社区"和"零容忍停车政策"也是弗班居民自行讨论出来的政策。这项政策的核心理念是使用者付费，也就是说，所有空间的使用权，包括道路，都应该是全体居民共享的。弗班居民认为，个人自用车辆占用公共空间，同时制造的噪声和尾气会损害社区民众的生活品质，因此是最后的交通选择。为了达到这个目的，在规划社区公共空间的配置时，参与弗班论坛的团体就达成一致共识，将学校、托儿所、儿童游乐园、市场纳入考量，让所有住户都能步行抵达这些场所。

弗班的经验告诉我们，低碳、低能耗的可持续社区不一定要靠政府来推动，有时候让民众参与规划，管理家园，反而才是最佳的做法。

第五节　我国发展低碳经济的做法和面临的主要问题

一、中国发展低碳经济的战略意义

（一）对于实现可持续发展具有重要的战略意义

第一，发展低碳经济，有利于转变经济增长方式，实现可持续发展，走出一条新型的发展道路。

改革开放以来，我国在经济、社会等各个方面均取得了巨大的成绩，但是，我们必须清醒地看到，我国经济社会发展还存在许多不容忽视的问题，面临着日益突出的矛盾和巨大的压力。尤其是与一些发达国家相比，我国的综合国力还不强，科技水平明显落后，经济结构不尽合理，因而经济增长的质量和效益不高。据对我国钢铁、煤炭、有色金属、石油化工等 16 个行业的调查，多数大中型企业关键技术与国际先进水平有相当大的差距。我国能源综合利用率仅为 32% 左右，比国际先进水平低十多个百分点，万元国内生产总值能耗比发达国家高四倍多，工业排放的污染物超过发达国家的十倍以上。这说明我国尚未摆脱粗放型经济增长方式。发展低碳经济，实施可持续发展战略，牢固地树立了可持续发展思想，从体制、制度、管理、科技进步等方面建立有利于可持续发展的经济运行机制和管理体制，大力开发资源利用、环境保护和生态建设方面的新科技、新能源、新技术，提高资源利用率、劳动生产率、土地生产率，减轻资源环境压力，实现经济增长方式由“高消耗、高污染、低效益”向“低消耗、低污染、高效益”转变。大力促进和逐步建立节地节能型生态农业体系，节能节材型工业生产体系，高效降耗型综合运输体系，合理布局的城镇发展体系，从而走出一条科技含量高、经济效益好、资源消耗低、环境污染少、人力资源优势得到充分发挥的新型工业化和现代化道路。

第二，发展低碳经济，实施可持续发展战略，有利于促进经济社会与人口资源环境协调发展。

全面建设小康社会的一个重要目标是，可持续发展能力不断增强，生态环境得到改善，资源利用效率显著提高，促进人与自然的和谐，推动经济社会与人口资源环境协调发展。发展低碳经济，实施可持续发展战略，坚持把控制人口、节约资源、保护环境、提高人民生活质量放在重要的战略位置，就是要使经济的发展不能以浪费资源和破坏环境为代价，而是要努力实现经济持续发展、社会全面进步、环境不断改善和生态良性循环的协调统一。

第三，发展低碳经济，为农业和农村经济结构的调整提出了更高的要求——进行战略性调整。

这种调整已经不是那种“今年瓜好卖，明年多种瓜”式的临时的、分散的、局部的适应性调整，而是带有全局性、根本性、长远性、整体协调性的重大调整。它要求把低碳经济理念引入农村各产业、乡镇经济与社会，以至它们之间的相互关系调整中，这就提出了三者联动、互动发展的较高层次的要求。

（二）对于调整经济结构具有重要的战略意义

低碳经济将成为较长时期内中国经济发展的重要主题，对于中国发展战略性新兴产业，优化经济结构具有重要的战略意义。

（1）调整能源结构是基础前提。低碳经济是以低能耗、低排放、低污染为基础的一种经济发展方式。实质是通过能源技术和减排技术创新、产业结构和制度创新等手段，尽可能减少煤炭、石油等高碳能源消耗，大规模开发使用可再生能源与低碳能源，提高能源利用效率和创建清洁能源结构，减少二氧化碳等温室气体排放，实现人类生存发展观念和环境的根本转变，达到经济社会发展与生态环境保护的双赢。因此，发展低碳经济中国首先必须调整能源结构。

中国能源煤炭比重大，水电、核电、新能源所占比重小，石油、天然气短缺。中国是世界最大的煤炭生产国和消费国，煤炭在一次性能源生产和消费的比重为70%左右，比国际水平的27%高40多个百分点。据估算，2000～2008年，中国一次性能源总消费量累计183.3亿吨标准煤，其中煤炭累计消费量为175.6亿吨；总排放二氧化碳累计 450.4 亿吨碳当量，其中燃煤排放二氧化碳累计 308.2 亿吨碳当量。2001 ~ 2008 年，中国经济年均增长率为 10.2%，但根据世界银行数据库估计，2000 ~ 2008 年中国的二氧化碳排放量年均增长率为 12.28%，总量从 27 亿吨提高到 70 亿吨，其累计排放量为 415 亿吨。根据国家发展和改革委员会经济运行调节司的测算，2008 年中国煤炭消费量在 27.4 亿吨左右，增长 4.5%。如果按照每亿吨燃煤排放 115 万吨二氧化硫的强度来计算，2008 年中国排放二氧化硫为 3151 万吨，远远超过了环境自身净化能力。煤炭的大量消费，对大气、水体、生态环境的污染破坏十分严重。中国温室气体中 85% 的二氧化碳和大气污染中 80% 的二氧化硫、67% 的氮氧化合物来自煤炭的燃烧。二氧化碳造成地球温室效应，二氧化硫导致酸雨，氮氧化合物严重危害人类健康。因此，加快能源结构调整，减少化石能源消耗，增加可再生清洁能源比重，实现能源结构多元化，发电方式多样化，减少二氧化碳、二氧化硫、氮氧化合物及烟尘颗粒物的排放，对于中国发展低碳经济至关重要。

调整中国能源结构，必须加快发展水电，积极发展核电，大力发展新能源。水电是一种经济、清洁的可再生能源。水电的能源属性使开发水电成为常规能源优质化、高效化利用的重要途径之一，开发水电对于建立可持续发展的能源系统具有重要的意义。中国水能资源理论蕴藏量为 6.76 亿千瓦，占中国常规能源资源量的 40%，是仅次于煤炭资源的第二大能源资源，是世界水能资源总量最多的国家。可开发的装机容量为 3.97 亿千瓦，年发电量可达 1.92 万亿千瓦时，均占世界的 1/6。如果开发充分，至少每年可以提供相当 10 亿 ~ 13 亿吨原煤的能源。因此，开发水电可以有效改善中国能源结构，利用好丰富的水能资源是中国能源政策的必然选择，水电开发应该放在中国能源发展的重要地位。

世界核电发展的实践证明，核电是可持续发展的能源。核电不仅具备经济效益，同时具有环保优势，是未来可持续发展的有效手段之一。核电有助于缓解全球化石燃料供应的紧张状态，遏止温室效应。核电站不排放造成酸雨、危害森林和农作物的二氧化硫、损害人体的氮氧化物、粉尘及产生温室效应的二氧化碳。核电不仅是一种清洁能源，也是高技术的战略产业。因此，调整中国能源结构，必须积极发展核电，调整核电中长期发展规划，提高核电装机容量在全国电力总装机容量的比重。

从世界能源发展趋势来看，各种新能源的开发利用引人瞩目。在各种新能源的开发利用中，风能、太阳能、地热能、海洋能、生物质能等新能源的研究开发最为迅速。中国要学习借鉴发达国家的技术和经验，大力发展风能、太阳能等多种新能源形式，积极利用生物质能，并把发展新能源作为国家能源安全战略的重要组成部分，逐步降低对化石能源——石油、煤炭的过度依赖。面对世界新能源发展现状，中国政府当务之急就是要建立一套完整的新能源技术发展路线图，尽快整合现有产业资源，把现有资源、扶持政策体系及未来十多年的能源投资格局理顺，打造高效率的新能源发展的宽松环境，以能源的可持续发展和有效利用来支持中国经济社会的可持续发展。

显然，发展低碳经济，调整能源结构，就是要在中国现代化建设进程中，加快洁净煤技术的研究与开发，继续发挥煤炭能源的作用，保障石油供应安全，大力发展水电与核电，加快发展太阳能、风能与生物质能等新能源，充分支持海洋能、核聚变能等未来新型能源的研究与开发，建立中国可持续发展的能源体系。

（2）调整产业结构是根本出路。发展低碳经济，中国不仅需要调整能源结构，而且需要调整产业结构。要通过技术创新、产业转型，淘汰高投入、高耗能、高污染、低效益产业，抑制过剩产业，大力发展低能耗、低污染、高效益的战略性新兴产业。

中国已成为世界煤炭、钢铁、铁矿石、氧化铝、铜、水泥消耗最大的国家，是世界能源消耗的第二大国。在中国工业行业中，冶金、化工、建材等高耗能工业，产值不足工业产值的20%，但能源消耗却超过工业用能总量的60%。据国家发展和改革委员会能源研究所初步分析，2005～2010年中国主要耗能工业部门的节能潜力为1.05亿吨标准煤，2010～2020年为2.5亿吨标准煤，其中大部分节能潜力必须通过加快淘汰电力、钢铁、建材、电解铝、煤炭等行业的落后生产能力来实现。据测算，中国钢铁行业产能过剩近2亿吨，水泥行业产能过剩约5亿吨，电解铝、造船、煤化工、平板玻璃等行业均存在较突出的产能过剩问题，多晶硅、风能设备等新兴产业因投资过度，也开始出现新的产能过剩。因此，必须全面推进节能减排，坚决淘汰落后产能，抑制过剩产能。要按照“控制总量、淘汰落后、兼并重组、自主创新”的原则，综合运用法律、经济、技术、标准以及必要的行政手段，协调产业、环保、土地和金融政策，调整产业结构，引导产业健康发展。

加快培育发展战略性新兴产业，努力抢占未来国际竞争的制高点，逐步使战略性新兴产业成为中国经济社会发展的主导力量，是产业结构调整的重中之重。要加快发展掌握关键核心技术，具有市场需求前景，具备资源能耗低、带动系数大、就业机会多、综合效益好的战略性新兴产业。要重点发展突出清洁能源和可再生能源的新能源，形成新材料与智能绿色制造体系的新材料，实现优良品种显著改良的生物育种，力争在干细胞研究领域取得领先地位的生物医药，着力突破传感网、物联网关键技术，和平利用空间、实现海岸带可持续发展的空间海洋开发，提高资源勘探开采水平和效益的地质勘探等战略性新兴产业。要加强规划和政策引导，制定配套的法律法规和标准，完善财政、税收、价格、金融等政策措施，健全管理体系和监督实施机制，大力扶持战略性新兴产业发展，使之成为带动中国未来发展和参与国际竞争的主力军。

总的来说，要实现中国到2020年单位国内生产总值二氧化碳排放比2005年下降40%～45%，非化石能源占一次能源消费的比重达到15%左右的目标，必须调整能源结构和产业结构，走出一条科技含量高、经济效益好、资源消耗低、环境污染少、人力资源优势得到充分发挥的新型工业化路子。这是中国根据国情采取的自主行动，也是中国为全球应对气候变化做出的巨大努力。

（三）对于转变经济增长方式具有重要的战略意义

低碳经济是以低耗能、低排放、低污染为基础的经济模式，是人类社会继农业文明、工业文明之后的又一次重大进步。在全球变暖的大背景下，低碳经济受到越来越多国家的关注。欧美发达国家大力推进以高能效、低排放为核心的“低碳革命”，着力发展“低碳技术”，并对产业、能源、技术、贸易等政策进行重大调整，以抢占先机和产业制高点。可以说，低碳经济的争夺战，已在全球悄然打响。

根据二氧化碳排放的主要来源，低碳技术应包括三大重大领域，即清洁能源、新能源汽车和建筑。当前，国际上关于低碳经济研究的内容主要包括：能源消费与碳排放，包括与碳减排有关的能源消费结构的转换和低碳排放能源系统的建立；经济发展与碳排放，主要探讨不同经济发展模式、阶段、速度与碳排放的关系；农业生产与碳排放，包括土地利用变化、农业土地整治、农业生产水平与结构的变化等；碳减排的经济风险分析与减排对策研究等。

低碳经济特征是以减少温室气体排放为目标，构筑低能耗、低污染为基础的经济发展体系，包括低碳能源系统、低碳技术和低碳产业体系。因而，低碳经济的发展、新能源产业的兴起正孕育着新的经济增长点，必将引发世界一场新的革命和浪潮，对世界经济社会和国际格局产生重要影响。首先，发展低碳经济必然改变过去单一、片面、粗放、急功近利、对自然资源掠夺和环境破坏式的增长模式，注重经济、社会、生态环境的协调可持续发展。其次，以低碳为主的经济结构将加速传统产业转型和新产业崛起。最后，绿色、环保、健康、节能将成为人们生活理念和生产方式的主基调，人与自然更加和谐。最后，低碳经济将加速技术和产业的全球化转移，导致新一轮国际经济竞争的白热化，决定新一轮国际竞争的战略制高点。

我国是能源消耗大国，能源消费尤其处于高碳状态，温室气体总排放量居世界第二。我们目前正处在一个重要的经济转型期，中国经济自身发展迫切需要经济结构的调整和转型，发展低碳经济，以寻找经济增长的新引擎成为一个现实的选择和突破。在向低碳经济转型过程中，我国政府应抓住机遇，制定相关政策，努力践行科学发展观，转变经济增长方式，集中精力做大、做强低碳产业，加快淘汰高能耗、高污染的落后生产能力，推进节能减排的科技创新，加快新能源的开发利用和普及，实现低碳经济的跨越式发展。

在美国次贷危机的影响下，严峻的国际经济形势对我国推进科技进步、实现自主创新提出了迫切要求。历史发展的经验表明，每一次大的经济危机常常伴随着一场新的科技革命。经济周期在经历了低谷之后往往会在一定时间内催生新技术和新产业，从而带动整个经济进入新的繁荣。当前，虽然我们正在集中力量应对国际金融危机的挑战，但同时也要洞察到这次危机所带来的机遇，尤其是对重大科技突破和产业变革的需求。目前，可再生能源、绿色能源正处在替代化石能源的前期，循环经济、低碳经济方兴未艾。相信在未来一段时期内，这些领域的技术一定将会成为推动全球发展的新的动力。

循环经济，它不仅是一种新的经济发展模式，也是一种新的经济增长方式。而发展低碳经济是发展循环经济的必然选择、最佳体现与首选途径。低碳经济是低碳发展、低碳产业等此类经济形态的总称。低碳经济以低能耗、低排放、低污染为基本特征，以应对碳基能源对于气候变暖的影响，同时实现经济社会的可持续发展。低碳经济的实质在于提升能源的高效利用、推行区域的清洁发展、促进产品的低碳开发和维持全球的生态平衡。

低碳经济可以看成是人类的新的工业革命。在人类的历史活动中，为了获取能源而大量消耗化石能源，从而引发了温室效应、环境污染等灾难性问题。近年来，在中央文件和领导人讲话中，节能减排、推行低碳经济多次作为国家发展的重要任务而被提出。如果我们不推行低碳经济，从根本上转变发展方式，我国的资源、生态、国家竞争力以及国家安全都将会受到影响。

因此，发展低碳经济，不仅是我国转变经济发展方式，调整产业结构，提高资源能源使用效率，保护生态环境的需要，也是增强国内产品的国际竞争力，扩大出口需要，还是缓解在全球温室气体排放等问题上面临的国际压力的需要。

面临国际经济危机带来的挑战和机遇，我们一定要高度重视科技进步在摆脱危机过程中的决定性的影响和作用。以科学发展观为统领，以自主创新为核心，不断提高科技人员的积极性，加大技术性、知识性投资，转变经济增长方式，推动我国早日走上经济强国的道路。

（四）对于提高我国在国际政治经济新次序中地位具有重要的战略意义

1. 低碳经济影响国际产业布局和贸易

由于金融危机的爆发，导致世界经济发展显著放缓，为了摆脱危机局面，以美国为首的西方列强纷纷出台以新能源为核心的经济刺激计划，掀起了一轮波澜壮阔的低碳经济革命。哥本哈根国际气候会议的召开，将大大促进全球低碳经济发展的进程。

目前世界许多国家都高度重视发展低碳经济，普遍意识到谁能抢先发展低碳产业，谁就能在新一轮经济增长中占据主动权，成为世界经济发展新的“领头羊”。各国应对气候变化问题的共同努力，将促使国际贸易、国际政治规则发生变化，从而改变国际政治经济关系。各国在环境损害责任、发展的平等权利、减排义务分配、技术转移和资金补偿等方面的不同立场，将会形成代表不同利益群体的政治集团，改变国际政治外交格局。气候变化将影响国际产业布局和国际贸易，国际产业转移承接国的负担将更大，排放权交易成为国际贸易的新领域。

2. 低碳经济领域国际大博弈

能源气候政策问题本质是为了提升其自身国际竞争力。欧盟在应对气候变化和保护环境方面行动较早，整体水平领先于其他国家。从政治层面看，欧盟将通过主导气候环保领域国际规制的制定进一步提升自身“软实力”以及对国际事务的影响力；从经济层面看，低碳经济在全球范围内的发展将给欧盟带来巨大的经济利益。利用其相对优势，欧盟大力推进全球二氧化碳排放控制进程。目前唯一的国际二氧化碳排放权交易市场就设立在欧洲，欧盟已获得了越来越突出的国际话语权。奥巴马政府力推的《清洁能源安全法案》（ACESA），标志着美国在应对气候变化上迈出重要的一步。但是 ACES 法案设置美国主要碳排放源的排放总额限制，相对于 2005 年的排放水平，到 2020 年削减 17%，到 2050 年削减 80%。而联合国政府间气候变化专门委员会的评估报告曾提出，在 2020 年以前使发达工业化国家的温室气体排放量在 1990 年的基础上减少 25% ~40%。国际社会普遍敦促和呼吁美国政府采取更具建设性的气候政策，而在国家利益和国际社会的压力之间找到一个平衡点之前，美国政府的与气候政策有关的能源政策推进必将是一个渐进的、充满利益博弈的过程。

中美两国在低碳领域合作存在共同利益和巨大潜力。中国、美国作为目前世界上最大的二氧化碳排放国，需要在国际气候问题战略合作，占据主导权。美国在高科技，尤其是清洁能源的新技术方面具有很强的优势，中国的优势在于拥有全球清洁能源最大的市场，并且整体制造成本相对低廉。在当前全球经济背景下，美国对于中美之间的新能源合作诉求更加强烈。中国有可能通过引进新能源高新技术，提高新能源企业国际竞争力。中美清洁能源合作重点领域包括：加强清洁煤技术的开发和应用、培育混合动力和电动汽车市场、推动太阳能发电的规模化应用、加快解决风电并网技术运行问题、开展智能电网技术合作和交流等。

二、中国发展低碳经济的主要做法

中国作为世界第二大能源生产国和消费国、第二大二氧化碳排放国，高度重视全球气候变化问题，并为应对气候变化做了大量工作。中国先后于 1998 年签署、2002 年批准了《联合国气候变化框架公约》和《京都议定书》。2007 年 9 月 8 日，胡锦涛主席在亚太经合组织（APEC）第 15 次领导人会议上，明确主张“发展低碳经济”，他在讲话中指出要提高“发展低碳经济”、研发和推广“低碳能源技术”“增加碳汇”“促进碳吸收技术发展”。2007 年，我国政府发布实施了《中国应对气候变化国家方案》和《中国应对气候变化科技专项行动》，2008 年又发布了《中国应对气候变化的政策与行动》白皮书，详细制订了我国应对气候变化的政策方案，明确了我国应对气候变化的具体目标、基本原则、重点领域和政策措施，对于指导我国低碳经济发展具有重要意义。下面将详细介绍几个方案以及对中国低碳经济产生的影响。

（一）淘汰落后产能和工艺

地方政府往往为了推动地方经济发展，批准上马一些落后产能项目，这些项目大多数属于高污染、高能耗行业，自然也是“高碳”行业。因此，加快淘汰落后产能既是转变经济发展方式、调整经济结构、提高经济增长质量和效益的重大举措，更是加快节能减排、积极应对全球气候变化的迫切需要。中国先后公布了《国务院关于发布实施〈促进产业结构调整暂行规定〉的决定》《国务院关于印发节能减排综合性工作方案的通知》《国务院批转发展改革委等部门关于抑制部分行业产能过剩和重复建设引导产业健康发展若干意见的通知》《产业结构调整指导目录》等相关文件，对钢铁、有色金属、轻工、纺织等要求按期淘汰落后产能。

2007 年发布 13 个行业“十一五”淘汰落后产能分地区、分年度计划。2007 年关停小火电机组 1438 万千瓦，淘汰落后炼铁产能 4659 万吨、落后炼钢产能 3747 万吨、落后水泥 5200 万吨，关闭了 2000 多家不符合产业政策、污染严重的造纸企业和一批污染严重的化工、印染企业，累计关闭各类小煤矿 1.12 万处。

2010 年国务院又发布了《国务院关于进一步加强淘汰落后产能工作的通知》，对最近几年重点行业淘汰落后产能工作做出了全面的部署，通知不仅对淘汰的产量数量进行了详细的规定，而且还极为具体地规定了即将淘汰的落后工艺水平。总量控制目标：如，2010 年底前淘汰小火电机组 5000 万千瓦以上；关闭小煤矿 8000 处，淘汰产能 2 亿吨。淘汰落后工艺：如，淘汰炭化室高度 4.3 米以下的小机焦；淘汰 6300 千伏安以下矿热炉；淘汰 6300 千伏安以下矿热炉；2011 年底前，淘汰 400 立方米及以下炼铁高炉，淘汰 30 吨及以下炼钢转炉、电炉；2011 年底前，淘汰 100 千安及以下电解铝小预焙槽等；2012 年底前，淘汰窑径 3.0 米以下水泥机械化立窑生产线等；2011 年底前，淘汰年产 3.4 万吨以下草浆生产装置等；2011 年底前，淘汰 74 型染整生产线等。

（二）节能减排

中国第十一个五年规划《纲要》（2006~2010 年）把建设资源节约型、环境友好型社会作为一项重大的战略任务，提出到 2010 年单位 GDP 能耗比 2005 年降低 20%左右，并作为重要的约束性指标。为此，国务院成立了节能减排工作领导小组，印发了《节能减排综合性工作方案》和《节能减排统计监测及考核实施方案和办法》，修订《节约能源法》。

2006 年，中国利用国债和中央预算内投资支持节能重点项目 111 个，形成 1010 万吨标准煤的节能能力。2007 年国家利用国债和中央预算内投资以及中央财政资金，支持重点节能工程项目 681 个，形成 2550 万吨标准煤的节能能力；各级地方政府引导的企业节能技术改造形成6000多万吨标准煤的节能能力。2006～2010年，通过实施十大重点节能工程可形成约2.4亿吨标准煤的节能能力。采用财政补贴推广使用节能灯5000万只的任务已在各地组织实施，近三年将推广使用节能灯1.5亿只以上。经过全社会的共同努力，2006年和2007年全国单位GDP能耗分别下降1.79%和3.66%。[①]

开展千家企业节能行动，推动企业开展能源审计、编制节能规划，公告企业能源利用状况，启动重点耗能企业能效水平对标活动。积极推广节能省地环保型建筑和绿色建筑，新建建筑严格执行强制性节能标准，加快既有建筑节能改造，1.5亿平方米供热计量和节能改造任务分解到了各地区，在24个省市启动国家机关办公建筑和大型公共建筑节能监管体系试点工作。继续完善和严格执行机动车燃料消耗量限值标准。中央国家机关开展了空调、照明、锅炉系统节能诊断和改造，完成了办公区所有非节能灯具的改造。

（三）产业结构升级

中国政府注重经济结构的调整和经济发展方式的转变，制定和实施了一系列产业政策和专项规划，出台新开工项目管理的相关政策规定，相继制定发布了高耗能行业市场准入标准，提高节能环保准入门槛，采取调整出口退税、关税等措施，抑制“两高一资”（高耗能、高排放、资源型）产品出口。2007年发布《关于加快发展服务业的若干意见》，提出到2010年服务业增加值占GDP的比重比2005年提高3个百分点，明确了支持服务业关键领域、薄弱环节和新兴行业发展的政策。旅游、金融、物流等现代服务业蓬勃发展。

2007年发布高技术产业、电子商务和信息产业等领域的“十一五”（2006～2010年）规划，提出到2010年高技术产业增加值占工业增加值的比重比2005年提高5个百分点。完善促进数字电视、软件和集成电路、生物产业等高技术产业发展的政策措施，加快培育符合节能减排要求的新兴产业。信息、生物、航空航天、新能源、新材料、海洋等高新技术产业加快发展，振兴装备制造业成效显著，基础设施基础产业建设取得长足进展。

（四）可再生能源发展

2005年颁布《可再生能源法》，建立可再生能源发展专项资金，支持资源评价与调查、技术研发、试点示范工程建设和农村可再生能源开发利用。2005年颁布的

① 中华人民共和国国务院新闻办公室：《中国应对气候变化的政策与行动》，载于“中国政府网（www.gov.cn）”，2008年。

《可再生能源法》规定可再生能源优先上电网、全额收购、价格优惠及社会分摊的政策，促进了中国再生能源产业的蓬勃发展。中国企业目前已经在多个低碳产品和服务领域取得世界领先地位，其中以可再生能源相关行业最为突出。2009 年 3 月，英国《星期日泰晤士报》发布绿色富豪榜，在上榜的全球 100 位绿色巨人中，中国内地占 17 席，在这 17 人中，11 人从事太阳能产业。截至 2007 年底，中国水电装机容量达到 1.45 亿千瓦，年发电量 4829 亿千瓦时，电力装机和发电量均居世界第一位。中国是世界上风力发电装机增长最快的国家，在不到 8 年时间里突破了 1000 万千瓦，年增长速度接近翻番。目前，中国已有超过 150 台超临界、超超临界机组在网运行，是采用此种技术最多的国家之一。

中国是世界最大的光伏组件出口国，供应着世界 40% 的光伏产品需求，中国也是世界最大的太阳能热水器的生产者和消费者，占世界总产量的 50% 和总安装量的 65%，约 95% 的太阳能热水器的核心技术为中国公司持有，太阳能热水器集热面积达到 1.1 亿平方米，多年位居世界第一。生物质发电装机容量约为 300 万千瓦，生物燃料乙醇年生产能力超过 120 万吨。核电装机 906 万千瓦，比 2006 年增长 30.5%。煤炭在一次能源消费中的比重由 1980 年的 72.2% 下降到 2007 年的 69.4%，水电、风电和核电的比重由 4% 提高到 7.2%。可再生能源总利用量约为 2.2 亿吨标准煤（包括大水电）。

案例 3－1　太阳能发电

日前，皇明太阳能股份有限公司与德国诺瓦蒂公司举行高温热发电项目合作签约仪式。皇明太阳能股份有限公司董事长黄鸣对外宣布，将依托世界最先进太阳能热发电技术和自主知识产权的技术，进军太阳能热发电市场。黄鸣同时透露，在北京延庆建设的太阳能高温热发电站镜场即将安装完成，预计今年 8 月进入调试阶段。

据介绍，该项目总投资 1.2 亿元，是中国首座具有自主知识产权的光热发电站，也是亚洲第一座塔式太阳能热发电站，被列入国家 863 计划，2008 年获得国家发改委批准，允许并网发电。该项目发电容量为 1 兆瓦，电站建成后，每年的发电量将达到 270 万度，相当于 1100 余吨标准煤产生的电量，可减排二氧化碳 2300 余吨、二氧化硫 21 吨、氮氧化合物 35 吨。

据中国科学院电工研究所专家李鑫介绍，该电站采用“光—热—电”的发电方式，成千上万的定日镜把太阳光反射到位于太阳塔顶的吸热器表面，形成 800 摄氏度以上的高温，通过传热介质产生 500 摄氏度以上的蒸汽，推动蒸汽轮机发电。

李鑫告诉记者，延庆电站的部分核心部件的技术已经超过国际水平。太阳能光热发电最大的优势就是清洁与低成本，规模越大，成本越低。黄鸣预计，我国光热发电的上网电价到2015年可达到1.4～1.6元/千瓦时，2020年可以达到0.6～0.8元/千瓦时。随着光热技术的逐渐成熟，太阳能光热发电的发展前景被广为看好。根据国家发改委公布的2015年发展规划，我国太阳能热发电站的装机容量将达到1500兆瓦。

资料来源：易碳网。

近年来，中国在减少农业和农村温室气体排放方面取得积极进展，大力发展农村沼气，推广太阳能、省柴节煤炉灶等农村可再生能源技术。近6年来，中央累计投入资金190亿元支持农村沼气建设，农村沼气建设成效显著。截至2008年底，全国农村户用沼气达到3050万户，各类农业废弃物处理沼气工程3.95万处（大中型养殖场沼气工程2700处），乡村沼气服务网点7万个。3050万户用沼气和养殖场沼气工程年生产沼气约122亿立方米，生产沼肥（沼渣、沼液）约3.85亿吨，相当于替代1850万吨标准煤，减少排放二氧化碳4500多万吨，替代薪材相当于1.1亿亩林地的年蓄积量，每年可为农户直接增收节支150亿元。全国已推广农村太阳能热水器4286万平方米、太阳房1468万平方米、太阳灶112万台、小型风力发电机20多万台，建成一批秸秆气化、固化示范点，累计推广省柴节煤炉灶1.51亿户、节能炉3471万户。①

（五）循环经济发展

中国政府高度重视发展循环经济，积极推进资源利用减量化、再利用、资源化，从源头和生产过程减少温室气体排放。近年来，循环经济从理念变为行动，在全国范围内得到迅速发展。国家制定《清洁生产促进法》《固体废物污染环境防治法》《循环经济促进法》《城市生活垃圾管理办法》等法律法规，发布《关于加快发展循环经济的若干意见》，提出发展循环经济的总体思路、近期目标、基本途径和政策措施，并发布循环经济评价指标体系。《废弃电子电器回收处理管理条例》即将颁布。

迄今已实施了两批国家循环经济示范试点，初步探索形成企业、企业间或园区、社会三个层面的循环经济发展模式，废旧家电回收处理和汽车零部件再制造试点取得积极进展。完善废弃物综合利用和再生资源回收利用的税收优惠政策，加大国债和中央预算内投资对发展循环经济重点项目的支持力度。通过引进、消化、吸收和自主创新，形成了一批具有自主知识产权的先进技术，特别是开发、示范和推广了一批对行

① 中国国家发展和改革委员会：《中国应对气候变化国家方案》，2007年。

业有重大带动作用的共性和关键技术。纯低温余热发电、干法熄焦、高炉炉顶压差发电、电石渣干法制水泥、高炉和回转窑消纳社会废物等一批适用技术得到广泛应用。2005 年，中国钢、有色金属、纸浆等产品近 1/3 的原料来自再生资源，水泥原料的 20%、墙体材料的 40% 来自工业固体废物。半导体制造、封装过程降低温室气体排放也取得明显成效，电子信息产品制造过程温室气体排放处于较低水平。

制定促进填埋气体回收利用的激励政策，发布《城市生活垃圾处理及污染防治技术政策》以及《生活垃圾卫生填埋技术规范》等行业标准，推动垃圾填埋气体的收集利用，减少甲烷等温室气体的排放。研究推广先进的垃圾焚烧、垃圾填埋气体回收利用技术，发布相关技术规范，完善垃圾收运体系，开展生活垃圾分类收集，提高垃圾的资源综合利用率，推动垃圾处理产业化发展，加强垃圾处理企业运行监管，垃圾无害化处理率由 1990 年的 2.3% 提高到 2006 年的 52%。

（六）植树造林

自 20 世纪 80 年代以来，中国政府通过持续不断加大投资，平均每年植树造林 400 万公顷。同时，国家还积极动员适龄公民参加全民义务植树。截至 2007 年底，全国共有 109.8 亿人次参加义务植树，植树 515.4 亿株。近几年，通过集体林权制度改革等措施，调动了广大农民参与植树造林、保护森林的积极性。目前，全国人工林面积达到了 0.54 亿公顷，蓄积量 15.05 亿立方米，森林覆盖率由 20 世纪 80 年代初期的 12% 提高到目前的 18.21%。2006 年中国城市园林绿地面积达到 132 万公顷，绿化覆盖率为 35.1%。据估算，1980～2005 年中国造林活动累计净吸收约 30.6 亿吨二氧化碳，森林管理累计净吸收 16.2 亿吨二氧化碳，减少毁林排放 4.3 亿吨二氧化碳，有效增强了温室气体吸收汇的能力。根据《中国绿色时报》报道，中国森林生态系统长期监测与评估的结果：中国森林生态系统的年固碳量为 3.59 亿吨，折算为年吸收二氧化碳量为 13.15 亿吨，为我国 2008 年二氧化碳年排放量 60.18 亿吨的 21.85%，表明中国排放的近 1/4 的二氧化碳被森林所固定，年释氧量为 12.24 亿吨。①

（七）应对气候变化科技研发

我国已经将应对气候变化纳入科学发展规划之中。2006 年颁布《国家中长期科学和技术发展规划纲要》，把能源和环境确定为科学技术发展的重点领域，把全球环境变化监测与对策明确列为环境领域的优先主题之一。2007 年制定《中国应对气候变化科技专项行动》，提出了应对气候变化科技工作在“十一五”期间的阶段性目标

① 《中国绿色时报》，2010 年 7 月 7 日。

和到2020年的远期目标，对气候变化的科学问题、控制温室气体排放的技术研发、适应气候变化的技术和措施、应对气候变化的重大战略与政策等方面进行了重点部署。

中国已确定将重点研究的减缓温室气体排放技术包括：节能和提高能效技术，可再生能源和新能源技术，主要行业二氧化碳和甲烷等温室气体的排放控制与处置利用技术，生物与工程固碳技术，煤炭、石油和天然气清洁、高效开发和利用技术，先进煤电、核电等重大能源装备制造技术，二氧化碳捕集、利用与封存技术，农业和土地利用方式控制温室气体排放技术等。

（八）法律法规建设

中国为减少温室气体排放、节约能源、发展可再生能源和循环经济、建设资源节约型和环境友好型社会，已经制定和实施了《可再生能源法》《节约能源法》《清洁生产促进法》《大气污染防治法》《循环经济促进法》，即将出台《能源法》，并将修改《煤炭法》《电力法》等法律，进一步激励清洁、低碳能源开发和利用。制定并颁布了《固体废物污染环境防治法》《城市生活垃圾管理办法》《废弃电子电器回收处理管理条例》等法律法规。

不仅如此，中国还制定了一系列应对气候变化的国家政策，特别是《中国应对气候变化国家方案》和《中国应对气候变化的政策与行动（白皮书）（2008）》。同时，国务院成立了节能减排工作领导小组，印发了《节能减排综合性工作方案》和《节能减排统计监测及考核实施方案和办法》，明确对各省（自治区、直辖市）和重点企业能耗及主要污染物减排目标完成情况进行考核。出台支持企业节能技术改造、高效照明产品推广、建筑供热计量及节能改造等资金管理办法。出台鼓励节能环保小排量汽车、限制塑料购物袋等政策。建立政府强制采购节能产品制度。2007年来，发布火电、烧碱等22项高耗能产品能耗限额强制性国家标准。安排电动机、节能灯等16类终端用能产品的监督抽查。

（九）清洁发展机制（CDM）

中国在清洁发展机制方面具有较大优势（见图3－6），并且中国政府积极支持中国企业与民间团体参与清洁发展机制。截至2009年，中国政府已批准2232个清洁发展机制（CDM）项目，其中663个已在联合国清洁发展机制执行理事会成功注册，预期年减排量为1.9亿吨，约占全球注册项目减排量的58%以上，注册数量和年减排量均居世界第一。

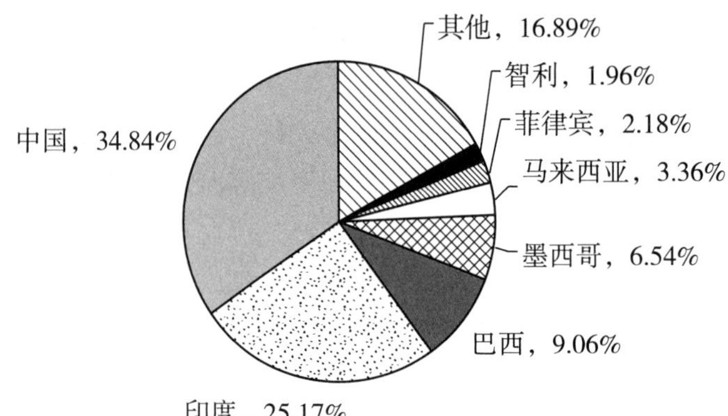

图 3－6　联合国已核准签发的 CDM 项目分部情况

资料来源：联合国气候变化公约网站。

中国也在积极探索自己的碳交易市场。2008 年，北京环境交易所、上海能源环境交易所、天津排放权交易所的相继建立便是迈出的一小步。2009 年 3 月 28 日，湖北环境资源交易所在武汉成立；8 月 16 日，昆明环境能源交易所正式挂牌成立。虽然这些交易所都只是企业行为，还只能从事清洁发展机制（CDM）下的碳交易，但它们正在尝试涉足自愿减排碳市场。

案例 3－2　清洁能源发展机制

2010 年 7 月 23 日，联合国贸易和发展组织（联合国贸发组织）在北京发布《2010 年世界投资报告：投资低碳经济》。报告指出：目前，关于解决气候变化问题的全球政策讨论已经不再局限于是否采取行动的层面。现在的问题是应该采取哪些行动，采取多大力度的行动，以及由谁来执行。发展中国家在向低碳经济转型的过程中，要充分认识其中的机遇和风险，同时还要迎接两大挑战：首先，确保融资畅通并且在适当的领域开展投资；其次，创造或获取相关技术。在这方面，跨国公司既是主要的碳排放来源，也是低碳投资和低碳技术的供应方。因此可以肯定的是，它们既是导致气候变化问题的原因之一，也是这个问题的解决之道。

实际上，跨国公司已经开始在全球积极开展低碳投资。联合国贸发组织估计，2009 年仅流入三个主要低碳行业（可再生能源领域、循环再利用领域以及与环保技术有关的产品制造领域）的低碳 FDI 就达到了 900 亿美元。跨国低碳投资已经形成了相当的规模，随着世界经济向低碳经济转变，其潜力将不可限量。

尽管许多发展中国家并不是主要的温室气体排放国，但吸引低碳外国投资和技术仍能为它们提供机遇。其中的利益包括扩大生产能力，提高出口竞争力，缓和全球气候变化，并且加快向低碳经济转型；从长期角度来看，后者是大势所趋。

决策者必须把收益最大化，同时把低碳外国投资的风险降至最低，但是这并不能一蹴而就，因为大多数发展中国家在这方面毫无经验。此外，促进低碳外国投资以及相关技术转让的国家战略必须与国际层面的气候变化和投资政策相互协调。不过，许多发展中国家缺乏金融资源以及有效完成这一任务的制度能力。有鉴于此，建立国际支持框架至关重要。

联合国贸发组织充分认识到气候变化的诸多挑战，以及在迎接挑战的过程中利用跨国公司实现发展的机遇。我们建议推动全球合作伙伴关系，让投资与气候变化政策相得益彰，从而促进低碳国投资。这种合作伙伴关系主要包括以下因素：

一是建立清洁投资促进战略。应将低碳外国投资的潜在作用纳入发展中国家适合本国的行动方案，建立扶持性政策框架。

二是实现清洁技术的普及。发展中国家在制定相关政策方面需要考虑的主要问题包括瞄准相关技术，建立技术跨界流动框架，促进通过国内公司和外国子公司的联系传播技术，以及增强国内企业的吸收能力。

三是确保国际投资协定有助于缓解气候变化。有许多政策办法，包括加强国际投资协定中促进低碳外国投资的规定，并重新拟定和阐明其中可能导致与气候变化相关政策措施之间冲突的规定。

四是协调公司温室气体排放的信息披露。要实行统一的公司温室气体报告标准，应加强为制定全球气候披露标准所作的努力。

五是成立国际低碳技术援助中心。此类中心可支持发展中国家（尤其是最不发达国家）制定并实施国家气候变化缓解战略和行动计划。

资料来源：UNCTAD，2010. World Investment Report 2010：Investinginalow-carbon-economy.

三、中国低碳经济发展面临的主要问题

中国的低碳经济发展尽管取得了举世瞩目的巨大成就，但是，中国的特殊国情和发展阶段决定了，中国进一步发展低碳经济仍然面临着诸多巨大挑战。

（一）能源结构的制约

以煤为主的能源结构是我国向低碳发展模式转变的制约因素。目前全国85%的二氧化碳、90%的二氧化硫和73%的烟尘都是由燃煤排放的，大气污染中仅二氧化碳造成的经济损失就占GDP的2.2%。2009年在全球一次性能源消费构成中煤炭仅占27.8%，发达国家煤炭消费比例大多不到20%，而在中国能源消费中，煤炭所占

比重高达69.5%。据计算，每燃烧一吨煤炭会产生4.12吨的二氧化碳气体，比石油和天然气每吨多30%和70%。煤炭消费比重大，二氧化碳排放强度较高，致使在经济发展过程中“高碳”特征非常明显。中国这种以煤为核心的能源结构在现在以及以后相当长的时期内都很难改变。随着经济发展，我国对能源的需求将越来越大；煤炭的消耗会随之大幅度提高，由此带来的二氧化硫、一氧化氮、二氧化碳等污染气体的排放也将进一步增加。所以，在低碳经济实施的过程中，能做的就是更多地开展一些清洁能源的转化以及一些新技术的研究，这里需要一个比较长的周期。因此，在未来一段时期，中国在解决环境污染和应对气候变化方面的形势非常严峻，任务十分艰巨。

（二）低碳技术的制约

中国目前整体科技水平还比较落后，技术研发能力有限，这是中国经济由“高碳”向“低碳”转变的最大制约。发展低碳经济需要技术的创新、技术进步和技术的突破，应对气候变化的技术开发和创新对各国来说都是新问题，这就对中国技术创新能力提出了更高的要求。但是，中国目前的低碳技术仍以中低端为主。以风力发电技术为例，它虽然是中国发展最快的新能源行业，已具有1.5MW以下风机的整机生产能力，但是一些核心零部件，如轴承、变流器、控制系统、齿轮箱等的生产技术难关却迟迟未能攻克。再比如，甲烷的回收利用、氧化亚氮的分解、二氧化碳收集储存技术等。而目前，中国不得不主要依靠商业渠道引进。据统计，中国由高碳经济向低碳经济转变，引进技术年需资金250亿美元（以2006年的GDP计算）。这种高投入、高成本，像中国这样经济尚不算发达的发展中国家是难以承受的。

另一方面，中国目前能源生产和利用、工业生产等领域技术水平落后，技术开发能力和关键设备制造能力与发达国家有较大差距。同时，中国一些重点行业中落后工艺所占的比例仍然较高。落后工艺技术的大量存在和先进技术的缺失，使得中国工业生产和基础设施建设呈现高排放的特征在未来几十年将长期存在，陷入所谓的“锁定效应”，这将极大地增加未来中国向低碳发展模式转变的成本，并给中国带来更大的减排压力和国际谈判的压力。

（三）低碳经济的融资机制匮乏

麦肯锡研究报告称中国构建“绿色经济”从现在到2030年需40万亿元，也就是说年均需1.8万亿元人民币的资金投入，才能有效实现“绿色经济”。虽然中国政府不断加大财政预算，通过银行推动绿色信贷，还积极推行合同能源管理、国际CDM交易等新型融资方式，并与国际金融机构广开合作之门，甚至开始建立国内首个环境交易所，拓展融资渠道。但是，这些努力带来的资金非常有限。融资机制匮乏限制了新能源产业发展的速度，甚至可能损害新能源产业的健康发展。

（四）工业化进程的制约

我国处于城镇化和工业化发展的阶段，尽管通过优化结构和节能，能够相应地减少碳的排放，但是，进一步发展面临的困难和挑战仍然是巨大的。2009 年，中国环境与发展国际合作委员会和世界自然基金会（WWF）共同发布了《中国生态足迹报告》，其指出中国消耗了全球生物承载力的 15%，中国消耗的资源已超过其自身生态系统所能提供资源的两倍以上。中国的低碳经济发展之路面临着巨大的挑战。

一方面，由于目前我国处于快速工业化的发展阶段，重化工业发展比较迅速，水泥、钢材、石化等高耗能的行业含碳量非常高，这也给我国发展低碳经济带来了不小的压力；另一方面，我国目前能源的利用效率比较低，能源浪费现象严重。我国每吨煤的产出效率只相当于美国的 28.6%，欧盟的 16.8%，日本的 10.5%。1949 年之后的 50 多年来，我国 GDP 增长了 10 多倍，矿产资源消耗增长了 40 多倍。

另一方面，长期以来，中国作为世界的加工厂，为国际市场提供了物美价廉的消费品，而自己却承担了环境污染和能源消耗。造成对国际能源资源市场的严重依赖，经济对外依存度增高而抗风险能力减弱，环境污染严重，影响经济增长的可持续性。中国既需要摆脱对化石燃料的过分依赖，又需要保持适度、快速的经济增长，其中的困难是可想而知的。

（五）经济发展现状的制约

中国人口众多，经济发展水平较低，发展任务艰巨。2007 年底中国人口（不包括港澳台地区）达到 13.21 亿，约占世界人口总数的 20%。中国城镇化水平比较低，2007 年城镇化比例只有 44.9%，低于世界平均水平。庞大的人口基数，也使中国面临巨大的劳动力就业压力，每年有 1000 万以上新增城镇劳动力需要就业，同时随着城镇化进程的推进，目前每年有上千万的农村劳动力向城镇转移。据国际货币基金组织统计，2007 年中国人均国内生产总值为 2461 美元，在 181 个国家和地区中位居第 106 位，仍为中下收入国家。中国区域经济发展不均衡，城乡居民之间的收入差距较大。中国仍然被贫困所困扰，目前全国农村没有解决温饱的贫困人口 1479 万人，刚刚越过温饱线但还不稳定的低收入人口有 3000 多万人。中国科技发展水平较低，自主创新能力弱。发展经济和改善人民生活水平是中国当前面临的紧迫任务。

（六）对外贸易模式的制约

我国现有的对外贸易发展模式面临较大的低碳压力。我国出口产品集中在低技术、高耗能、高污染的劳动密集型和资源密集型产业上，这些商品中矿物燃料、化学产品、原料制成品和高耗能金属制品及一般低端机械设备等产品占出口的比重较高，而这些产品对生态和环境的影响很大，均属于低端加工产业链条中环境污染密集型、能源耗费密集型产业。据测算，我国每年出口的高能耗产品的能源消耗占国内能耗总量的1/5，污染物进口量也在不断增加。由于外贸的拉动，而且在优惠外资政策引导下，高耗能、高污染的外资项目被大量引进国内东、中部地区，这些项目在推动地方经济增长、扩大就业的同时，也以跨国投资形式将大量低附加值、低技术含量的劳动密集型、环境污染密集型、能源耗费密集型产业转移到中国。这些产业都是发达国家的夕阳产业或高技术产业的低端加工环节，这使得我国目前能源不足的矛盾越来越尖锐，并且与“十二五”期间优化产业结构的阶段升级目标相悖。

总体上看，随着对外经贸的不断发展，生产出口商品依赖传统能源支撑所引起的污染也越来越严重，在国内和国际节能减排的双重压力下，为谋求经济可持续发展，建设资源节约型和环境友好型社会，积极促进能源与环境的协调发展迫在眉睫。

第六节　中国低碳经济发展的目标、途径与模式

一、中国低碳经济的发展目标

全球气候变化的主要驱动因素——二氧化碳等温室气体的影响具有全球性和长期性特征，与经济发展、能源利用之间存在着密切关系，所以低碳经济发展不仅是科学问题、环境问题，而且是历史问题、能源问题、经济问题和政治问题。发展低碳经济对中国来说既是挑战，也有机遇。

（一）中国低碳经济发展的长远目标

低碳经济是经济发展的愿景，也是一个社会发展的过程。中国正在成为“世界工厂”，投资规模不断地扩大，再加上中国广大的国内市场，其投资规模和市场规模可以说是前所未有。如果只是对常规技术的简单复制，便有一个投资回报期的技术和资金的锁定效应。因此把气候政策与国家发展的总体目标结合起来，走低碳经济的发展道路，是中国应对气候变化也是构建和谐社会的必然选择。正是基于中国所处的发展阶段以及应对气候变化的重要性和紧迫性，中国在“十一五”规划中提出2010年单位GDP能耗比2005年降低20%的目标。然而，研究表明，即便中国实现这个目标，中国也只能做到相对的低碳经济发展。这意味着中国的温室气体排放总量将在一个较长的时期内保持持续增长的态势。国家统计局的资料表明，2006年全国31个省区市

只有北京市实现了年度单位GDP能耗目标，说明节能减排是一项严峻的挑战。所谓低碳发展是指在保证经济社会健康、快速和可持续发展的条件下最大限度减少碳的排放，重点在低碳，目的在发展，是一种更具竞争力、更可持续的发展。

低碳约束将制约经济发展方向的选择，决定经济社会向低温室气体排放的方向演化发展。在保持现有经济发展模式和技术水平不变的条件下，碳排放的总量约束会限制经济发展的速度；而在保持现有经济发展速度和质量不变甚至更优的条件下，通过改善能源结构，调整产业结构，提高能源效率，增强技术创新能力，增加碳汇等措施可以实现碳排放总量和单位排放量的减少。由此看来，为了实现温室气体排放降低和经济规模持续增长的双重目标，我国需要重新审视现有发展模式，重新选择更持续的经济发展模式，而低碳经济是实现这一目标的首选。低碳发展是低碳经济的发展方向。当然，要实现低碳发展，技术创新是关键，因为能源效率的调高，低碳新能源的开发，化石能源的低碳化都要依赖于技术创新。因此，国家出台了诸如《应对气候变化国家方案》《节能减排综合性工作方案》《应对气候变化中国科技专项行动》等多个法律文件和行动计划，表明中国推进节能减排和发展低碳经济的决心和勇气。同时，中国发展低碳经济也是全球应对气候变化挑战的一个重要组成部分。中国的低碳经济实践将在如下几个方向上向前推进：

（1）确立全社会低碳经济发展的能效目标。作为世界上最大的发展中国家，我们不可能照搬发达国家的能源消费模式和节能发展道路，必须从实际出发，探索适合我国国情、科学合理的能源消费模式和节能路子。从能源消费结构和经济发展的相互关系来看，以构建合理的社会经济结构和产业结构为基础，确立全社会可持续发展的总体目标，引导社会能源消费行为，对于构建低碳经济、低碳社会有着十分重要的作用。在调查研究和科学分析的基础上，建立可持续的能源需求和能效变化预警指标体系。同时，把总量控制目标科学分解为各地区和各个产业部门具体的能效技术经济目标，将全面、协调、可持续的发展的低碳经济总体要求转化为可操作、数量化的具体工作任务。

（2）强有效地推进能源供应保障体系建设，保障国家的能源安全。石油储备是稳定供求关系、平抑市场物价、应对突发事件、保障经济安全的有效手段。欧洲、美国、日本等许多石油消费国或者地区在经历了石油危机的沉重打击后，都把建立石油战略储备作为保障石油供应安全的首要战略。目前，我国尚未建立石油储备体系，现有原油、成品油储罐多属生产和流通的配套设施，难以发挥储备功能，一旦遇到突发事件，处境将十分被动。国内外研究机构普遍认为，未来20年国际油价将呈上涨趋势。因此，尽快建立我国石油战略储备体系，可以减少经济代价，有利于我国在国际政治、经济活动中处于主动地位。除了要建立战略石油储备之外，还要规定最低的商业储备。维持国内石油的备用产能，是一项昂贵的政策选择。为了建立备用产能，需要在国内石油供应链上的许多环节进行重复建设，包括钻井、采油、输油管线和炼油厂等。在正常情况下，中国国内石油产业不可能把一定规模的石油产能存而不用。然而，重要的是需要评估在紧急情况下能够挖掘多少潜在的产能，以保证产业的持续发展。因此，应当评估中国石油企业能否在紧急情况下利用现有的油井提高产量，前提条件是地表设施如天然气加工和输油管线与进口的生产能力相匹配。再者，要在我国油轮通过的重要通道为原油运输提供军事保护。

（3）到 21 世纪末，建立环境友好、人居和谐的低碳社会。低碳社会的特征是碳的排放已经大幅度的降低，环境质量得到显著提高。民众生活在无污染，或污染度极低的自然环境当中。建立这样的低碳型社会，是社会发展的必然趋势，也是原油化石能源即将耗尽，难以继续为人类经济发展提供能源保障的必然要求。建立这样的低碳型社会，绝非一朝一夕之事，需要从许多层面多策并举。一方面，大力提高原有化石能源的利用效率，淘汰耗能高污染重的落后产业，从碳源上遏制碳排放的增长；另一方面，积极开发新能源与可再生能源替代原油化石能源，比如太阳能、风能、生物质能、地热能等。开发新能源，既可以从源头上遏制碳的排放，又可以为解决困扰人类社会发展的能源危机提供行之有效的解决办法。低碳社会的建成需要一段时间，但面对日益严峻的能源危机和环境问题，提出到 21 世纪末建立低碳型社会的目标却是一个紧迫的任务，只有认识到问题的严重性和时间的紧迫性，中国才能有效地推进能源问题的解决和低碳社会的建设。

（4）到 21 世纪中叶，以碳排放有效降低为特征的低碳经济模式成为我国社会经济发展的主要模式。传统的经济发展模式是以化石能源的大量消耗为特征而建立起来的粗放型的增长模式。在传统经济发展模式之下，人类依靠大量地消耗煤、石油等化石燃料建立起制造业的基础，从而推动经济的整体发展。目前，此种经济发展模式的弊端已经充分地暴露在了我们眼前。一是化石能源的无节制消耗排放了大量的 CO_2，破坏了人类赖以生存的自然环境，为人类社会的可持续发展带来了诸多难题。二是人类经济经过几百年的发展，资源的消耗已经达到了前所未有的程度。而且已经不能满足人类经济进一步发展的需要，达到枯竭的边缘。一方面，是资源即将枯竭；另一方面，是人类生存环境的进一步恶化。这样下去，社会经济的可持续发展将成为不可能。因此，必须改变以往高能耗、高污染的经济增长方式。这个改变是传统的发展范式的改变，由化石能源为支撑的经济发展范式向以清洁可再生能源为支撑的经济发展范式的转变。

（二）中国低碳经济发展的中期目标

低碳经济既是一种状态，又是一个过程。因此，在构想低碳经济社会的蓝图时，更要考虑到实现低碳经济是一个长期的过程，需要一步一个脚印地向前推进。实现低碳经济，低碳社会不仅要有一个长远目标，更要有把愿景分阶段实现的中期目标。

1. 积极推进能源市场化改革

推进能源行业的市场化改革是理顺能源管理体制、建立有效能源保障体系的前提。我国能源行业市场化改革的起步时间不长，旧的秩序未打破，新的秩序未建立。因此，要从我国能源行业发展的现实情况出发，有选择、有重点、分阶段、分步骤推进。进一步地培育能源市场的发展成熟，形成竞争态势。继续减少政府的行政审批，国家只审批关系到经济安全、影响环境资源、涉及整体布局的重大项目和政府投资项目及限制类项目；营造良好的交易环境，积极打破行业界限，促进能源产业融合。能源产业是一个有机整体，煤炭、石油和天然气不仅可以相互替代，而且都可以转化为电力，新能源和可再生能源可替代传统的化石能源。应按照能源上下游产业一体化和经济高效原则，组建能源产业集群；通过能源产业相互融合，提高能源利用效率，减少能源浪费以促进低碳经济的发展。推动能源企业建立现代企业制度，加快国有能源企业的产权制度改革，大力发展混合所有制经济，改变当前国有能源企业普遍存在的“一股独大”“内部人控制”、公司治理结构不规范等问题。

2. 向社会公平和可持续方向引导社会能源需求

全面建设小康社会的目的是使全国人民普遍提高物质和文化生活水平，分享现代化建设的成果，其中也包括得到良好的能源服务。“十一五”能源规划中强调节能优先，提高能源效率，努力建设节能型社会，就是要从需求方面改变只有少数人可以得到优质能源服务的局面。实现上述目标的基本方法之一是通过制定更严格的能效标准和实行更高的能源价格，让超量使用能源的用户付出较高的代价，以保证大多数居民享受到供热、供水、供电等基本能源服务。培育良好的节能型生活方式要比建立节能型生产方式困难得多。必须看到，由于目前我国节能法律和法规不健全，节能宣传也不够深入普遍，大多数群众的节能意识还比较淡薄。在加强法制建设的同时，努力增强广大群众的节能意识，拨出专款支持开展大规模节能宣传、教育和培训活动，广泛传播先进、文明的现代生活理念和消费理念。推动社会生活方式朝符合可持续发展要求的方向转变，引导和鼓励广大群众选择节能型消费模式。

3. 建立和完善有效的全社会能源高效合理利用管理体系

健全的节能管理体制是市场经济条件下政府调控能源供求和制定、落实节能政策的主要依托。要加强各级政府节能管理机构的建设、完善职能、配备得力人员、确定工作目标和责任，使其依法、规范地履行职责。同时，应加强政府节能管理机构与相关政府部门之间的工作协调，形成健全、高效的政府节能工作组织体系和运行机制。要进一步加强制度建设，提高政府能源管理、能源服务、能源监测和监督的能力和水平。实施重点用能企业能效水平评价和公报制度，建立较为完善的能源统计体系，积极探索在公共财政框架内持续支持节能的方式方法等方面，尽快推进有利于推进节能工作的制度环境，努力开创节能工作的新局面。

4. 建立符合市场经济要求的节能激励机制

制定向节能倾斜的价格、财政、税收、信贷等政策，是引导、推进企业和全社会积极开展节能活动的必要条件。其中，合理的能源价格政策尤为重要。价格是利用市场机制配置资源的基本手段。如果能源价格不合理，各类资源就不可能向有利于节能的方向流动，节能措施也就难以落实。要把合理调整能源价格体系、改革能源产品价格形成机制作为重要的节能基础工作抓紧抓好；继续深入研究开征能源消费税的可行性，进一步完善实施燃油税的条件，适时推出这些税种；制定节能产品鼓励目录，对生产和使用列入目录产品的企业实行减免税政策，对采用先进、高效节能设备的企事业单位实行加速折旧政策或给予奖励；指导国家政策性银行为节能项目提供贴息贷款，引导商业银行增加节能信贷，督导地方政府建立节能发展专项资金，重点支持节能技术研发和建设节能示范工程。制定产业节能技术政策，鼓励国内企业和科研机构对引进的国外先进节能技术和高效能源技术进行消化吸收和再创新，大力支持自主研发先进适用的节能技术和产品，推动节能技术和设备国产化和市场化，提升我国产业节能技术整体水平。

5. 加强自主创新和技术进步，有效降低碳排放

可再生能源是有效减少二氧化碳排放，是发展低碳经济的必由之路。可再生能源利用可以实现二氧化碳的零排放，可再生能源技术是比较成熟、可以规模化开发并能有效减少二氧化碳排放的技术之一，主要包括水电、风电、太阳能以及生物质能发电技术等。我国可再生能源利用处于快速发展阶段，一些新技术已经达到或接近商业化发展的水平，不管是从资源、技术还是从产业的角度，可再生能源在一段时间内都有大规模发展的潜力。随着我国能源结构的逐步优化，可再生能源份额将越来越高。因此，长期来看，可再生能源利用技术的发展和应用，将对节能减排发挥非常重要的作用。

（三）中国低碳经济发展的近期目标

1. 提高能源利用效率

1980～2000 年，中国的能源强度 14.34 下降到 4.87，平均每年下降 0.52。中国能源强度下降的主要动力来自各产业能源利用效率提高，其中工业能源强度下降是总体下降的主要原因。相对发达国家，中国能源强度的下降空间仍然很大。2000 年火力发电、钢铁、水泥、乙烯的单位产品实物耗能指标国际先进水平只分别为国内先进水平的 24.1%、20.9%、44% 和 69.7%。是年中国矿产资源总回收率为 30%，比世界先进水平低 20 个百分点。

在能源领域，中国一贯以节能为先，今后仍必须坚持这一战略。因为只有节能才可实现能源安全、环境保护和提高竞争力等多重目标。有专家认为，通过强化节能和

提高能效的政策措施，中国有望将 2020 年的能源消费总量减少。国际能源机构（IEA）预测，未来 20 年，世界能源强度年均下降约为 1.1%，中国要实现这一目标，其能源强度年均下降少要保持 2.3%。从部门结构看，工业用能的比例虽在下降，但仍是最大的能源消费部门，而交通和建筑则是能源消费增长最快的部门，因此，这三大部门无疑是节能工作的重点。

2. 调整能源结构

目前，我国的经济发展仍然是建立在以煤炭、石油和天然气三种化石能源为主导的能源利用基础之上的。在这三种化石能源之中，煤的含碳量最高，石油次之，天然气的单位热值炭密集度只有煤炭的 60%。其他形式的能源如核能、风能、太阳能、水能、地热能等都属于无碳能源。从保证能源安全和保护环境的角度看发展低碳和无碳能源，促进能源供应的多样化减少对煤炭消费，降低对石油的依赖度的必然选择。

3. 遏制奢侈浪费

奢侈消费是一种社会文化现象，主要是一种心理上的诉求。中国文化传统有一种攀比和等级观念，少数人的斗富和奢华，多以多数人的基本需求为代价，不仅是一种消费上的非理性行为，而且是一种严重的社会不公平。从满足人的基本生活需要出发，必须遏制奢侈消费。浪费表现在许多方面，一是规划上的失误，二是低劣的产品和建筑质量，三是消费行为上的疏忽。减少浪费，仅靠意识是不够的，必须采用经济手段。消费者理性是建立在预算约束基础上的。如果价格上有所反映，消费者行为必然会有相应调整。中国能源资源总量较为匮乏，结构不合理，但能源浪费非常惊人，奢侈消费倾向十分突出。因此，遏制奢侈消费，减少浪费，是一种必然的战略选择。

4. 加快低碳能源技术的开发

目前，气候变化已经成为能源科技发展新的驱动力，低碳能源技术是能源科技发展的重要方向之一。为降低化石能源消费增长、提高能效，必须优先开发和选择洁净煤、天然气、可再生能源和新能源技术，重视可再生能源中的风能、太阳能和生物质能的开发和推广利用，研究和探索碳捕获和封存技术。制定相应的路线图和实施策略，坚持自主开发与引进消化相结合，走出一条具有中国特色的清洁能源利用道路。

国际经验表明，政府的支持和政策环境是引导能源科技发展方向的最重要因素，我们应加强需求拉动和政策导向力度，加强技术研发体系的系统化布局和创新能力建设，实现在低碳能源技术方面的突破。

二、中国低碳经济的发展途径

实现以上所述的低碳经济发展目标，是一个长期、不断实践创新提高的过程。中国发展低碳经济要从不同产业的角度达到降低碳排放，实现低碳经济的目标。

（一）低碳农业：降低对化石能源的依赖，走有机、生态、高效农业的新路子

现代农业是建立在对化石能源的基础之上，化肥和农药是现代农业发展的支柱，曾经为解决人类粮食问题做出贡献，但是，化肥和农药的高能耗、高污染的弊端已经被认识，它不仅影响土壤的有机构成、农作物的农药残留和食品安全，而且化肥和农药的生产过程，本身消耗大量的化石能源、产生大量的二氧化碳排放。因此，现代农业甚至可以称之为“高碳农业”。发展低碳农业的路径：一是大幅度地减少化肥和农药有用量。降低农业生产过程对化石能源的依赖，走有机生态农业之路。

一是用粪肥和堆肥作为化肥的替代品，提高土壤有机质含量；通过秸秆还田，增加土壤养分，减少径流，增加入渗，通过作物残茬及覆盖在地表的秸秆可防止风蚀和水蚀，提高土壤生产力。采用深耕作物与中耕作物轮作，引入蛆叫、微生物共同熟化深层土壤，扩大作物根系营养能力。二是充分利用农业的剩余能量。如农作物收割后的秸秆是农业中的剩余能量，其中 70% 以上的纤维素、木质素等得不到利用，而且燃烧释放出的有害气体严重污染大气。为了充分合理利用作物秸秆资源，防止环境污染，亟须探索出综合利用作物秸秆资源的新途径。如用作饲料、肥料、培养料；也可采用秸秆气化技术，在高温、高压、厌氧条件下经热解气化成可燃性气体。也可利用秸秆发酵生产乙醇燃料。三是推广太阳能和沼气技术，在农村普及太阳能集热器是发展低碳农村的有效途径。在规模化畜牧业养殖中，可利用畜牧粪便开发沼气，获得生物质能。

（二）低碳工业：优化能源结构，提高能源效率，减少二氧化碳排放

传统工业的发展离不开化石燃料所提供的巨大能源，能源结构的高碳化是传统工业化的必然结果。当地球温室效应不断影响和威胁人类赖以生存的自然生态系统时，人类对工业文明所依赖化石能源基础的反思和改造也是顺理成章的。高碳工业发展难以为继，不仅是不可再生的化石能源资源的储量已经有限，更重要的是大量的二氧化碳排放将影响人类的生存环境。但是，从高碳工业向低碳工业的转型是一个漫长的历史过程，因为，高碳工业的体系是庞大而又稳固的，传统工业对化石能源的依赖不可能在短期改变的。虽然世界可再生能源的开发取得了很大的进展，包括太阳能、风能、水能、生物质能、沼气、核能等众多低碳能源或无碳能源在一些领域正在渐渐替代化石能源。但是，许多低碳或无碳能源的利用，由于各种原因还未达到全面产业化、规模化和商业化的水平。因为，低碳工业必须是建立在低碳或无碳能源基础之上，而新能源的基础设施建构不仅需要巨额资金的投入，还需要有较长的建设周期。因此，传统的能源结构在较长的一段时间内也很难有颠覆性的改变，所以在注重开发

新能源的同时，应该把能源结构的调整与提高能源效率的方法相结合，采用低碳技术、节能技术和减排技术，逐步减少传统工业对化石能源的过度依赖，努力提高现有能源体系的整体效率，遏制化石能源总消耗的增加，限制和淘汰高碳产业和产品，发展低碳产业和产品。同时，政府要制定限制高碳能源、高碳工业、高碳产品的税收政策，制定鼓励发展低碳工业的优惠政策，使低碳工业成为企业家有利可图的新兴工业领域。

（三）低碳城市：开发低碳居住空间，提供低碳化的城市公共交通系统

低碳城市的建设离不开低碳建筑这个单元，发展低碳建筑要从设计和运行两个方面入手。在建筑设计上引入低碳理念，如充分利用太阳能、选用隔热保温的建筑材料、合理设计通风和采光系统、选用节能型取暖和制冷系统。在运行过程中，倡导居住空间的低碳装饰、选用低碳装饰材料，避免过度装修，在家庭推广使用节能灯和节能家用电器，鼓励使用高效节能厨房系统，从各个环节上做到“节能减排”，有效降低每个家庭的碳排放量。城市交通工具是温室气体主要排放者，发展低碳交通是未来的方向。一是大力发展以步行和自行车为主的慢速交通系统。2006 年法国巴黎推出了城市自行车租借系统，上万辆自行车租借点遍布城市各个角落，在城市交通系统中设立自行车专用道。二是鼓励大中城市发展公共交通系统和快速轨道交通系统，如轻轨和地铁系统，这些是低碳交通的标志，尽管轻轨和地铁系统的基础设施建设需要巨额投资，以高碳排放为代价，但从该系统低碳运行几十年或上百年的角度看，仍属城市低碳交通。三是限制城市私家汽车作为城市交通工具。2007 年北京市区尝试单双号汽车上路的 4 天，不仅明显改善城市空气质量，减轻城市交通压力，也是一次城市减碳交通的尝试，充分发挥了低碳交通系统的作用。此外，城市交通应该倡导发展混合燃料汽车、电动汽车、氢气动力车、生物乙醇燃料汽车、太阳能汽车等低碳排放的交通工具，以实现城市运行的低碳化目标。

（四）碳汇减碳：植树造林，生物固碳，扩大碳汇

发展低碳经济不仅要从“碳源”（carbonsouree）上有效的遏制，减少“碳源”的排放，还应该在“碳汇”（carbonsink）上花力气，下功夫。“碳源”是指产生二氧化碳之源。它既来自自然界，也来自人类生产和生活过程。“碳汇”则是指自然界中碳的寄存体，森林植被是地球上存在的巨大的碳汇。研究表明：陆地森林植被的生长通过光合作用，可以吸收并将二氧化碳固定在森林生物有机体中，每年森林植被净碳吸收量约 10 亿 ~ 15 亿吨。国际社会对森林吸收二氧化碳的汇聚作用越来越重视。《波恩政治协议》《马拉喀什协定》将造林、再造林等林业活动纳入《京都议定书》确立的清洁发展机制，鼓励各国通过绿化、造林来抵消一部分工业源二氧化碳的排放，并

将造林、再造林作为清洁发展机制项目。发达国家也可以通过在发展中国家实施林业碳汇项目抵消其部分温室气体排放量。因此，植树造林的功能并不是简单的绿化生态环境，而是成为发展低碳经济的重要组成部分，成为生物固碳、扩大碳汇、减缓温室效应、减少二氧化碳排放最经济和最有效途径之一。

（五）节能减排：减少能源消费，增加可再生能源

为了实现经济的可持续发展，减少能源消费和增加可再生能源及清洁能源使用是减轻能源生产和消费负面影响的主要手段。前者属于节约能源的范畴，而后者属于减少温室气体排放的范畴。概括起来，要实现经济的低碳发展和可持续发展，节能减排是一种重要的方式和手段。节能就是在尽可能地减少能源消耗量的前提下，获得与原来等效的经济产出；或者是以原来同样数量的能源消耗量，获得比原来更有效的经济产出。换言之，节能就是应用技术上现实可靠、经济上可行合理、环境和社会都可以接受的方法，有效地利用能源，提高能源利用效率。本书中减排的含义不仅是指污染物排放的减少，还指温室气体排放的减少，偏重于温室气体减排这一内容。

节能减排是应对温室气体减排国际压力、能源供需矛盾和生态日益恶化问题的主要手段，是实现节约发展、低碳发展、清洁发展、低成本发展、低代价发展的方式，是实现低能耗、低污染、低排放和高效能、高效率、高效益发展目标的着力点。研究发现，对于我国来说，人口对我国二氧化碳排放量的解释作用最大，这说明我国人口数量、居民的生产、生活方式对二氧化碳排放量影响最大，所以控制人口增长，正确引导居民的生产和生活方式，能有效降低我国的二氧化碳排放。事实上，我国 1992 ~ 2002 年居民对二氧化碳排放的直接和间接影响约占全部一次能源利用碳排放的 40% 左右，居民的食品、衣着和居民设备用品及服务引起的间接二氧化碳排放占全国总间接二氧化碳排放的 50% 以上。

（六）水电的碳减排潜力巨大，应当大力发展

水力发电是目前最成熟的可再生能源利用技术，减排潜力巨大，大力发展水电，有助于减少碳排放。我国水能资源丰富，水力资源理论蕴藏量为 6.08 万亿千瓦时/年，约占世界总量的 1/6，平均功率为 6.94 亿千瓦。发达国家水电平均开发程度在 60% 以上，而我国水电开发程度仍处于较低水平，仅有 22%，因此，我国水电仍有较大的开发潜力。

根据国家可再生能源发展规划，到 2010 年，中国水电装机将达到 1.9 亿千瓦，其中大中型水电 1.4 亿千瓦，小水电 5000 万千瓦；到 2020 年，我国水电装机容量要发展到 3 亿千瓦，其中大型水电 2.25 亿千瓦，小水电 7500 万千瓦。据有关机构估

计，到2010年和2020年，仅小水电的二氧化碳减排量就分别达到4000万吨和6000万吨，由此可见，大力发展水电对减少碳排放有着重要意义。

（七）积极参与国际碳市场减排合作

国际碳市场是减排的有效机制，未来需积极参与并不断完善。国际碳市场的建立很大程度上促进了发达国家和发展中国家在碳减排方面的合作，尽管我国是全球CDM市场最主要的项目合作国家，但是买方倾向于低成本、减排量最大的项目，因此很大程度上制约了资金密集型的可再生能源和提高能源效率项目的发展。基于项目的碳市场主要是基于清洁发展机制（CDM）和联合履约机制（JI）的市场。基于项目的碳市场增长很快。从市场交易情况来看，CDM与JI的交易额在2006年有了巨大增长，达到了约50亿美元。迄今为止CDM项目主要集中在经济实力和政治影响力较为突出的几个发展中大国，而其他较为贫穷的发展中国家的CDM项目较少，难以通过CDM获得先进的技术和设备。中国是世界第二排放大国，但CDM项目数目不如印度，造成这一现象的原因是：中国一直主张加强技术转让，反对有附加条件的CDM项目；为了促进可持续发展，中国政府相对倾向于政府间的CDM合作项目。

三、中国低碳经济的发展模式

低碳经济的发展模式就是在实践中运用低碳经济理论组织经济活动，将传统经济发展模式改造成低碳型的新经济模式。具体来说，低碳经济发展模式就是以能耗、低污染、低排放和高效能、高效率、高效益（三低三高）为基础，以低碳发展为发展方向，以节能减排为发展方式，以碳中和技术为发展方法的绿色经济发展模式。其中，低碳经济的发展方向、发展方式和发展方法分别从宏观层面、中观层面和微观层面论述了低碳经济模式①。低碳经济的发展方式不同于具体的发展方法，它是指在实现低碳经济发展目标过程的基本操作手段以及行为、态度和认知取向，是区域发展低碳经济过程中所采取手段的共同特征。在完成发展目标过程中，我们会采取一系列步骤或措施，每个步骤和措施称为发展方法。低碳经济的发展方式和发展方法不但具有尺度的不同，还具有战略和战术的关系，只有将不同的低碳经济的发展方法成功运用到发展实践中，才能逐渐形成具有区域特色的、稳定的低碳经济发展方式，最终实现低碳发展的目标（见图3－7）。

---

① 付允，马永欢，刘怡君，牛文元．低碳经济的发展模式研究［J］．中国人口·资源与环境，2008（3）．

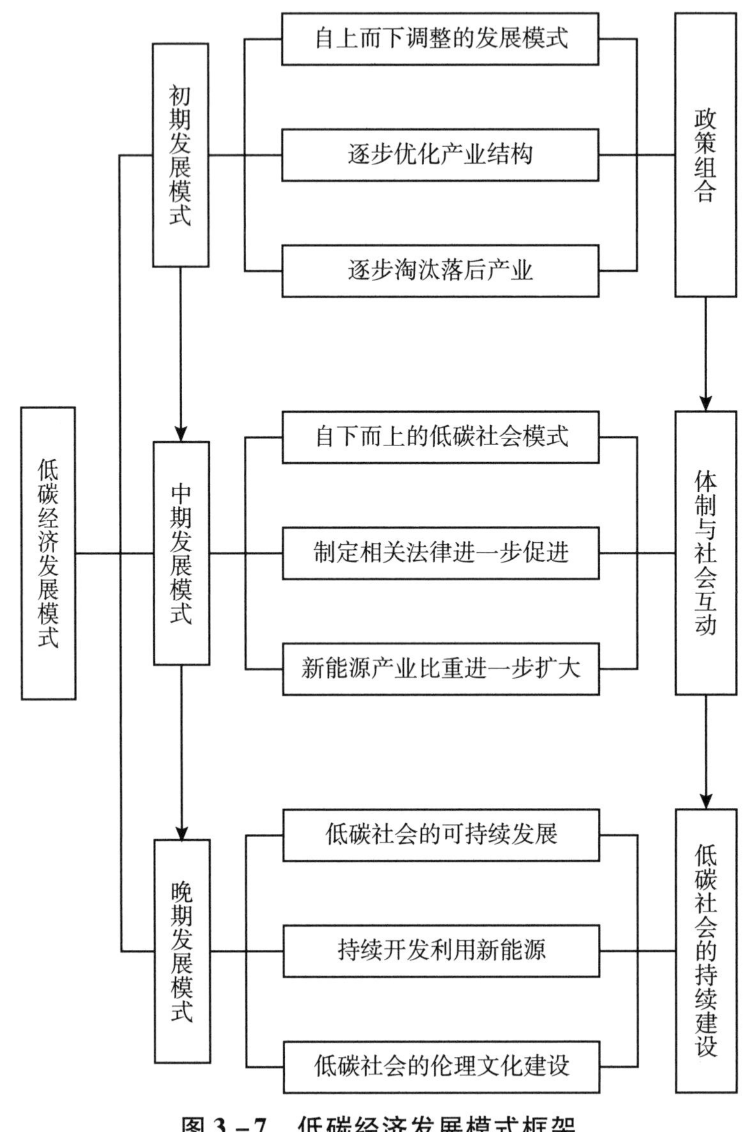

图 3-7 低碳经济发展模式框架

低碳经济的发展方向是低碳发展①。低碳发展在保证经济社会健康、快速和可持续发展的条件下最大限度减少温室气体的排放。低碳发展，重点在低碳，目的在发展，是一种更具竞争力、更可持续的发展②。低碳约束将制约经济发展方向的选择，决定经济社会向低温室气体排放的方向演化发展。在保持现有经济发展模式和技术水平不变的条件下，碳排放的总量约束会限制经济发展的速度；而在保持现有经济发展速度和质量不变甚至更优的条件下，通过改善能源结构，调整产业结构，提高能源效

① 付允，马永欢，刘怡君，牛文元．低碳经济的发展模式研究［J］．中国人口·资源与环境，2008（3）．
② 潘家华．低碳发展的社会经济与技术分析［J］．可持续发展的理念、制度与政策，2008（1）．

率，增强技术创新能力，增加碳汇等措施可以实现碳排放总量和单位排放量的减少①。

低碳经济的发展方式是节能减排。为了实现经济的可持续发展，减少能源消费和增加可再生能源及清洁能源使用是减轻能源生产和消费负面影响的主要手段，前者属于节约能源的范畴，而后者属于减少温室气体排放的范畴。概括起来，要实现经济的低碳发展和可持续发展，节能减排是一种重要的方式和手段②。节能就是在尽可能地减少能源消耗量的前提下，获得与原来等效的经济产出；或者是以原来同样数量的能源消耗量，获得比原来更有效的经济产出。换言之，节能就是应用技术上现实可靠、经济上可行合理、环境和社会都可以接受的方法，有效地利用能源，提高能源利用效率。本书中减排的含义不仅是指污染物排放的减少，还指温室气体排放的减少，偏重于温室气体减排这一内容。

低碳经济的发展方法：碳中和技术。政府间气候变化专家委员会（IPCC）认为低碳或无碳技术的研发规模和速度决定未来温室气体排放减少的规模③。低碳或无碳技术也称为碳中和技术。"碳中和"（carbon-neutral）这术语是由伦敦的未来森林公司于1997年提出的，意思指通过计算二氧化碳排放总量，然后通过植树造林（增加碳汇）、二氧化碳捕捉和埋存等方法把排放量吸收掉，以达到环保的目的。碳中和技术主要包括三类：第一，温室气体的捕集技术，主要有三条技术路线，即燃烧前脱碳、燃烧后脱碳及富氧燃烧，燃烧前脱碳的关键技术是转化制氢，涉及高温下氢的膜分离技术，包括膜式转化装置、膜材料等方面的技术开发；燃烧后脱碳的技术核心是胺吸收脱除 CO_2，难点在于分子水平吸附剂的开发，此外，低能量 CO_2 吸附、溶剂、小型高效压缩机、过程标准化等均待进一步研究：富氧燃烧技术属于提高能源效率的范畴，技术的关键是氧气供应及高技术涡轮机的开发。第二，温室气体的埋存技术，即将捕集起来的二氧化碳气体深埋于海底或地下，以达到减少排放温室气体的目的，目前的研发工作主要集中在探索地下盐水储层、采空的油气藏储层、不可开采的煤层以及深海下的地层作为 CO_2 储库的可能性④。第三，低碳或零碳新能源技术，如太阳能、风能、光能、氢能、燃料电池等替代能源和可再生能源技术。目前，碳中和技术仍处于研发阶段，从技术经济角度来看离全面推广应用还有很大距离。明白了低碳经济的发展方向、方式和方法，接下来就是制定具体的发展规划。我们建议根据低碳经济发展初期、中期和后期所面临的不同经济环境制定不同的规划，增强规划的落实性。

---

①② 付允，马永欢，刘怡君，牛文元．低碳经济的发展模式研究［J］．中国人口·资源与环境，2008（3）．

③ IIPC. In：Metz B.，Davidsono.，Swart R. et al. Climate Change 2001：Mitigation：Contribution of working Group Ⅲ to theThird Assessment Report of the Intergovemmental Panel Change［M］. Cambridge，UK，2001.

④ 王涛，陈立滇．来自石油输出国组织与世界石油大会联合研讨会的信息——CO_2 捕集与储存技术［J］．世界石油工业，2004，12.

发展模式是一个多方面、多层次的概念，在借鉴前人研究成果的基础上，提出我们设想的中国低碳经济发展模式。

（一）自上而下的低碳经济发展模式

自上而下的发展模式是指由中央政府主导建立推动低碳经济发展的体制、市场、法律以及政策，限制高耗能产业的发展，鼓励低碳经济的发展。自上而下的发展模式富有效率，可以极大地推动低碳经济的发展和低碳社会的建设。但是自上而下的发展模式也容易产生大量的问题，比如：在不了解实际情况的时候仓促而行，会与社会经济发展的客观阶段相脱节；非但不能实现低碳经济，反而影响了经济社会的进步。在严峻的能源供求问题和气候变化问题的背景下，在国家与世界的可持续发展要求下低碳经济的建立与发展是迫切的。而作为一个长期的发展的过程，低碳经济要求每个国家在发挥政府主导作用推动低碳经济的建立时，全面考量低碳经济建设的战略意义和可持续发展要求，树立全面协调和积极促进的观念。所以，政府作用在低碳经济的持续建设过程的初期和发展阶段应占据主导地位。中央政府主导建立有利于低碳经济发展的体制、机制、市场、法律以及政策，为低碳经济的发展创造有利的政治、法律和市场环境。政府主导作用在创造低碳经济发展环境的同时也能引导社会树立低碳的发展意识，激励企业投资低碳产业，鼓励民众形成低碳的生活方式。自上而下和自下而上的模式对低碳经济的发生条件和作用机制有自身的优点和不足，适合于长期发展过程的不同阶段。

（二）跨越式的低碳经济发展模式

跨越式发展的定义概念已被广泛用于社会发展的范畴。跨越式发展是一系列理论，中国可借此跳过一些低等和低效的技术和工业直接发展到更加先进的技术和工业。“跨越式技术”描绘了发展中国家通过使用相关技术走上新型发展道路，而避开了一些国家缓慢的发展方式。创新是跨越式技术的标志。这不仅是对技术的认定，还需要寻求新的方式来在不同情况下运用目前的理念。跨越式发展可以实现技术优势，并避免能源密集发展模式。这些都是中国实现可持续发展的必备条件。如果没有这些条件，要想取得大幅度的能效提高就十分困难。中国是一个相对比较落后的发展中国家，而这也是中国实现跨越式技术的良好机遇。相应的激励机制，技术转让，国际合作和融入《京都议定书》的清洁发展机制市场都是取得成功的一些条件。这些条件综合起来可以使得中国的发展模式完全不同于工业化国家走过的发展模式。

（三）自下而上的低碳经济发展模式

自下而上的发展模式是指由民间机构牵头，企业、社会团体、政府共同参与促进碳的减排，调整能源结构发展低碳经济。自下而上的发展模式可以有效地考虑到市场的主导作用和民间对环境保护以及低碳经济低碳社会的看法，促成低碳经济和低碳社会的构建。但自下而上的发展模式也存在着弊端，比如效率较之自上而下的模式要低。自下而上的发展模式作用的基础是包括社会团体、企业、公民个人等非政府主体广泛意识到低碳经济的建设对经济、社会、环境和资源等长远利益，并能牺牲其部分的短期的眼前利益参与到促进碳的减排，参与到共同建设低碳经济的社会经济活动中来。在自下而上的模式下，政府更多地充当“舵手”和“守夜人”的角色，制定促进低碳经济建设的公共政策，搭建非政府社会团体和个人参与碳减排和低碳经济建设活动的平台。这种模式对公众意识、公民社会、产业结构等要求较高，自下而上的发展模式更适宜低碳经济发展的中后期。前文中提到，自上而下和自下而上的发展模式的发生条件和作用机制有不同的要求，因此，深刻认识两种模式的优劣，不同的发展阶段采用不同的模式更符合低碳经济的发展要求。

第七节　国外发展低碳经济的经验与启示

全球气候变暖带来的影响已经向人类经济发展敲响了警钟，应对气候变化迫在眉睫。发展低碳经济作为应对气候变化、协调社会经济发展、保障能源安全的基本途径已成为全球性的共识。欧盟一直致力于发展低碳经济，并力图主导低碳经济的国际规则。美国政府亦提出应对气候变化，发展低碳经济，并致力于发展新能源技术，希望提高其低碳技术产业的竞争力。日本政府倡导建立低碳社会，希望依靠社会整体的创新来推动温室气体的减排，实现富裕的可持续发展社会。澳大利亚政府也积极参与全球低碳经济发展。本章首先将介绍欧盟、美国、日本和澳大利亚等国家发展低碳经济的经验，在此基础上总结出可供中国发展低碳经济借鉴的经验与启示。

一、欧盟低碳经济发展经验

（一）欧盟发展低碳经济的理念

在大量使用煤、石油等化石燃料，无限度排放二氧化碳的高碳经济模式中，发达国家的经济发展状况已经达到最高限度，失去了新的增长动力。因此欧盟认为，低碳不再是制约经济增长的不利因素，而是新的经济增长点。但是，许多国家却把应对气候变化与发展本国经济看作是“水火不相容”的对立关系，认为应对气候变化会扼杀本国的产业，阻碍本国经济的发展，削弱自己在国际上的竞争力，因而这些国家在向低碳经济转型方面踌躇不前。

欧盟于20世纪70年代成立了能源委员会和环保总司，制定共同能源和环保政策。20世纪80年代初，欧共体开始了对新能源的研究，尤其加大了对核能和太阳能的研究，并于1995年发表了欧盟能源政策《绿皮书》和《白皮书》，完成了欧盟能源发展总政策的制定任务。可以说，在应对气候变化，发展低碳经济方面，欧盟一直是应对气候变化的倡导者，积极推动国际温室气体的减排行动。自2003年，英国首次提出“低碳经济”以来，欧盟各国不同程度地给予积极评价并采取了相似的战略。因此，同世界其他发达国家相比，欧盟低碳经济的起步相对较早，当低碳经济还不被人普遍看好时，欧盟就已开始着手研究实施低碳经济的发展计划。其实，发表于2006年的《气候变化的经济学：斯特恩报告》可以看成是欧盟低碳经济理论基石。它从长远发展的大视野下展望环境与经济的相互关系，明确地指出，积极应对气候变化终将会促进经济的增长，要保全人类赖以生存的地球社会，就必须向低碳经济转型。

《气候变化的经济学》在前半部分针对气候变化所带来的经济性影响进行了分析研究，并讨论了要稳定大气中的温室气体所必需的成本。该报告在后半部分，提出了向低碳经济转型的历史命题，并首次阐述了低碳经济的主要特征。同时还具体讨论了如何向低碳经济转型以及构建低碳经济所需的一系列政策性命题。以下是该报告关于构建低碳经济的观点：

第一，温室气体的减排与经济的可持续发展不冲突。人均二氧化碳的排放量与人均GDP之间有很强的关联性。工业革命以来为了实现工业化，欧美等发达国家和地区所排放的二氧化碳占二氧化碳排放总量的70%，而发展中国家还不到1/4。但今后的二氧化碳排放量增加部分几乎均由发展中国家排出，因为他们只能依靠发展能源集约型的产业来增加本国的GDP。

实际上，随着能源技术的创新和经济结构的转型，在完成工业化的许多发达国家，经济增长和收入的增加不会导致能源消费的增加，所以，无论是发达国家还是发展中国家，若能果断地选择“低碳化、脱碳化”的政策，就能在积极应对气候变化的同时维持和发展本国经济。

第二，向低碳经济转型是提高国际竞争力，促进经济增长的良机。要大幅度减少温室气体排放量需要成本，这也是高碳经济模式向低碳经济模式转型的成本。目光短浅的人担心如此会给自己在交易中带来负面影响，其实这种影响是可以通过创新得到减轻或消解的，因为在转型过程中，对许多产业和服务来说会出现大而新的商机。

第三，发展低碳经济要采用经济手段和实施技术创新。应对气候变化的经济手段包括地球变暖对策的相关税制和排放量交易制度。欧盟关于温室气体减排的策略包括：抑制并减少对温室气体排放量大的商品和服务的需求，提倡低碳生活方式，低碳消费；提高能源利用效率，实现抑制能源成本与削减二氧化碳排放量的双赢；发展低碳技术；防止现有森林减少，大力植树造林。

（二）欧盟发展低碳经济的政策

1. 碳税

所谓“碳税”是指对商品和服务，根据二氧化碳的排放量进行课税的一种制度。实行这种制度有两个目的：一是抑制二氧化碳排放量，达到排放量越少负担额也会越少的效果；二是通过对二氧化碳的排放课税为政府增加税收，由此获得的税收即可以利用于发展低碳经济。①

瑞典、荷兰和丹麦等北欧国家率先从20世纪90年代初期导入“地球变暖对策税”。在1999年德国、英国和意大利等经济规模较大的欧洲国家开始导入相关的税制。表3－8列出了欧盟主要成员国实施和低碳有关税收的年代和税种。

表3－8　　欧盟区域主要国家所实施的碳税与气候变化税

国家	相关税种	导入时期（年）
芬兰	碳税	1990
挪威	碳税	1991
瑞典	碳税	1991
德国	碳税、能源税	1999
英国	气候变化税	2001
荷兰	能源税	1996
丹麦	碳税、能源税	1992
瑞士	气候变化税	2008

资料来源：蔡林海．低碳经济绿色革命与全球竞争大格局．北京：经济科学出版社，2008.

2. 碳排放量交易制度

排放量交易是为促进全球温室气体减排，减少全球二氧化碳排放所采用的市场机制。其基本原理是，合同的一方通过支付另一方获得温室气体减排额，买方可以将购得的减排额用于减缓温室效应从而实现其减排的目标。在世界上最具代表性的是“欧盟地区排放量交易制度”。

事实上，在1997年“京都协议”成立时，欧盟曾经采取了反对的姿态，其后，由于丹麦和英国实施排放量交易制度初有成效，使得欧盟各国对该制度产生了共同的基本认识。于是，欧盟委员会在2001年10月提出了“欧盟地区排放量交易指令”，

① 蔡林海．低碳经济绿色革命与全球竞争大格局［M］．北京：经济科学出版社，2008。

该指令在2003年7月召开的欧盟理事会上得以通过。由此，在2005年创建了“欧盟地区的排放量交易制度”，也即在欧盟成员国之间进行减排量交易制度，是世界上最早实施排放量交易制度的地区。

3. 碳排放管制

低碳经济社会可以说就是“二氧化碳管理社会”，为应对气候变化而实施的二氧化碳排放管制将改变经济发展模式，甚至将改变企业的经营方式。在发达国家中，欧盟率先在欧盟区域内实行严格的二氧化碳排放管制，一方面，督促欧盟区域内企业尽快向低碳化转型，确立新的国际竞争力；另一方面，迫使竞争对手美国和日本就范，追随自己采取同样的姿态和对策。欧盟宣布到2020年要使二氧化碳的排放量比1990年削减20%，到2050年削减80%。在欧盟成员国之间，特别是在那些老牌的发达国家之间展开了二氧化碳减排的大竞争，德国宣布在2020年削减40%，英国宣布在2050年要削减80%。挪威则宣布在2050年成为二氧化碳零排放的国家。目前，欧盟根据“欧洲排放权交易制度”对欧盟区域内5000家企业大约12000个工厂和事业单位分配排放额制度。欧盟宣布在2013～2020年，不但要扩大管制范围，而且将对相关企业的二氧化碳的排放额度采取招标方式进行有偿化分配。

欧盟为了防止自己的企业逃避排放管制把生产制造等经营活动转移到发展中国家，在2008年4月，由欧盟理事会决定对气候变化对策推行迟缓的国家进口的商品将采取管制性的对抗措施。在欧洲，掌握碳减排关键的是那些排放量大而且资金雄厚的大企业。欧洲的这些大企业积极接受二氧化碳排放管治，通过企业的碳管理，力求获得新的竞争力。如荷兰的物流企业TNT公司是拥有16万名员工，物流网络遍及世界上200多个国家的大型跨国公司。该公司通过实施碳管理，向全社会宣布要实现“二氧化碳排放量为零”的目标，并且要求公司每一个部门将二氧化碳的排放量与部门的业绩一起进行申报，对那些减排有方的员工授予荣誉的称号。

4. 低碳技术创新计划

低碳技术是指有效控制温室气体排放的新技术。它包括在可再生能源及新能源、煤的清洁高效利用、油气资源和煤层气的勘探开发、二氧化碳捕获与埋存等领域开发的有效控制温室气体排放的新技术，涉及电力、交通、建筑、冶金、化工、石化、汽车等众多产业部门。

欧盟认为，低碳技术在实现自己的能源与气候变化目标上发挥着关键性的作用，并专门为此制订了欧洲能源战略技术计划，该计划具体制定了详细的科研目标，专门成立了由委员会及各成员国组成的战略能源技术小组，协调计划的实施；在能源研究方面加大资金和人才的投入，成立欧盟能源科研联盟，开展大学及科研机构间的合作，增强成员国能源技术研究与创新的能力。欧盟为了推进低碳技术创新成果的实际应用实施了两项政策：一是采取措施降低创新成本，即技术推进；二是提高低碳技术的市场需求。

欧盟于2006年启动了6个行动计划以具体推动低碳技术的创新与产业化，如表3－9所示。

表3－9　　2006年欧盟实施的低碳技术创新计划

欧洲风力计划	重点集中在大型涡轮机和大型系统的示范上
欧洲太阳能计划	重点集中在光电和集中太阳能大规模示范项目上
欧洲生物质能计划	重点集中在生物能使用战略框架下发展新型生物燃料
碳捕捉与理存技术	重点集中在提高效率和安全性，并从行业规模上证明零排放化石燃料发电厂的可行性
欧洲电网计划	重点集中在开发智能电力系统
可持续核裂变计划	重点集中在开发第四代核电技术上

欧盟同时制定了低碳技术创新的中期和长期规划，通过技术创新实现低碳排放。欧盟的中期技术规划，即“20－20－20”规划（到2020年欧盟的碳排放量减少20%，并把使用可再生能源的比重提高到20%），具体包括的技术课题包括以下7项：

（1）开发第二代生物质燃料，并使之成为可与化石燃料竞争的替代燃料。

（2）通过具有产业规模的实证研究来实现二氧化碳回收与储藏技术的商业化运作，力求提高整个系统的效益并且要使欧盟拥有该领域的优势地位。

（3）使最大规模的风力发电站的发电量提高2倍。

（4）建立大规模光电（PV）和集光太阳能商业发电的示范项目。

（5）建设单一高性能的欧盟智能电网，以便能够应对可再生能源和分散能源的大规模综合。

（6）在建筑、交通和工业部门等大众市场导入燃料电池和热电联供等可进行高效能源转换的终端设备和系统。

（7）在核裂变技术领域保持欧洲的竞争优势，并且确立核废物管理的长期性解决方案。

为了实现到2050年使温室气体减排60%～80%这一宏伟目标，欧盟制定了长期技术创新计划，计划在今后10年解决以下6大技术课题：

（1）在新型可再生能源的技术领域确立欧盟的市场竞争力。

（2）在能源存储技术的成本效益上取得实质性突破。

（3）开发氢燃料电池汽车的商品化技术，并且为欧洲企业采用该技术创造条件。完成第四代核裂变反应堆的实证研究。

（4）支援欧洲企业参加国际核聚变实验堆计划，并且取得主导性成果。

（5）开发低碳经济所必需的横跨整个欧洲的能源网络和系统。

（6）在诸如新材料、纳米技术、信息与通信技术、生物科学和计算机计算等领域展开提高能源效率的研究，并且力求取得实质性突破。

（三）欧盟发展低碳经济取得的成果

（1）促进了相关领域的就业。2008 年的金融危机导致欧洲各国的失业率普遍上升，幸运的是低碳经济为欧盟国家改善就业状况的提供了有利条件。应对气候变化的政策措施对于就业而言是利好因素，表现最突出的是在能源供应、农业、渔业、旅游和建筑业这些方面。预计到 2020 年，欧盟经济因向低碳经济转型将新增 280 万个工作岗位，虽然低碳经济也将使现有的一些工作岗位丧失，但净增工作岗位有望达到 40 万个。欧盟国家一个新的阶层——“绿领”即将产生。他们从事的将是环保材料生产、碳足迹测量、环保评估等工作。为此，从现在起，欧盟在制订就业政策时就必须充分考虑这一因素，并加强“绿领”行业的宣传和技能培训，以适应经济转型的需要。更为重要的是，发展低碳经济将引发劳动力市场的结构性调整，导致劳动力在不同行业和地区之间重新分配，一些传统就业岗位可能被淘汰，而另一些更加“绿色”的就业岗位将会诞生。

（2）建立起了初步的碳排放交易体系。欧盟排放交易体系在试验初期虽然并非完美无缺，但是作为一项重要的公共政策，考虑到该体系需协调 27 个主权国家的行动，而且从最初构建到实施只有 3 年时间，可以说其实施效果超过了其他总量交易机制。价格信号准确反映市场排放权供需状况是排放交易体系有效配置环境资源的前提条件。欧盟排放交易体系在 2005 年 1 月实施时，有 7 家经纪人和 20 家大的能源供应商和大的银行加入该排放权市场，随着其他相关机构陆续加入，排放权交易市场的厚度越来越高。

（3）为进一步运用总量交易机制解决气候变化问题积累了丰富的经验。发现并弥补设计缺陷、积累运行总量交易机制的经验是试验阶段的主要目的。针对排放交易体系试验阶段中所暴露出的问题，欧盟对其进行了改进，使其更加完善。例如，在 2005 年，所发放的排放权超过实际排放量 4%，没有一个产业的排放权处于短缺状态，从而导致排放权价格下降，环境约束软化，企业失去采取措施降低二氧化碳排放的积极性。欧盟在排放体系实施的第二阶段，下调了年排放权总量。例如，排放权在不同行业之间分配不均匀，导致电力行业把排放权放到市场上出售，获取暴利。欧盟在第二阶段，及时提高了许可权拍卖的比例，降低了电力部门的发放上限，迫使电力企业采取措施降低碳排放。例如，针对微观数据的缺失问题，欧盟利用三年试验期，不断地收集、修正企业层次上的碳排放的数据，现已建立庞大的能支持欧盟决策的关于企业碳排放的数据库。

（4）促进了欧盟碳金融产业的发展。借助于欧盟排放交易体系的实施，欧盟已培育出多层次的碳排放交易市场体系，并带动了碳金融产业——这一朝阳产业的发展。欧洲碳排放权交易最初是柜台交易，随后一批大型碳排放交易中心也应运而生，如欧洲气候交易所（European Climate Exchange）、北方电力交易所（Norpool）、未来电力交易所（Powernext）以及欧洲能源交易所（European Energy Exchange）等。目前，碳排放交易仍以柜台交易为主，2008 年，柜台交易占交易总量的 2/3。但是，交易推动了排放权的期权交易。欧洲交易所于 2005 年 6 月推出了与欧盟排放权相挂钩的期权交易，使二氧化碳如同大豆、石油等商品一样可以自由流通，从而增加了碳排放市场的流动性，促进了碳交易金融衍生品的发展。

（5）取得了一批低碳技术创新成果。欧盟高度重视生物燃料技术的研究开发，其中一些研究项目对生物燃料的发展做出了重要贡献。如 1992 年的《生物柴油计划》证明不需要进行大量技术改造的前提下，现有交通工具中使用生物柴油在技术和经济上是可行的，为生物燃料的发展开辟了道路；自 1997 年起，可再生能源在绝对能量上的贡献率增加了 55%；欧洲的风力发电处于世界领先地位，在国际金融危机背景下，欧洲许多产业部门形势不容乐观，但风力发电部门却充满发展机遇。根据国际能源机构预计，到 2020 年，欧洲风电在整个电力市场的份额将达到 14% ~18%，为欧盟创造 35 万个新就业岗位。

（6）提升了欧盟在新一轮国际气候谈判中的话语权。针对 2009 年底在丹麦哥本哈根召开的国际气候变化大会，欧盟于 2009 年 1 月 29 日率先宣布了立场。在其公布的《哥本哈根气候变化综合协议》中，欧盟做出承诺，到 2020 年，其污染排放与 1990 年的水平相比降低 20%，而不管是否达成国际协议。同时，欧盟给世界其他国家施加了压力，提出“如果其他发达国家进行同等规模的减排并且经济较发达的发展中国家在其责任和能力范围内做出适当的贡献，那么欧盟愿意继续努力并在一个雄心勃勃且全面的国际协议的框架内签订减排 30% 的目标”。欧盟之所以提出如此目标，很大程度在于排放交易体系初步实施的成功增强了其信心。

（7）低碳消费、低碳生活方式成为新时尚。欧洲人以保护环境为荣，注重使用清洁能源和地热资源。人们积极参与低碳消费，追求低碳生活方式。

二、美国低碳经济发展经验

（一）美国发展低碳经济的理念

世界头号资本主义强国——美国的低碳经济发展的道路也是不平坦的。1992 年 6 月，在联合国环境与发展大会上，150 多个国家制定了以将大气中的温室气体浓度稳定在不对气候系统造成危害的水平为宗旨的《联合国气候变化框架公约》（*United Nations Framework Conventionon Climate Change*，简称《公约》），《公约》于 1994 年 3 月生效，奠定了应对气候变化国际合作的法律基础，是具有权威性、普遍性、全面性的国际框架。1997 年 12 月，在《联合国气候变化框架公约》第三次大会上，参加国通过了《京都议定书》作为《公约》的补充条款。在《京都议定书》中，对 2012 年前主要发达国家减排温室气体的种类、减排时间表和额度等做出了具体规定，包括发达国家应该严格履行减排目标，并在 2012 年后继续率先减排等条款。而其中的“清洁发展机制”（CDM）尤为引人注目。即发达国家帮助发展中国家每减少一吨二氧化碳排放，其在国内就可相应多排放一吨二氧化碳，即多获得一吨二氧化碳排放权。

由于联合国组织的呼吁以及欧盟、日本等国家和地区强有力的竞争，作为世界经济龙头的美国不得不以牵头的“高姿态”签下协议。尽管白纸黑字的文件证实美国已经开始响应世界的号召，但“高姿态”背后的“低承诺”却一而再再而三地浮出水面。2001 年 3 月，布什政府发表了他给共和党参议员的一封信，在信中，布什政府认为联邦政府不应该强制要求美国企业削减温室气体的排放量，因为其经济代价太高，对美国经济增长不利。几天后，美国政府宣布退出“京都协议”。于是，在 1990～2005 年的期间内，美国温室气体的排放量本应削减 7%，反而增加了 16.3%。

但是，在 2008 年的全球金融危机导致经济衰退的大背景下，为了走出金融危机所带来的阴影以及寻求可能的新的经济增长点，奥巴马政府力推将应对气候变化和研发清洁能源及提高能源效率置于优先位置，力主通过“低碳经济”拉动经济复苏并使其成为未来新的经济增长点。相比于布什政府，奥巴马政府在应对气候变化问题上的态度相对主动，也有利于拉近与欧洲盟国的距离，树立美国国际减排新形象。

（二）美国发展低碳经济的政策

由于美国前后两届政府对待低碳经济的态度存在较大差异，所以，美国在低碳经济领域的政策可分为两个时期，第一个时期是布什政府时代的政策形成；第二个时期是奥巴马政府的政策创新。

1. 布什政府时期的政策

2001 年 6 月，布什总统宣布实施《全国气候变化技术计划》（NCCTI），旨在开展气候变化研究和其他活动，以完善温室气体排放监测技术和扶持先进技术示范项目。2002 年，布什总统签署了两个重要能源法案：一个是《2005 年能源政策法》；另一个是《2007 年能源独立安全保障法》。旨在实现到 2012 年使美国的温室气体的排放原单位量（每 GDP 单位的排放量）削减 18% 的目标。布什总统强调要提高燃料的利用率，增加可替代燃料的生产，在 2012 年以前要使美国的汽油消费量削减 20%，进而削减温室气体的排放。为此，联邦政府也制定了许多政策措施，包括金融刺激政策、自愿项目和其他政府工作。这些工作包括“能源之星”（energy star）、“气候领袖”（climate leaders）、“高效运输伙伴计划”（smart way transport partnership）。

2002 年，布什总统还成立了气候变化科技整合内阁委员会（CCCSTI），以协调和促进气候变化的科学和技术研究。在此委员会的指导下，美国制订了相关方案以协调气候变化科学研究方面的活动并实现布什总统“气候变化研究计划”和“全国气候变化技术计划”中提出的规划。2003 年 7 月，气候变化科学方案发布了以 5 大目标为重点的战略计划。2005 年，联邦政府拨款 20 亿美元促进气候变化科学有关的研究。

此外，布什政府还制订了以提高能源效率、发展减排技术、二氧化碳回收和储藏技术为重点的“美国气候变化技术方案”，旨在加快新技术开发的步伐以便迎接气候变化带来的挑战。该方案包括采取短期措施减少温室气体排放强度，促进气候变化科学的发展和促进国际合作以及 6 大战略目标。这 6 大目标是：提高能源效率并减少基础设施的排放量；减少能源供应；碳回收与储藏技术；减少非二氧化碳温室气体的排放量；提高监测温室气体排放的能力；促进基础科学对技术发展的贡献。因此，该方案对于推行总统的“全国气候变化技术计划”也将起到积极作用。

2007 年 7 月，美国参议院提出了《低碳经济法案》，表明低碳经济的发展道路有望成为美国未来的重要战略选择。11 月，“美国进步中心”（Center for American Progress）提出了题为“渐进增长，促使美国向低碳经济转型”的报告书。该报告书建议美国政府采取以下措施促进美国经济转型：

（1）制定经济系统范围内的温室气体排放总量管制与排放权交易方案。

（2）取消联邦政府对石油和天然气行业的税收减免和补贴。

（3）发展汽车燃油经济。

（4）加强替代低碳燃料的生产和供应。

（5）投资低碳交通运输基础设施。

（6）提高能源生产、传输和消费的效率。

（7）加强可再生能源的生产。

（8）开发利用碳回收和储藏技术。

（9）成立白宫全国委员会，由联邦政府带头推行低碳经济。

（10）带头应对全球变暖。

2008 年 4 月，布什总统又设定了新的目标，2025 年使美国的温室气体的排放总量的增加为零，此后削减温室气体的排放量。8 月，“美国气候变化科学计划组织”发表了题为“气候变化：强弱之评价”的报告书，强调扶持地毯技术研发项目，包括：生产制造程序的节能技术自主创新、太阳能发电技术领域、生物质能源技术领域、二氧化碳回收储藏技术领域、替代燃料汽车技术领域。

2. 奥巴马政府时期的政策

布什政府在低碳经济发展道路上做出的努力是显而易见的，正当这条路走得越来越顺畅之时，2008 年的金融危机使美国又一次遭受重创。一方面，它引发了美国经济增速放缓，能源需求减少的担忧，从而可能带动石油、煤炭以及房地产等行业价格下调；另一方面，煤炭等矿产资源因为不可再生和稀缺性成为新兴的避险工具，大量投资基金将抽离的资金放在商品市场，从而也会推动能源价格上涨，引发新一轮世界能源危机。在这样的现实状况下，奥巴马政府提出了适逢其时的“绿色新政”。

绿色新政的核心就是发展低碳经济，其内容可细分为节能增效、开发新能源、应对气候变化等多个方面。在节能方面最主要的是汽车节能。按照新标准，到 2016 年美国境内新生产的客车和轻卡每百公里耗油不超过 6.62 升。奥巴马指出，美国因此减少的石油消耗量将与美国从沙特等四大石油出口国一年的石油进口量相当；新能源的开发则是发展低碳经济的核心体现，与开发新能源相关的投资总额多达 400 亿美元；在应对气候变暖方面，美国运用“巧实力”，通过一系列节能环保措施大力发展低碳经济，在全球应对气候变暖问题上掌控主导权。

2009 年 1 月，奥巴马在美国能源与环境计划中宣称在今后 10 年对绿色能源领域投资 1500 亿美元，为 50 万人创造绿色就业机会。奥巴马还表明将确立温室气体减排目标，到 2020 年使温室气体排放量从 2005 年的水准削减 17%，到 2050 年削减 83%。今后 10 年，新政还将每年向可再生能源、清洁煤技术、环保车等低碳技术投资 150 亿美元，以减少对石油等资源的依赖，靠技术与产业创新来发展低碳经济。

2 月，美国出台了《美国复苏与再投资法案》(*American Recovery Reinvestment Act*)，该法案以发展新能源为重要内容，包括发展高效电池、智能电网、碳储存和碳捕获、可再生能源如风能和太阳能等。

3 月，美国又提出了《2009 年美国绿色能源与安全保障法》(*American Clean Energy and Security Act of* 2009)，该法案的一个重要组成部分就是向低碳经济转型，并构成了美国向低碳经济转型的法律框架。

6 月，众议院通过了《美国清洁能源和安全法案》。这是美国第一个应对气候变化的一揽子方案，根据这一方案，美国发电、炼油、炼钢等工业部门的温室气体排放配额将逐步减少，超额排放需要购买排放权。该法案建议利用一系列激励措施和标准鼓励清洁燃料汽车的发展，降低美国对石油的依赖，加强能源安全，减缓全球变暖等。美国之所以这么做，明显是想抓住“低碳经济”的龙头，使美国成为继 IT 产业之后世界经济又一场革命的领导者。

12 月初，奥巴马政府宣布了促进就业新方案，包括住房能效改造在内的新能源与节能领域的投资仍是重点之一。奥巴马政府还把温室气体减排方案与绿色技术创新联系起来，计划通过碳排放交易机制，在未来 10 年内向污染企业征收 6460 亿美元，其中 1500 亿美元将投入清洁能源技术的应用，以推动美国减少对石油、天然气等石化能源的依赖。

（三）美国发展低碳经济取得的成果

在奥巴马总统上台之前，无论是美国政府还是美国民众，对低碳经济的态度一直左右摇摆不定，这就极大地阻碍了美国低碳经济的发展。但是尽管如此，美国政府在低碳经济方面仍然取得了一些成绩。

第一，通过多年的发展和政府的资助，在开发利用生物质能方面，美国处于世界领先地位。生物质发电方面。美国从1979年就开始采用生物质燃料直接燃烧发电，生物质能发电总装机容量超过10000MW，提供了大约6.6万个工作岗位。燃料乙醇方面。目前美国是仅次于巴西的燃料乙醇大国，2007年乙醇的产量是64亿加仑，比2000年增加了4倍。生物柴油方面。美国于20世纪90年代初开始商业性生产生物柴油，截至2007年底，美国现有生物柴油生产企业171家，生物柴油产量4.5亿加仑，比2006年提高80%。

第二，建立起了一套专门的气候变化模拟、分析和预测的计算机系统。2002年在布什政府的资助下，成立了“美国气候变化科学计划组织”，该组织的使命就是汇集13个联邦机构的研究成果，利用计算机气候模型对气候变化进行高水平的计算机模拟、分析与预测。范围包括大气、陆地表明、海洋和海冰、硫酸盐大气气溶胶、非硫酸盐大气气溶胶和碳循环等多个层次。利用这套计算机系统美国能够分析预测气候变化对美国干旱地区或者半干旱地区水资源的影响，以及气候变化对这些地区经济发展的威胁。

第三，美国产业界在应对气候变化方面取得了较好的效果。尽管，布什政府宣布退出“京都议定书”，但是，2002年，美国产业界的巨头，如柯达、通用汽车、IBM、通用电气等与美国环境保护局一起开始实施“气候领导者计划”，并主动承诺自己的碳减排目标，如3M公司承诺2007～2012年，该公司的温室气体排放消减30%，通用电气承诺2000～2010年，该公司在北美地区的温室气体排放量消减40%。到2009年3月，已有261家美国大企业加入了该计划。

三、日本低碳经济发展经验

继英国率先提出发展低碳经济、丹麦提出建设低碳示范城市、挪威提出要建设低碳国家之后，日本率先提出创建低碳社会，声称要引领世界低碳经济革命，把日本打造成为世界上第一个低碳社会。受地理环境等自然条件制约，全球气候变化对日本的影响远大于世界其他发达国家。面对气候变暖可能给本国农业、渔业、环境和国民健康带来的不良影响，日本政府积极应对气候变化，主导创建低碳社会。

（一）日本发展低碳经济的理念

在应对气候变化和发展低碳经济方面，日本政府的基本理念是，地球变暖是人类活动的结果。因此，不论是生产的工人和销售的工人，还是产品的最终消费者都对气候变化负有责任，都应当分担温室气体减排的成本。因此，日本政府制定了“构建低碳社会推进基本法”，以法律的形式明确日本构建低碳社会的前景，并进一步明确到国家、地方、企业、国民个体构建社会低碳化的使命与责任。

（二）日本发展低碳经济的政策

1. 设立碳足迹制度

碳足迹制度是使二氧化碳排放量可视化的有效方法。日本正在制定排放量的确定方法、碳足迹标记和第三方验证的机制，并且开展碳足迹的示范项目。与此同时，在消费者领域推进二氧化碳可视化进程。具体而言，就是实施碳足迹制度和食物运送里程制度，测定产品和食物从制造、运输、消费再到废弃的一系列过程中所排放的二氧化碳总量。

2. 碳抵消制度

日本制定了碳抵消推进法，确立了碳抵消的原则和相关的行动计划。所谓的碳抵消是通过 A 场所的节能和减排活动直接或间接吸收（抵消）在 B 场所由经济活动和生产消费等活动所产生的二氧化碳。日本经济产业省在 2008 年 2 月制定公布了日本碳抵消指南，并且已在 2009 年开始选择地方城市作为示范点，进行相关规则和认证体系的建设。同样早在 2008 年，日本经济产业省就组织并建立了日本碳抵消制度实用化和普及推进研究会，积极制定碳抵消中的二氧化碳算定方法等规则。同时明确商品和服务的二氧化碳排放量与碳抵消之间的关系，确立了绿色积分制度、企业二氧化碳排放量的可视化、家庭二氧化碳排放量的可视化以及低碳化教育的实施。

3. 经济激励制度

为发展低碳经济，日本政府在家电、楼宇、交通运输、可再生能源和金融五个方面实行了经济激励制度。

（1）在家电领域，推出了领跑者计划。对超过领跑者计划标准的家电由政府财政实行更新购置补贴，旨在促进低碳技术的家电在日本家庭中的普及。所谓的领跑者家电计划是日本的节能创新制度，具体而言就是以家电和办公信息用品为对象，将节能标准定位在市场上低碳技术最成功的产品上，借以促进低碳电器的开发。相反，若未达到标准，将公开企业及产品的名单，并处以罚款。

（2）实施住宅和办公大楼的低碳化。住宅领跑者计划包括采用高效率节能的住宅装修设备，利用太阳能发电和地热的标准和数值目标，安装可以显示电与煤气的消费量的系统设备。修改住宅贷款减税条例，对节能型住宅实行税制上的优惠。办公大楼领跑者计划包括：对办公大楼的业务用冰箱、冷冻库、展示窗、打印设备以及大型路由器实施领跑者计划。

（3）促进交通运输领域的低碳化。首先，日本政府确定了二氧化碳排放量的课税标准，在此基础上，制定根据二氧化碳的排放量来制定新的汽车税制，在税制上明确激励购买和使用低碳汽车。其次，日本政府鼓励企业开发领先世界的低碳汽车。低碳汽车的开发不仅可以为解决气候问题做出贡献，而且关系到日本经济的发展。日本政府与日本汽车企业开展合作，发挥日本汽车企业的积极性与巨大优势，以及政府的有效地扶持与政策性支持，从而确保日本在低碳汽车领域的绝对优势。最后，日本政府及时进行了低碳汽车基础设施的建设。

（4）促进可再生能源的开发与普及，实现零排放电力。日本政府奖励在工厂、事业单位、医院、学校、公共设施等场所设置太阳能发电装置的计划。加速在高速公路和高楼设置墙壁一体化太阳能发电装置。经过几年的努力，日本在世界上夺回太阳能发电的生产量与使用量第一的宝座。建立以固定价格购买可再生能源的制度，以便促进可再生能源的使用。在税制方面优惠清洁电力证书制度，同时通过统一标示，促进碳抵消的实施，促进清洁电力证书的普及。

（5）建立绿色金融体系。日本政府非常支持日本的金融机构为低碳技术创新和培育新能源风险创业而融资。同时，日本政府采取了积极有效的金融手段支持那些民间金融机构难以进行的可再生能源开发事业，低碳技术创新的开发投资等。同时，还要考虑与民间金融机构共同出资的绿色基金。

4. 低碳经济立法

日本从 2009 年开始实施新的能源法，该法规定日本的企事业单位，医院、学校、商店（含 30 个以上便利店铺的商业企业），凡是每年的能源使用量按原油换算在 1500 千升以上，都必须向政府主管机关申报能源的使用量及二氧化碳的排放量。而且，根据该法，日本的企业必须在经营管理层中设立能源管理执行官和能源管理企划推进者。企事业单位必须向政府定期提交二氧化碳排放量报告。

5. 碳排放量交易制度

日本的排放量交易制度比欧盟起步晚许多，还没有真正意义上的排放量交易制度。在 2008 年秋，日本根据构建低碳社会行动纲领开始了排放量交易的实验，名称是日本排放量交易国内综合市场的实验，主要由试行排放量交易机制和国内证书交易两个部分构成。

试行排放量交易机制是指企业自主设定减排目标，并为达成目标而进行减排。为达成减排目标，企业可进行减排额和减排证书的交易。国内证书交易是指大企业提供资金和技术帮助中小企业进行的减排认证制度。中小企业实现的减排量可以作为二氧化碳减排证书用于大企业自主行动计划的减排目标的达成。

（三）日本发展低碳经济的技术创新

在2008年，日本制定了环境能源技术创新战略，确立了发展低碳经济，应对气候变暖所需的技术创新的基本政策，将研究开发的资源重点放在可以领导世界的节能技术领域，加速低碳技术的创新，确保日本在低碳技术领域的世界领先地位，因此日本对五个领域进行重点研发。这些领域包括：超燃烧系统技术领域，主要是在钢铁、有色金属、石油化工等化石能源消耗量非常大的高碳产业中，应用通过技术创新，实现能源利用的高效能化，减少二氧化碳的排放；超时空能源利用技术领域，主要是开发新的能源回收、储藏与运输新技术，最大限度地减少不同行业场所差异所造成的能源浪费；节能型信息生活空间创生技术领域；低碳型交通技术构建领域，主要是在技术与价格两个方面推进电动汽车、燃料电池汽车、混合能源汽车等汽车电动化的技术开发；新一代节能半导体技术领域，日本正在筹划制定新一代节能半导体器件的世界标准。

此外，为了具体落实上述五大技术领域的创新，日本政府还制定了技术战略图。根据技术战略图动员政府、产业界、学术界构成国家创新系统，进行全方位立体的低碳技术攻关。

（四）日本发展低碳经济取得的成果

日本作为世界第二大经济体，本身具有强大的研发和资金力量，因此日本的低碳前景是比较乐观的。日本政府及企业界也想凭此与欧盟、美国争夺低碳经济的话语权。日本官方一份报告预测，到2010年日本环保产业将达到70万亿日元（约合5632亿美元）的规模，成为国民经济的重要支柱之一，就业人数达150万。

日本电力中央研究所和关西电力公司共同成功开发了以木质系生物质等做燃料的高效率，碳化气化燃气发动机发电系统，用额定出力320千瓦达到世界最高水平的发电效率23%。生物质发电除数千千瓦以上的大规模装置外，由于发电效率低，缺乏有利性，处于不引入的现状。为了提高中小规模发电系统的发电效率，开发了电力中央研究所制造的发电用燃料气体的生物质气化技术和关西电力公司持有的燃烧力强的燃气发动机技术组合装置。

四、澳大利亚低碳经济发展经验

（一）澳大利亚发展低碳经济的理念

全球温室效应的加剧对澳大利亚有着双重不利影响：第一，澳大利亚地广人稀，是一个处处需要汽车的国度，是以开放资源为基础的小型经济体，无组织无计划地实施降低全球温室气体排放的行动，将使得澳大利亚面临重大经济影响；第二，澳大利亚地处热带，气候的基本特征是干旱区面积比例最大、年降水量成半环状分布和全大陆普遍暖热，是一个炎热干燥的国家，气温的上升和降水形势的变化都会带来不良后果，全球变暖会影响其生物多样性，海平面上升将直接威胁其周边岛屿。因此，对澳大利亚而言，发展低碳经济迫在眉睫。但是，与欧盟、美国、日本相比，澳大利亚向低碳经济转型起步较晚，在向低碳经济转型上困难重重。

（二）澳大利亚发展低碳经济的政策

2006 年 1 月 13 日，美国、澳大利亚、日本、中国、印度和韩国在澳大利亚正式启动了《亚太清洁发展与气候伙伴计划》，宗旨就是通过合作促进伙伴国发展以及进行更高效、更清洁、更有技术的转让。但是迫于国内利益集团的分歧和经济发展的压力，澳大利亚在应对气候变化方面一直停滞不前。直至 2007 年 12 月 3 日，当选为澳大利亚新任总理的陆克文才签署了《京都议定书》。

2008 年 7 月 16 日，澳大利亚政府发布了酝酿已久的《减少碳排放计划》政策绿皮书。该碳减排计划主要提出了三大目标：减少温室气体排放、即刻采取有效措施适应不可避免的气候变化、加快全球实施减排措施的步伐。此外，政府将实施两个有针对性的计划，即“气候变化行动资金”和“电力系统调节计划”，来帮助可能受到“减少碳排放计划”影响的企业。

澳大利亚政府的中期减排目标是到 2020 年，将澳大利亚的温室气体排放量削减 25%，2050 年达到 2000 年排放气体的 40%，并计划于 2009 年出台具体法规，于 2010 年 7 月 1 日正式实施。其核心内容是为碳排放企业设定一个排放上限。任何机构倘若超出碳排放的上限，就必须要对超出部分额外交钱，从而激励企业自觉实施减排措施。

2009 年 5 月澳大利亚做出决定，把减排目标提升为到 2020 年在 2000 年的基础上“最多”减排 25%。2009 年 12 月 15 日，澳大利亚政府发布了“降低碳污染计划”的政策白皮书。白皮书中列出了澳大利亚中长期降低温室气体排放的目标和实现这些目标的主要途径。尽管，澳大利亚的温室气体排放量只占全球温室气体排放总量的 1.5%，但由于严重依赖煤炭发电，人均温室气体排放量已超过美国，如果不对温室气体排放加以控制，到 2020 年，澳大利亚的碳污染程度将比 2000 年严重 20%。

自批准了《京都议定书》后，澳大利亚积极参与到《京都议定书》第一阶段 2012 年到期后全球减排行动的国际协商当中。澳大利亚争取在 2008 ~ 2012 年之间把温室气体排放量控制在高于 1990 年温室气体排放量 8% 的水平以内，如果没有政策指导，澳大利亚的温室气体排放量将比 1990 年的水平高 24%。白皮书制定了澳大利亚将如何在其历史上首次逆转温室气体排放的规划。到2020年，澳大利亚的温室气体排放量将在2000年的水平上最少降低5%，最多降低15%。这相当于较1990年的水平降低了4%～14%，从而推动澳大利亚实现到2050年温室气体排放量在2000年的水平上降低60%的长期目标。无论境况如何，在2000年的水平上降低5%这个最低线都是一个无条件的承诺。15%这个上限目标显示澳大利亚愿意在全球行动的大背景下付出更多的努力。如果所有发展中国家也承担应有的减排任务，实施减碳排放计划，那么，澳大利亚将把减碳排放目标提高至：到2020年达到在2000年的水平上降低15%。这个目标范围兑现了澳大利亚在《东京议定书》中12%～22%的承诺，意味着温室气体排放量从2010年相当于1990年的108%的水平降低到2020年相当于1990年的86%～96%的水平。

（三）澳大利亚发展低碳经济取得的成果

第一，澳大利亚政府建立了气候变化政策部，用以整合相关部门资源，进而促进政府与产业互动，全方位建设一个低碳经济环境。其中，低碳经济着力支持新能源普及和相关技术发展，采取强制性的可再生能源指标。澳大利亚政府计划于2020年可再生能源比重将达到整个电力的20%，并且以不断完善的新型清洁能源技术作为支撑，而且将发展核能技术作为减少碳燃料使用量的重要途径之一。为了促进可再生能源技术的研究、开发和商业化，澳大利亚建设了可再生能源专项基金，计划7年投资5个亿，重点用于热能技术升级和太阳能开发利用。力求在2011年实施排放配额交易制度，全国几千所学校安装太阳能热水器系统。同时，也鼓励家庭安装太阳能热水系统，并给予资金奖励，以实现家庭节能减排。2008年建立了汽车绿色基金，主要用于新能源的开发，以及新型发动机的研制，再增加动力的同时降低耗能，开发更多的可用于生产动力的新能源。澳大利亚出台一部法律，要求逐步用紧凑型荧光灯取代白炽灯泡，因为前者的效率是后者的四倍。

第二，2008年实施“全球碳捕集与储存计划”使得澳大利亚对清洁煤技术的投资处于世界领先地位。而这项计划，包括建立一个全球碳捕集与储存中心，这将推动碳捕集与储存计划技术和知识不仅在全国甚至是在全球的推广。2009年，澳大利亚政府宣布拨款1亿美元给全球碳贮藏研究所，作为加快CCS的技术的发展的一部分。

第三，初步建立了碳交易制度体系。新南威尔士州的碳排放交易中心是全球碳交易三个独立体系之一，它于2003年1月首次启动，现在已经成为世界上最大的碳排放交易中心。它是基于配额的交易，在“总量控制与交易”体制下，对相关机构制定、分配或拍卖的减排额进行交易。它对该州的电力部门和其他部门均规定了排放份额。一旦超出了排放份额，超长的部分将通过碳交易市场来购买减排认证补偿。澳大利亚政府计划在今年开始实施碳排放交易制度，强制要求1000家企业（这1000家企业的碳排放量占到全国总量的75%）购买碳排放许可，并对二氧化碳制定了市场价格，通过碳税来鼓励企业减少环境污染，据澳大利亚一些企业抱怨说，这是世界上最严厉的碳交易体系之一了。

第四，在国际方面，澳大利亚政府也积极加强减碳协作。澳大利亚推行了一系列的计划为全球解决方案做贡献，其中包括为本地区脆弱的国家提供客观的援助，帮助其适应不可避免的气候变化，澳大利亚还通过了2亿澳元的“国际森林碳计划”，为降低发展中国家森林采伐和森林退化造成的温室气体排放提供支持。

五、国外发展低碳经济的经验对中国的启示

通过对发达国家发展低碳经济的经验梳理，我们至少可以得出对于中国发展低碳经济具有重要参考价值的几点启示：

第一，低碳经济将逐步成为全球意识形态和国际主流价值观，中国应理性承担相应的国际责任。欧美发达地区和国家之所以不遗余力地发展低碳经济，除了自身环境和国际组织的压力之外，更主要的是为本国经济的发展寻找新的制高点，以期在未来的国际竞争中处于主导地位。例如，欧盟在2007年末召开的联合国气候变化框架公约第3次缔约国会议上，宣布到2020年欧盟的碳排放将比1990年减少20%，欧盟之所以为自己设定一个严格的目标，就是为了促进低碳技术创新，加速向低碳经济转型，从而在低碳经济方面确立自己的优势地位。例如，2001年，美国以阻碍本国经济增长为由，宣布退出《京都议定书》。2008年，奥巴马当选美国总统以后，相继发布了一系列有关气候变化的政策，其中最重要的就是“美国绿色能源与安全保障法”。在绿色能源法案中，美国不仅提出到2050年比2005年减少碳排放83%的目标，而且从产业振兴、劳动者转型与就业、低碳技术创新和应对气候变化等多个方面做出了详细的安排与部署。2007年澳大利亚也出于自身考虑，宣布加入《京都议定书》。

通过上述对欧美各国发展低碳经济的经验总结表明，发展低碳经济绝非是“零和博弈”。尽管中国是发展中国家，人口众多，经济发展仍然面临巨大压力。但是，一方面，中国目前的生态环境已经处在非常脆弱的边缘，自然灾害频繁，经济发展面临极强的资源环境约束；另一方面，“低碳”不仅是未来国际贸易的入场券和通行证，也是未来国际交流与合作的基本价值观。因此，中国要想在未来的国际竞争中处于有利地位，就必须大力发展低碳经济。

第二，以低碳经济为核心的产业革命已经出现，低碳经济不但是未来世界经济发展结构的大方向，更将成为未来全球经济新的支柱之一，要想在未来的国际竞争中取得一席之地，发展低碳产业或者现有产业低碳化是必然选择。欧美各发达经济体都把

发展低碳经济，发展新能源、新的汽车动力、清洁能源、生物产业等作为走出国际金融危机新的增长点。例如，在二氧化碳回收与储存（CCS）产业部门，美国拥有相当的竞争优势，处于世界领先地位。在清洁煤和煤炭以及天然气高效火力发电方面，日本相对于欧美的竞争优势非常明显。在可再生能源领域，欧盟已经确立了自己的优势。在智能电网方面，美国相对于欧盟和日本的竞争优势非常明显。在环保汽车方面，日本暂时处于领先地位。在节能型信息家电方面，日本相对于欧美的竞争优势非常明显。在低碳服务领域，欧盟拥有"领先世界"的优势。中国必须结合自己的国情，谋划低碳产业布局，大力发展低碳产业。

第三，中国必须抓住清洁发展机制带来的巨大发展机遇。低碳经济以其独特的优势和巨大的市场已经成为世界经济发展的热点。发达国家每减排一吨二氧化碳成本平均在100美元以上，根据日本AIM经济模型测算，在日本境内减少1吨二氧化碳的边际成本为234美元，美国为153美元/吨碳，经合组织中的欧洲国家为198美元/吨碳。而发展中国家平均减排成本只有几美元至几十美元。因而发达国家有动力提供资金和技术在成本较低的发展中国家开发风力发电、太阳能发电等减排项目，并用由此而产生的"核定减排量"（certified emission reduction，CER）抵扣本国承诺的温室气体排放量，这就是清洁发展机制。联合国环境署的统计显示，2007年开始，由清洁发展机制所产生的核定减排量已经开始大规模进入市场。

中国的减排成本大概只有20美元/吨碳，这种巨大的减排成本差异，促使工业化国家积极在中国寻找项目，从而推动了中国CDM的发展。根据挪威的点碳咨询公司2007年10月的研究结果显示，中国是最适宜发展碳减排项目的国家，其次是印度和智利。对发展中国家而言，协助发达国家能够利用减排成本低的优势从发达国家获得资金和技术，促进可持续发展；对世界而言，可以使全球在实现共同减排目标的前提下，减少总的减排成本。因此，大力发展CDM对中国而言是一种双赢（Win-Win）的选择。目前，由于中国总体排放水平高，人均排放水平低，不到美国的四分之一，未来中国存在着相当大的潜在减排空间。目前中国CDM项目数量在世界上位居第二，产生的CER位居世界第一，几乎占据全球市场的一半份额。出售CER不仅可以直接带来经济收入，CDM项目建设还可以拉动国内投资。因而清洁发展机制将可能给我国对外经济贸易提供一种新的发展模式。但是《京都议定书》在2012年到期，后续新的国际环境公约中，发达国家可能利用"碳关税"等一系列政策向中国施压，要求以中国为首的发展中国家承担一定的减排义务。

第四，建立完善的碳排放交易市场体系和与其相关的金融服务业，形成良性互动。反映排放许可权稀缺性的价格机制形成以后，排放权价格就会影响到企业的生产决策，企业如果不采取减排措施或降低产量，则需要承担更多的减排成本。碳排放权商品属性的加强和市场的不断成熟，吸引投资银行、对冲基金、私募基金以及证券公司等金融机构甚至私人投资者竞相加入，这些金融机构和私人投资者的加入又使得碳市场容量不断扩大，流动性进一步加强，市场也越加透明，又能吸引更多的企业、金融机构参与其中，而且形式更加多样化。这种相互促进作用既深化了碳交易市场，又提高了金融产业的竞争力。

北京、上海、天津三地的环境交易所现在主要业务是节能环保技术交易、二氧化硫排放权交易和排污权交易。虽然是全球最大的温室气体排放国和碳排放权供应国，不过中国目前并不承担强制减排的义务，所以“碳交易”对于中国环交所来说还不是主要业务。但是，中国却迫切需要建立自己的碳交易市场，这不仅有利于减少买卖双方寻找项目的搜寻成本和交易成本，还将增强中国在国际碳交易定价方面的话语权。同时，发展碳交易市场，对于构建以中国和人民币为主导，以直接投资融资、银行贷款、碳指标交易、碳期权期货等一系列金融工具为支撑的碳金融体系，推动中国碳交易市场的价值链分工，具有重要战略意义。

第五，将发展低碳经济确立为我国未来发展的一项重要国家战略。发展低碳经济并非只是某一个或者几个行业实现低碳化，而是整体经济实现低碳化，要想整体推进我国低碳经济的发展就必须从国家层面把低碳经济作为一项重大的国家发展战略。一方面，符合我国贯彻科学发展观、实现经济社会长期可持续发展的内在要求；另一方面，也有利于我国抢占未来国际经济竞争的战略制高点，树立负责任大国的国际形象。

第六，制定一套完善的制度体系，加大低碳科技研发的经费投入，提高全民参与意识，积极投身国际合作。尽管，有了国家战略、有了行动的统一纲领，但是，要从根本上保证低碳经济的国家战略在经济建设的过程中顺利实施，必须有一整套完善的制度作保障，必须拥有先进的科学技术，还需要增强消费者的低碳意识，积极参与国际低碳经济合作，推动国际公约制定。

第七，发展低碳经济必须充分考虑中国国情。不论是欧盟、美国，还是日本，这些地区或国家在发展低碳经济时，都是在充分考虑了自身优势的基础上，选择了某些符合自身发展利益，且具有技术优势的行业，做出了长远规划，而并非一味跟风。因此，中国在发展低碳经济时必须充分考虑中国国情。例如，中国煤炭储量丰富，目前和可预见的未来，煤炭仍然将是我国能源供应的主要来源，因此，在选择低碳技术创新和新能源产业时，必须把清洁煤技术作为重要方向。

总之，发展低碳经济是我国转变发展观念、创新发展模式、破解发展难题、提高发展质量的重要途径。在广泛地借鉴发达国家经验的基础上，充分利用科技力量、立法手段与市场经济，努力建设资源节约型、环境友好型社会，实现我国经济社会又好又快发展。

第八节 我国发展低碳经济的政策支撑体系

一、政策体系对我国低碳经济发展的影响

（一）科学完善的政策体系能够培育良好的社会经济环境，推进低碳经济发展

任何经济模式都是产生于一定的社会环境，并在这种社会环境中逐步发展、壮大、成熟和完善的。低碳经济的发展也离不开一个良好环境的支撑。科学完善的政策体系对低碳经济发展的积极影响的一个重要方面便是能够培养良好的社会环境。

（1）科学完善的政策体系充分肯定教育的重要地位，增加教育投入，大力发展知识经济。知识经济就是要求加强经济活动中智力资源对物质资源的替代作用。符合低碳经济中的少排放原则。知识经济的核心是科技，关键是人才，基础是教育。因此，政府科学决策中如果能够充分重视教育的地位，增加教育的投资力度，加强人才的培养，就能够为低碳经济的发展提供智力支持和保障。

（2）科学完善的政策体系强调开展绿色教育，培养公众的低碳经济意识。建立和完善低碳经济发展规划、管理体系和法规体系。通过学校教育和社会教育，树立并强化公众的低碳经济意识，带动民众广泛参与环保实践。为低碳经济的发展打下群众基础，让它的发展得到大众的认可和支持。

（3）科学完善的政策体系重视完善环保法律体系，为低碳经济的发展提供了法律保障。科学的政府决策将改变现行还局限于“污染治理”的思维模式；改变对废弃物进行被动的“末端处理”的方法，代之以在生产和消费的源头控制废物产生的“管理预防”为主，从而形成一整套系统的以避免废物产生为特征的机制；将对现行的环保法律进行系统的修改，以“少排放”“再利用”“多吸收”原则为指导，促使环保法律成为低碳经济建立的有力保障。

（二）科学完善的政策体系通过引导、规范企业行为，使企业逐步融入低碳经济模式中

市场经济体制下，企业是经济活动的细胞。只有将企业纳入低碳经济模式下运作才能将低碳经济发展、壮大。通过政府科学的决策对企业行为进行引导、规范是影响低碳经济发展的一个重要途径。科学的政府决策利用市场机制明晰环境产权，通过价格来反映其价值，建立起完备的资源价格体系，使资源和其他物品一样走入市场，让

企业在消费环境时付出相应的成本，遏制环境资源的过度使用、滥用；科学的政府决策根据低碳经济的思想改造现有产业，鼓励发展环保产业，运用工业生态学的观念来改造现行的工业系统；按照清洁生产的理念来组织工业生产，减少原料和能源的消耗，减少废弃物的排放。以上的行为能够对企业发展低碳经济进行引导。

（三）科学完善的政策体系能够引导绿色消费，促进低碳经济发展

绿色消费的概念是广义的，它有三层含义：一是倡导消费未被污染或者有助于公众健康的绿色产品；二是在消费过程中注重对垃圾的处置，不造成环境污染；三是引导消费者转变消费观念，注重环保，节约资源和能源，改变公众对环境不宜的消费方式。消费在经济活动中占有重要地位，产品和劳务只有在最终被消费后才能真正实现其价值。倡导绿色消费是构建低碳经济最重要的环节，对低碳经济的发展具有直接的推动作用。

（四）科学完善的政策体系能够推动低碳经济的发展

各级政府如果把发展低碳经济，推进全面发展、协调发展、可持续发展作为重要宗旨，并且贯彻到实际工作中去，在不断探索中总结低碳经济发展的经验，必将推动低碳经济不断向前发展。在政府采购中，如果明确规定低碳经济产品法定比例，无疑是对低碳经济发展的强大支持，这同时还可以引导绿色消费潮流，拉动低碳经济产品需求，促进其发展。科学完善的政策体系、政府的科学决策和适当的自身行为对低碳经济的发展起着不可低估的推动、促进作用。但同时我们也应看到，任何决策的失误都将可能阻碍、延缓低碳经济发展的步伐，带来沉重的负面、消极后果。因此，在低碳经济发展过程中，要充分估计政府决策的影响力，发挥好政府决策的推动、促进作用，避免产生消极影响，早日建立起人与自然的和谐关系。

根据我国低碳经济的内涵、发展模式及战略重点以及相关国际经验，低碳经济不是某些领域和局部的可持续发展实践，而是对传统生产和消费模式的彻底改造和变革。所以，低碳经济政策支撑体系应包括三个方面：基本政策、核心政策和基础政策。

（1）基本政策是低碳经济发展的最根本和普遍适用的指导政策，其目的是确定低碳经济在社会经济发展中的战略地位，提出低碳经济发展的总体战略目标、步骤、主要制度和措施，以便用低碳经济理念、原则和方法指导社会经济发展的方方面面，形成核心政策和基础政策创新的法律基础。根据日本经验，低碳经济基本政策包括基本法和基本计划。在基本法出台之前，我国可以先发布基本指导文件，如《国务院关于加快发展低碳经济的意见》。我国发展低碳经济的基本规划可以由两部分组成：一是制定中长期低碳经济发展战略规划，二是将低碳经济发展目标、任务和措施纳入国

民经济与社会发展五年规划，作为阶段规划。根据我国发展规划体系，低碳经济发展阶段或短期规划不宜独立制定，要避免与社会经济发展主流规划脱节，形成两张皮现象。

（2）核心政策是直接推动低碳经济重点领域的政策，政策形式基本上可以划分为法律法规及标准、经济激励手段和行政监督管理制度等类型，专项规划也是一项很重要的政策手段。促进低碳经济发展的核心政策应包括八大类：生态工业政策（产业结构调整政策、生态工业园区建设政策、清洁生产政策）；生态农业政策；绿色消费（包括政府绿色采购）和绿色服务业政策；环境友好型产品标识政策；资源节约型和环境友好型基础设施和建筑政策；环境保护政策；再生能源和资源能源节约政策。

（3）基础政策是指更大程度为低碳经济重点领域实践创造良好制度环境的政策。低碳经济基础政策可以大致分为宏观经济政策和基本经济制度、基础性激励政策和考核政策三大类。宏观经济政策和基本经济制度包括经济结构调整政策、绿色贸易政策和有利于资源环境保护的产权制度。基础性激励政策包括绿色财政、绿色金融、绿色税收和绿色价格政策。考核政策包括绿色国民经济核算制度、绿色会计制度、绿色审计制度和绿色干部考核制度。建立和完善低碳经济宏观政策体系的原则是切实落实和用好现有有利于低碳经济发展的政策，完善薄弱政策，补充缺位政策。

二、低碳经济法律法规体系

法律手段是促进低碳经济发展的重要制度安排之一，也是其他手段发挥作用的前提和基础。没有法律手段作为保障，经济手段就失去效能、行政手段就无法可依、教育手段也苍白无力。通过法律手段来促进低碳经济发展具有两个明显的优势：第一，法律手段具有公平性和刚性，适应约束和正式规则，不受各种利益集团的影响，并可通过审判过程使公共契约和私人契约得到恰当的阐述和保护。第二，法律手段威慑性强。通过对违法违规者进行严厉制裁，可对知法欲犯法者起到震慑作用，使其望而却步、悬崖勒马，达到预防犯罪的目的。从发达国家的实践来看，低碳经济不是在市场经济制度下自动产生的，而是在法律的强制规范下发展起来的。因此，我们应借鉴英、德、日等国家的立法经验，尽快建立和完善我国的低碳经济法律法规体系，为其他手段的有效运行提供保障。

（一）低碳经济法律法规体系的指导思想

制定有效的低碳经济法律法规体系，必须坚持正确的立法指导思想。这个指导思想，核心就是党中央提出的科学发展观。科学发展观的第一要义是发展，核心是以人为本，基本要求是全面协调可持续发展。这三个方面相互联系，有机统一，它解决了为什么要发展以及怎样发展的重大问题，其实质是实现经济社会又好又快发展。它要求我们改变过去以单纯追求经济增长为目标的发展观，以人与自然的和谐作为基础，以区域、城乡、经济与社会统筹发展为内涵，以国内、国际相统筹为手段。发展低碳经济是解决资源与环境问题，实现人与自然和谐的重要出路，与科学发展观的指向完全一致的。我国低碳经济在理论和实践方面尚处于初步探索阶段，应该大胆借鉴发达国家的成功经验，在理论和实践上进行深入的研究和探索，通过发展低碳经济作为构建和谐社会的主题，加快推进资源节约型社会的建设。因此，开展低碳经济立法必须以科学发展观的理论作为立法的指导思想，提高低碳经济立法的质量保证。

（二）低碳经济法律法规体系的立法原则

低碳经济立法的基本原则，应该遵循低碳经济发展的基本规律，体现国家发展低碳经济的根本意图、主要战略和基本要求，是推进和实施低碳经济的活动中应当始终遵循的指导准则，目的是给低碳经济立法体系提供一个总的方向，再考虑各个法律制定与修改时都不致偏离。

1. 规定适当、可操作性原则

法律既要有国家对发展低碳经济的宣示性规定，内容也要尽量实在，具有可操作性。实践中我们看到，有些措施在发达地区可能还嫌“力度不够”，但在欠发达地区特别是经济落后地区就显得要求过严难以承受，因此，法律规定一定要“适当”，即各个地方经过努力能够做得到。法律规定只有“适当”才能令行禁止。同时，要处理好低碳经济立法于其他法律法规的关系，尽量避免法律条文上的冲突，同时处理好立法的现实性与前瞻性之间的关系，使之符合低碳经济发展的方向和目标。一时达不到的要求，可以通过规定过渡性办法，避免造成混乱，增强实际工作中的可操作性。

2. 循序渐进和因地制宜原则

我国的低碳经济法制建设，无疑应当大胆吸收、借鉴国外低碳经济法制建设的经验。但是，每个国家的地理条件、环境、资源、人口、文化等又各具特点，为了有效地保护其环境和资源，对外国的立法绝不能照搬照抄，各国必须建立与其特点、需求相适应的法律制度。例如，在研究低碳经济法的调整范围时，我们既要吸收发达国家的经验，更要考虑我国的基本需求。日本、德国因处于后工业化时代，资源利用效率已经很高，这些国家低碳经济的发展侧重于资源的再利用与多吸收；而我国正处于工业化的关键时期，能耗、物耗普遍较高，环境污染严重，节能减排的潜力很大，因此当前应当特别强调节能排放。我国的国情是人多地少，人均资源稀缺，自然条件、社会经济各地差异较大。因此，我们不能照搬其他国家的法律体制，必须坚持从实际出发，因地制宜，循序渐进，逐步建立起完备的具有中国特色的低碳经济法律法规。

3. 统筹兼顾、科学发展原则

统筹发展即经济、社会和环保相统筹，包括横向和纵向两个方面。横向统筹是指在低碳经济立法中，要充分考虑全国与区域、区域与区域内企业相统筹。纵向统筹指要合理统筹第一、二、三产业之间的发展，合理统筹行政、宣传、教育、法律、科技、生态保护等发展低碳经济的保证因素。发展低碳经济，关键是如何在保护生态环境的同时，实现持续开发资源与发展经济的目标。因此，制定低碳经济立法必须坚持预防为主，坚持保护与开发并重的科学发展观。在保护中开发，在开发中保护，在搞好环境保护和生态建设的同时，合理利用资源环境优势，积极发展生态产业，在经济快速发展中解决生态环境问题。

4. 政府、企业和公众共同参与原则

低碳经济是一项系统工程，需要政府、企业和公众的共同努力。

第一，要明确规定中央政府、地方政府以及有关部门在发展低碳经济中的各项职责。政府要建立和完善相关的法规、政策体系，加强公共管理与服务，为社会各界发展低碳经济排忧解难。

第二，要明确企业是发展低碳经济的主体。要从根本上调动企业自身节能降耗的积极性，并从标准和定额上对企业提出硬约束和硬要求，促使企业不得不在发展低碳经济上竭尽全力。

第三，公众是推动低碳经济发展的重要动力。公众参与要全过程进行，前提是要求知情权。我们必须把与发展低碳经济密切相关的生态环保和资源节约活动逐步变成全体公民的责任意识和自觉行为。在低碳经济的立法过程中，应当广泛听取群众的意见和呼声，鼓励广大群众参与发展低碳经济的积极性和创造性，避免部门权力法定化、立法听证形式化等倾向。在发展低碳经济过程中，政府、企业和公众都应发挥各自的优势，加强合作，形成合力。政府、企业、公众要形成良好的合作伙伴关系，共同推动低碳经济的发展。

（三）低碳经济法律法规体系的具体制度

从国际经验看，专门制定发展低碳经济、建立低碳经济和社会的法律，对于推动低碳经济发展、提高自然资源的利用效率、从根本上预防污染，是非常必要的。制定统一的低碳经济促进法可以将清洁生产、生态工业和生态农业等所采取的措施加以整合，并以此来推动调整产业结构和产品结构，调整农业结构和布局，指导经济发展和合理消费，真正实现经济发展、环境保护与社会进步三者的协调。

低碳经济的法律法规体系至少应包括四个部分：一是必要的行政强制措施；二是经济激励手段和措施；三是其他激发民间自愿行动的手段和措施；四是政府和有关主体的义务和责任。具体制度应包括：

（1）发展低碳经济的规划制度。要将发展低碳经济确立为国民经济和社会发展的基本战略目标之一，进行全面周到的规划。将其与环境保护规划相协调后，纳入中央和地方的国民经济和社会发展计划，并运用财政预算等手段予以支持，以保证低碳经济规划和有关规划的全面实施。

（2）低碳经济的科技支撑和示范制度。鼓励依靠科技进步采用降低原材料和能源消耗的无害和低害的新工艺、新技术，鼓励产业界的积极创新和开发。要求各级政府部门加大科技投入，组织力量研制开发清洁生产技术，推广无害或者低害的新工艺、新技术，大力降低原材料和能源的消耗。对研究和处理废弃产品的研究机构给予政策上的扶持。

（3）绿色消费鼓励制度。社会再生产的末端是消费者，在传统的环境法律体系中，消费者承担着很少的环境保护义务。但在低碳经济法律体系中，消费者应当承担更多的义务。因此，在低碳经济法律制度中，应当规定消费者也应为回收利用其消费过的物资承担一定的回收利用义务。公众通过树立与环境保护相协调的价值观和消费观，实行资源的综合利用。

（4）产品回收利用制度。明确规范对产品的回收利用、奖励及相关责任制度。企业在设计、生产产品的过程中，应把产品的再商品化率作为一项重要指标，纳入企业经济考核指标中，为企业履行回收产品的义务创造必要的条件。

（5）低碳经济发展激励制度。该类制度包括以下内容：拓宽低碳经济融资渠道，建立完善低碳经济多元化的投资机制；实行资源回收奖励制度，鼓励公众回收有用物资的积极性；鼓励废旧物资回收和再生利用的产业发展，实现废旧产品商品化；调整税收、信贷、财政等政策，对再生资源加工企业及购买再生资源加工产品的企业和个人实行税收优惠，也可以考虑对利用可再生能源之外的其他能源及其间接产品加征税收，如通过增设新鲜材料税、垃圾填埋税、生态税、碳税等税种，鼓励企业、公众多用再生物品，少用原生物料。政府机关购买物品时应优先采购再生物品，并规定适当的比例；同时，政府通过宏观调控手段，促进废旧物品回收市场的发展、固体废物资源化产业链的建立。

（6）相关的中介组织服务制度。中介组织不是指垃圾处理等企业，而是一些具有媒介性质的组织机构。通过将有回收产品和包装废物意愿的企业联成网络，并发布废品回收信息，使个人、企业、政府联结为一体，沟通信息，调剂余缺，推动碳排放的少排放和多吸收。

（7）公众参与制度。发展低碳经济、建立低碳型社会离不开广大人民群众的参加，低碳经济促进法应当明确规定公众参与建立低碳型社会的内容、渠道、方式、鼓励和支持公众的创造精神，逐步建立起公众参与、公众受益、公众监督下的生态文明。

（8）规定中央政府和地方政府在发展低碳经济、建立低碳型社会中的各项责任。各级政府及有关部门除了制定和实施有关的规划外，还要明确他们在发展低碳经济中的其他职责，以各负其责，把促进和保障低碳经济发展的任务落到实处。同时加强对低碳经济法律实施的监督力度，对违反低碳经济法律的行为进行有力的限制和制裁。

（9）要求重点污染企业必须实施低碳经济。要制定强制实施低碳经济的企业名录，将一些大量消耗资源、严重污染环境的重点企业列入名录之中，要求其必须实施低碳经济，如果在规定的期间内达不到标准者将受到相应处罚，如果达到标准者国家应在税收等方面给予优惠和奖励。

案例 3－3　我国低碳经济的法制保障

尽管《哥本哈根协议》是不具有法律约束力的成果，但该协议基本上维护了《联合国气候变化框架公约》及《京都议定书》确立的“共同但有区别的责任”原则，就发达国家实行强制及安排和发展中国家采取自主减缓行动作出了安排，并就全球长期目标、资金和技术支持等焦点问题达成了一些新的共识，因此它可以列入人类应对气候变化进程的标志性成果之一。

哥本哈根会议之后，在温室气体减排面临更大压力的情况下，我国应变压力为动力，推动低碳经济，这既是履行我国减排国际承诺的要求，也是我国实施可持续发展战略的必然选择。我国应对气候变化法治建设，特别需要紧密结合我国的国情，注意维护我国环境核心利益，完善我国的气候变化立法体系。

哥本哈根会议对我国的影响

哥本哈根会议虽已闭幕，但是其对世界各国未来发展的影响是深远的。因此，有必要认真分析其对我国的影响。

第一，在温室气体减排上，中国将面临来自各方的巨大压力。本次哥本哈根会议，发达国家普遍关注中国等发展中大国的减排问题，并且试图要求中国等发展中大国在此次大会上承诺具体的减排目标。尽管《哥本哈根协议》维护了《联合国气候变化框架公约》及《京都议定书》确立的“共同但有区别的责任”原则，使发达国家要求中国等发展中大国实质性减排的企图未能实现，维护了发展中国家的利益。但是，在《京都议定书》第一承诺期即将到期的日子里，发达国家将不断以中国等发展中大国温室气体排放量巨大和日渐增加为借口，迫使我国正式承担温室气体的削减义务，这对中国无疑构成了巨大的压力。

第二，在发展模式上，低碳经济在中国的发展已刻不容缓。《哥本哈根协议》第2条规定，“低碳排放的发展战略对可持续发展而言是必不可少的”。这一规定，为中国未来的发展提供了新的思路——发展低碳经济。事实上，从中国的国情出发，发展低碳经济也是极其必要的。

其一，发展低碳经济，是可持续发展的必然要求。中国作为世界最有活力的经济体，一直保持着世界最快的经济发展速度，这与我国长期实行的粗放型经济增长方式是分不开的。应该看到，在新中国成立后直到20世纪80年代中期，这种粗放型的经济增长方式，不仅对经济发展作出了巨大的贡献，而且对改变当时我国工业基础差、底子薄的状况发挥了重要的作用。但是，这种粗放型的高增长是通过高投入、高消耗的代价实现的。以能源消费为例，能源被大量和低效的利用，不仅造成了我国严重的环境污染，也让我国在温室气体排放上承受着越来越多的国际压力。因此，只有推行低碳经济发展，努力形成“低投入、低消耗、低排放、高效率”的经济发展方式，才能保证我国可持续发展战略的推进。

其二，发展低碳经济，是适应国际激烈竞争的需要。首先，发展低碳经济为国际竞争提供了新的契机。发展低碳经济是可持续发展的时代潮流，谁在能源环境技术创新中领先，谁就将主宰绿色发展的潮流。因此，中国能否在未来处于世界发展的前列，很大程度上取决于中国发展低碳经济的能力；其次，发展低碳经济是应对国际挑战的必然选择。由于部分发达国家将国际贸易和气候变化挂钩，对未达到温室气体排放标准的国家，将实行贸易制裁，对这些国家的产品征收关税，因此，面对这样的“绿色压力”，中国发展低碳经济已刻不容缓。

虽然从哥本哈根会议中得来的重要启示是发展低碳经济。但是，对我国而言，从我国的现实国情、能源结构及科技发展水平来看，目前发展低碳经济仍面临着诸多挑战。为此，笔者提出如下发展低碳经济的法律建议：

第一，构建低碳经济法制建设需要注意的问题。首先，注意符合我国国情。气候变化问题虽是全球性问题，但由于各国的实际情况并不相同，因此我国应对气候变化的法治建设，特别需要紧密结合我国的国情，而不能简单地照搬照抄发达国家的经验。其次，注意维护核心利益。国家环境利益中的核心利益必须坚决维护，这个核心利益主要表现为近年来各国尤其是美国强调的国家环境安全的利益。在我国，国家环境安全主要表现为防止自然灾害等环境问题所造成的社会动荡，而与气候变化关联最紧密的自然灾害主要表现为碳循环异常导致的水循环异常进而导致的旱涝灾害及水土流失问题。

第二，完善我国的气候变化立法体系。首先，尽快完善以大气污染防治法为核心的相关法规体系。关于应对气候变化的立法模式，笔者不主张制定新的专门性的“应对气候变化法”，而是主张在既有的法律框架下，通过完善大气污染防治法来构建我国应对气候变化的法律体系。这不仅是因为这样的立法模式，可以节约立法资源；而且是因为其他发达国家的立法与实践经验，为我国提供了充分的例证。

其次，尽快出台一部综合性的能源基本法，即能源法。笔者虽不主张创制专门性的“应对气候变化法”，但是建议制定能源法来统率能源立法。这主要是基于以下两点考虑：一是从能源的重要性上来看，合理的能源消费结构与使用方式，不仅会帮助我国降低温室气体的排放、减轻我国在温室气体减排上的国际压力，而且有利于我国实现向低碳经济发展模式的转变，还有助于提升我国的能源国家安全；二是从能源立法结构上看，我国虽已出台节约能源法、可再生能源法、煤炭法等单行法，但是这些单行法都不是综合性的能源基本法，只是对能源问题的某些方面加以规定，并未涵盖所有的能源问题；此外，就是从上述能源单行法调整范围的角度出发，也存在立法规定不够详细、缺乏足够操作性等问题。

第三，建立健全与发展低碳经济相关的主要法律制度。首先，通过创制“碳排放的总量管制与交易”制度，来发挥市场在调节温室气体排放中的作用。该制度主要分为两大部分的内容：一是关于碳排放的总量管制。为了碳排放总量管制与交易制度的有效执行，应在全国范围内要求企业减量排放温室气体并完成以下碳排放减排目标，即：到2020年，全国单位国内生产总值二氧化碳排放比2005年下降40%～45%；二是关于碳排放的交易。欲排放温室气体的企业必须先获得排放许可证。由于企业的生产能力、生产水平不同等因素，使得不同的企业对排放额度的需求不同，即：有的企业需额多、有的企业需额少。而政府发放的排放许可证额度是有限的，如果企业超额排放，将遭受高额的罚款。因此，超额排放的企业，为了规避这种被罚款的风险，它就会在市场上向其他企业寻求剩余的额度；另一方面，对于有剩余额度的企业，也乐意通过出售一部分富余的额度来赚取利润，因此碳排放市场最终就在买卖双方的推动下形成了。

其次，要增强全社会应对气候变化的意识，加快形成低碳绿色的生活方式和消费模式。当前要结合国际社会合作应对气候变化的良好机遇，让社会公众了解并认识应对气候变化的重要性和紧迫性，认清应对气候变化对国家、地区和企业自身发展和竞争力有重要影响。要倡导全民自觉参与，鼓励企业自愿采取行动。倡导健康、文明的消费观念，抑制奢侈消费。增强企业的社会责任感，自觉制定并实施减缓碳排放的目标和措施。引导企业生产方式的转变和社会民众消费方式的转变，逐渐形成全民应对气候变化的体制和机制。

最后，加大科技投入，加快应对气候变化相关技术的研发。科技的进步和创新，在人类应对气候变化的过程中发挥着至关重要的作用。因此，我国的法律要为应对气候变化相关技术研发及其所需资金提供制度性保障。

作者：中国人民大学法学院教授周珂，中国人民大学法学院博士研究生李博。

资料来源：《法制日报》，2010年3月31日。

三、低碳经济政策支撑体系

（一）经济政策：明晰环境产权，调整资源价格体系，建立绿色国民账户

经济学的观点认为，环境问题的根源很大程度上在于环境资源的滥用。而引发环境资源滥用的经济机制在于缺乏合理的环境资源价格体系来消除经济活动的外部性问题。在现实经济中，环境资源的价格未能正确地反映其供求关系，低价甚至免费的资源使用使人们产生了资源丰富的错觉，促使人们对有关资源过分使用，引发大量的环境污染。如果能够建立完整的环境资源价格体系，使环境价值得到相对完整的体现，环境滥用的现象就可以得到有效的缓解。

因此，经济政策的重点就在于利用市场机制，明晰环境产权，使资源和其他物品一样走入市场，使其价格正确地反映它的全部社会成本。明确的产权、合理的价格会促进稀有资源的有效使用。在宏观层次上，现行的国民经济核算体系也不适应低碳经济的需要。在现行体制下，人类生产和消费活动中使用环境和自然资源的真实成本得不到反映，而环境质量的退化等环境债务也在国民账户的资产负债表上缺乏反映。同时，在 GDP 计算方法上，环境污染导致环境质量的下降，不仅没有从最终附加值中扣除，环境治理的费用还被列入了国民收入。现行核算方法严重背离了实际的经济运行，并不能对“3R”原则的实施提供正确的指导。

因此，应当采用符合低碳经济的绿色国民经济核算方法，使其准确地反映发展中资源的代价和环境污染的程度。总的来说，经济政策可以从以下几个措施来具体体现：

一是建立和完善低碳经济产品的标示制度，鼓励公众购买低碳经济产品；二是在政府采购中，确定购买低碳经济产品的法定比例，推动政府绿色采购；三是通过政策调整，使得低碳利用资源和保护环境有利可图，使企业和个人对环境保护的外部效益内部化。四是引入绿色国民经济核算方法，使其准确地反映发展中资源的代价和环境污染的程度，从而使得使用环境和自然资源的真实成本得以反映。五是专门设立环境技术开发基金，促进区域环境综合治理等公用性事业方面适用技术的开发与推广应用。

（二）产业政策：“绿化”现有产业，发展环保产业

低碳经济是将能源、环境、经济三者联系起来的一种可持续发展理念和模式。低碳经济以降低对自然资源依赖为目标，以能源可持续供应为支撑，在发展的过程中注重生态环境的保护，是可持续发展的经济。发展低碳经济就是要在保持现有经济发展速度和质量不变甚至更优的条件下，通过改善能源结构、调整产业结构、提高能源效

率、增强技术创新能力、增加碳汇等措施实现碳排放总量和单位排放量的减少以及能源的可持续供给。鼓励工业企业向园区集中，大力拓展集中处理途径。同时，积极推进传统产业的生态转型，出现了一批按照清洁生产低碳工艺充分回用废弃物的典型企业。

低碳经济并没有所谓的“低碳产业”，它只是要求对现有的产业进行“绿化”，使之符合低碳经济的要求。对工业而言，应该大力发展生态工业，也就是运用工业生态学的观念来改造现行的工业系统。就微观层次而言，就是按照清洁生产的理念来组织工业生产，促进原料和能源的低碳利用；就宏观层次而言，就是要大力发展工业生态链和兴建工业生态园，在产业、地区、国家甚至世界范围内实施低碳经济法则，使微观企业之间形成共生系统，尽量消除废弃物的产生。比如可以在石油冶炼、化学制剂生产等企业之间交换能量和原料。与工业类似，低碳经济的农业也应该是可持续的，它包括有机农业、生态农业等形式。

大力发展环保产业是改善现有环境的重要手段。目前我们的环境已经遭受了严重的破坏，基于此一方面，我们应该大力发展低碳经济，确保以后的环境不再遭受破坏；另一方面，对于环境已经遭受的损害，应该采用积极的方式恢复环境的清洁面貌，环保产业是弥补我们以前对环境欠账的有效措施。资源回收与绿色消费和绿色生产相互衔接起来，就会形成一个全社会范围内的“自然资源—产品和用品—再生资源”的完整的低碳经济环路。

（三）技术政策：以发展高新技术和节能减排技术为主要方向

低碳经济的建立离不开先进适用的科学技术作为支撑和推动力，如何更好地依靠科技特别是高新技术和节能减排技术，大力提高资源的利用效率，实施资源综合利用工程以建立低碳经济的发展模式，应当是今后一段时期我国环境与资源科学领域工作的重点。技术政策的主要作用就在于引导资源综合利用技术的发展方向即大力发展高新技术和节能减排技术，明确政府、企业、科研机构等作为技术行为主体所起的作用，指导相关技术的传播应用并制定严格的技术实施标准。针对我国可持续发展的实际要求，需要重点完善以下资源综合利用技术政策。

1. 资源综合利用的技术研究与开发政策

首先，针对我国现阶段的实际要求，在制定技术政策引导技术发展的过程中，要特别注意瞄准国外发达国家在资源综合利用领域技术发展的趋势，以高新技术和节能减排技术为技术发展的主要方向。当前及今后一段时期，资源综合利用高新技术和节能减排技术的重点领域应当包括：节约和替代石油技术、洁净煤技术、节电技术、多联供技术、余热余压回收技术、建筑节能技术、“三废”综合利用技术、再生资源回收利用技术。

其次，在技术研究与开发的资金投入方面，国家应设立专门的机构和专门的基金用于支持资源综合利用领域的 R&D 活动，尤其是那些有影响、有带动作用、面大而量广的资源综合利用项目，基金的管理可以设立管理委员会（或董事会），由市一级政府环委会主任兼基金管理的负责人，该基金在财政、审计监督下独立运作。同时，国家应当应用信贷倾斜、税收减免、加速折旧、投资优惠等措施，引导企业将更多的资金投入到技术研究与开发的创新活动中去。

最后，技术研究与开发的主体方面，与技术研究与开发的资金投入相对应，技术研究与开发的主体应当是有条件的高校、独立的科研机构、企业或其他性质的研发组织。这其中，政府应逐渐引导企业成为资源综合利用技术研发的主体，企业的技术创新应当以自己独立的研究开发体系为主，使技术研发工作成为企业的自觉行为，政府更多地为企业的技术研究与开发提供一种相对稳定的创新环境与社会基础。

2. 资源综合利用技术的推广与应用政策

首先，实施一批应用资源综合利用技术的重点项目研究，政府下达一定的重点科研项目，并抓好项目的技术跟踪服务。如通过建立一批重点示范工程，组织推广实用而高校的共性技术，从而使资源综合利用技术能有较大的突破。

其次，加强资源综合利用和技术转让与转化服务。一方面，要注重从国外引进可以直接应用的资源综合利用技术和设备；另一方面，要促成国内已有科研成果积极向生产力转化，尤其是应运用市场机制的原理将企业培育成为技术应用与推广的主体：在有条件的地方可建立一些资源综合利用技术转化和转让的服务基地，为技术的转让与服务提供贸易渠道。

最后，建立资源综合利用技术推广与应用的信息网络。强化信息服务，建立资源综合利用技术成果统计源基础，运用资源综合利用信息和情报网络系统的服务，及时收集、整理、发布国内外资源综合利用信息，缩短信息流程，丰富信息资源，加快信息传播，从而加大对资源综合利用科技知识的宣传和普及，为企业提供先进的技术与管理信息，更有效地促进科技成果向应用领域的转化。

3. 完善资源综合利用中的技术淘汰、技术标准

首先，完善资源综合利用技术淘汰政策。技术政策要有明确的约束和限制措施引导企业实施资源综合利用工程，对那些有违于资源综合利用的落后工艺和设备要限制使用、限期淘汰，应定期提出限制使用、限期淘汰的相关目录和国家鼓励发展的资源综合利用工艺、技术、设备目录。

其次，完善资源综合利用技术标准政策。对资源综合利用的产品和技术应实行标准化管理，企业开展资源综合利用应严格按照国家标准、行业标准或地方标准组织生产，没有上述标准的，应制定企业标准。

（四）财税政策：利用市场杠杆，优化资源配置

在构建与发展低碳经济过程中离不开政府政策的支持，其中财税政策是理想的政策手段，它可以很好地利用市场的力量，包括利用市场本身所具有的有效配置资源的效能。

1. 购买性支出政策

在购买性支出的投资性支出方面，政府应增加投入，促进有利于低碳经济发展的配套公共设施建设，例如，大型水利工程、城市地下管道铺设、绿色园林城市建设、公路修建等。由于以上公共设施建设的承建企业经济负担较重，所以政府通过投资性的支出，既可以为企业创造公平的竞争环境，同时也可以调动企业建设低碳经济的积极性。在购买性支出的消费性支出方面，政府可制定相关的采购政策来促使市场鼓励再低碳利用。中国政府应通过政府的绿色购买行为，优先采购具有绿色标志的、通过ISO14000体系认证的、非一次性的、包装简化的、用标准化配件生产的产品，以此影响消费者消费方向和企业的生产方向，从而促进低碳经济的发展。

2. 财政补贴政策财政

对于构建低碳经济系统，需要经常性的直接财政补贴的支持。可以考虑给开展低碳经济的企业予以照顾，例如采取物价补贴、企业亏损补贴、财政贴息、税前还贷等。我国也应借鉴国际经验，对企业生产经营过程中使用的节能减排的机器设备实行加速折旧制度。通过政府面向开展低碳经济的企业进行有针对性的财政补贴，可以大幅度地调动低碳经济建设的积极性，指导着整个社会资源向低碳经济的方向发展。

3. 财政税收政策

（1）扩大征收范围。增加碳税、水资源税、开征森林资源税和草场资源税，再对其他资源课征资源税，并逐步提高税率。分期分批开征大气污染税、污染源税、噪声税、垃圾填埋税、生态补偿税等一系列专项新税种；对不同地区、部门及污染程度不同的企业实行差别税率。加强征收管理，税款实行专项管理，用于环保建设事业。

（2）实行税负转移，完善计税方法。即在不改变整体税收水平的前提下，改变税收组成。这里指减少收入税，同时加大对有害于环境的活动征税。收入税的减少意味着实际收入水平的提高，即人们生活富裕程度的改善，这可以视作政府的转移支付，增加收入也可以支持人们的绿色消费。对有害于环境的情况增加征税，会带来该类产品成本的增加，丧失价格上的竞争优势，使其逐渐减少并最终淡出市场，同时还可起到增加就业的作用。

（3）强调碳税的特殊性惩罚性。设置碳税，应强调它的特殊性。为了减少碳排放，针对高能耗的企业进行的惩罚性税收。因为碳税应该具有惩罚性，因此对碳税的征收应采取累进制方式。累进制方式征税是将碳排放量划分档次，不同的档次使用不

同的税率，税率逐级跳跃式增加。

（4）碳税的征收应发展成为事前行为。税务部门可尝试与社会其他的相关部门联合，建立相应的监控机制，实时监控企业的碳排放情况。对于存在能源利用效率低、高碳排放的企业，通过监控机制，可以做到早发现、早处理、早整顿，这样既可以减少企业资金支出，又可以实现碳税征收的目的。

4. 财政信贷政策

企业开展清洁生产、发展低碳经济需要有充足的资金支持，在目前企业融资渠道不畅（环保创业板没有建立）的情况下，政府优惠的信贷政策是企业绿色生产的保障。因此建议政策性银行以低息贷款、无息贷款、延长信贷周期、优先贷款、贷款贴息等方式予以企业资金支持；同时国家应加快对建立环境保护绿色银行可行性的论证，以根本解决目前企业清洁生产、环境保护信贷资金落实难的问题。

5. 价格政策

进一步深化价格改革，研究并落实促进低碳经济发展的价格和收费政策。积极调整资源性产品与最终产品的比价关系，完善自然资源价格形成机制，通过水价、电价等价格政策的调整，也可以更好地发挥市场配置资源的基础性作用。目前，我国陆续出台了水价和电价调整的政策，目的在于限制高耗能、高污染行业盲目发展，促进资源的合理开发、节约使用和有效保护。今后还将继续完善促进低碳经济发展的价格和收费政策，比如加大实施峰谷电价和丰枯电价的力度，扩大执行范围；对国家淘汰类和限制类项目及高耗能企业，严格按照国家产业政策实行差别电价。

案例 3－4　开征碳税敲开低碳经济大门

开征碳税，调动财税杠杆，用经济手段结合市场机制改革能源、资源产品的价格形成机制，刺激实现经济转型，是敲开低碳经济大门一块必需的制度建设敲门砖。

今年的政协会议一开始，低碳经济当仁不让地成为第一热点："九三学社""关于把握机遇，走中国特色的低碳发展道路"的提案被确定为政协一号提案；二号提案同样是关于推进低碳产业发展的。这恐怕在不少人的预料之外，不过也在情理之中。

刚刚过去的 2009 年，中国虽然保持了 8.7% 的 GDP 增长，但经济结构不合理、发展方式粗放的弊端依然十分明显。中央要求加快转变经济增长方式，但向哪里转，如何转，是需要深入思考的紧迫命题。

实际上，发展低碳经济，正是我国转变经济增长方式、寻求快速稳定、可持续的经济发展的答案之一。或者说，在描绘未来的蓝图时，低碳必然是一个横跨各个层面的发展特征。开征碳税——调动财税杠杆，用经济手段结合市场机制改革能源、资源产品的价格形成机制，刺激实现经济转型，是敲开低碳经济大门一块必需的制度建设敲门砖。

碳税是开启低碳经济发展的必需工具，主要体现在两个方面。

要实现以低碳、环保、高效为特征的经济发展方式转变，首先要进行深层次的产业结构调整。在这个调整过程里，财税制度这种经济手段能有力地发挥关键性作用。碳税能够将现有的污染排放社会成本内部化，通过适当加重高耗能、高排放的“两高”工业企业负担，抑制“两高”产业增长，从而加快淘汰低能效的落后工艺。同时，税收的这笔钱纳入预算，用活用好，可以作为支持减排、技术创新的资金，逐渐形成一个良好的资金循环、造血机制。这样一来，将大力推动可再生能源等低碳清洁产业的发展，间接提高低排放的服务业的发展空间，促进产业结构的调整和优化。

与此同时，中国经济增长近年来对出口贸易的依赖，使得我们对国际竞争条件的变化非常敏感。我们的出口产业资源能源消耗高，环境破坏严重，附加值却往往很低，长期来看面临着战略转型的巨大压力。目前不少国家在考虑对中国出口产品征收碳关税。现实生活中，中国亟须未雨绸缪。征收碳税，有利于刺激出口产业提早升级换代，为未来面对环境标准高、排放限制更严格的国际贸易大环境做好竞争的准备。

现实生活中，转向低碳发展亟须解决的关键问题，是我国现有的不可持续的能源使用方式：严重依赖煤炭，能效水平低，能源需求不断飙升，煤炭等化石能源导致的环境污染日益加剧，国家能源安全问题隐忧不断。要从根本上转变我国的能源使用不良结构与方式，需要把利用经济手段在市场基础机制之上理顺能源比价结构的道理说足。在过去一年中，碳税从各种绿色税种选项中凸显出来，是因为其直接针对碳排放征收征税，可以提高化石能源使用者价税负担，促使企业提高能源利用效率、加大可再生能源利用份额，并千方百计开发和使用可再生能源，因而会遏制急剧飙升的化石能源需求，控制二氧化碳、二氧化硫等温室气体以及污染物的排放，从根本上促进节能减排、限碳的共赢发展。

目前，国家“十一五”期间开展的节能减排工作已经初显成效，但仍以行政手段为主、经济手段运用不足、许多场合利用税制杠杆依然缺位的局面，在“十二五”应该得以改善。同时，通过合理适时征收碳税，能够表达出决策层强有力的决心与意愿、向市场发出清晰的信号，有效地调动全社会的节能减排积极性，在更广阔深远的意义上推动中国社会向低碳的转型。瑞典等国家开征碳税的成功经验可以提供一些借鉴，我国国内关于碳税的理论研究也有长足进展，可以继续丰富充实。随着全社会对碳税的关注日益升温，应该抓住时机，争取在未来两三年之内尽快出台碳税，让财税杠杆和市场机制在实现低碳经济发展中发挥充分的作用。

作者：财政部财政科学研究所所长贾康。

资料来源：《21 世纪经济报道》，2010 年 3 月 15 日。

（五）金融政策：推进金融创新，解决资金瓶颈

资金，是制约低碳经济发展的重要因素。没有强有力的金融支持，发展低碳经济就是一句空谈。目前，尽管有国家政策的大力扶持，但节能环保业面临的投融资困境已经成了行业发展的最大障碍。面对低碳经济时代的要求，我们必须尽快构建与低碳经济发展相适应的碳金融制度，打造包括银行贷款、直接投融资、碳指标交易、碳期权期货等一系列金融工具组合而成的碳金融体系。

首先，商业银行应把节能减排项目作为贷款重点，并大力推进贷款管理机制创新。受现有经济结构和产业结构制约，我国的商业银行特别是大商业银行，一直以来都把制造业作为贷款投放的重点。低碳经济一方面，给商业银行带来了新的商业机会；另一方面，也使商业银行面临着严峻挑战。如何为低碳经济发展提供有效的金融支持？这已经成为摆在商业银行面前亟待解决的问题。

商业银行必须适应低碳经济发展的要求，承担起自身应尽的社会责任，与时俱进，把节能减排项目作为贷款支持的重点。目前，我国商业银行虽然都在打“绿色信贷”牌，但对低碳经济的支持力度远远不够，节能减排贷款在贷款总额中的占比明显偏低。在这方面，兴业银行和北京银行起到了示范作用。早在 2006 年 5 月，兴业银行就与国际金融公司（IFC）合作，联手推出了节能减排项目贷款这一全新的信贷品种，而当时好多商业银行对这种贷款并不看好而持观望态度。截至 2008 年末，兴业银行已累计发放节能减排项目贷款 86 笔，金额 33.04 亿元。2008 年 10 月，兴业银行公开承诺采纳“赤道原则”，成为我国首家“赤道银行”。兴业银行现已走上了专业的“绿色信贷”之路，节能减排贷款已成为该行的战略性产品。对节能减排项目提供金融支持，不仅使兴业银行获得了稳定的经营收益，培育了一批忠诚客户，带动了负债业务和中间业务，而且锻炼了队伍，培养了一批既懂银行业务又懂节能减排的专业信贷人员，为兴业银行在支持低碳经济中已经抢占了业务先机的基础上进一步扩大市场份额，提供了有利条件。和兴业银行一样，北京银行也注重对节能减排项目的支持，其发放的节能减排贷款包括合同能源管理（EMC）项目贷款和节能减排融资项目贷款。

低碳经济的发展，不仅拓宽了商业银行的贷款产品范围和金融服务内容，给商业银行带来了新的收入增长点，而且给商业银行带来了金融创新的新领域和金融创新压力。面对这种情况，商业银行应加大对低碳经济的金融支持力度，扩大节能减排贷款规模，同时推进贷款管理机制创新，制定和开发出一整套适合节能减排项目的新的贷款管理办法和管理技术。比如，我国现在的节能项目普遍采用合同能源管理（EMC）方式，即节能项目的使用者利用实际产生的节能费用分期偿还节能项目提供者的设备价款。节能项目的提供者多为中小企业，其既不具备充分的抵押贷款条件，也很难获

得银行满意的信用评级。按照传统贷款管理方法，这些企业难以得到贷款支持。而采用应收账款质押这种新的贷款方式，则可以使这些企业获得贷款。遗憾的是，出于对贷款风险的考虑抑或其他原因，应收账款质押贷款业务在很多商业银行还没有开办。这种状况应该迅速改变。

其次，扩大直接融资，为低碳经济发展提供资本支持。如果说目前商业银行对低碳经济的贷款规模与低碳经济发展的客观要求远不适应的话，那么，运用直接融资手段支持低碳经济发展则显得更加滞后。目前，在两个证券交易所上市的具有低碳经济概念的公司尚不足10家，节能减排企业发行企业债筹资则远没有破题。加大对低碳经济的直接融资支持力度，已经刻不容缓。建议在公司上市条件中增加耗能和碳排放量标准，将其作为公司上市必须达到的强制性指标，使其像投资主体投资必须经过环评一样，形成对各类上市公司节能减排的硬约束。应增加节能减排企业在主板市场的上市数量，特别是要鼓励、扶持低碳技术开发和应用企业进入即将开设的创业板市场，为其发展壮大提供资本支持。应抓紧设立致力于减少碳排放的环境产业基金和面向节能减排企业的风险投资基金。同时，使符合条件的节能减排企业通过发行企业债券、中期票据和短期融资券进入企业债券市场，特别是要鼓励中小企业利用集合债券方式筹措资金。还有，应抓紧构建和完善我国的碳交易市场，形成多层次的碳交易市场体系。我国拥有巨大的碳排放资源，是CDM项目最主要的供给国。我国提供的碳减排量已占到全球减排市场的三分之一左右，是世界低碳产业链上最大的供给方。由于碳排放权交易具有“准金融属性”，因而其已成为具有投资价值的金融资产。有专家预测，到2012年碳交易市场有望超过石油市场成为全球第一大市场。目前，尽管我国现已形成了北京环境交易所、上海环境交易所和天津排污权交易所为主体的碳交易中心，但这些交易所还主要是以清洁能源发展机制为代表的基于项目的交易，而非标准化的交易合约，与欧美真正意义上的碳交易市场还有相当大的距离。因此，必须尽快构建和完善我国的碳交易市场。应逐步增加现有交易所市场的交易内容，丰富市场结构，扩大市场规模，同时尽快构建我国的国际碳交易市场。要研究借鉴国际上的碳交易机制，建立较为完善的市场交易制度，强化市场的价格发现功能，并在市场发展到一定阶段后适时推出碳交易衍生工具，逐步提高市场的规范化、层次化和国际化水平，以使我国获得在全球碳交易市场上的定价权。伴随人民币的国际化进程，应使人民币逐步成为碳交易的计价和结算货币，这也是使我国的国际碳交易市场获得定价权的一个重要的基础条件。

最后，应加强对碳金融的研究。碳金融在我国尚属新生事物，金融机构和社会公众对其认知程度还不高。加强对碳金融理论与实践的研究，是发展碳金融、建立碳金融制度的重要条件。相关部门的研究机构特别是金融机构自身的研究部门，应配置足够的研究资源，加强这方面的研究。对重大课题则应形成合力，联合攻关。

低碳经济是金融机构可以大显身手的新领域，是蕴藏着丰富的金融产品资源和巨大的金融创新潜力的金融“富矿带”。中国的金融机构应该高度重视低碳经济带来的发展机遇，积极为低碳经济提供金融支持，力求实现低碳经济发展和自身收益增加的“双赢”。

案例3-5 绿色信贷评价：撬动低碳经济的金融支点

正在举行的哥本哈根联合国气候变化大会，将世人的目光牢牢吸引在各国承诺的温室气体减排目标上。早在11月26日，中国就向世界作出了负责任的承诺：到2020年我国单位GDP二氧化碳排放比2005年下降40%~45%。

随着我国对温室气体排放行动目标的确立，国内对低碳经济的关注空前升温。发展低碳经济，离不开金融的支持；经济发展方式的转变，也将为金融体系提供全新的发展空间。当前，碳金融已经成为全球金融机构竞争的新领域，加强碳金融市场机制的创新已是大势所趋。那么，如何以低碳经济为切入点，在金融支持下实现我国经济发展方式的转变？低碳经济给我国金融业发展带来了怎样的机遇？金融业该如何支持低碳经济发展？为了回答上述热点问题，本报特别报道小组近期赴河北、海南、内蒙古、四川、山西、陕西等省区进行了深入采访。从今天开始，本报陆续刊登这组报道，敬请读者关注。

持续了十几天的大雾散去，蓝天上阳光格外耀眼，12月初的石家庄迎来入冬以来难得的好天气。而此时，距离哥本哈根气候变化大会召开仅有3天时间。

“国家非常重视发展低碳经济，作为中央银行的省级中支行，我们将尽己所能去促进绿色经济发展，认真贯彻落实好国家宏观调控政策，把国家要求与省内现实结合起来，找准切入点，抓住着力点。今年我们从促进节能减排、推动产业结构调整、发展低碳经济的角度出发，开展了绿色信贷评价，这一评价体系在全国应该是首创。”中国人民银行石家庄中心支行行长的王景武话中透着一份自豪与责任。

这份自豪源自河北省开展的绿色信贷政策执行效果评价工作。这项工作不仅在全国开创先河，还取得了令人满意的效果；而责任更在于，如何进一步发挥金融杠杆作用，推动河北这个能源大省、排污大的省尽快实现产业结构调整，实现向绿色经济转身的任务依然紧迫。

开创绿色信贷评价先河

早在2007年，国家环保总局与金融业联手推出了“绿色信贷”“绿色保险”“绿色证券”等三项绿色环保政策，“绿色金融”的制度框架初步形成。经过几年的实践，各商业银行在绿色信贷领域各有建树，但什么是绿色信贷评价，如何评价绿色信贷效果，很多人如记者一样还是第一次听到。

“绿色信贷政策执行效果的评价，是指对绿色信贷执行主体——各商业银行和投资机构执行国家产业政策、促进经济增长效果进行度量、分析和评价。”河北环保联合会环保金融专业委员会秘书长、河北经贸大学教授王小江说，通过评价一方面，为政府和金融监管机构政策运行提供可靠和有效信息；另一方面，为政府进行政策调整、重新配置政策资源提出政策建议。

同样是2007年，就在国家推出绿色金融框架时，“河北环保联合会环保金融工作委员会”成立，这一由中国人民银行石家庄中心支行、河北省环保厅、河北银监局、河北环保联合会等4部门联手打造的环保金融平台，成为倡导绿色信贷，促进河北省产业政策、环保政策和信贷政策有机结合，推动经济结构优化升级和节能减排工作的重要推手。此后，又连续召开三届“环保与金融”论坛。“我们这个论坛，级别越来越高，工作越做越实。”中国人民银行石家庄支行货币信贷处处长王彦青所说的“级别越来越高”，是指在今年第三届论坛召开前，河北省金融办主任不仅提出要参加此次论坛，还主动要求成为论坛的主导者之一；而“工作越做越实”，其中就包括今年推出的绿色信贷政策执行效果评价。

2009年初，由中国人民银行石家庄中心支行行长任组长，河北银监局、河北省环保厅主管领导任副组长，各银行业金融机构主管领导为成员的河北省绿色信贷政策效果评价工作领导小组成立。为确保评价工作规范有序开展，三部门联合制定了《河北省绿色信贷政策效果评价办法（试行）》。这一评价办法对组织形式、评价内容、评价方式、奖惩办法等作了详细阐述，其中评价内容包括各金融机构贯彻落实国家及河北省各项节能环保信贷政策的情况。

王小江告诉记者，在金融机构自评的基础上，评价工作领导小组通过省市两级评价机构的现场核查评价和社会评价的方式，对河北全省90多家银行业金融机构，2008年及2009年上半年执行绿色信贷政策情况进行了评价。

评价结果显示，所有机构综合评价得分均在70分以上，即全部为绿色信贷达标单位，其中包括工商银行河北分行在内的6家银行成为2009年度绿色信贷优秀单位。

“绿色信贷评价是落实科学发展观、发挥金融支持经济更好更快发展的重要一步。目前，这项工作已经在地方政府、金融机构和企业界产生较大影响，国家环境保护部对此给予充分肯定，兄弟省市的环保部门纷纷派人专程来我省学习取经。”王景武告诉记者。

助力金融杠杆作用发挥

绿色信贷评价体系评出了什么？对金融机构有什么触动？“两个百分百”首先吸引了记者的注意。评价结果显示，经过近3年的运行，河北省银行业金融机构做到了“两个百分百”：一是把绿色信贷、防范信贷风险政策融入各商业银行经营战略的比例为100%；二是经营方针中全面体现对国家产业经济政策的落实，把国家产业政策和环境保护政策作为“一票否决制”成为各商业银行（100%）信贷市场准入的基本条件。

交通银行河北分行相关负责人告诉记者，信贷评价一方面促进了绿色信贷政策的执行力度，提高了金融机构风险防范意识，同时也是推动各银行发现新的业务增长点的重要举措。接受采访的几家银行负责人也都表示，在发放贷款时，对现有客户绝对按照环评标准要求，不合格的一方面要求整改；另一方面则坚决退出，而对新上项目的贷款，则首先看环评文件，实行“一票否决制”，环保不达标不会发放贷款。工商银行河北分行副行长张彦欣表示，工商银行以国家的环保政策为基础，严格信贷准入，对不符合国家产业政策、环保政策，或者可能对环境造成重大不利影响的项目，一律予以否决。

“区别对待、有保有压”的信贷原则，在各商业银行信贷结构调整、信贷投向上得以体现。如建行河北省分行2007年风力发电行业贷款余额为20亿元，2008年当年贷款余额增加20亿元，达到40亿元，2009年前11个月，风电贷款余额达到55亿元，新能源发电项目贷款已经占该分行全部贷款余额的近4%。在支持新能源项目的同时，2008年该分行还从“两高一剩”行业100多家企业退出，退出贷款金额达到26亿元，今年以来继续退出18亿元。同样，工商银行河北分行2009年从“两高一剩”行业中退出近20亿元，并重点支持绿色经济发展，2009年前10个月在节能环保等方面投放贷款达到100多亿元。全省的数据显示，截至2009年10月末，河北省新增贷款3500亿元，同比增长41.2%，创历史最高水平，其中很大一部分投入到绿色环保产业，积极有效地支持了河北风电太阳能利用、城市污水处理、河道治理、高速公路、“南水北调”以及“三年大变样工程”等重要基础设施建设。

“发展绿色经济是时代赋予我们的责任，金融部门肩负着重要的历史使命，承担着义不容辞的社会责任。金融部门如何做得更好，如何为国家绿色经济贡献更大力量，除了我们的政策引导、评价体系鼓励等，根本在于要从理念上转变，要让绿色信贷意识深入人心。”王景武告诉本报记者。

11月26日，在河北第三届“环保与金融”论坛现场，与会的金融部门领导在《绿色金融宣言》上签字。这意味着河北省金融系统40万员工将坚定不移落实绿色经济发展政策、牢固树立“绿色金融”理念、全力推进全省经济结构调整、坚持“环保一票否决制”不动摇……

无独有偶，就在河北金融部门向全社会公开绿色金融宣言后，12月4日，来自44个国家165名学生联合递交的“儿童气候宣言”送到了哥本哈根气候变化大会组委会主席手中。在看完《我们的世界我们的未来——儿童气候论坛宣言2009》全部内容后，组委会主席感言“非常震撼”。“这是我们对社会的公开承诺，能否兑现这一承诺，全社会都在监督。”王彦青将一份《绿色金融宣言》递到记者手中时说，这要求河北全省金融系统40万员工将以保护环境为己任，自觉做“绿色金融”坚定的宣传员和执行者，将“绿色金融”的理念传导延伸至金融服务的各个领域。

撬动低碳经济的金融支点

“环保与金融不可分割，河北省金融系统对环保工作支持力度很大。这些年我们双方合作、配合得很好，取得了很好的效果，让我们尝到了甜头。”在河北省环境保护厅一间不大的办公室内，时任厅长姬振海在谈到金融与环保时，数次提到“尝到甜头”。主管一省环保工作的环保厅长，究竟从金融对环保支持上尝到什么甜头？环境的不断改善或许是环保厅厅长尝到的最大“甜头”。河北省产业结构偏重，钢铁、水泥等高能耗、高排污的行业产量居全国前列，这一偏重的产业结构给资源环境及节能减排带来沉重压力。但在今年年初“两会”新闻发布会上，国家环保部副部长张力军曾说，去年河北省的节能减排，特别是在污染减排方面走在了全国的前列。两个重要的监测指标也显示出河北的确“走在前列”。2008年河北二氧化硫削减率位居全国第二，化学需氧量削减率排名第五；2009年这两项指标继续领跑，上半年化学需氧量削减4.84%，居全国第三位，二氧化硫削减10.85%，居全国第五位。与“十一五”的目标比，河北省化学需氧量消减率、二氧化硫减排量分别完成70.21%和104.7%的累计进度。姬振海告诉记者，以前单独的环保执法只是停留在治理阶段，而环保工作的核心要从源头抓起，金融杠杆正是从这一源头开始的政策。“政策合力远远比查处一家企业效果好得多，比如这次我们的绿色信贷评价，其产生的效果意想不到的好。”

实际上，“尝到甜头”的还远远不止环保厅长。在对绿色信贷政策执行评价情况分析之后，王小江认为，河北省各金融机构在绿色信贷制度建设等方面执行了国家绿色信贷政策，起到了利用金融资源对经济发展引导、支持和保障的作用，有效地促进了河北省产业结构的调整和经济增长方式的转变。

在河北保定英利集团现代化的厂区，记者充分感受到了新能源产业发展的速度与活力。“作为一个现代化的新能源企业，我们的发展当然离不开金融业的巨大支持，几大商业银行都给予了大量贷款支持。”公司首席战略官马学禄接受记者采访时介绍说，目前共有14家银行给予英利集团资金支持，授信总额近百亿元，尤其是受国际金融危机影响时，这些银行也并没有从英利抽回贷款，反而增大了授信额度。记者还了解到，为帮助企业应对金融危机带来的困难，中国人民银行保定中心支行于2009年6月1日出台了《远期收汇备案工作指引》，成功帮助外向型企业避免因外商延期付汇而导致的税收损失，其中英利集团从中受益匪浅。

金融杠杆在支持新能源发展的同时，节能减排的支持效果也很明显。石家庄鹿泉市曲寨水泥厂有限公司的纯低温余热发电项目，就是一个典型。这家年生产能力达到500万吨的企业，目前共拥有与生产线配套的纯低温余热发电设备三台，年供电量1亿千瓦，这占公司年用电量的四分之一，仅此一项就为公司年节约用电成本5700万元，而少供1亿度电可为国家节约标煤3万吨。“对水泥企业而言，低温余热发电项目一方面，带来可观的经济效益；另一方面，经过二次除尘，减少大量二氧化碳排放物，带来巨大的社会环保效益。”公司财务总监薛香文介绍说，公司的三台机组分两期建设，分别获得建行和中行数千万元的贷款支持。

“给我一个支点，我就能撬动地球，这话不现实；但给金融杠杆一个支点，可以撬动低碳经济发展，这话很现实。”王景武告诉记者，尽管目前绿色信贷评价体系还有待进一步完善，但希望这一开创先河的举措，能成为撬动低碳经济发展、推动河北产业结构调整、实现经济发展方式转变的有力支点。

资料来源：《金融时报》，2009年12月14日。

（六）教育政策：开展绿色教育，引导绿色消费

所有政策最终的执行效果都和公众的参与密切相关。为了提高低碳经济政策的实施效果，需要加强对公众环境意识的培养。绿色消费引导绿色生产，而公众的环境意识又决定其消费偏好。所以建立低碳经济最终要落脚于公众环境意识的提高。绿色教育政策包括：逐步建立和完善环境保护工作制度，带动民众广泛参与环保实践；经常举办环境污染案例听证会，扩大环境案件的社会影响；加强舆论宣传，强化环境意识。新闻媒体对绿色产品类的广告予以优惠，政府部门应该带头使用绿色产品；加强教育培训，普及环境知识；增加环保投入，加快信息自动化建设，并定期公布环境质量状况；引进生态理念，科学规划社区环境。消费在经济中占有重要的地位，产品或服务只有在被最终消费之后才能真正实现其价值。因此，倡导绿色的消费政策是构建低碳经济最重要的环节。在目前消费疲软的情况下，倡导绿色消费不仅可以创造新的消费热点，拉动消费，更重要的是处于买方市场的消费需求会更有效地引导绿色生产。

四、低碳经济技术支撑体系

先进的科学技术是低碳经济的核心竞争力。如果没有先进技术的输入，低碳经济所追求的经济和环境的目标将难以从根本上实现。因此，构建低碳经济发展的技术支撑体系应从以下几个方面入手：

（一）加快低碳技术的引进和研发

通过 CDM 项目引进发达国家先进的低碳技术，鼓励企业依靠商业渠道引进技术，鼓励企业通过 CDM 项目在联合国 CDM 执行理事会注册，以获得更多的资金及技术支持，同时加强地区间交流与合作，促进发达地区对湖北省的技术转让。增强自主创新能力，鼓励企业开发低碳技术和低碳产品，重点研究新一代生物燃料技术、二氧化碳捕集、运送和埋存技术、智能电力系统开发和电力储存以及提高能效的相关技术等。大力实施煤炭净化技术和加强相关基础设施的建设。

（二）加强低碳技术及产品的推广应用

研究制定发展低碳经济的技术指导目录和技术发展指导意见，鼓励低碳服务公司或中介服务机构的发展。推广一批先进成熟适用的低碳技术及产品，加快科技成果转化；加快太阳能光电技术、新型墙体材料、可再生能源等在城乡建筑领域的应用，逐步扩大覆盖面。推广高能效空调和冰蓄冷技术，加快中央空调系统改造。积极实施“金太阳示范工程”，推进光伏发电的规模化示范应用。在城市推广普及太阳能集中供热水工程，建设太阳能采暖和制冷示范工程，在农村和城镇推广户用太阳能热水器、太阳房和太阳灶等。

（三）加快低碳技术的研究与开发

建立以政府为主导、企业为主体、产学研相结合的低碳技术创新体系，建立低碳技术网络平台。各地各有关部门要密切配合，加强合作，及时跟踪国际低碳经济及相关影响事件的最新动态，加强与相关专业机构和高校、研究院所的技术合作，提高湖北省低碳经济研究水平；加大低碳经济相关研究的投入，加快有关技术的研发、示范和推广，提高科技创新和推广应用水平；统筹开展可再生能源、清洁能源、节能新技术、温室气体减排技术以及促进碳吸收技术等领域的适应性技术研究。加快建立人才基地，培养一批专业化的人才队伍。

（四）建立低碳经济信息技术服务体系

发展低碳经济必须以先进的信息技术作支撑，必须建立公共基础数据、人口、社会经济、资源、生态、环境和灾害等信息库，实现基于高速网络基础上的、面向社会各界的、具有数据分析与处理能力的信息共享和信息服务体系，必须建立适应于政府决策的信息共享网络，形成完善的低碳经济发展的信息系统。

1. 加强低碳经济发展的信息系统建设

低碳经济发展信息主要指资源、环境与灾害等领域的信息，也包括经济与社会方面的信息。信息资源同物质资源和能源资源并列为三大资源，包括：信息活动中的符号化的知识产权、计算机软件和硬件三个核心部分。当前，我国的信息共享尚处于低层次状态，行业封闭、条块分割，信息共享的基础保障尚未建立。一是不断健全低碳经济发展信息系统（包括基础数据库系统、数据分析系统、决策支持系三个层次）的结构与功能。目前大多停留在数据库系统层次，要抓紧发展与完善国家高速带传输网络。二是成立跨部门、跨行业的综合协调管理机构—国家低碳经济发展信息中心，协调各部门间的信息访问与利用，对全国低碳经济发展系统进行规划。三是完善和充实低碳经发展信息系统所涵盖的内容，提高为战略规划、政策管理与决策支持提供服务的能力。四是加快形成较完整的关于全国低碳经济发展信息化体系及信息共享的相关法规体系的建设。五是形成低碳经济发展信息共享的机制。由国家税收支持收集的有关信息（如气象信息、遥感信等），无条件地对全社会免费共享；对营利性质的机构或其他部门通过自筹经费收集的有较大用户市场的信息，以有偿方式共享；科研项目所产生的信息，通过共同数据的采集与拥有者订协议，从有偿服务逐渐过渡到完全无偿共享。

2. 采用现代化的信息采集、传输、管理、分析与处理手段

目前，我国的信息收集与处理速度相对滞后。环境监测的数据传输网络仅是下级向上级单向传输；环境质量年报仅限于少数大城市；缺乏满足灾害和环境监测特殊需要的卫星和要求的空间监测数据；未能组成“天地一体化”的灾害和环境监测与预报系统。为此一是发展空间技术。发射灾害和环境监测与预报小卫星。灾害和环境监测与预报小卫星投产出比大约可达到 1∶17 以上。二是加快统计改革和统计现代化的步伐。要积极发展网络化综合化统计。关注人类社会发展统计指标体系。当前，发达国家的社会统计跃居经济统计之上，政府和社会各界对社会统计指标的关心程度已经超过经济统计指标。

3. 加强信息的集成、发布与利用

（1）各部门依据自身职责及时发布有关信息。要按《统计法》及其《实施细则》进行统计，并做好数据公开与数据保密工作。积极推动相关部门间的数据交换与信息的横向流动，政府部门拥有的信息占 80%。建立政府信息公开制度，继续推动政府信息上网工程。同时，积极建设公众信息服务体系（如重点城市空气质量日报、周报），推动公众监督和参与。（2）信息的集成及综合信息的发布。制定关于《政府信息资源管理和信息公开》的法规。政府部门可以设置首席信息官，以便全面有力地协调政府部门内部的信息工作。加速发展信息产业。2004 年以来，中国信息产业以高于 GDP 增长率 3 倍的速度增长。到 2009 年，中国的网络规模已达到世界首位，信息服务业的增长率年均超过 30%，电子政务、电子商务的重大工程全面推进。

案例3－6 占领低碳技术发展的制高点

——即将落下帷幕哥本哈根气候大会之利益考量的启示

举世瞩目的哥本哈根谈判，谈判进程及各国的态度不仅反映出了发达国家和发展中国家间对未来发展的环境空间的争夺日趋激烈，也暴露出了发达国家在减排问题背后的利益考量，对我国应对气候变化政策的制订也具有一定的启示作用。

主要发达国家减排目标的背后

美国所提减排目标与公约及议定书要求相距甚远。虽然美国目前已提出2020年比2005年减少17%的减排目标，但这一目标与路线图的要求具有较大差距。

相对于其提出的较低的减排目标，美国在压发展中国家减排的同时，还在《清洁能源安全法案》中则提出了大力推动新能源、电动汽车、智能电网等技术开发和应用的具体措施，试图占领未来低碳技术制高点的意图非常明显。其2020年低目标及2025年和2030年相对高些的减排目标（25%和30%），已经完全反映出了其等待技术突破，以时间换空间的高明策略，而2050年83%的减排目标则更加明确地暴露出了其以期永远维持为欧盟及日本两倍人均能源消费水平下的奢侈生活方式的最终目的，这也正是一些国内专家认为美国目前在减排方面确实存在很大困难的基本前提。

欧盟可以说是发达地区或国家中应对气候变化态度最为积极的集团，但近期出现明显变化，不但支持美国提议的“适用于所有缔约方的减缓要素”以及“发展中国家也需制定减排行动计划或低碳发展战略”，还提出需要修改《议定书》中的诸如监测、会计和灵活机制等要素。欧盟立场的变化无疑是对美国提出的抛弃巴厘路线图、建立一个全新的将发展中国家纳入减排的气候变化执行协议的让步。在压美国不成的情况下，反压发展中大国减排就成为欧盟的另一选择，同时，为达到其设想的全球2050年减半的目标，压发展中大国参与也成为其必然选择，并且这种施压今后还会继续加强。另外，维持其既有的在可再生能源方面的技术优势，以期进一步扩大其全球市场份额也是其压发展中大国参与的目的之一。

日本虽然提出了在2020年相对于1990年减排25%的目标，但却将美国等发达国家做出大幅减排承诺作为前提，属于典型的以退为进策略，具有很大的不确定性。其2009年8月公布的《日本2010年经济产业政策重点》中低碳技术占据了主要篇幅，充分反映出了其在技术开发方面一贯秉承的技术立国、人才立国战略，试图通过产业政策引导，在太阳能、核能等新能源、智能电网、电动汽车及电池等低碳技术开发方面进一步加大投入，维持其技术优势地位。

中国产业转型需低碳助力

发达国家在提出相对较低的减排目标的同时，无一例外地均在低碳技术开发方面投入了极大的热情，不仅将低碳经济看作是克服危机、创造新的需求和就业的重要手段，也将其看作是确立未来技术优势地位的一次重要机遇，这些对我国应对气候变化政策的制订，以及“十二五”期间产业发展政策均有重要借鉴意义。

其一，相对于2020年目标来说，2050年减半的长期目标对我国的未来发展更为重要，即使发达国家在1990年的基础上减排80%～90%，其届时的人均排放量也是我们的两倍以上，这显然是发达国家转嫁减排责任、维护其排放空间的重要战略，对此我们必须保持高度警惕，而发达国家承诺更加严格的2020年减排目标则是化解发达国家策略的重要手段，但谈判实力对比的不平衡则要求我们采取更加灵活的手段和策略。

其二，相对于发达国家内紧外松的应对气候变化策略，受能源安全和生态环境压力较大的我国采用内外平衡的策略则更加稳妥，在当前的能源环境形势下，我们不可能希望以美国的人均能源消费量完成工业化，走资源节约型、环境友好型发展道路是唯一的可行选择。同时“共同但有区别的责任”原则也预示着我们可以选择内外平衡的谈判策略。

其三，发达国家将低碳经济看作是克服危机、创造新的需求和就业的重要手段，采取内紧外松的策略意图在推卸减排责任的同时，占领未来低碳技术发展的制高点。而减排压力相对较轻、就业压力大、扩大内需任务繁重的我国则更应充分吸取和借鉴发达国家的经验，进一步加大低碳技术的研发投入，使在与发达国家技术差距相对较小的低碳技术领域有更快的发展，带动相关高新技术产业发展和基础研发力量的加强，以保证未来的技术竞争力。

其四，随着我国工业化、城镇化进程的深入发展，“十二五”期间的能源消费和节能重点领域也将逐步从工业部门转向交通和建筑部门，轨道交通、电动汽车和相关蓄电池等低碳技术，各种低碳建筑技术正是我们最需要强化的。这对已经确定了2020年单位GDP的CO_2排放强度比2005年下降40%～45%的我国来说，不仅在促进低碳消费方面有重要的启示，同时借用良好的市场环境来加快节能和低碳技术发展方面也具有重要意义。

其五，我国2008年新增装机中，可再生能源和核能比重已经达到33.3%，“十二五”时期极可能成为我国电力发展由传统化石能源增长为主向以新能源为主的重大转折机遇期。发达国家的低碳技术发展策略，对已经确定了2020年可再生能源和核能占一次能源比重提高到15%目标的我国来说，不论在可再生能源和核能产业发展策略，还是在技术创新政策方面均具有重要的示范作用。

总之，对正处于工业化和城镇化快速发展阶段的我国来说，“十二五”时期将是一个重要的转型期，也是一个重要的机遇期，发达国家在其哥本哈根谈判和国内应对气候变化政策等方面所透露出的诸多重要信息，对我国制订应对气候变化的经济和技术政策，以及对外谈判策略具有很好的示范和借鉴作用。

作者：国家发展改革委能源研究所能源环境与气候变化研究中心崔成、翟丽华。

资料来源:《中国经济导报》，2009 年 12 月 19 日。

第九节　对湖北发展低碳经济的思考

一、湖北发展低碳经济的重要性和紧迫性

从湖北省情来看，发展不够是湖北最大的实际。但由于湖北能源资源相对贫乏，环境容量有限，进一步发展又面临较大的能源资源和环境压力，而且，国家批准武汉城市圈为全国资源节约型和环境友好型社会建设综合配套改革试验区，对湖北改革和发展的定位已十分明确。因此，在这种情况下，湖北当前及今后的发展，必须按照“两型社会”建设的要求，高度重视发展低碳经济，积极探索和率先走出一条低碳经济的发展新路。

（一）能源结构、经济结构和环境状况，决定了湖北必须走发展低碳经济之路

（1）湖北能源资源相对贫乏。湖北是一个能源资源相对短缺的省份，缺煤少油乏气，煤炭、石油等能源产品供给主要依靠从外省调入，水电资源虽然较为丰富，但电力的支配权在国家电网，电力由国家统一调配，从而形成了能源消费对外依赖性强的格局。2007 年，湖北煤炭生产量为 1084 万吨，但煤炭净调入量达 8000 万吨，相当于煤炭产量的 8 倍；原油生产量为 85. 84 万吨，原油净调入量达 805 万吨，相当于原油产量的 10 倍；成品油净调入量也达到 273 万吨。

（2）湖北能源消费以煤炭为主。与发达国家用能方式不同，煤炭在湖北终端能源消费中扮演着主要角色，如工业锅炉和火力发电耗煤量大。目前，煤炭在全省一次性能源消费中的比例仍然高达 70%，尽管近年来湖北能源消费结构有所调整，但煤炭消费总量仍在不断上升。2008 年，煤炭实物消费量达到 10012 万吨，是 2000 年的

1.54 倍，年均增长 5.6%。

（3）湖北经济结构偏重。湖北重化工业结构特征十分明显，2007 年，规模以上重工业总产值比重达到 73.8%，比全国高 3.3 个百分点。重工业中，高能耗传统行业比重大，能耗水平高。2008 年，石油加工炼焦及核燃料加工业、化学原料及化学制品制造业、黑色金属冶炼及压延加工业、有色金属冶炼及压延加工业、非金属矿物制品业、电力热力的生产和供应业等 6 大高耗能行业完成的总产值占规模以上工业的 37.6%，而能源消费共计 5264 万吨标准煤，占规模以上工业企业能源消费总量的 82.5%。高耗能行业的能源投入所占比重明显大于产出所占比重。

（4）湖北能源强度仍然较高。近年来，湖北在产业结构调整、产品结构调整、节能技术改造、淘汰落后产能等方面取得较大进展，使得湖北省单位 GDP 能耗逐年降低。2008 年，湖北单位 GDP 能耗为 1.31 吨/万元，比 2005 年的 1.51 吨/万元下降 12.46%，降幅比全国快 2.38 个百分点，但单位 GDP 能耗仍比全国高 18%。也就是说，湖北的经济发展仍主要依靠大量投入，特别是能源的投入实现的，成本代价过高。

从产品单位能耗作进一步观察可以看出，湖北产品单耗水平偏高。2008 年，湖北吨钢综合能耗为 630.59 千克标准煤/吨，高出全国 3.3%；每吨水泥综合能耗为 107.23 千克标准煤/吨，高出全国 3.6%；火力发电单位能耗为 332.26 克标准煤/千瓦时，高出全国 2.5%；单位电解铝综合能耗 1794.92 千克标准煤/吨，高出全国 0.9%；单位粗铜综合能耗 506.46 千克标准煤/吨，高出全国 35.6%。

（5）湖北环境形势依然严峻。环境问题已成为影响湖北可持续发展的瓶颈，经济社会快速发展与环境容量有限的矛盾在今后一个时期将显得尤为突出，主要表现为主要污染物存量大、增量多，一些地区环境容量小。全省化学需氧量和二氧化硫排放量尽管在 2007 年首次实现双下降，但截至 2008 年，湖北省二氧化硫减排只完成“十一五”目标任务的 55%，后两年的减排任务依然十分艰巨。同时，随着湖北省经济的持续快速发展和人口的增长，新增污染物排放量还将大幅增加，短期内大幅削减污染物排放总量十分困难，环境恶化的趋势仍将存在，环境风险防范任务也很艰巨。

（二）武汉城市圈“两型社会”建设试验区获得国家批准，为湖北抢占发展低碳经济的先机提供了平台

（1）发展低碳经济与“两型社会”建设的根本要求是一致的。2007 年 12 月，中央批准武汉城市圈为全国资源节约型和环境友好型社会建设综合配套改革试验区。其主要任务就是：以改革创新为动力，以节约能源资源、保护生态环境为切入点，以转变发展方式、实现又好又快发展为目的，走出一条有别于传统模式的工业化、城市化发展新路，为中国中部地区乃至全国深化体制改革、推动科学发展、促进社会和谐发

挥示范和带动作用。这与通过提高能源效率、节约能源、发展和利用可再生能源、减少煤炭的使用，实现低能耗、低污染、低排放、可循环、高产出的低碳经济内涵是一致的。

（2）湖北应努力抢占发展低碳经济的先机。发展低碳经济有可能演变为中国未来经济社会发展的主流模式，成为促进国内节能减排和应对全球气候变化的重要战略选择。相对国内其他地区，湖北建设生态文明的条件和基础比较好，经济发展与人口、资源环境的关系还比较协调，特别是湖北拥有武汉城市圈“两型社会”建设试验区这个平台，中央给了湖北在资源节约、环境友好方面先行先试的权力，具有建立低碳经济示范区的良好基础和先决条件。因此，我们应进一步解放思想，发扬敢闯敢试、敢为人先的精神，按照“两型社会”和低碳经济模式的要求，积极主动抓好低碳经济示范区建设，努力争取国家把湖北纳入全国“低碳经济示范区”试点地区。

（3）湖北能够抢占发展低碳经济的先机。湖北抢占发展低碳经济的基础和条件较好，择其要者，有以下几个方面：

一是武汉城市圈逐步成为科学发展的示范区域。武汉城市圈的产业调整，正逐步向大力发展高端服务业、高端制造业和高新技术产业等“三高”产业方向发展，产业结构的低碳特征明显。

二是具有发展低碳经济的产业基础。湖北具备发展风能、核能、太阳能和生物质能的优势。目前风能和生物质能以形成产业基础。作为湖北低碳技术产业的龙头，武汉凯迪电力和东湖高新，已形成了以脱硫、生物发电、生物柴油、环保工程为核心的产业链。

三是发展空间较为充足。低碳经济示范区主要将在能源、建筑、交通运输、城市建设等方面进行创新研发，需要足够的土地资源储备，湖北武汉城市圈具有较为充足的土地资源。

四是科教人才优势明显。湖北省聚集了一大批科研机构、高等院校，具备研发、实施低碳经济的人才基础。因此，只要我们坚定信心，扎实工作，抢占发展低碳经济的先机就大有希望。

（三）应对国际金融危机，为湖北发展低碳经济提供了机遇

纵观世界经济发展进程，我们不难发现这样一个规律：即每一次危机都孕育着以此为新起点的产业革命和技术革命。发达国家的经验表明，面对经济金融危机，通过开展技术创新，转变产业结构，发展占领未来市场制高点的战略性产业，就能获得新一轮大发展，转危为机。20 世纪七八十年代，美国在克服滞胀危机时，通过大力发展以电子和空间技术为代表的第三次新经济浪潮，成为最大的受益者，获得了后来近 20 年的快速增长。在世界范围内，在当前及今后相当长的一段时间里，什么产业、

什么热点是拉动经济走出低谷的重要力量？从世界经济发展的现实状况和趋势判断，那就是新能源，就是低碳经济。实现经济发展模式的调整和产业结构的转型，通过核心的低碳技术研发与应用，着力发展低碳经济，是今后发展的战略先机。作为应对金融危机的重要举措，美国奥巴马政府提出7000亿美元的巨额经济刺激计划，把发展新能源作为摆脱经济衰退、创造就业机会、抢占未来发展制高点的重要战略产业。其他发达国家也都把发展新能源作为应对金融危机、扩大就业、抢占未来制高点和防止气候变暖的重要手段。

党中央、国务院高瞻远瞩，积极应对国际金融危机的冲击，果断实施积极的财政政策和适度宽松的货币政策，加大了投资力度。这些投资主要用于保增长、扩内需和调结构，特别是用于调整经济结构，节约资源、保护环境等方面的投资明显增加，这无疑为湖北发展低碳经济提供了重大战略机遇。因此，湖北面对国际国内复杂多变的形势，应坚持“应急”和“谋远”两手抓的方略，在保证当前经济增长的同时，做好打基础，利长远的工作。要利用国际金融危机形成的倒逼机制，以发展低碳经济为突破口，着力调整优化经济结构，切实转变经济发展方式，缓解资源环境瓶颈制约，努力实现经济社会又好又快发展，为促进湖北成为中部地区崛起的重要战略支点而不懈努力。

二、创造条件率先突破抢占发展先机

有关专家预测，低碳经济将是第五次经济浪潮，必将给社会经济生活各个层面带来巨大变化。目前国家有关部门正在研究如何在我国发展低碳经济，可能在不久的将来会上升到国家战略层面。根据这一实况，湖北在低碳经济发展问题上，应创造条件，率先突破，抢占发展先机。

（一）尽快制定湖北低碳经济发展战略

根据国际国内低碳经济发展的新形势与我省能源供需现状，为抢占先机，必须尽快制定湖北低碳经济发展战略，在制定低碳经济发展战略上，必须重点做到以下几个结合。

一是要与“一带两圈”发展战略相结合。为构建湖北成为中部崛起战略支点，加快发展步伐，湖北省委省政府结合本省实际提出了“一带两圈、双轮驱动”发展战略。而低碳经济战略是提升“一带两圈”战略的重要载体。为确保“一带两圈”战略的有效实施，应把低碳经济发展战略融于“一带两圈”之中。

二是要与“两型社会”建设战略相结合。2007年12月武汉城市圈获批全国资源节约型和环境友好型建设综合配套改革试验区，去年9月，国务院批复了武汉城市圈改革试验总体方案。作为“两型社会”试验区，如何推动经济转型升级？方向何在？显然切入点是节约能源资源和保护生态环境，关键是转变发展方式，而低碳经济因具有低能耗、低污染、低排放特征，发展低碳经济与“两型社会”建设正合其时，因此，低碳经济应与“两型社会”建设总体方案有机结合，通盘运作。

三是要与产业结构调整战略相结合。发展低碳经济，就是要优先发展低碳产业。所谓低碳产业是指能源利用效率高、排放低、污染少的产业及应用前景广的新能源产业等，包括先进制造业、节能建筑、服务业和新能源、资源的循环利用等。目前，湖北第二、三产业增加值在全省生产总值中的比重基本相同，但能耗所占比重相差较大。2008 年，第二、三产业每万元增加值能耗分别为 2.05 吨标煤和 0.35 吨标煤。按此计算在湖北省单位生产总值能耗构成中，工业单位增加值能耗是非工业部门的 8.1 倍左右，工业增加值占 GDP 的比重每提高 1 个百分点，需要多消耗能源约 120 万吨标煤。与此同时，工业内部不同行业能耗差别也较大，2008 年，火力发电业、非金属矿物制品业、黑色金属冶炼及压延加工业、有色金属冶炼及压延加工业、化学原料及化学制品制造业、石油加工等这六大行业万元增加值综合能耗为 3.72 吨标准煤，比电子信息等七大先进制造业高出 2.8 倍。可见降低工业增加值单位能耗将是降低全省万元 GDP 能耗的主要可行手段之一，而发展先进制造业是最有效的途径。要把服务业的发展放在更加突出的位置，逐步实现经济增长主要依靠第二产业带动向第一、第二、第三产业协同带动转变。要通过发展低碳产业，促进全省产业结构转型升级，从而实现发展方式的根本转变。

四是要与节能减排战略相结合。根据国家总体部署，“十一五”时期，湖北单位 GDP 能耗水平要下降 20%，主要污染物排放减少 10% 以上，大气环境质量优良率达到 85% 以上。要实现上述目标，必须大力降低煤炭、石油等高碳产品的消费量。有关专家预测，“十二五”时期，我国很有可能制定并出台降低碳排放量的考核政策。因此，发展低碳经济，是实现节能减排的一项重要举措。

（二）多措并举，大力发展新能源产业

根据科学发展观的新要求，发展低碳经济必须多措并举，有序推进。在低碳经济发展指导思想上，既要着眼于解决能源瓶颈制约问题，又要通过其带动相关产业发展，力争使低碳经济产业成为湖北新的支柱产业。低碳经济的核心是大力发展新能源产业。

（1）积极发展核电。核能是一种安全、清洁、可靠的经济能源。与火电相比，核电不排放二氧化碳、二氧化硫、烟尘等氮氧化物。对于缺煤、少油、乏气的湖北来说，发展核电其经济意义更为显著。目前，核电已成为一种成熟技术，在世界上得到广泛应用，核电在世界能源结构中居于重要地位。据有关资料统计，核电年发电量已

占到世界发电总量的17%左右。

经过前期的不懈努力，湖北发展核电工作正在有序推进。2008年初，国家正式明确启动我国内陆核电建设，同意湖北开展前期工作，并明确湖北核电投资业主。当前，一是要科学编制湖北核电中长期发展规划；二是科学做好核电厂址选定工作；三是要广泛应用世界最先进的核电技术，提高科技含量；四是对已确定的核电项目要加快进程，力求早日开工建设；五是积极研发核电项目与相关产业的关联效应，力争通过核电站的建设带动一批产业。

（2）大力开发风力发电。在国家政策的大力支持下，我国各地正兴起风电建设热潮。湖北风能资源比较丰富，发展潜力较大。合理开发风力发电，可以有效缓解全省水电丰枯矛盾，实现风电、水电互补。而且风电是环保型能源，没有废气排放，且建设周期短，见效快。因此，大力发展风力发电大有可为。为实现湖北风力发电的快速发展，一是要加大风能资源勘测力度，尽快摸清全省风力资源潜力，为合理开发风力发电提供科学依据；二是大力吸收先进风力发电技术，当前重点是支持发展磁悬浮风力发电技术；三是鼓励风电多元投资，风力发电具有规模较小，适合分散投资等特点，应出台相关政策，允许多元投资风电；四是加快风电设备产业的发展，以满足风力发电的需要。

（3）稳步开发生物质能。生物质能是唯一可以转化为液体燃料的可再生能源，不仅具有能源功能，而且还有其他可再生能源不具备的材料功能，同时，还具有生态保护功能。湖北具备发展森林木本生物能源的广阔空间。现有林地1.29亿亩，其中可改造的低产低效林、可利用的荒山、荒地、荒滩、荒坡约4000多万亩，为湖北木本生物能源的种植提供了充足空间。湖北已初步具备木本生物质能源工业化的技术条件。凯迪研究院经过四年多的艰苦探索，已成功掌握具有自主知识产权的从生物质中提取各类能源的核心技术，该技术具有世界领先地位。为加快湖北生物质能的开发利用，一是要尽快制订扶持生物质能源的优惠政策，包括支持公司和农户开发改造能源林规模等；二是争取国家能源林基地建设的财政补贴；三是建立融资平台，多渠道筹措生物质能源产业发展的建设资金；四是加大生物质能源研发投入。

（4）加快发展太阳能产业。湖北太阳能产业具有广阔前景，开发利用潜力大，除鄂西南外，大部分地区均具有较好的太阳能光能资源，年平均太阳辐射能大于100千卡/平均厘米。太阳能具有能量大、利用范围广、清洁安全等优点。当前，在太阳能利用方面有很多文章可做，从近期来看，可从以下方面进行开发利用。一是积极稳妥推广太阳能热利用产品应用，以减少高碳能源的消费；二是大力发展太阳能热利用产业集群，扩大太阳能发展规模；三是加大太阳能热利用宣传和推广力度，扩大覆盖面；四是加快光伏产业发展步伐，充分利用武汉“中国光谷”，开辟光伏产业发展新路。

（三）对加快湖北低碳经济发展的几点建议

（1）成立省低碳经济工作领导小组。发展低碳经济是一项系统工程，涉及面广，工作难度大，要求很高，为了统筹全省低碳经济发展，建议成立省低碳经济工作领导小组。其主要任务是：研究全省低碳经济发展战略和规划；研究低碳经济开发、推广、对外合作、技术引进等重大政策；组织协调解决低碳经济发展中的矛盾和困难。

（2）着手建立湖北低碳经济试验区。低碳经济是一场新的技术革命，无论是产品开发，还是技术推广都需要在实践中不断探索、总结和完善，为了把握低碳经济发展机遇，建议设立低碳经济试验区。对于试验区，省里可安排一些低碳经济重点开发项目，并从资金、技术、税收等方面给予必要的支持和倾斜。

（3）积极争取国家在湖北设立低碳经济试验区。湖北争取国家在鄂设立低碳经济试验区有利条件较多：一是湖北是能源匮乏省份，需要大力发展新能源；二是武汉城市圈是国家“两型社会”建设试验区，“两型社会”建设的要求与发展低碳经济完全一致；三是湖北科教实力雄厚、自然资源丰富，为低碳经济发展提供了前提条件。湖北省有关部门应尽早向国家相关部委做好汇报，多争取一些低碳经济试验和推广项目。

（4）抓紧出台扶持激励政策。建议责成有关部门就发展低碳经济政策、技术、应用等问题作出专题研究，并从税收、信贷、土地、产业等方面，对促进低碳经济发展提出具体支持意见，特别是新能源和高效节能技术研发和成果转化应给予激励政策。

（5）加大低碳经济宣传力度。低碳经济是一项新生事物，推广应用低碳经济利国利民，为使广大民众了解低碳经济发展的好处，并成为全社会自觉行动，需要加大宣传力度。建议省委常委会组织一次低碳经济的集中学习，以起到示范作用。同时，要充分发挥新闻媒体的重要作用，广泛宣传发展低碳经济的作用、意义和好处，形成政府推动、市场引导、全民参与的浓厚氛围。

三、以发展低碳经济为契机，加快推进发展方式转变

面临日益趋紧的资源环境瓶颈制约，向低碳经济转型已经成为世界经济发展的大趋势。湖北是全国老工业基地之一，传统产业、重化工业比重大，经济增长的粗放型特征比较明显，能源资源相对缺乏，环境容量有限，可持续发展面临巨大挑战。而低碳经济正好反映了建设资源节约型、环境友好型社会的共性要求，有利于发挥湖北综合优势，激活各种经济资源，形成湖北发展的新动力源和新支撑点。因此，发展低碳经济将为湖北加快推进发展方式转变，优化经济结构，提高核心竞争力，增强经济实力，实现“弯道超越”“提档进位”，加快把湖北建成促进中部地区崛起的重要战略

支点带来新的契机。

（一）用低碳经济的理念改造提升传统产业，促进传统产业节能减排

汽车、钢铁、有色金属、石油化工、电力、建材、纺织等是湖北的传统支柱产业，这些产业在全省经济发展中具有举足轻重的作用。同时，这些产业多为高耗能、高排放产业，是节能减排的压力所在。这种状况若得不到有效改观，就不可能实现可持续发展。传统的产业不能用传统的办法求发展，而必须运用低碳经济的新理念和新发展模式来谋划传统产业又好又快发展。目前，用低碳经济的理念改造提升传统产业，促进传统产业节能减排，应着力抓好以下几个方面的工作：

一是狠抓重点行业和重点企业节能。认真落实湖北节能降耗三体系方案，突出抓好石油化工、钢铁、建材、电力、有色金属、机械汽车等重点耗能行业的节能降耗。强化年综合能耗5千吨标准煤以上重点企业节能管理。

二是加快节能降耗技术开发与推广运用。把技术创新作为推进工业节能降耗的重要手段，建立以企业为主体、产学研相结合的节能技术创新体系。对重点行业现有生产能力进行调整和改造，找准行业节能的关键点，用高新技术、清洁生产技术改造和提升传统生产工艺，提高现有生产能力的能源利用水平。

三是大力发展循环经济。深入推进湖北省循环经济发展，在搞好和总结第一批工业循环经济试点的基础上尽快启动第二批试点。逐步完善企业、产业园区和区域3个层面的循环链条，形成一批循环经济优秀示范企业、工业园区和工业循环经济示范县（市、区）。

四是加快淘汰落后生产能力。加大力度淘汰电力、钢铁、建材、电解铝、铁合金、平板玻璃、造纸等行业的落后产能，重点落实小造纸、小水泥、小煤矿、小炼焦等“十五小”和“新五小”专项治理工作，从源头上控制能源消耗和环境污染。

五是形成有效的工业节能降耗激励约束机制。积极稳妥推进资源配置和价格改革，加大对黄磷、电石、铁合金、水泥等高耗能行业实施差别电价的力度。贯彻落实国家促进节能降耗的财税、金融、价格、准入等政策措施。

（二）大力发展高新技术产业，推进高新技术产业化

高新技术产业是低能耗、低污染、高技术含量、高附加值的产业，是低碳经济发展模式中潜力巨大、前景广阔的产业之一。科教优势是湖北最大的优势。发挥科教优势，关键要在推进产业化上下功夫。要进一步深化科技体制改革，推动科研人员进入国民经济主战场，促进科技成果向现实生产力转移，努力把科技能量、科教优势转化为新的资源财富、产能和市场需求，把科教实力转化为经济实力。要突破性发展高新技术产业，以东湖、襄樊两个国家级高新区为主要载体，围绕电子信息、生物医药等

重点和优势领域，加快实施一批高新技术产业化重大项目。

完善智力资本股权激励政策，激励科研人员走向市场，领办、创办科技型企业。加大对重大科技创新成果转化的扶持力度，抓好科技创新、创业和科技成果转化平台建设，加快培育、壮大一批高新技术企业。要切实用好重大科技成果转化基金、生物和光电子信息产业专项扶持资金、高新技术产业风险投资基金和创新投资引导基金，发挥财政科技投入资金的作用。

（三）发挥水力资源优势，合理开发水力发电

水电是清洁、可再生能源，具有明显的环保效益和建成后低成本的优势。湖北能源资源相对贫乏，缺煤、少油、乏气，但水能资源丰富。湖北山多、河多、湖多，充沛的水量、较大的河道落差，为湖北提供了宝贵的水能资源。全省水能资源理论蕴藏量为3591万千瓦，可开发的500千瓦及以上水力发电装机容量2994万千瓦，仅次于川、滇、藏而居全国第4位。如全部开发，年发电量可达到1493.5亿千瓦时，相当于6000万吨标准煤。

各地要坚持按客观规律办事，因地制宜、科学规划、讲求实效，把水电建设与生态环境建设结合起来，在财税、金融等方面给予支持，在保护生态基础上有序开发水电，合理建设水电项目，促进能源结构向清洁低碳化方向发展。同时，加强对洁净煤发电技术与节能技术的研究与应用，提高湖北电力行业环境保护水平，实现湖北电业的可持续发展。适应水火调节、负荷发展和跨省联网的需要，加强电网建设，提高供电可靠性。

（四）大力推广节能新技术，全面促进节能减排

技术创新是发展低碳经济，实现节能减排的关键因素之一。发展低碳经济，应以技术进步为基础，大力发展低碳技术。在减缓气候变化呼声日益高涨的形势下，广泛应用清洁燃料交通工具、节能型建筑、节能型家电、环保型农业等领域的低碳技术具有广阔应用前景，其技术转移、设备制造、产品生产和相关服务将成为未来新的经济增长点。

要增强自主创新能力，大力开发低碳技术和低碳产品。能否利用后发优势在工业化进程中实现低碳经济发展，很大程度上取决于自主创新能力。我们必须高度重视研发工作，重点着眼于中长期战略技术的储备；融合市场现有的低碳技术，加以迅速推广和应用；理顺企业风险投融资体制，鼓励企业开发低碳等先进技术；加强地区间交流与合作，促进发达地区对湖北的技术转让。通过以上手段，实现低碳技术发展的“跨越式”进步。

新能源汽车作为现代交通领域可持续健康发展的趋势，已成为全球汽车企业争夺

的焦点。从某种意义上说，谁能率先实现新能源在汽车上的产业化应用，谁就能占据未来的发展先机。在政府的支持下，武汉在全国率先启动电动汽车研发和运营，近年已为电动汽车建充电场站 28 个。目前，全市投入运营的 319 台各类新能源汽车运营总里程超过 1600 万公里，运送乘客超过 3000 万人次，减少二氧化碳排放 3100 吨，节油 1100 万升，其示范效应已全面凸显。国家有关部门负责人表示今后几年国家将通过税收及财政补贴的方式对新能源汽车的推广使用投入 200 多亿元。因此，我们必须抢抓这一机遇，加快新能源汽车产业化步伐，抢占新能源汽车市场的制高点。

为加快推进太阳能光电在城乡建筑领域的应用，今年，财政部出台了一系列政策措施，中央财政将根据 2009 年符合条件的光电建筑实际安装应用量，相应安排补贴资金，以确保光电建筑应用示范工作的顺利实施。各级政府也要按照《湖北省民用建筑节能条例》的规定，设立建筑节能专项资金，对建筑节能的科学技术研究和产品开发、既有建筑节能改造、可再生能源在建筑中的运用、新型墙体材料和绿色建筑的推广应用等建筑节能给予鼓励和扶持。对生产、使用列入推广目录的建筑节能新技术、新工艺、新设备、新产品和新材料的，依法享受税收优惠等扶持政策。

CHAPTER 4

第四章　自然资源资产负债表编制研究

第一节　编制背景

自然资源资产负债表是指一个地区在某个特定时间点上所拥有的自然资本资产总价值和把自然资本维持在某个规定水平之上的成本（负债）的报告。编制自然资源资产负债表，就是以核算账户的形式对全国或一个地区主要自然资源资产的存量及增减变化进行分类核算，可以客观地评估当期自然资源产实物量和价值的变化摸清某一时点上自然资源产的“家底”，准确把握经济主体对自然资源产的占有、使用、消耗恢复和增值活动情况，全面反映经济发展的资源环境代价和生态效益，从而为推动建立健全科学规范的自然资源统计调查制度，生态文明建设、有效保护和永续利用自然资源提供信息基础、监测预警和决策支持，为推进环境与发展综合决策、政府绩评估考核环境补偿等提供重要依据。同时，这也是对领导干部实行自然资源产离任审计的重要依据，有利于形成生态文明建设倒逼机制改变唯 GDP 的发展模式。

经过改革开放 40 年的持续快速发展，我国已跃升为世界第二大经济体，创造了经济发展奇迹。但是，以高投入、高消耗、高污染为主要特征的传统经济发展模式难以实现可持续发展。面对资源约束趋紧、环境污染严重、生态系统退化的严峻形势，党的十八大报告提出，要把资源消耗、环境损害、生态效益纳入经济社会发展评价体系，建立体现生态文明要求的目标体系、考核办法和奖惩机制。

2013 年 11 月，中共十八届三中全会全体会议通过《中共中央关于全面深化改革若干重大问题的决定》，决定提出，探索编制自然资源资产负债表，对领导干部实行自然资源资产离任审计，建立生态环境损害责任终身追究制。

2015 年 9 月，中共中央政治局会议审议通过《生态文明体制改革总体方案》（中发〔2015〕25 号）。全面地阐述了中央进行生态文明体制改革的操作思路，推出党政领导干部生态环境损害责任追究办法（试行）、编制自然资源资产负债表试点方案等一批重点改革措施。

2015年11月，国务院办公厅印发《编制自然资源资产负债表试点方案》（国办发〔2015〕82号）的通知，探索编制自然资源资产负债表，在内蒙古自治区呼伦贝尔市、浙江省湖州市、湖南省娄底市、贵州省赤水市、陕西省延安市开展编制自然资源资产负债表试点工作，探索形成可复制可推广的编表经验。

2015年12月，国家统计局、国家发改委、财政部、国土资源部、环保部、水利部、农业部、国家林业局联合印发了《自然资源资产负债表试编制度（编制指南）》，指导全国试点工作。并根据《京津冀协同发展规划纲要》增加北京市怀柔区、天津市蓟县、河北省为试点地区。

湖北省从2016年开始探索编制自然资源资产负债表。经过积极争取，国家统计局批准湖北作为视同全国试点地区，开展编制自然资源资产负债表试点工作。湖北省委、省政府高度重视，将其作为促进全省生态文明建设、推动湖北绿色发展的重要基础性工作来抓。2016年3月30日，省委主要领导领衔重大改革项目启动会议在汉召开，会议决定，在全省全面开展自然资源资产负债表编制和领导干部自然资源资产离任审计工作，由原省委书记李鸿忠亲自领衔，体现了这项改革的重要性和紧迫性，也体现了湖北推进生态文明建设尤其是长江经济带生态保护的坚强决心。湖北省以改革树牢绿色理念，靠行动推动绿色发展，全面阐释了开展自然资源资产负债表编制和领导干部自然资源资产离任审计的重要意义、总体思路、首要任务、关键环节和具体部署，是全省开展自然资源资产负债表编制工作的行动指南。

一、重要意义

党的十八大以来，习近平总书记就加强生态保护、推动绿色发展提出了一系列新思想、新观点、新论断。党的十八届五中全会将“绿色发展”作为五大发展理念之一，将绿色发展提到了前所未有的高度。这既是顺应自然规律、实现可持续发展的内在要求，也是加快转变发展方式、适应和引领经济发展新常态的必然选择。2016年1月5日，习总书记在重庆召开的长江经济带发展座谈会上强调：“要把修复长江生态环境摆在压倒性位置，共抓大保护，不搞大开发。”这是中央对长江经济带全域发展战略的重新谋划。从长江生态保护看，湖北境内长江流程1062公里，约占长江干线总长的三分之一，是三峡工程库坝区和南水北调中线工程核心水源区，保护长江生态的责任重大、任务艰巨。湖北开展自然资源资产负债表编制试点和领导干部自然资源资产离任审计试点，正是深入学习贯彻党的十八届五中全会精神，贯彻落实习近平总书记系列重要讲话精神，把五大发展理念特别是绿色发展理念作为指挥棒，推进生态文明建设和绿色发展尤其是长江经济带生态保护的一项重大举措。

二、总体思路

遵循自然生态系统的整体性、系统性及其内在规律，着眼于维护自然生态系统的基本功能，按照由简到繁、由易到难、由表及里、由显到隐、由低到高的原则，在进行深层次、全面、系统、科学大胆探索的同时，针对当前资源环境保护中存在的突出问题，本着快速“止血止痛”的原则，制定简易版的方案和措施，马上行动起来，扎实推进自然资源资产负债表编制和领导干部自然资源资产离任审计工作，为全省贯彻落实五大发展理念、实现绿色发展提供支撑和保证。

三、首要任务

加强资源环境保护、推进生态文明建设，重点要抓住领导干部这个“关键少数”，核心是落实领导干部生态环境保护的责任。编制自然资源资产负债表、对领导干部实行自然资源资产离任审计，正是科学评判领导干部生态环境保护责任履行情况、对领导干部实行生态环境损害责任追究的重要基础和前置条件，抓住了让绿色发展这根“指挥棒”硬起来的关键。当前的首要任务是通过改革和试点，真正让绿色发展的指挥棒硬起来，推动湖北省各级各部门特别是各级领导干部进一步树牢“绿色决定生死”的理念，强化推动绿色发展的责任，一级抓一级、层层抓落实，切实加强资源环境环保工作，在湖北省上下营造保护生态、绿色发展的浓厚氛围。

四、关键环节

确保改革成功、取得实效，关键要强化责任落实，严格兑现奖惩，形成责任落实的闭环效应。要通过编制自然资源资产负债表、开展领导干部自然资源资产审计，进一步明责、确责、考责、问责和追责，严明纪律规矩，强化监督检查，坚持有责必问、问责必严，结合换届工作，把奖惩落到实处，树立和强化绿色发展的鲜明导向。

五、具体部署

自然资源资产负债表编制和领导干部自然资源资产离任审计工作，应当坚持试点探索和全面覆盖两条腿走路，在湖北省迅速全面推开，尽快形成雷霆之势。具体从两个层次同步推进：一是2016年就在湖北省全面推开，做到全员参与、全面覆盖、全力推进。从简单的基础性工作开始，先制定简易版负债表，在湖北省全面开展，推动全省上下形成保护生态、绿色发展的浓厚氛围；二是试点地区从深层次进行全面、系统、科学的大胆探索，为全省乃至全国提供可复制、可推广的经验。

第二节 制度设计

自然资源资产负债表编制是一项全新的工作，没有成熟的经验可供复制借鉴。湖北编表工作在制度设计上进行了大胆探索与创新，体现了全面覆盖与试点探索相结合，从三个层面展开，形成了一个全面完整的体系，通过全覆盖、多层面、纵横结合推进编表工作，能够确保改革不留死角、不留盲区，最大范围地调动各方面推进环境保护和绿色发展的主动性和积极性。一是在涉及自然资源保护和管理的省直部门实施主要自然资源资产统计工作方案，强化“谁主管谁负责，部门完善制度，满足编表需要”职责。二是在全省全面开展自然资源资产负债表简易版的编制工作。简易版自然资源资产负债表突出简洁明快、实用管用，共1张表5个指标，主要包括土地、森林、水、空气等最重要的自然资源，有利于迅速摸清自然资源的基本家底。三是在试点地区开展自然资源资产负债表编制试点，从深层次进行全面、系统、科学的探索。这个制度设计推动了全省各级各部门特别是各级领导干部立即行动起来，解决当前资源环境保护中存在的突出问题，推动长江大保护和湖北绿色发展。

一、湖北省主要自然资源资产统计工作方案

为贯彻落实党中央、国务院和省委、省政府决策部署，加快推进湖北生态文明建设，根据《生态文明体制改革总体方案》《编制自然资源资产负债表试点方案》和《省委办公厅、省政府办公厅关于在全省开展自然资源资产负债表编制及领导干部自然资源资产离任审计试点工作的通知》等相关文件精神和省委主要领导同志关于从两个层次同步推进自然资源资产负债表编制和领导干部自然资源资产离任审计工作的要求，制定本方案。

（一）总体目标

按照省委主要领导同志关于在全省全面推进领导干部自然资源资产离任审计工作的要求，为领导干部自然资源资产离任审计工作提供数据支撑。从简单的基础性工作开始，先行摸清全省主要自然资源资产的存量及变化情况，在各市、州、直管市、神农架林区和县（市、区）开展主要自然资源资产的统计工作，在全省营造加强资源环境保护、推进生态文明建设的浓厚氛围。

（二）基本原则

（1）可行性原则。按照由简到繁、由易到难、由表及里、由显到隐、由低到高

的原则，瞄准有限目标和土地、林木、水等重要自然资源资产的实物形态保护，围绕领导干部自然资源资产审计工作中心，从自然资源资产统计的现状出发，先对统计基础好、生态功能强、容易摸清的自然资源资产实物量开展统计。

（2）准确性原则。充分运用现代科技手段和法治方式提高统计监测能力和统计数据质量，确保基础数据和自然资源资产各项数据真实准确。

（三）统计内容和重点

根据全面推进领导干部自然资源资产离任审计工作要求，先行核算统计基础工作较好、数据来源可靠的自然资源资产。据此确定全省主要自然资源资产统计的内容包括土地资源存量、耕地质量等别、林木资源存量、蓄水工程数量、水资源质量、空气质量。不涉及自然资源资产的价值量指标。

土地资源存量主要包括耕地、园地、林地、草地、城镇村及工矿用地、交通运输用地、水域及水利设施用地、其他土地等 8 类。

耕地质量等别包括 15 个等别的存量。

林木资源存量包括林地面积、森林面积、森林覆盖率和森林蓄积量。

蓄水工程数量包括水库、湖泊、河流、干渠、支渠和堰塘的数量、面积、蓄水量和长度等。

水资源质量包括 5 类水质的存量。

空气质量状况包括 PM2. 5、PM10 年均浓度和不同空气质量状况的天数。

（四）统计方法和资料来源

主要自然资源资产统计反映自然资源资产在核算期内的状况和核算期末的存量水平。核算期为每个公历年度 1 月 1 日至 12 月 31 日。以自然资源管理部门统计调查数据为基础，主要统计自然资源实物存量。

自然资源资产统计所需基础数据，主要来自国土资源、环保、水利、林业等部门自然资源统计调查和行政记录数据。如有上级主管部门审定的数据，应当优先采用。现有资料不能满足需要的，可适当开展补充性调查；同一指标有不同数据来源的，应进行认真评估、比较和选择；各省级自然资源主管部门分别采集、审核相关基础数据，研究资料来源和数据质量控制等关键性问题，根据自然资源统计基础状况，重点统计 2013 年以来各公历年度各市、州、直管市、神农架林区和县（市、区）自然资源资产存量。

各省级自然资源主管部门要按照自然资源变动因素，依据行政记录和统计调查监测资料，建立自然资源增减变化统计台账，及时填报相关指标，按时上报有关报表。

统计自然资源资产所使用的分类，原则上采用国家标准。尚未制定国家标准的，可暂采用行业标准。自然资源资产统计方法统一使用省统计局印发的《自然资源资产负债表试编制度（编制指南）》。

（五）工作步骤

（1）动员布置阶段。制定湖北省主要自然资源资产统计工作方案，明确时间表、路线图和职责分工。

（2）数据调查阶段。各省级自然资源主管部门搜集、整理和初审基础数据，建立自然资源存量及变化统计台账，填制有关表格。并将经领导签字和单位盖章的报表、编表说明和有关基础数据纸质版以及电子版报送省统计局。

（3）审核评估阶段。省统计局会同有关部门对各部门报送数据进行审核评估和质量检查，对有疑问的数据反馈至相关部门进一步组织调查核实和补充修正。

（六）组织实施

主要自然资源资产统计是一项跨部门、跨学科、跨领域的综合性工作，涉及部门多、技术要求高、工作难度大。要按照“统计牵头、部门协作、确保质量”原则，以高度的政治责任感和历史使命感，精心组织实施，确保主要自然资源资产统计工作取得切实成效。

一是加强领导，落实责任。各省级自然资源主管部门要加强对自然资源资产统计工作的组织领导，建立沟通协调机制。要成立自然资源资产统计工作领导小组（以下简称领导小组），负责自然资源资产统计工作，协调解决统计工作中的重大问题。领导小组由部门领导担任组长，相关处室主要负责人为成员，具体开展主要自然资源资产统计工作的组织协调、数据评估和督办检查等工作。

主要自然资源资产统计的有关技术工作，由统计部门牵头负责。相关部门要积极支持和配合，参与有关问题研究，提供所需要的基础资料。各相关部门职责参照《主要自然资源资产统计工作方案》中部门职责清单。

二是密切配合，夯实基础。统计部门要加强与国土资源、环保、水利、农业、林业、地质、测绘、国防科工办等部门的沟通，研究理清主要自然资源资产统计所需的基础资料状况。各部门要积极参与、加强沟通、主动配合。有关部门已有资料的，应当主动及时提供给统计部门；现有资料不能满足需要的，应当积极研究解决办法，必要时可开展补充性调查。

三是加强审核，提高质量。国土资源、环保、水利、农业、林业、地质等资源主管部门应夯实有关统计调查基础，改进调查方法，加强调查全过程质量控制，确保基础数据真实可靠。统计部门应加强对相关部门报送的数据进行质量审核、评估和检查，确保数据真实准确，做到表内数据可追溯、可核查、可追责。

根据上述考虑，制定出《主要自然资源资产统计部门职责清单》（见附件一）和《主要自然资源资产统计指标》（见附件二）。

附件一

主要自然资源资产统计部门职责清单

单位	职责分工
省国土资源厅	1. 建立自然资源存量及变化统计台账，填制并按时提交土地资源年末存量表和耕地质量等别表。 2. 夯实有关统计调查基础，改进调查方法，加强调查的全过程质量控制，确保统计所需基础数据真实可靠。 3. 负责指导、推动各地国土资源部门收集、整理主要自然资源资产统计所需的基础数据，并负责审核认定。 4. 对土地资源年末存量表和耕地质量等别表统计工作进行总结，按时向有关部门报送进度情况。
省林业厅	1. 建立自然资源存量及变化统计台账，填制并按时提交林木资源存量表。 2. 夯实有关统计调查基础，改进调查方法，加强调查的全过程质量控制，确保统计所需基础数据真实可靠。 3. 负责指导、推动各地林业部门收集、整理主要自然资源资产统计所需的基础数据，并负责审核认定。 4. 对编制林木资源存量表工作进行总结，按时向有关部门报送进度情况。
省水利厅	1. 建立自然资源存量及变化统计台账，填制并按时提交蓄水工程数量情况表。 2. 夯实有关统计调查基础，改进调查方法，加强调查的全过程质量控制，确保统计所需基础数据真实可靠。 3. 负责指导、推动各地水利（文）部门收集、整理主要自然资源资产统计所需的基础数据，并负责审核认定。 4. 对蓄水工程数量情况统计工作进行总结，按时向有关部门报送进度情况。
省环保厅	1. 建立自然资源及变化统计台账，填制并按时提交地表水资源质量情况表和空气质量状况表。 2. 夯实有关统计调查基础，改进调查方法，加强调查的全过程质量控制，确保统计所需基础数据真实可靠。 3. 负责指导、推动各地环保部门收集、整理主要自然资源资产统计所需的基础数据，并负责审核认定。 4. 对编制地表水资源质量情况表和空气质量状况表工作进行总结，按时向有关部门报送进度情况。
省测绘局	1. 整理和提供全省各地区地理信息数据库资料。 2. 参与全省主要自然资源资产统计数据质量的评估工作。
省国防科工办	1. 协调用户部门按国家数据政策优先获取高分卫星遥感数据。 2. 协调有关机构和专家为主要自然资源资产统计数据质量评估工作提供技术支持。
省统计局	1. 牵头开展主要自然资源资产统计工作，制定主要自然资源资产统计工作方案。 2. 负责汇总相关部门报送的初表。 3. 根据全面推进领导干部自然资源资产离任审计工作的要求，会同相关部门审核、评估相关部门报送的数据，并对主要自然资源资产统计工作进行全面总结。
省审计厅	根据自然资源资产离任审计的内容和重点，提出开展主要自然资源资产统计工作所需要的主要指标。

附件二　主要自然资源资产统计指标

土地资源年末存量表

填报单位：　　　　　　　　　　　　　　　　　　　　计量单位：公顷 20　年

地区名称	合计	耕地	园地	林地	草地	城镇村及工矿用地	交通运输用地	水域及水利设施用地	其他土地
武汉市									
江汉区									
……									
黄石市									
……									

耕地质量等别表

填报单位：　　　　　　　　　　　　　　　　　　　　计量单位：公顷、等

20　　年

地区名称	1等	2等	3等	4等	5等	6等	7等	8等	9等	10等	11等	12等	13等	14等	15等	平均质量等别
武汉市																
江汉区																
……																
黄石市																
……																

林木资源存量表

填报单位：　　　　20　　年

地区名称	林地面积（公顷）	森林面积（公顷）	森林蓄积量（千立方米）	森林覆盖率（%）
武汉市				
江汉区				
……				
黄石市				
……				

蓄水工程数量情况表

填报单位：　　　　　　　　　　　　　　　　　　　　　　　　计量单位：个、公里、公顷、万立方米　20　　年

地区名称	水库												湖泊			河流		干渠		支渠		堰塘
				#大型水库			#中型水库			#小型水库												
	个数	蓄水量	面积	个数	蓄水量	面积	个数	蓄水量	面积	个数	蓄水量	面积	个数	蓄水量	面积	个数	长度	个数	长度	个数	长度	个数
武汉市																						
江汉区																						
……																						
黄石市																						
……																						

地表水资源质量情况表

填报单位： 计量单位：个 20 年

地区名称	年末监测断面个数或监测点位个数																				
	水库							湖泊							河流						
	合计	Ⅰ类	Ⅱ类	Ⅲ类	Ⅳ类	Ⅴ类	劣Ⅴ类	合计	Ⅰ类	Ⅱ类	Ⅲ类	Ⅳ类	Ⅴ类	劣Ⅴ类	合计	Ⅰ类	Ⅱ类	Ⅲ类	Ⅳ类	Ⅴ类	劣Ⅴ类
武汉市																					
江汉区																					
……																					
黄石市																					
……																					

空气质量状况表

填报单位：

计量单位：$\mu g/m^3$，天 20　　年

地区名称	可吸入颗粒物（PM10）年均浓度	细颗粒物（PM2.5）年均浓度	空气质量状况（天数）				
			优	良	轻度污染	中度污染	重度污染
武汉市							
江汉区							
……							
黄石市							
……							

二、湖北省自然资源资产负债表（简易版）编制工作方案

为深入贯彻绿色发展理念，为实现领导干部自然资源资产审计和生态环境损害责任追究提供统计支撑，推动湖北生态文明建设尤其是长江经济带生态保护，根据湖北省委办公厅、省政府办公厅《关于在全省开展自然资源资产负债表编制及领导干部自然资源资产离任审计试点工作的通知》等相关文件精神，制定本方案。

（一）总体目标

认真贯彻落实党的十八大和十八届二中、三中、四中、五中全会精神，以邓小平理论、"三个代表"重要思想、科学发展观为指导，深入贯彻习近平总书记关于生态文明建设和绿色发展尤其是推进长江经济带生态保护的重要讲话精神，按照省委、省政府关于切实落实五大发展理念、加快推进生态文明建设的决策部署，在进行部分地区试点和省直部门统计的同时，在全省各市、州、直管市、神农架林区和县（市、区）全面开展《湖北省自然资源资产负债表（简易版）》的编制工作，从简单的基础性工作开始，先行摸清湖北省主要自然资源资产的存量及变化情况，为领导干部自然资源资产审计工作提供数据支撑，在全省上下营造加强资源环境保护、推进生态文明建设的浓厚氛围，促进湖北绿色发展。

（二）基本原则

（1）可行性原则。针对当前资源环境保护中存在的突出问题，瞄准有限目标和耕地、森林、水、空气等重要自然资源资产的实物形态保护，从自然资源资产统计的现状出发，先对统计基础好、生态功能强、容易摸清的自然资源资产实物量开展统计。

（2）简洁性原则。按照由简到繁、由易到难、由表及里、由显到隐、由低到高的原则，在进行深层次、全面、系统、科学大胆探索的同时，制定简易版的方案，统计指标由试点的800多个减少为省直部门报送的70多个，再由70多个减少为简易版（市州县直报）的5个。（见附件三，附件四）

（3）准确性原则。充分运用现代科技手段和法治方式提高统计监测能力和统计数据质量，确保基础数据和自然资源资产各项数据真实准确，做到表内数据可追溯、可核查、可追责。

（三）编制内容和资料来源

（1）编制内容：简易版编制的内容包括年末耕地面积、年末森林面积、年末湖泊个数和面积、空气质量优良天数以及湖泊、水库、河流水质情况。

（2）资料来源：简易版编制所需基础数据，主要来自国土资源、环保、水利、林业等部门自然资源统计调查和行政记录数据。“耕地面积”由国土资源部门提供，“森林面积”由林业部门提供，湖泊“个数”和“面积”由水利部门提供，“湖泊水质”“水库水质”和“河流水质”情况、“空气质量优良天数”由环保部门提供。

（四）时间安排

（1）2014 年和 2015 年自然资源资产负债表（简易版）的编制工作从 2016 年 6 月开始到 2016 年 7 月 30 日结束。

①动员布置阶段（6 月 29 日前）。制定《湖北省自然资源资产负债表（简易版）编制工作方案》，明确时间表、路线图，召开视频会议布置相关工作。

②数据调查阶段（6 月 29 日 ~7 月 20 日）。各市、州、县统计局分别搜集、整理和初审基础数据，填制有关表格，于 7 月 20 日前将签字盖章后的纸介质报表及编表说明直接报送省统计局，同时以电子邮件方式报送电子版。

③审核评估阶段（7 月 30 日前）。省统计局会同有关部门对各市、州、县报送数据进行审核评估和质量检查，对有疑问的数据反馈各地进一步组织调查核实和补充修正。

（2）2016 年及以后年份的自然资源资产负债表（简易版）编制工作将继续开展，具体安排另行通知。

（五）组织实施

自然资源资产负债表（简易版）的编制工作是一项跨部门的综合性工作，涉及部门多、质量要求高、时间紧。要按照“地方负责、统计牵头、部门协作、确保质量”的原则，以高度的政治责任感和历史使命感，精心组织实施，确保编制工作取得切实成效。

一是加强领导，落实责任。各市、州、县要加强对编制工作的组织领导，建立沟通协调机制。要成立自然资源资产负债表（简易版）编制工作领导小组（以下简称领导小组），负责编制工作，协调解决编制工作中的重大问题。领导小组由政府领导担任组长，具体开展编制工作的组织协调、数据评估和督办检查等工作。

自然资源资产负债表（简易版）编制的有关技术工作，由统计部门牵头负责。相关部门提供所需要的基础资料。

二是密切配合，夯实基础。统计部门要加强与国土资源、环保、水利、林业等部门的沟通，研究理清自然资源资产负债表（简易版）编制所需的基础资料状况。各部门要积极参与、加强沟通、主动配合。

三是加强审核，保证质量。国土资源、环保、水利、林业等资源主管部门应夯实有关统计调查基础，改进调查方法，加强调查全过程质量控制，确保基础数据真实可靠。统计部门应加强对相关部门报送的数据进行质量审核、评估和检查，确保数据真实准确。

附件三　湖北省自然资源资产负债表（简易版）

填报单位：20 年

地区名称	年末耕地面积（公顷）	年末森林面积（公顷）	湖泊		空气质量优良天数（天）
			年末个数（个）	年末面积（平方公里）	

补充资料：年末湖泊面积及全年湖泊、水库、河流水质情况

水资源类别	年末面积（平方公里）	水质情况					
		Ⅰ类	Ⅱ类	Ⅲ类	Ⅳ类	Ⅴ类	劣Ⅴ类
湖泊 湖泊 1 湖泊 2 ……	—	—	—	—	—	—	—
水库 水库 1 水库 2 ……	— — — —	—	—	—	—	—	—
河流 河流 1 河流 2 ……	— — — —	—	—	—	—	—	—

注：1. 湖泊为列入全省第一批保护名录中的 308 个湖泊和第二批保护名录中的 447 个湖泊。
2. 请在各湖泊、水库和河流对应的水质类打“√”。
3. 补充资料市州免报。

单位负责人：　　　　　填报人：　　　　　联系电话：

附件四　《湖北省自然资源资产负债表（简易版）》填报说明

（一）为深入贯彻绿色发展理念，为实现领导干部自然资源资产审计和生态环境损害责任追究提供统计支撑，推动湖北生态文明建设尤其是长江经济带生态保护，根据湖北省委办公厅、省政府办公厅《关于在全省开展自然资源资产负债表编制及领导干部自然资源资产离任审计试点工作的通知》（鄂办文〔2016〕31 号）等相关文件精神，制定本表。

（二）本表为年报表，是省统计局对各市、州、县统计局在自然资源资产负债表（简易版）编制方面的综合要求，各地区应按照全省统一要求，认真组织实施，按时填报。

（三）填报内容

年末耕地面积、年末森林面积、年末湖泊个数和面积、空气质量优良天数以及湖泊、水库、河流水质情况。

（四）数据采集

“耕地面积”由国土资源部门提供，“森林面积”由林业部门提供，湖泊“个数”和“面积”由水利部门提供，“湖泊水质”“水库水质”和“河流水质”情况以及“空气质量优良天数”由环保部门提供。

（五）相关要求

（1）本表由各市、州、县统计局分别收集填报，并于 7 月 20 日前将签字盖章后的纸介质报表直接报送省统计局，同时以电子邮件方式报送电子版。

（2）各市、州、县统计局应对相关部门提供的数据加强质量审核、评估和检查，确保数据真实准确，做到表内数据可追溯、可核查、可追责。

（3）填表过程中出现问题，请及时联系省统计局。

三、湖北省编制自然资源资产负债表试点工作方案

为贯彻落实党中央、国务院和省委、省政府决策部署，加快推进湖北省生态文明建设，根据《生态文明体制改革总体方案》（中发〔2015〕25 号）和《编制自然资源资产负债表试点方案》（国办发〔2015〕82 号）等相关文件要求，制定本方案。

（一）总体要求

1. 指导思想

认真贯彻落实党的十八大和十八届二中、三中、四中、五中全会精神，以邓小平理论、“三个代表”重要思想、科学发展观为指导，深入贯彻习近平总书记系列重要

讲话精神，按照省委、省政府关于切实落实五大发展理念、加快推进生态文明建设的决策部署，全面加强自然资源统计调查和监测基础工作，坚持边改革实践边总结经验，逐步建立健全自然资源资产负债表编制制度，促进湖北绿色发展。

2. 总体目标

全面落实党中央、国务院和省委、省政府的要求，通过探索编制自然资源资产负债表，努力摸清湖北省自然资源资产的家底及其变动情况，为推进生态文明建设、有效保护和永续利用自然资源提供信息基础、监测预警和决策支持，为完善生态文明绩效评价考核和责任追究制度提供统计保障，力争有关工作走在全国前列，为国家编制自然资源资产负债表提供切实可行的试点经验，努力探寻生态环境保护的有效方法，以此促进全省生态文明建设特别是长江经济带生态环境的不断改善。

3. 基本原则

（1）突出核算重点。从生态文明建设要求和人民群众期盼出发，优先核算具有重要生态功能的自然资源，并在实践中不断完善核算体系。

（2）注重质量指标。编制自然资源资产负债表既要反映自然资源规模的变化，更要反映自然资源的质量状况。通过质量指标和数量指标的结合，更加全面系统地反映自然资源的变化及其对生态环境的影响。

（3）确保真实准确。按照高质、务实、管用的要求，建立健全自然资源统计监测指标体系，充分运用现代科技手段和法治方式提高统计监测能力和统计数据质量，确保基础数据和自然资源资产负债表各项数据真实准确。编制自然资源资产负债表，不涉及自然资源的权属关系和管理关系。

（二）试点内容

根据自然资源保护和管控的现实需要，先行核算具有重要生态功能的自然资源。据此确定我省自然资源资产负债表的核算试点内容包括土地资源、林木资源和水资源。土地资源资产负债表主要包括耕地、林地、草地等土地利用情况，耕地和草地质量等级分布及其变化情况。林木资源资产负债表包括天然林、人工林、其他林木的蓄积量和单位面积蓄积量。水资源资产负债表包括地表水、地下水资源情况，水资源质量等级分布及其变化情况。

试点地区分别采集、审核相关基础数据，研究资料来源和数据质量控制等关键性问题，根据自然资源统计基础状况，重点编制 2014 年和 2015 年自然资源资产负债表，如试点地区资料可获得，也可编制 2011 年以来各公历年度本行政区域的自然资源资产负债表。

（三）基本方法

自然资源资产负债表反映自然资源在核算期初、期末的存量水平以及核算期间的变化量。核算期为每个公历年度 1 月 1 日至 12 月 31 日。在自然资源核算理论框架下，以自然资源管理部门统计调查数据为基础，编制反映主要自然资源实物存量及变动情况的资产负债表。

自然资源资产负债表的基本平衡关系是：期初存量 + 本期增加量 - 本期减少量 = 期末存量。期初存量和期末存量来自自然资源统计调查和行政记录数据，本期期初存量即为上期期末存量。核算期间自然资源增减变化的主要影响因素有两类：一是人为因素，如林木的培育和采伐引起的林木资源资产变化；二是自然因素，如降水和蒸发等引起的水资源资产变化。由于自然属性差别较大与经济体关系不尽相同，各种自然资源都有其特有的增加、减少方式及原因。各试点地区要按照自然资源变动因素，依据行政记录和统计调查监测资料，建立自然资源增减变化统计台账，及时填报相关指标。

编制自然资源资产负债表所使用的分类，原则上采用国家标准。尚未制定国家标准的，可暂采用行业标准。自然资源资产负债表编制方法统一使用省统计局印发的《自然资源资产负债表试编制度（编制指南）》。

（四）资料来源

编制土地资源资产账户、林木资源资产账户和水资源资产账户所需基础数据，主要来自国土资源、环保、水利、农业、林业等自然资源主管部门。如有上级主管部门审定的数据，应当优先采用。现有资料不能满足需要的，可适当开展补充性调查；同一指标有不同数据来源的，应进行认真评估、比较和选择；对表中确实不能填报的数据，需要作出书面说明。

（五）试点地区

根据自然资源的代表性和有关工作基础，在鄂州市、神农架林区、宜都市、武穴市开展编制自然资源资产负债表试点工作。

（六）时间安排

试点工作从 2016 年 3 月开始到 2016 年 12 月底结束，分为四个阶段。

1. 动员培训阶段（3～4 月）

制定我省自然资源资产负债表的试点方案和试编制度，组织召开编制试点工作布置暨培训会议，明确时间表、路线图和职责分工。开展初步摸底，了解确认需填报指标的确切来源和数据获取的可靠性。

2. 数据调查阶段（4～7 月）

试点地区相关部门搜集、整理和初审基础数据，建立自然资源存量及变化统计台账，填制土地资源资产账户、林木资源资产账户、水资源资产账户中的有关表格。涉及不同部门的报表，由牵头部门负责组织对报表进行审核。审核完毕后，将经领导签字和单位盖章的初表、填报说明和有关基础数据报送试点地区统计局。试点地区统计局负责汇总、审核、评估相关部门报送的初表，并生成正式报表。7 月底前，试点地区统计局将本地区土地、林木和水资源资产账户电子版和加盖公章后的纸质版以及编表说明电子版报送省统计局。

3. 审核评估阶段（8 ~ 9 月）

省统计局会同有关部门对试点地区报送数据进行审核评估和质量检查，对有疑问的数据反馈至试点地区统计局进一步组织调查核实和补充修正（各部门职责任务清单见附件五）。

4. 工作总结阶段（10 ~ 12 月）

12 月底前，试点地区统计部门提交试点报告，总结编制试点工作的经验、存在的问题和困难，并提出修订完善自然资源统计调查制度和自然资源资产负债表编制方案的建议。在此基础上，省统计局会同相关部门对试点工作进行全面总结，积极探索开展定性和定量分析，并将试点总结和成果报送国家统计局和省委省政府。

（七）组织实施

编制自然资源资产负债表是一项跨部门、跨学科、跨领域的综合性工作，涉及部门多、技术要求高、工作难度大。各试点地区要按照“统计牵头、地方负责、部门协作、确保质量”原则，以高度的政治责任感和历史使命感，精心组织实施，确保试点工作取得切实成效。

一是加强领导，落实责任。各试点地区要加强对编制自然资源资产负债表试点工作的组织领导，建立沟通协调机制。要成立自然资源资产负债表试点工作领导小组（以下简称领导小组），负责部署和督查自然资源资产负债表编制试点工作，协调解决试点工作中的重大问题。领导小组由地方领导担任组长，统计、发改、财政、国土、环保、水利、农业、林业、审计等单位主要负责人为成员。领导小组下设办公室，负责领导小组的日常工作，具体开展试点工作的组织协调、数据评估和督办检查等工作。

试点地区编制自然资源资产负债表有关技术工作，由统计部门牵头负责。相关部门要积极支持和配合试点工作，参与有关问题研究，提供编表所需要的基础资料。各相关部门职责参照《自然资源资产负债表试编制度（编制指南）》中职责分工。

二是密切配合，夯实基础。统计部门要加强与国土资源、环保、水利、农业、林业等自然资源主管部门的沟通，研究理清编制自然资源资产负债表所需的基础资料状况。各部门要积极参与、加强沟通、主动配合。有关部门已有资料的，应当主动及时提供给统计部门编表使用；现有资料不能满足需要的，应当积极研究解决办法，必要时可开展补充性调查。

三是加强审核，提高质量。试点地区的国土资源、环保、水利、农业、林业等资源主管部门应夯实有关统计调查基础，改进调查方法，加强调查全过程质量控制，确保编表所需基础数据真实可靠。试点地区统计部门应加强对相关部门报送的数据进行质量审核、评估和检查，确保数据真实准确，做到表内数据可追溯、可核查、可追责。

试点期间，统计局将会同有关部门赴试点地区指导调研，帮助解决试点过程中遇到的问题。

附件五　部门职责任务清单

单位	职责分工	完成时间
国土资源部门	1. 负责牵头编制土地资源资产账户。协调农业、林业部门收集基础资料，建立自然资源存量及变化统计台账，填制并按时提交土地资源资产有关表格 2. 夯实有关统计调查基础，改进调查方法，加强调查全过程质量控制，确保编表所需基础数据真实可靠 3. 上级国土资源管理部门负责指导、推动和配合试点地区土地资源管理部门收集、整理编制土地资源实物量账户所需的基础数据 4. 对编制土地资源资产账户试点工作进行总结，按时向试点地区统计局报送进度情况	7 月底前
农业部门	1. 在国土资源部门的统一协调下，收集并按时提供编制土地资源资产账户所需基础资料，建立自然资源存量及变化统计台账 2. 夯实有关统计调查基础，改进调查方法，加强调查全过程质量控制，确保编表所需基础数据真实可靠 3. 上级农业部门负责指导、推动和配合试点地区农业部门收集、整理土地资源存量、质量等级及变动量等基础数据 4. 对土地资源存量、质量等级及变动量等基础数据收集情况进行总结，按时向国土资源部门报送进度情况	7 月底前
林业部门	1. 负责牵头编制林木资源资产账户。收集基础资料，建立自然资源存量及变化统计台账，填制林木资源资产有关表格。在国土资源部门的统一协调下，收集并按时提供编制土地资源资产账户所需基础资料 2. 夯实有关统计调查基础，改进调查方法，加强调查全过程质量控制，确保编表所需基础数据真实可靠 3. 上级林业部门负责指导、推动和配合试点地区林业部门收集、整理编制土地和林木资源实物量账户所需的基础数据 4. 对编制林木资源资产账户试点工作和耕地存量、质量等级及变动量等基础数据收集情况进行总结，按时向试点地区统计局和国土资源部门报送进度情况	7 月底前

续表

单位	职责分工	完成时间
水利部门	1. 负责收集基础资料，建立自然资源存量及变化统计台账，填制水资源存量及变动表 2. 夯实有关统计调查基础，改进调查方法，加强调查全过程质量控制，确保编表所需基础数据真实可靠 3. 上级水利部门负责指导、推动和配合试点地区水利部门收集、整理编制水资源实物量账户所需的基础数据 4. 对编制水资源资产账户试点工作进行总结，按时向试点地区统计局报送进度情况	7 月底前
环保部门	1. 负责收集基础资料，建立自然资源存量及变化统计台账，填制水环境质量及变动表 2. 夯实有关统计调查基础，改进调查方法，加强调查全过程质量控制，确保编表所需基础数据真实可靠 3. 上级环保部门负责指导、推动和配合试点地区环保部门收集、整理水环境质量等级及变动量等基础数据 4. 对水环境质量等级及变动量等基础数据收集情况进行总结，按时向试点地区统计局报送进度情况	7 月底前
财政部门	负责编制自然资源资产负债表试点经费的保障工作	
统计部门	1. 牵头开展编制自然资源资产负债表改革试点工作，加强统筹协调和督促检查，确保全省试点工作取得积极成果 2. 试点地区统计局负责汇总、审核、评估相关部门报送的初表，并生成正式报表 3. 上级统计部门根据试点工作的要求，会同相关部门审核、评估由试点地区报送的相关数据，并对试点工作进行全面总结，提出修改完善试编制度的意见和建议，积极探索开展定性和定量分析	12 月底前

第三节　编制过程

湖北省从 2016 年开始探索编制自然资源资产负债表。经过积极争取，国家统计局批准湖北作为视同全国试点地区，开展编制自然资源资产负债表试点工作。省委、省政府高度重视，将其作为促进湖北省生态文明建设、推动湖北绿色发展的重要基础性工作来抓，2016 年决定在湖北省全面开展自然资源资产负债表编制和领导干部自然资源资产离任审计工作，并作为省委主要领导领衔的重大改革项目重点推进。

一、及早谋划，凸显特色，做好顶层设计

湖北省统计局将编制自然资源资产负债表试点工作作为湖北统计工作重点，开展了多次调研摸底和征求意见，专程赴浙江湖州等地学习考察，为试点工作的顺利有序开展奠定了良好的基础。按照省委、省政府从两个层次同步推进自然资源资产负债表编制和领导干部自然资源资产离任审计工作的有关要求，制定了三个方案，从三个层面纵横结合推进试点工作：

一是制定《自然资源资产负债表（简易版）工作方案》，以市州县统计局为单位，自下而上收集报送耕地、森林、水、空气等自然资源存量及变化相关数据，为在全省全面推开领导干部自然资源资产审计提供参考依据。

二是制定《主要自然资源资产统计工作方案》，以省自然资源主管部门为单位，自上而下收集所有县（市、区）土地、林木、水、大气等主要自然资源资产数据，作为简易版的补充和审核评估的依据。

三是制定《湖北省编制自然资源资产负债表试点工作方案》，2016 年在鄂州、神农架、武穴、宜都 4 个试点地区，2017 年在十堰、鄂州、荆门、恩施、神农架 5 个试点地区开展深层次的试点工作，为国家全面推行自然资源资产负债表编制提供可复制、可推广的“湖北经验”。

二、精心部署，统筹谋划，把握试点要求

为组织好试点工作，省统计局及各试点地区成立了试点工作领导小组及办事机构，明确了时间表、路线图以及各部门职责分工。省统计局下发了《关于建立编制自然资源资产负债表试点工作制度的通知》，要求各试点地区建立并执行责任清单、台账管理、部门联动、信息报送、调研督办、服务联系等相关制度。组织召开多次布置培训会议，全面布置试点工作，并就做好试点工作，提出了“必须高度重视、必须攻坚克难、必须落实责任、必须如期完成、必须服务发展”的总体要求。试点工作迅速在各试点地区全面铺开。

三、协调督办，形成合力，强力推进试点

一方面，加强与部门的协调，省统计局先后数次与省环保、国土、水利、农业、林业等自然资源主管部门联系，主动了解审计部门需求，共同推进试点工作；另一方面，加强对试点地区的督办指导，省统计局多次专题听取试点地区工作汇报，到试点地区进行了密集调研督办，听取试点地区统计局关于试点工作情况的汇报，并和当地

环保、国土、水利、农业、林业等相关部门就编表细节进行了沟通和对接。针对督办中发现的困难和问题，提出了“谁主管谁负责”“部门建立制度满足填表要求”的原则和“质量保证、数据可用”的要求。通过密集调研督办，掌握了试点地区编表情况第一手资料，有效推动了试点地区编表工作。全省上下形成了党委政府高度重视、主要领导亲自领衔、统计部门担当尽责、相关部门密切配合的强大合力，保障了试点工作的顺利进行。

四、抓住关键，精准发力，逐个问题突破

在不断调研督办的基础上，省统计局及时总结试点地区经验，尤其是对试点地区反映的困难和问题进行了逐一梳理，归纳整理出 5 大类 21 小类问题清单。就清单中反映出来的数据存在缺口、部门数据存在差异等问题，省统计局分别到孝感市、武汉市新洲区、丹江口市等地进行了实地调研，到相关部门详细了解原因。邀请环保、国土、农业、林业、水利、测绘、地矿、国防科工办等省直相关部门，召开编制自然资源资产负债表试点问题清单省直部门座谈会，突出问题导向，重点研究解决办法。召开全省编制自然资源资产负债表试点地区研讨会，研究解决试点中存在的问题。两次会议上，各相关资源主管部门和试点地区就编制自然资源资产负债表试点问题清单提出了很多有效的解决办法，并就目前工作存在的问题和难点进行了沟通交流。省统计局根据这些建议形成了指导性意见，为各地解决试点问题提供了基本的遵循依据。

五、强化审核，夯实基础，把好数据质量关

在对自然资源资产负债表试点数据进行收集、初审和汇总的基础上，省统计局组织召开多次审核评估会议，会同省直自然资源主管部门对简易版和试点版两个层面数据进行了联审。省直自然资源主管部门与各试点地区相关资源管理部门按照《自然资源资产负债表试编制度》中土地资源账户、林木资源账户、水资源账户、矿产资源账户分组进行数据审核，对《试编制度》中相关表格填报情况、资料来源、数据缺口和数据质量情况，以及改进和完善《试编制度》、部门调查制度的意见和建议等进行了研究讨论，并就审核评估问题的解决办法达成了共识，为湖北省编制自然资源资产负债表试点工作的全面完成奠定了基础。

六、建立机制，加强宣传，及时总结成果

自全省编制自然资源资产负债表试点工作正式启动以来，省统计局按照省生态文明体制改革专项领导小组办公室《关于加强省委主要领导领衔重大改革项目信息报送

工作的通知》要求，每月对工作进展情况进行总结，在全省重大改革项目汇报会和推进现场会上多次通报试点工作情况，以大事记形式全面记载试点进程，在《湖北日报》《湖北电视台》及《中国信息报》等媒体加强对湖北省编制自然资源资产负债表工作的宣传，组织编撰了编制自然资源资产负债表资料汇编和成果汇编两本书，在全省上下营造了浓厚的氛围。

第四节 成效评估

一、编制自然资源资产负债表之湖北特色

（一）简洁明快、实用管用

编表工作体现了全面覆盖与试点探索相结合。一是在试点地区开展自然资源资产负债表编制试点，从深层次进行全面、系统、科学的探索。二是在全省全面开展自然资源资产负债表简易版的编制工作。简易版自然资源资产负债表突出简洁明快、实用管用，共 1 张表 5 个指标，主要包括土地、森林、水、空气等最重要的自然资源，有利于迅速摸清自然资源的基本家底。三是在涉及自然资源保护和管理的省直部门实施自然资源统计工作方案，强化“谁主管谁负责，部门完善制度，满足编表需要”职责。这个顶层设计推动了全省各级各部门特别是各级领导干部立即行动起来，解决当前资源环境保护中存在的突出问题，推动长江大保护和湖北绿色发展。

（二）大胆探索、勇于创新

与全国试点地区相比，湖北编表工作从三个层面展开，形成了一个全面完整的体系，在无任何经验可以复制借鉴的前提下，在制度设计、编表内容、补充调查、质量管控和能力建设等方面进行了大胆探索与创新：一是在制度设计上有创新。通过全覆盖、多层面、纵横结合推进编表工作，能够确保改革不留死角、不留盲区，最大范围地调动各方面推进环境保护和绿色发展的主动性和积极性。二是在编表内容上有创新。各试点地区除了完成试点任务外，还自我加压，有很多创新，体现了改革的主动作为和责任担当。部分试点地区将编制范围扩大至区、乡镇和村级，试填了生物资源和空气质量账户，并开展了核算自然资源资产生态服务价值的工作。三是在补充调查上有创新。编制自然资源资产负债表工作得到了省直部门的大力支持，省农业厅、省地质局和省林业厅等部门为配合填表工作制定了新的调查制度。各试点地区也通过引入第三方、争取上级支持等方式，开展了一些补充性调查，以满足数据填报需要。四

是在质量管控上有创新。为了规范业务流程，保证数据质量，部分地区探索建立了数据质量控制办法，认真评估自然资源统计数据质量，确保填报数据真实可靠。五是在能力建设上有创新。在编表过程中，省统计局特别注重能力建设，夯实基层基础工作，推进各地各部门探索建立完善自然资源监测体系，自然资源资产负债表编制的体制机制初步形成。

（三）务求实效、服务发展

在编表过程中，省统计局始终贯穿一个中心思想，就是通过编制一张表，来推动一项重大改革，服务湖北绿色发展大局。编表是手段，促进绿色发展是目的。一方面，要出成果。通过编表摸清全省自然资源资产底数，为全面推行自然资源资产负债表编制工作积累经验；另一方面，要见实效。通过编表形成责任倒逼，推动各地在加强生态文明建设和绿色发展方面出台有力措施、取得切实成效。

二、编制自然资源资产负债表之主要成效

（一）增强了绿色发展意识

湖北省市州县、省自然资源主管部门和试点地区三个层面的编制工作互为补充，最大限度地动员了各方力量，调动了各方参与试点的积极性，形成了试点的合力，为试点工作的全面完成奠定了良好的基础。同时，通过试点工作，使全省上下形成了促进绿色发展的共识，推动了各级各部门尤其是各级党政领导真正关注、重视辖区内最重要的自然资源，自觉履行生态环境保护和绿色发展的使命和责任，绿色发展已成为引领湖北发展的新的“指挥棒”。

（二）突出了自主创新特色

按照试点方案，各试点地区完成了 2014 年、2015 年和 2016 年土地、林木和水资源资产账户的填报和审核工作。除了完成试点任务外，试点地区还自我加压，扩大了试点范围，延伸了试点年份。如鄂州市将编制范围扩大至区、乡镇和村级，编制年份延伸至 2011 ~2016 年，在梁子湖区开展矿产资源和生物资源资产账户编制工作，并核算自然资源资产生态服务价值；神农架林区除填写国家《编制指南》中列出的表格之外，在林木资源资产负债表部分，补充了林地面积和森林覆盖率变化表，并增加了空气和生物两类自然资源资产负债表；宜都市自主开展了矿产和空气资源账户填报工作。

（三）探索建立了新的调查制度

湖北试点工作得到了省直部门的大力支持，如省农业厅制定下发了湖北省耕地质

量和草地质量等级评价及其变动表编制技术试行方案，在试点地区按编表制度进行耕地和草地质量评定工作；省地质局开展了地下水补充监测工作。各试点地区也通过引入第三方、争取上级支持等方式，开展了一些补充性调查，以满足数据填报需要。如神农架林区正在加快建成森林资源网格信息化管理系统，全面启动保护区红外相机监测野生动物项目。

（四）尝试出台了数据质量管控办法

为了规范业务流程，保证数据质量，部分试点地区探索建立了数据质量控制办法。如鄂州市出台了《自然资源资产负债表编制工作质量控制办法》，要求各地区、各级自然资源主管部门对所属自然资源资产的增减变化必须视同“三重一大”问题一样决策、一样部署、一样管理，对数据采集、审核和评估环节全过程进行了规范。神农架林区制定了自然资源资产负债表数据管理办法。

（五）促进了湖北绿色发展

为使编表工作服务推动湖北绿色发展，省统计局印发了《关于以编制自然资源资产负债表促进湖北绿色发展的通知》，要求全省各市、州、县统计局准确把握编制自然资源资产负债表的根本目的，推动各级党政领导重视支持生态文明建设和绿色发展，及时监测反映绿色发展进程，提出有针对性的对策建议，推动部门建立完善相关调查制度。通过编表工作，各地在生态环境保护和绿色发展方面取得了一些实实在在的成效。如鄂州市开展制定《领导干部自然资源保护风险警示手册》、设立损害自然资源行为举报奖励基金。在梁子湖区开展自然资源资产生态金融试点、编制生态电子地图等“四项特色工作”，通过自然资源资产负债表的编制，全面推进了自然资源资产确权登记，建立规范了生态补偿制度，2016 年，鄂州市、鄂城区、华容区分别给予梁子湖区 3500 万元、1200 万元、300 万元生态补偿资金并引导生态资产市场化，创新了生态资产融资品种。宜都市开展水资源、空气资源、畜禽养殖污染和矿山环境“四项治理”。武穴市开展了长江经济带生态保护“雷霆行动”。省统计局社情民意调查中心配合试点工作，开展了生态质量公众满意度调查工作。

三、编制自然资源资产负债表之问题分析

（一）数据生产时间滞后问题

如“土地资源存量及变动表”，当年数据一般在次年 7 月份由省国土资源厅报自然资源部，经自然资源部核查后才能确认使用。由于数据审核时间较长，9 月份才能得到正式批复。“耕地质量等别及变动表”中数据，要在省国土资源厅土地利用变更

数据确认后才可开展调查评定工作，基本流程是次年评定，隔年报备自然资源部，得到批复后才能使用。

（二）数据存在缺口问题

一方面，技术方法尚不成熟。由于理论研究和实践的滞后，自然资源资产核算的相关技术方法还存在一定难度。自然资源资产产权的界定、容量的核算、价值量的核算技术方法等，尚未形成标准化程度高、应用成熟规范、各方普遍认可的方法体系；另一方面，数据来源的阶段性、间断性导致数据缺失。《自然资源资产负债表试编制度》规定，数据来源为资源账户主管部门，试编过程中数据的获取主要是普查资料和年度公报，因此在非普查（清查）年份和未做监测的指标数据出现了严重缺失。如湿地面积数据为第二次全国湿地资源调查数据，该调查于 2009 年开始，2013 年完成，此数据为阶段性数据，无法按照年度变更填报。地下水水质数据普遍存在缺口。

（三）监测点数据代表性不强问题

自然资源监测方案没有统一的技术标准，根据需要确定的监测点位和数量，并不是长期不变甚至每年都有变化，因此选取的监测点位的不连续性会影响数据可比性，同时，监测布点没有统一的制度体系，存在代表性、科学性不强和地区之间不公正的问题。

（四）部门间、部门内数据存在差异问题

一方面，资源主管部门之间数据存在差异。部门之间存在指标名称一样，但数据不统一；实物量一样但在不同部门归属指标不同，如耕地、林地、草地数据在部门之间存在差异。环保、水利、疾控部门都有水质监测，但设置的监测点或断面、监测标准不一。另一方面，资源主管部门内部数据存在差异。

（五）数据填报保障条件不完善问题

试编工作涉及面广，保障条件不具备，主要表现在人力、物力和财力不足。一是技术力量薄弱。自然资源账户管理部门编制少、人力不足是普遍现象，且基层相关技术机构设置也是递减趋向，试点地区在填报耕地质量等别、耕地质量等级、草地质量等级等数据时，均采取了请有资质第三方协作补充调查的办法。二是技术装备缺乏。数据采集需要的技术装备、增加监测指标、点位和取样点所需增加的装备，基层单位一般都难以满足。三是财政支持不足。试编工作涉及数据采集、质量审核、结果报送、结果应用等全过程，有限的试点经费明显不足，需要国家和地方共同建立专项财力保障制度予以支持。

（六）数据填报路径不清晰不通畅问题

自然资源资产负债表试编工作选择在试点地区直接实施，工作推进路径并非“以上率下”，四级同改，在现行的四级政治体制结构和统计数据“下算一级”的管理体制下，试点地区需要对上争取、横向聚合，将庞大的、分割在众多部门的第一手数据收集统一起来，工作难度非常大。

四、编制自然资源资产负债表之鄂州实践

鄂州市是湖北自然资源资产负债表编制试点地区，2016年以来，鄂州市不断攻坚克难、创新突破，积极探索自然资源资产负债表的编制和运用，走出了一条鄂州特色的经济发展与生态环保“双赢”之路。

（一）立足于“编”，积极破难题

在做好全省试点的基础上，鄂州市自我加压，提高标准，自然资源资产负债表编制范围实现了市级扩大至区级，延伸到乡镇、村级，编制年份由2014～2015年延伸至2011～2016年。

（1）领衔发力，破解组织协调难题。市主要领导亲自领衔改革，一个专门领导小组牵头推进改革、一个联席会议制度协调改革、一支督办力量督查改革。每周专题会议推进改革，查找问题、研究对策，部署阶段工作任务，对重点工作实行清单化管理，印发任务清单9期，共明确具体任务76项。建立部门联席会议制度，召开部门联席会议30余次，研究对策解决问题，形成工作合力。

（2）拓宽渠道，破解资料收集难题。一是开展补充性调查。市国土资源部门开展耕地质量等别补充性调查，取得了2015～2016年度基础数据。市农业部门分别开展耕地、草地质量等级补充性调查，获得了2011～2016年耕地和草地质量面积及变化数据。市水务部门通过开展河湖生态耗水补充性调查，获取河道外生态用水、河湖生态耗水量经验数据。市林业部门开展湿地和林地面积补充性调查，通过卫片判读，修正2013～2016年度漏划、错划湿地数据。二是组织实地调查。市农业部门根据国土资源部门提供图斑，组织工作专班进行实地核实，摸清了全市耕地面积年度变动情况；市畜牧部门对全市草地图斑逐一进行核实，摸清了全市草地面积分布情况。三是争取上级主管部门支持。湖北省耕肥总站制定了《湖北省耕地等级评价指标体系》，为市农业部门开展耕地质量等级划分提供依据。省林业厅向鄂州市提供2013～2016年森林资源动态监测成果数据；省林勘院支持鄂州市开展新一轮林地变更调查和林地保护利用修编工作；省林业调查规划院对鄂州市林木资源账户编制进行技术指导和培

训，提供湿地资源数据。四是利用技术方法推算。市林业部门根据农地面积和城乡建设用地面积，推算出 2012～2016 年度其他林木存量数据。市水务部门依照湖北省水资源公报公布的鄂州市相关数据定额，推算出灌溉水回归量等填报数据。

（3）加强沟通，破解数据衔接难题。一是强化部门间数据衔接。市统计局多次与农委、林业、畜牧、水务等部门进行了沟通，就有关数据不一致等问题进行讨论和对接。按照“谁主管谁负责”原则，国土资源部门及时为农业、林业、畜牧等单位提供了基础性资料。农业、林业等单位依据图斑进行核实，以事实为依据，做好部门间在耕地、草地和林地面积数据上的衔接。二是开展“数据下乡”。全市各自然资源主管部门认真听取各地、各部门的意见，各区、乡镇通过实地踏勘方式，对本级负债表数据进行确认，确保负债表数据在市、区、乡镇三级基本衔接。

（4）建立体系，破解质量控制难题。为确保自然资源资产负债表编制工作质量，根据《自然资源资产负债表试编制度》，出台《鄂州市自然资源资产负债表编制工作质量控制办法》。一是理念上注重“新”。鄂州市要求各地区、各级自然资源主管部门，对所属自然资源资产的增减变化必须视同“三重一大”问题一样决策、一样部署、一样管理。二是范围上注重“全”。在数据审核环节，除对实物量账表作出明确规定外，还对价值量核算表提出了具体审核要点。三是源头上注重“真”。在数据采集环节，要求各自然资源主管部门按照自然资源变动因素，依据行政记录和统计调查监测资料，分别建立自然资源增减变化统计台账，对非普查年份历史数据缺失指标，要开展补充性调查。四是评估上注重“实”。在数据评估环节，要求各自然资源主管部门邀请上级主管部门或高校科研机构专家开展技术性评估，形成年度评估报告。

（5）招才引智，破解价值核算难题。鄂州市与华中科技大学合作研究生态价值计量方法，根据自然资源资产负债表数据，采用国内具有代表性的学者谢高地所研究的“中国陆地生态系统服务功能价值当量因子表”方法进行自然资源资产价值化。测算结果显示，2016 年梁子湖区、鄂城区和华容区生态服务总价值分别为 86.66 亿元、73.46 亿元和 67.48 亿元，对应的单位面积价值分别为 1747.31 万元/km^2、1208.77 万元/km^2 和 1369.47 万元/km^2。

（6）着眼长远，破解数据管理难题。为加强对基础数据管理，充分发挥自然资源资产负债表“数库”功能，更好服务鄂州生态文明建设，各自然资源主管部门探索建立自然资源存量及变化统计台账。市统计局建立市、区、镇三级 2011～2016 年度自然资源资产负债表数据库，每张负债表设置总表、分类表、明细表，形成“数—表—账—库”完整数据链。同时，数据库带有审核、汇总等功能，方便查询和开发利用。

（二）致力于“用”，探索新路径

鄂州市通过自然资源资产负债表的编制，对自然资源等生态要素进行编表赋值，并据此设计一系列制度体系，运用政府的有形之手和市场的无形之手共同发挥作用，找到了一条“生态优先、绿色发展”的实践路径。

（1）全面推进自然资源资产确权登记。在负债表编制基础上，制定自然资源资产确权登记试点办法，以不动产统一登记为基础，建立统一的确权登记系统。在梁子湖区开展自然资源资产确权登记试点，系统推进水域、土地、矿产、森林等重要自然资源资产产权确权登记。目前，全市土地承包经营权、林权、集体土地所有权等产权已完成确权。

（2）探索生态补偿规范化。一是建立规范生态补偿制度。按照“谁污染、谁补偿、谁保护、谁受益”的原则，建立各市辖区之间责、权、利相一致的横向生态补偿机制。先期按实际提供生态服务价值 20% 权重进行生态补偿，逐年增大权重比例，直至完整体现全部生态服务价值。需给予的生态补偿部分，试行阶段先由市政府给予 70% 的补偿，剩余 30% 由接收生态服务的区转移支付。按照此机制，2016 年，鄂州市、鄂城区、华容区分别给予梁子湖区 3500 万元、1200 万元、300 万元生态补偿资金。二是强化生态补偿资金使用监管。注重生态补偿资金的考核和监管，接受生态补偿的地区建立资金使用管理制度，将考核结果作为下一年度补偿标准调整的重要依据。鄂州还以生态补偿资金为基础，设立了生态发展基金，探索发展绿色债券，通过引导、放大，发展绿色产业，加大环保基础设施建设。

（3）引导生态资产市场化。一是创新生态资产融资品种。以林权质押贷款为切入点，不断拓展水域滩涂养殖权、渔业、矿业、水资源等生态资产质押融资范围，逐步实现生态资产质押融资品种全覆盖。2016 年，林权、水域滩涂养殖权等生态资产抵押贷款额度达 3.47 亿元。市政府设立 2000 万元生态风险补偿基金，在梁子湖区开展自然资源资产生态金融试点，各金融保险机构共设计绿色信贷产品 39 个、绿色保险产品 15 个，发放绿色信贷资金 1.15 亿元。市水务集团与国开行省分行正式签署借款协议，成功获得“水库灌溉权”质押贷款 2000 万元，这也是全国首例利用“水库灌溉权”进行的质押融资。二是开展排污权有偿使用和交易试点。以污染物排放总量控制为前提，建立环境成本合理负担机制和污染减排激励约束机制，成立市排污权储备中心，积极开展排污权交易。三是开展碳排放权交易试点。严格落实年耗标煤 5000 吨以上的重点企事业单位温室气体排放报告制度，引导更多企业进入碳交易市场，逐步实现全市进入交易试点企业的能源消费总量占全市能源消费总量的 70% 以上。

（4）推进生态治理法治化。一是依法实施生态环境治理。鄂州市设立 50 万元损害自然资源违法行为奖励基金，制定了举报奖励资金管理办法。制定了领导干部保护生态环境和自然资源警示手册，编制了领导干部推进绿色发展行为规范，引导领导干部保护生态环境，加强自然资源资产管理。制定了经济发展负面清单，更有针对性地引导和约束产业发展，正确处理经济发展和环境保护的关系。二是实行自然实行领导干部自然资源资产离任审计。完善自然资源资产离任审计制度，探索制定自然资源资产审计实施办法，逐步形成一套比较成熟、符合鄂州实际的审计指标体系。将经济自然审计与自然资源资产离任审计结合，对地方开展领导干部经济责任审计时，同步实行自然资源资产离任审计，审计结果作为领导干部考核、任免、奖惩的重要依据。三是建立生态服务价值年度目标考核制度。将生态服务价值相关指标纳入各区目标考核指标体系，每年组织检查考核，进一步引导、规范各区在经济建设的同时兼顾平衡好生态建设。

（三）植根于“实”，发展见成效

近年来，鄂州市牢记习总书记的谆谆教诲，坚持以绿色发展理念为先导，在自然资源资产负债表的“编”和“用”基础上，以经济转型升级和生态环境治理为抓手，以深化改革和制度创新为保障，走了一条符合实际、富有成效的经济发展与生态环保“双赢”之路。

（1）加强思想引领，绿色发展呈现新布局。大力开展多种形式的生态文明宣传教育，引导公众积极参与绿色发展，形成了生态文明建设全域、全员共知、共建、共享的思想大气场。结合开展全国“多规合一”试点，将绿色发展理念融入经济社会发展、城市发展、产业布局、土地利用等规划编制中，立足打造长江经济带增长极核心城市、内陆沿江门户型开放城市、综合改革现代化创新城市战略定位，全面实施生态立市、绿色发展战略，促进新旧动能转换。

（2）聚集绿色高端，转型发展实现新突破。加快调结构、转方式，实现由“钢城”向“港城”转变。一是推进农业提质增效。坚持打生态有机牌，走特色优质路，建成生态农业基地 413 个，“三品一标”总数达到 166 个。二是加快工业转型升级。加快推进冶金、建材等传统产业转型升级，近 3 年共实施技改项目 315 个，完成技改投资 177.1 亿元。大力培育和发展节能环保、生物医药、新能源、电子信息、通用航空等新兴产业，建设华中新材料基地、中部清洁能源基地，成功引进 PET - CT、健康物联网等一批项目，新兴产业年均增速超过 20%，高新技术产业增加值占工业增加值比重达 30.1%。三是服务业加速发展。服务业增加值占 GDP 比重较“十二五”末提升 5.5 个百分点，发展速度全省第一。服务业税收占比历史性超过工业，达到 53%。围绕打造国际物流核心枢纽、中部电商聚集区和健康物联网总部基地，推进现代物流、电子商务、现代旅游、健康服务业快速发展。在葛店开发区规划建设 18 平方公里中部电商基地，唯品会、亚马逊、苏宁云商等 30 多家国内外电商巨头相继落户。

（3）坚持防治并举，生态保护彰显新作为。坚定不移把生态优先、绿色发展理念贯穿于发展全过程。一是综合治水。对全市 133 个湖泊逐一编号造册，建立市级领导挂点联系湖泊保护及“湖长”“岸线长”“湖长制”制度，对湖泊及其陆域保护地区进行永久、刚性保护。对梁子湖严格划定湖区域生态红线，500平方公里全面退出一般工业，开展破堤还湖、退垸还湖及生态修复等重点生态项目工程。二是全域护绿。以创建全国绿化模范城市为抓手，高位推进全域绿化，全市森林覆盖率年均提高1.7%。突出环湖生态建设、长江洲滩造林、樊湖平原林网、绿色通道、重点河港渠绿化、山体修复等六大重点工程，建成三国吴都风光带、西山广场、环洋澜湖生态廊道等一大批绿化精品工程。三是铁腕去污。实行环境执法零容忍、全覆盖，关停高能耗、高污染企业500多家，取缔非法码头和砂厂99个。建成集镇污水处理厂和农村污水处理设施583座，在全省率先建成城乡一体垃圾全收集全处理系统。四是科技降耗。建成投运43个重点减排工程，在全省率先实现火电机组全脱硫全脱硝，全市钢铁烧结全部完成烟气脱硫，水泥旋窑实现全脱硝。到2017年底，全市单位GDP能耗较“十二五”末下降12.4%。

（4）完善制度体系，构建保障绿色发展新机制。保护生态环境必须依靠制度，鄂州的制度建设基于三个方面：一是从行政管理层面切入，以财政转移支付为载体构建不同行政区划之间的生态价值补偿机制。对鄂州市各区年度生态服务价值以一定权重纳入考核指标体系，引导各区在经济建设的同时兼顾平衡好生态建设。二是从金融机构层面切入，推进绿色金融产品创新和生态资产资本化，综合利用生态资产质押、收益权转让等多种方式进行融资，构建经济与生态的良性互动体系。三是从市场交易层面切入，以现有基础较好的排污权有偿使用为试点，探索生态权益的市场交易机制，直接利用市场实现生态价值。

CHAPTER 5

第五章 温室气体排放统计监测体系研究

第一节 研究背景

建立应对气候变化统计监测体系，完善温室气体排放统计工作是我国积极应对全球气候变化有效履行《联合国气候变化框架公约》的客观要求，也是确保实现我国2020年控制温室气体排放行动目标的重要基础。湖北省作为全国七个碳排放试点省份之一，构建一套科学、完整、统一的统计指标体系，进一步完善温室气体排放统计工作，以一个示范样本客观反映我国应对气候变化相关国情，有效提高温室气体清单的质量，系统展示应对气候变化目标任务，全面表征应对气候变化总体进展，推动全国应对气候变化工作走向信息透明化、管理规范化、决策科学化，具有重大的理论和实践价值。

建立我国温室气体排放基础统计制度也是贯彻落实国务院决定、强化规划纲要全面实施的具体要求。2009年11月国务院常务会议决定：2020年我国单位国内生产总值二氧化碳排放比2005年下降40%～45%，作为约束性指标纳入国民经济和社会发展中长期规划，并制定相应的国内统计、监测、考核办法。《国民经济和社会发展第十二个五年规划纲要》明确规定了“十二五”全国单位国内生产总值二氧化碳排放降低17%的约束性指标，并要求建立完善温室气体排放统计核算制度，加强气候变化统计工作。国务院办公厅于2012年3月印发了《关于印发“十二五”控制温室气体排放工作方案重点工作部门分工的通知》（国办函〔2012〕68号），明确由国家统计局负责构建国家、地方、企业三级温室气体排放基础统计和核算工作体系，实行重点企业直接报送能源和温室气体排放数据制度。

湖北建立温室气体排放基础统计制度，对于进一步推动国内控制温室气体排放目标责任评价和考核制度，推动建立公平合理的国际“可测量、可报告和可核实”制度具有十分重要的示范意义。

湖北省统计局作为省委、省政府的决策咨询和参谋服务部门，为推动节能减排及时掌握国际国内发展大趋势，结合湖北实际，积极开展能源与资源、环境调查，并运用翔实的统计资料，开展了发展低碳经济的研究，引起省委、省政府主要领导高度重视。在此基础上，与省发改委合作开展了 2005 年湖北温室气体排放清单编制工作，2012 年 7 月通过了国家验收。2012 年该研究成为“全国能源统计科研项目”，项目名称为“温室气体排放基础统计体系研究”。研究人员赴上海等地进行了温室气体排放统计学习考察，在吸收温室气体排放清单编制工作实践及调研成果的基础上进行了创新，于 2013 年上半年形成了《温室气体排放统计监测体系研究报告》，内容包括温室气体排放统计监测体系、温室气体排放基础统计制度及报表制度，并于 2013 年 8 月经国家统计局审核准予结项。

第二节　监 测 体 系

我国已经对国际社会作出承诺，到 2020 年单位国内生产总值二氧化碳排放强度要比 2005 年降低 40% ~45%，“十二五”发展规划对此已提出具体指标要求，并分解落实到各个地区。要落实这一目标任务，建立完整的统计、监测、考核体系，提供测算二氧化碳温室气体排放量所需的大量、详细基础资料，将是确保实现我国 2020 年控制温室气体排放行动目标的重要基础。目前我国正在开展温室气体排放清单编制工作，湖北作为温室气体排放清单编制试点省份，准确把握本地区的碳排放，也是政府和社会十分关注的重要课题。因此有必要积极做好温室气体排放指标的统计、监测和考核，完善温室气体排放统计、监测指标体系和统计管理体系；积极开展碳排放量及碳源分布的统计和测算，摸清“家底”，有助于为国家实施温室气体排放控制和碳交易管理提供强有力的支撑。为此，本书结合节能减排统计制度的实践和国家碳减排相关政策，对区域温室气体排放统计的指标体系及其测算方法进行探讨。

一、温室气体排放统计的特点、总体思路和目标

温室气体排放统计与常规生产经营统计不同，它具有温室气体排放活动本身的自然与社会属性，温室气体排放统计是对自然和社会生活的碳足迹的统计，在统计中要计量能源活动总量和活动方式（燃烧方式）、含碳量和排放因子等。温室气体排放统计具有政治与经济的双重属性，我国实施的碳减排是在《京都议定书》和“巴厘岛路线图”框架下的自主减排，因而温室气体排放指标统计是国家实施温室气体排放控制、碳税征收或实施企业温室气体排放交易的政策依据，温室气体排放统计工作的好坏对国家减排承诺的落实和经济利益保障起着至关重要的作用。温室气体排放统计具

有复杂性，温室气体排放资料来源复杂、原始记录分散、搜集数据困难、计算过程烦琐，不仅统计制度、标准和方法技术程度高、难度大，而且要求数出有据，做到可测量、可报告、可核查。

本书通过采用规范性研究、实证研究、数据评估等研究方法。针对目前湖北省在温室气体排放统计、监测、考核过程中出现的不足，参考国际通用的统计规范，结合当前政府统计和部门统计的现有报表制度，参照编制2005年湖北温室气体清单的具体实践，研究制定全省统一的涵盖能源活动、工业生产过程、农业、土地利用变化与林业、废弃物处理五个领域的温室气体统计指标体系和方法制度，明确各部门在温室气体排放统计中的职责分工。

温室气体排放统计指标体系的建立必须基于4个方面的框架，即排放源指标体系与吸收汇指标体系、监测与考核指标体系（温室气体排放统计指标体系核心）、参数指标体系、测算方法体系。

第一，立足于排放源活动指标。根据IPCC提供的编制国家温室气体排放清单的方法指南，排放源的界定范围较广，主要包括能源活动、工业生产过程、农业生产、土地利用和林业、废物处理等。据联合国国际能源署有关统计资料，能源活动是全球温室气体最大排放源，约占83%，其中绝大部分是二氧化碳。因此排放源的统计必须建立健全能源统计调查制度，根据国民经济各行业的能耗和排放特点，本着突出重点、突破难点、先建立再完善的原则，当前重点抓好能源产品生产、地区间际流入与流出以及主要能源消费领域的统计调查制度建设，建立和完善满足温室气体排放统计的能源购进、消费和库存、耗能设备调查和能源平衡表编制；同时着力于生产与生活的排放源统计。

第二，温室气体排放的核心指标主要包括温室气体排放总量指标、排放强度指标和碳交易指标。

第三，参数指标体系。是指对温室气体排放产生作用的影响因素。如：温室气体成分，二氧化碳；排放因子、含碳量、固碳率等系列指标。

第四，建立基于较完善的能源数据的温室气体排放测算方法。

本书研究旨在通过充分吸收和借鉴国际和国内经验的基础上，结合湖北现有统计制度和编制2005年湖北省级温室气体排放清单的实际，建立和完善应对气候变化统计指标体系、温室气体排放统计制度。

二、温室气体排放统计监测体系

（一）温室气体种类

根据IPCC指南，目前发现的人类活动排放的温室气体有二氧化碳（CO_2），甲烷

(CH_4)，氧化亚氮（N_2O），含氟气体（氢氟碳化物、全氟化碳、六氟化硫）等。对气候变化影响最大的是二氧化碳，二氧化碳的生命期很长，一旦排放到大气中，其寿命可达200年，因而最受关注。具体见表5-1：

表5-1　　温室气体种类和特征

种类	增温效应（%）	生命期（年）	100年全球增温潜势（GWP）
二氧化碳（CO_2）	63%	50~200	1
甲烷（CH_4）	15%	12-17	23
氧化亚氮（N_2O）	4%	120	296
氢氟氮化物（HFC_S）	11%	13	1200
全氟化碳（PFC_S）		50000	—
六氟化硫（SF_6）及其他	7%	3200	22200

（二）排放源与吸收汇指标

排放源和吸收汇是温室气体活动的重要机制，《联合国气候变化框架公约》（UNFCCC）将排放源（或称“碳源”）定义为向大气中释放二氧化碳的过程、活动或机制。将吸收汇定义为从空气中清除二氧化碳的过程、活动、机制。在林业中主要是指植物吸收大气中的二氧化碳并将其固定在植被或土壤中，从而减少该气体在大气中的浓度。

排放温室气体的人类活动包括：所有的化石能源燃烧活动排放二氧化碳（在化石能源中，煤含碳量最高，石油次之，天然气较低）；化石能源开采过程中的煤炭瓦斯、天然气泄漏排放二氧化碳和甲烷；水泥、石灰、化工等工业生产过程排放二氧化碳和氧化亚氮；水稻田、牛羊等反刍动物消化过程排放甲烷；土地利用变化减少对二氧化碳的吸收；废弃物排放甲烷和氧化亚氮等。

（1）能源活动指标。能源活动指标是温室气体排放源指标的重点，也是难点。根据IPCC指南，能源活动主要包括化石燃料燃烧、生物质燃烧、煤炭开采和矿后活动、油气系统甲烷逃逸以及电力调入调出等。而化石燃料燃烧是能源活动的主体，因而排放源的界定主要为全省境内不同燃烧设备燃烧不同化石燃料的活动，涉及的温室气体排放主要包括二氧化碳、甲烷和氧化亚氮。具体表现为3个层次。

第一层次：能源活动部门，包括：

①能源生产与加工转换部门：公用电力与热力部门、石油天然气开采与加工业、固体燃料生产和其他能源工业。

②工业和建筑业类部门：钢铁、有色金属、化工、建材、建筑及其他工业行业。

③交通运输邮电部门：航空、公路、铁路、水运。

④服务业及其他行业。

⑤居民生活用能。

⑥农林牧渔。

第二层次：化石燃料燃烧设备包括：发电锅炉、工业锅炉、高炉、氧化铝回转窑、合成氨造气炉、水泥回转窑、水泥立窑、其他设备等。

第三层次：涉及的燃料种类包括：无烟煤、烟煤、褐煤、洗精煤、其他洗煤、煤制品、焦炭、焦炉煤气、其他煤气、原油、汽油、煤油、柴油、燃料油、液化石油气、炼厂干气、其他石油制品、天然气等。

而生物质燃烧、煤炭开采和矿后活动、油气系统甲烷逃逸以及电力调入调出等能源活动指标根据部门资料取得。

（2）工业生产过程指标。工业生产过程是温室气体排放重点排放源和主要排放方式之一，涉及水泥、石灰、钢铁、电石、己二酸、硝酸、一氯二氟甲烷、铝、镁、电力设备生产和安装、半导体和氢氟烃等 12 个工业生产过程的二氧化碳（CO_2）、氧化亚氮（N_2O）、三氟甲烷（HFC－23）、全氟化碳（PFCs）、六氟化硫（SF_6）和氢氟烃（HFCs）六种温室气体的排放。据调查，目前湖北没有己二酸、一氯二氟甲烷、半导体和氢氟烃 4 类生产企业，因而湖北温室气体排放的工业生产过程为 8 个。工业生产过程的排放与其产品产量及生产工艺消耗的原材料有关，因而指标设计以其产品产量和消耗的原材料为主，具体见表 5－2：

表 5－2　　工业生产过程指标

工业生产过程	产品产量或材料消耗量							
1. 水泥生产过程	水泥产量	熟料产量	用电石渣生产熟料产量					
2. 石灰生产过程	石灰产量							
3. 电石生产过程	电石产量							
4. 钢铁生产过程	石灰石消耗量	白云石消耗量	炼钢用生铁量	炼钢用废钢量	粗钢产量	钢材产量		
5. 己二酸生产过程	传统工艺	其他工艺						

续表

工业生产过程	产品产量或材料消耗量							
6. 一氯二氟甲烷生产过程	一氯二氟甲烷产量							
7. 硝酸生产过程	高压法（未安装NSCR）	高压法（安装NSCR）	中压法	常压法	双压法	综合法	低压法	
8. 铝生产过程	点式下料预焙槽（PFPB）	侧插阳极棒自焙槽（HSS）						
9. 电力设备生产和安装过程	六氟化硫使用量（吨）							
10. 镁生产过程	原镁生产		镁加工					
	保护剂使用量	年产量	保护剂使用量	年产量				
11. 半导体生产过程	四氟化碳（CF_4）	三氟甲烷（CHF_3）	六氟乙烷（C_2F_6）	六氟化硫（SF_6）				
12. 氢氟烃生产过程	HFC－32	HFC－125	HFC－134a	HFC－143a	HFC－152a	HFC－227ea	HFC－236fa	HFC－245fa

（3）农业活动指标。农业活动温室气体排放的范围包括稻田甲烷（CH_4）、农用地氧化亚氮（N_2O）、动物消化道甲烷、动物粪便管理的甲烷和氧化亚氮等。其中稻田的排放与其播种面积相关、农用地则与种植物产量及其化肥使用量相关、动物消化道甲烷及动物粪便管理则与动物存栏数量相关。根据《省级温室气体清单编制指南（试行）》的要求以及湖北农业生产模式，农业活动排放源指标则可设置为：

①稻田面积指标：单季稻、双季早稻、双季晚稻。

②农用地排放源指标：主要农作物化肥使用量、动物粪肥使用量。

③动物肠道发酵排放源指标：动物肠道甲烷排放是指动物在正常的代谢过程中，寄生在动物消化道内的微生物发酵所产生的甲烷排放，不包括粪便的甲烷排放。湖北反刍动物饲养包括奶牛、非奶牛、水牛、羊、马、猪等，其中以猪的产量最大。因而动物肠道发酵排放源指标以动物存栏为基准指标。

④动物粪便管理甲烷和氧化亚氮排放源指标：动物粪便管理温室气体排放是指在畜禽粪便施入到土壤之前动物粪便储存和处理过程中所产生的甲烷和氧化亚氮。根据

湖北畜禽养殖情况，其排放源指标界定为猪、非奶牛、水牛、奶牛、山羊、绵羊、马、骡、驴和家禽等的存栏量，据此推算其粪便总排泄量，即可知粪便管理过程中产生的甲烷和氧化亚氮。

（4）土地利用变化和林业源/汇指标。根据 IPCC 相关规定，土地利用变化和林业温室气体只报告二氧化碳的排放和吸收，不深入调查其他温室气体。林业温室气体存在排放源与吸收汇的界定，对于碳源，主要是林业蓄积量转换系数看森林消耗引起的碳排放，对于碳汇，主要是通过林区面积、林种等因素测算碳吸收量。土地利用变化包括森林转化为非林地引起的碳排放。因而影响土地及森林碳排放与吸收的基础指标为活立木蓄积量、森林转化面积。

（5）废弃物处理温室气体排放源指标。废弃物处理温室气体排放包括城市固体废弃物填埋、焚烧所产生的甲烷、二氧化碳排放，生活污水和工业废水处理所产生的甲烷和氧化亚氮排放。因而废弃物处理温室气体排放源指标为城市固体废弃物填埋处理量、城市固体废弃物焚烧处理量、生活污水处理量和工业废水处理量。

综上所述，对各排放源指标归纳如表 5 – 3 所示：

表 5 – 3　　湖北省温室气体排放源统计指标体系

排放源	指标	计量单位	数据来源
能源活动	各能源品种消费量	万吨	统计局报表
	电力净调入量	万千瓦时	电力公司
工业生产过程	产品产量	万吨	统计局调查
	中间消耗原材料投入量	万吨	统计局调查
农业活动	稻田播种面积	万公顷	统计局和农业部门资料
	主要农作物化肥施用量	万吨	统计局和农业部门资料
	主要农作物粪肥施用量	万吨	统计局和农业部门资料
	牲畜年末存栏量	万头	统计局和农业部门资料
	家禽养殖量	万只	统计局和农业部门资料
	动物粪便总排泄量	万吨	统计局和农业部门资料
土地利用和林业	活立木总蓄积量	万立方	林业部门
	经济林转化面积	万顷	林业部门
废弃物处理	城市固体废弃物产生量	万吨	环保和建设部门
	城市固体废弃物填埋量	万吨	环保和建设部门
	城市固体废弃物焚烧量	万吨	环保和建设部门
	生活污水处理量	万吨	环保和建设部门
	工业废水产生量	万吨	环保和建设部门
	工业废水处理量	万吨	环保和建设部门

（三）温室气体排放管理指标体系

按照国务院《“十二五”控制温室气体排放工作方案》要求，到2015年全国单位国内生产总值二氧化碳排放量比2010年下降17%，必须加快建立温室气体排放统计核算体系，将温室气体排放基础统计指标纳入政府统计指标体系。在建立排放源基础指标的基础上，开展温室气体排放量指标的计算。基于IPCC指南和温室气体排放管理需要，主要包括三类指标：温室气体排放总量指标、温室气体排放强度指标以及排放变幅指标（见表5-4）。

表5-4　　温室气体排放管理指标体系

排放源	指标	计量单位	数据来源
排放总量指标	温室气体排放总量	万吨当量	有关部门核算
	二氧化碳排放量	万吨当量	有关部门核算
排放强度指标	单位GDP温室气体排放总量	吨当量/万元	有关部门核算
	单位GDP二氧化碳排放总量	吨当量/万元	有关部门核算
	人均温室气体排放总量	吨当量/万元	有关部门核算
	单位一次能源消费二氧化碳排放量	吨当量/万元	有关部门核算
排放变幅指标	温室气体排放总量变化率	%	有关部门核算
	二氧化碳排放量变化率	%	有关部门核算
	单位GDP温室气体排放量降低率	%	有关部门核算
	单位GDP二氧化碳排放量降低率	%	有关部门核算

温室气体排放总量（万吨二氧化碳当量）是指一个国家或地区因能源活动、工业生产、农业活动、土地利用变化和林业、废弃物处理过程中产生的温室气体排放总量，是温室气体排放统计的核心统计指标。它是二氧化碳、甲烷、氧化亚氮、含氟气体等排放量之和扣除碳汇后的净排放量。

温室气体排放强度包括单位GDP温室气体排放量，是指每万元GDP所产生的温室气体排放量（吨/万元）、人均温室气体排放量（万吨当量/万人）、单位一次能源消费二氧化碳排放量（吨/吨标准煤）。

排放变幅指标是指在统计报告期内（通常为1年）的排放量或排放强度与基准年相比变化的幅度。变幅是反映国家（地区）排放状况的重要指标，也是政府监督、控制、考核组织排放情况的重要指标。

这里需要明确几个概念：

一是基准年。指在计算地区的减排量之前，需首先建立一个温室气体（GHG）

排放和增加值的历史基准年。基准年可按以下步骤建立：

2005 年，由于我国设立的减排目标是以 2005 年为比较基准的，因此应首先选择 2005 年作为基准年。

二是核算基于基准年的排放量变幅。排放量变幅是地区在统计报告期内（通常为 1 年）与基准年相比温室气体排放减少的量，以质量单位的二氧化碳当量表示。地区应根据区域总排放量核算基于基准年的排放量变幅。

三是核算基于基准年的排放强度变幅。基于基准年的排放强度变幅，用于表示统计期内（通常为 1 年）相对于基准年排放强度（即单位增加值的排放量）减少的比例，以百分数表示。

三、温室气体排放测算方法

按照《IPCC 国家温室气体清单编制指南（2006）》提供的方法，根据湖北在界定排放源、活动水平数据的可获得性、可靠性、可核查性、可持续性，排放因子的可获得性、可比性，统计上的可操作性等实际情况，确定了测算湖北温室气体排放的基本方法。总体上采用基于部门划分的方法和基于设备划分的方法相结合为主的计算方法。

根据 IPCC 指南和本书前述指标体系确定的排放源划分方法，将温室气体排放部门分为能源活动、工业生产过程、农业活动、土地利用变化和林业以及废弃物处置共五个部门。其中，化石燃料的燃烧是最大的温室气体排放源；钢铁、水泥的生产是工业生产过程中温室气体的主要排放源；林业是主要碳吸收汇；废弃物处置中主要是城市固体废弃物和废水处理过程排放。其次，确定了测算温室气体的范围为二氧化碳、甲烷以及氧化亚氮共三种。这主要是因为其他气体测算方法复杂、测算所需数据缺失，且根据发达国家报告的数据，这些气体占全部温室气体的比重仅为 2%，对总量影响很小。

（一）能源活动温室气体排放

能源活动依据化石燃料燃烧、生物质燃烧、煤炭开采及矿后活动、油气系统甲烷逃逸等不同方式，分别进行测算。

1. 化石燃料燃烧排放

在能源活动中，化石燃料燃烧是我国温室气体的主要排放源。基于实际情况和现有可用资料，本书对化石燃料燃烧 CO_2 排放测算采用基于部门划分的计算方法为主要方法，基于设备划分的计算方法为参考方法。其中，参考方法仅用于对部门方法测算结果的数据评估。同时对非 CO_2 气体进行测算。

为与 IPCC 指南和中国温室气体清单保持一致，本书在进行部门分类时做了以下设定：

第一，国际燃料舱（国际航运和航空）的排放不计入地区总量，由国家层面单独计算列出。

第二，将交通运输部门界定为全社会的交通运输，即包括全部交通运输工具在内的交通运输部门的排放，这与目前的能源统计口径有所不同。

（1）部门方法。

第一，基本原理

部门方法是根据各部门实际燃烧的各种燃料的数量及其相应的排放因子计算碳排放量的方法，一般分为基于能源平衡表的部门方法和基于详细技术设备的部门方法。这两种方法在原理上基本类似，不同之处在于，基于详细技术设备的部门方法考虑到不同设备类型间碳氧化率的差异，根据燃料燃烧所涉及的不同设备技术类型采取相应不同的排放因子。由于基于详细技术设备的部门方法需要收集特定设备的燃料数据和碳氧化率，在实际操作中比较复杂，因此，通常与机遇能源平衡表的部门方法结合使用，即：对于能够获得特定技术设备实际排放因子的，直接使用实际值；对于难以获得特定排放因子的，则使用行业平均值。本书在实际操作中即采用上述这两种方法相结合的部门方法。

计算公式如下：

$$CO_2\text{排放量} = \sum_{\text{所有燃料}} (\text{消费量}_{\text{燃料}} \times \text{转换因子}_{\text{燃料}} \times CC_{\text{燃料}} \times COF_{\text{燃料}} \times 44/12)$$

其中：

燃料消费量 = 分部门、分设备类型、分燃料品种的消费量数据

转换因子 = 将燃料由实物量转换为能量单位（TJ）的转换因子

CC = 含碳量（吨 C/TJ）

COF（碳氧化率）= 碳被氧化的比例

44/12 = CO_2 和 C 的分子量比率

由于现有能源统计中燃料的分类与 IPCC 指南中分类不同，本书按 IPCC 的分类方法进行重新分类，并确定分燃料品种的活动水平数据。

本书中对部门的分类既参考了 IPCC 指南中的分类，也参考了中国第一次温室气体清单分类，同时考虑到湖北统计数据的可获得性。如前所述，将交通运输部门界定为全社会的交通运输，工业部门细分为发电和供热活动的排放以及终端燃料燃烧排放。为避免重复计算，其他加工转换部门投入的用于加工转换的燃料不计算排放量。如炼油投入的原油，其中的碳已经转移到炼油产出的产品中，因此，仅在终端部门作为燃料燃烧时计算这部分的 CO_2 排放。

第二，活动水平数据的处理方法

根据上述原理，在实际测算时还需要各部门各种燃料的活动水平数据。由于部门方法中采用的部门分类与能源平衡表中的分类不完全相同，因此，本书对现有能源平衡表数据进行了重新调整分配。

首先，由于能源平衡表上的交通运输业数据仅包括该行业能源消费量数据，根据IPCC 的分类方法，本书将其他行业中的交通运输工具消费量分离出来，合并到交通运输部门。细分出公路、水运和铁路部门的成品油消费量数据。

其次，再整理分部门能源消费数据。其中工业部门分为以下几个部门：

钢铁工业部门（黑色金属矿采选业，黑色金属冶炼及压延加工）

有色金属部门（有色金属矿采选业，有色金属冶炼及压延加工）

化学工业部门（化学原料及化学制品制造业，橡胶制品业）

建筑材料部门（非金属矿采选业，非金属矿物制品业）

其他部门（国家工业分行业分类中上述分类之外的分类）

再分列出服务业及其他、居民生活和农林牧渔业分品种能源消费数据。

再其次，扣除非能源利用量，主要是以煤炭作原材料利用。

最后，确定分部门发电和供热能源消费量，确定的分部门、分主要设备活动水平数据。

第三，排放因子的选取

本书中，化石燃料燃烧的 CO_2 排放因子用单位能量的含碳量来表示，这是因为该指标表示的数值比单位质量或体积含碳量表示的数值变动波动小，可比性更强。含碳量数值可以看作潜在的排放，即当燃料中所有的碳都转换为 CO_2 时，向大气释放的潜在最大量。当燃烧过程达不到完全燃烧时，燃料中含有的碳有一部分没有排入大气，而是残留在烟灰、颗粒和灰烬中，此时，一般用氧化率来估算实际排放到大气中的 CO_2。氧化率表示的是各种燃料在燃烧过程中被氧化的比率，即用于燃烧的各种燃料最终有多少真正被氧化，并排放到大气中。

由于煤炭品种复杂，含碳量和碳氧化率差异较大，为减少测算误差，本书对煤炭的碳氧化率使用实际检测平均值，具体为：一是主要耗煤工业行业煤炭的含碳量参数使用行业中大型企业的检测平均值；二是部分工业行业煤炭的含碳量参数使用省节能中心提供的中性锅炉煤炭测试数据及通过企业抽样测算得到的平均值；三是其他行业使用煤炭运销机构提供的煤炭含碳量参数。煤炭的碳氧化率采用节能服务中心、大型企业等单位对工业锅炉（窑炉）的热平衡测试数据。其他能源品种的含碳量和碳氧化率采用《省级温室气体清单编制指南》提供的参考值。

（2）参考方法。

第一，基本原理

参考方法是根据能源供应数据来计算化石燃料燃烧产生的 CO_2 排放量，其数据主要来源于能源平衡表中的可供量部分。参考方法是一种相对简便易行的方法，但其不能进行部门分类，仅用于估算排放总量。参考方法是由一个国家或地区各种燃料的表观消费量，与各种燃料的单位发热量、含碳量，以及消耗各种燃料的主要设备的平均氧化率，并扣除燃料非能源用途的固碳量等参数后综合计算得到的碳排放量。

本书在进行具体测算时，分以下五个步骤：

第一步估算表观燃料消费量。

第二步将燃料消费量转换为通用能源单位。

第三步乘以含碳量以计算总碳量。

第四步计算固碳量。

第五步扣除固碳量，并将碳转化为 CO_2 排放。

这几个步骤用如下公式表示：

$$CO_2\text{排放量} = \sum_{\text{所有燃料}} [((\text{表观消费量}_{\text{燃料}} \times \text{转换因子}_{\text{燃料}} \times CC_{\text{燃料}}) - \text{固碳量}_{\text{燃料}}) \times COF_{\text{燃料}} \times 44/12]$$

其中：

表观消费量 = 产量 + 调入量 + 进口量 - 调出量 - 出口量 - 国际燃料舱 - 库存变化

转换因子 = 将燃料由实物量转换为能量单位（TJ）的转换因子

CC = 含碳量（吨 C/TJ）

固碳量 = 用于原材料的能源量 × 单位能源含碳量 × 固碳量

COF（碳氧化率）= 碳被氧化的比例

44/12 = CO_2 和 C 的分子量比率

为避免重复计算，本书计算二次燃料的表观消费量时，不考虑加工转换产出的二次能源品种的排放，因为这部分燃料中的碳已经在一次燃料供应中得以体现。例如，原油的表观消费量中已经包含了汽油中的碳，计算汽油的表观能源消费量时，就不应把炼油产出的汽油计算在内。

第二，所需的活动水平数据。

应用参考方法估算化石燃料燃烧温室气体排放时，需要收集燃料品种的活动水平数据，以及各种非能源利用的活动水平数据。本书具体收集了各燃料的生产量、调入调出量、进出口量、库存变化以及水运和民航部门中国际燃料舱部分、用于原材料等的非能源利用数据。其中，燃料的分类与部门方法相同；在燃料油、柴油、航空煤油中区分出国际燃料舱部分；同时需确定化石燃料作为原材料的数量，从而区分出不同能源品种的固碳量。

第三，排放因子的选取。

各燃料的含碳量和碳氧化率使用部门方法中的平均值。固碳率是指化石燃料在作为非能源的使用过程中，被固定在燃料内，未排放到大气的碳。在参考方法中，这部分碳在排放总量中应予以扣除。本书中各能源品种的固碳率采用国际能源署提供的参考值。

（3）非 CO_2 气体排放量计算。

非 CO_2 气体排放以电站锅炉 N_2O 排放为主，N_2O 排放测算方法与 CO_2 排放的测算方法相同，为各种发电燃料消费量与相应 N_2O 排放因子相乘的汇总结果。其中，燃料消费数据来自能源统计部门加工转换表，N_2O 排放因子采用《省级温室气体清单编制指南》提供的参考值。

计算方法如下：

$$V_{GHGi} = M_i \times EF_i$$

其中：V_{GHGi}表示电力热力第 i 种燃料排放温室气体量；

M_i 表示电力热第 i 种燃料的消费量；

EF_i 表示电力热第 i 种燃料的温室气体排放因子。

温室气体排放总量为：

$$V_{GHG} = \sum V_{GHGi}$$

而移动源的 CH_4 和 N_2O 排放，直接利用燃料消耗量乘以 IPCC 推荐的排放因子，最后加和而得。

（4）不确定性分析。

定性分析

①统计报表提供的数据本身有一定的不确定性，对于我们整合处理的数据，根据数据的不一样有不同的不确定性。

②数据对于主要煤种烟煤的不确定性较小，在化工行业的合成氨造气炉会有比较大的不确定性。

定量计算方法

方法如下：

第一步，我们先估计活动水平与排放因子的不确定性，其中活动水平如果是直接采用能源定期统计报表或者能源平衡表的数据不确定性选取 10%，通过估算的数据按照处理的量进行不确定性选取。

第二步，利用以下乘法公式计算各个排放值的不确定性。

某一估计值为 n 个估计值之积时，该估计值的不确定性采用下式计算：

$$U_c = \sqrt{U_{s1}^2 + U_{s2}^2 + \cdots + U_{sn}^2} = \sqrt{\sum_{n=1}^{N} U_{sn}^2}$$

上式中，U_c 为 n 个估计值之积的不确定性（%），$U_{s1} - U_{sn}$为 n 个相乘的估计值的不确定性（%）。

第三步，利用以下加法公式计算各个部门的最终排放不确定性。

当某一估计值为 n 个估计值之和或差时，该估计值的不确定性采用下式计算：

$$U_c = \frac{\sqrt{(U_{s1} \cdot \mu_{s1})^2 + (U_{s2} \cdot \mu_{s2})^2 + \cdots + (U_{sn} \cdot \mu_{sn})^2}}{|\mu_{s1} + \mu_{s2} + \cdots + \mu_{sn}|} = \frac{\sqrt{\sum_{n=1}^{N}(U_{sn} \cdot \mu_{sn})}}{\left|\sum_{n=1}^{N}\mu_{sn}\right|}$$

上式中：U_c 为 n 个估计值之和或差的不确定性（%），$U_{s1}-U_{sn}$ 为 n 个相加减的估计值的不确定性（%）。

2. 生物质燃烧

根据 IPCC 对燃料的定义，生物质包括木炭、薪柴、工业或城市垃圾中可生物降解的部分以及生物柴油和沼气等。本书研究的生物质排放源主要集中在节能灶与普通灶燃烧薪柴、秸秆方面。

《IPCC 国家温室气体清单编制指南（2006）》指出，生物质作为能源燃烧时，其排放的 CO_2 来年又被再生长的生物吸收，因此不进行测算。中国温室气体清单中也仅估算了生物质生物质燃烧产生的甲烷。因此，本书同样仅测算生物质燃烧排放的甲烷。《IPCC 国家温室气体清单编制指南（2006）》提供了参考方法和基于详细技术部门的部门方法。考虑到生物质燃料燃烧的甲烷排放与燃料种类、燃烧技术与设备类型等因素紧密相关，本书生物质燃料燃烧温室气体测算方法采用参考方法（设备法，IPCC 方法 2），具体计算公式为：

温室气体排放量 = $\sum\sum\sum$（EFa，b × Activitya，b），其中：EF 为排放因子，用 g/kg 表示；

Activity 为活动水平，用 kg 表示。

a 为燃料品种。

b 为设备类型。

所需要的活动水平数据为各种生物质燃料的消费量，本项数据可从中国能源统计年鉴和湖北农村统计年鉴取得；

排放因子采用《省级温室气体清单编制指南》提供的参考值。

3. 油气系统甲烷逃逸排放

本书考虑了油气系统从勘探开发到运输关键环节，主要包括钻井，原油开采、输送、储存，天然气开采、加工处理、输送等过程中的排放。另外，消费环节重点关注天然气城市管网、调压站和市政管网的泄漏。排放量为各环节活动水平数据及其排放因子的乘积。

计算公式：$CH_4\ 排放量_{环节} = 活动数据_{环节} \times 排放因子_{环节}$

$$CH_4\ 排放总量 = \sum_{各环节} CH_4\ 排放量_{环节}$$

所需要的活动水平数据石油开采数量及原油输送数量、天然气开采量、加工处理量、输送量、居民消费量。排放因子采用《省级温室气体清单编制指南》提供的参考值。

4. 煤炭开采和矿后活动甲烷排放

煤矿包括：分高、低瓦斯储量的地下国有煤矿、乡镇煤矿和露天煤矿。本书考虑了不同类型的煤矿其产能结构及开采方式对甲烷排放的影响，包括国有重点煤矿企业，国有地方煤矿企业，乡镇（个体）煤矿、露天煤矿企业所占比例，煤矿矿井开采、露天开采和矿后活动的煤炭产量和甲烷排放情况。收集各类型煤矿的煤层甲烷含量及其排放特征，矿后活动甲烷排放量的比例等参数。煤炭矿后活动对甲烷排放情况的影响，包括：（1）煤炭开采对土地的影响；（2）尾矿成分及其处理；（3）煤炭储存方式及平均储存时间；（4）运输方式及平均运输距离。

计算公式为：

$$CH_4\text{ 排放量}_{\text{类型}} = \text{活动数据}_{\text{类型}} \times \text{开采排放因子}_{\text{类型}} + \text{活动数据}_{\text{类型}} \times \text{矿后活动排放因子}_{\text{类型}}$$

$$CH_4\text{ 排放总量} = \sum_{\text{各类型}} CH_4\text{ 排放量}_{\text{类型}}$$

所需要的活动水平数据包括各种类型煤矿原煤产量，排放因子数据采用《省级温室气体清单编制指南》提供的开采及矿后活动排放因子。

（二）工业生产过程温室气体排放

工业生产过程通常同时存在两种温室气体排放源：化石燃料的燃烧与工业生产过程中的一些物理变化和化学反应，其中，化石燃料燃烧排放已经在能源部门予以测算，因此，该部门仅测算工业生产过程中含碳量在使用过程中由于物理和化学反应产生的碳排放。

《省级温室气体清单编制指南》将工业生产过程分为五大类：非金属工业、化学工业、金属工业、电子工业和臭氧消耗物质替代品（ODS 替代品）的排放。钢铁、水泥是工业生产过程主要排放源。本书仅测算了钢铁工业和水泥工业生产过程的碳排放。

1. 钢铁生产过程碳排放

钢铁生产过程中有两大排放源：一是由铁矿石到生铁的过程中，铁矿石中的石灰石等碳酸盐熔剂高温分解出 CO_2；二是生铁到钢的炼钢降碳过程排放。本课题对这两部分均进行了测算研究。

（1）炼钢熔剂的碳排放。

钢铁生产中烧结、炼钢、铁合金生产等工序，每年消耗大量的石灰石、白云石、菱镁矿石等熔剂，在高温下分解出 CO_2。需要说明的是，炼钢过程使用的焦炭既是高炉冶炼中的燃料又是还原剂，很难确定两者的比例。本书中，焦炭排放的 CO_2 已经在能源活动中进行计算，为避免重复，在工业生产过程中不再进行计算。

熔剂消耗碳排放计算方法：

根据化学反应方程式，可以计算出理论上单位纯熔剂（纯碳酸盐材料）的排放量，熔剂消耗碳排放公式如下：

①石灰石：

$$CO_2 \text{排放量} = \text{石灰石消耗量} \times \text{石灰石中} CaCO_3 \text{含量} \times 0.44 + \text{石灰石消耗量} \times \text{石灰石中} MgCO_3 \text{含量} \times 0.524$$

②菱镁矿：

$$CO_2 \text{排放量} = \text{菱镁矿消耗量} \times \text{菱镁矿中} CaCO_3 \text{含量} \times 0.44 + \text{菱镁矿消耗量} \times \text{菱镁矿中} MgCO_3 \text{含量} \times 0.524$$

③白云石：

$$CO_2 \text{排放量} = \text{白云石消耗量} \times \text{白云石中} CaCO_3 \cdot MgCO_3 \text{含量} \times 0.478$$

（2）炼钢降碳过程的碳排放。

生铁与钢都是铁元素与碳元素的合金。一般铁含碳大于2%，钢含碳小于2%，炼钢过程实际上是一个生铁氧化降碳的过程。

$$\text{炼钢生产过程排放} CO_2 \text{量} = (\text{炼钢生铁含碳量} - \text{钢含碳量}) \times 44/12$$

$$= \left[\left(\sum O_{\text{铁}i} \times C_{\text{铁}i} - O_{\text{铁}Z} \times C_{\text{铁}Z}\right) - \sum O_{\text{钢}} \times C_{\text{钢}i}\right] \times 44/12$$

式中，铁 i 为生铁种类，铁 z 为铸造生铁；O 为含碳量，C 为含碳率。

钢铁工业生产过程碳排放总量：

$$\text{总排放量} = \text{排放量}_{\text{熔剂消耗}} + \text{排放量}_{\text{炼钢生产过程}}$$

所需要的活动水平数据为石灰石、白云石、菱镁矿石的年消耗量，各种类型生铁产量和钢产量。

2. 水泥熟料生产过程碳排放

水泥生产过程中的二氧化碳排放时在生产水泥的中间产品——熟料时产生的，水泥熟料经高温煅烧发生一系列物理化学变化，最后形成熟料。二氧化碳只在熟料生产过程中排放，从熟料配制水泥产品这一过程中并不排放二氧化碳。

制造水泥熟料的原料主要成分是石灰石、黏土、少量铁矿石及其他配料。石灰石的主要组成是碳酸钙（$CaCO_3$）和少量的碳酸镁（$MgCO_3$），它们在煅烧过程中，都要分解出二氧化碳，其反应式如下：

$$CaCO_3 \xrightarrow[\text{加热}]{CaO} + CO_2 \uparrow$$

$$MgCO_3 \xrightarrow[\text{加热}]{MgO} + CO_2 \uparrow$$

本书采用熟料法计算熟料生产过程的碳排放，即根据熟料生产量和熟料中氧化钙和氧化镁的含量数据计算碳排放量。在国家颁布的《水泥熟料化学分析法》标准中，对熟料氧化钙和氧化镁的测定都制定了详细的测算方法和规范，所有水泥企业向水泥质检部门上报产品质量报告中，都包含了氧化钙和氧化镁监测数据。因此，采用熟料法计算碳排放方便简单、不确定因素少、准确度高，数据容易获得。

计算公式：

水泥生产过程中 $CaCO_3$ 排放的 CO_2 计算公式：

$$CO_2 \text{ 排放量} = \text{水泥熟料产量} \times \text{碳酸钙排放因子}$$

其中：碳酸钙排放因子 = 熟料中 CaO 含量（%）$\times \frac{M_{CO_2}}{M_{CaO}}$

水泥生产过程中 $MgCO_3$ 排放出的 CO_2 计算公式：

$$CO_2 \text{ 排放量} = \text{水泥熟料产量} \times \text{碳酸钙排放因子}$$

其中：碳酸钙排放因子 = 熟料中 MgO 含量（%）$\times \frac{M_{CO_2}}{M_{MgO}}$

水泥熟料生产过程碳排放为以上碳酸钙和碳酸镁碳排放之和。

3. 石灰石生产过程排放

石灰石生产过程的二氧化碳排放来源于石灰石中的碳酸钙和碳酸镁的热分解。

按照省级温室气体清单编制指南，石灰石生产过程中的计算公式为：

$$E^{CO_2} = AD \times EF$$

式中：E^{CO_2} 为石灰石生产过程中二氧化碳排放量，AD 为所在辖区内石灰石产量，EF 为排放因子。

湖北是石灰石生产大省，但目前中国石灰石行业缺乏监管，分散性大、规模小、生产不稳定，大多数石灰石企业为规模以下小企业，数据收集相对困难，需要通过调查取得数据。

（三）农业活动温室气体排放

农业生产过程是温室气体（CH_4、N_2O）的一个重要排放源。我国的农业温室气体排放主要来自水稻田与其他施肥农田、家畜及其粪便等废气物。根据湖北农业的实际情况，本书在计算农业温室气体排放时主要包括四个方面，即稻田甲烷排放、农田氧化亚氮排放、反刍动物消化道甲烷排放、家畜废弃物甲烷和氧化亚氮排放。

1. 稻田甲烷排放

水稻是湖北最重要的粮食作物，全省水稻播种面积占粮食总播种面积的 50% 以上，而且湖北水稻的种植模式是单季稻、双季早稻、双季晚稻。因而湖北稻田甲烷排放测算是在分别确定稻田类型的排放因子和活动水平后，可依据下列公式得出：

稻田甲烷排放计算公式：

$$CH_{4\text{稻子}} = \sum_{i,j,k} (EF_{i,j,k} \cdot A_{i,j,k} \cdot 10^{-12})$$

其中：

$CH_{4\text{稻子}}$ = 稻子种植产生的甲烷排放（$MtCH_4/a$）

$EF_{i,j,k}$ = i、j 和 k 条件下的季节排放因子（gCH_4m^{-2}）

$A_{i,j,k}$ = i、j 和 k 条件下的稻子的年收获面积（m^2/a）

式中 i、j、k 分别代表不同的生态系统、水分状况和有机添加剂的类型和数量，以及可以引起水稻排放 CH_4 变化的其他条件。

测算中需要的不同类型的稻田年收获面积数据由农业部门提供，排放因子采用《省级温室气体清单编制指南》提供的参考值。

2. 农田氧化亚氮排放

农田 N_2O 的排放源包括直接排放源和间接排放源。直接排放源主要来自施肥用的氮肥和有机肥、生物固定的氮、作物秸秆直接还田以及大气沉降到农田的人为源活性氮；间接排放的 N_2O 主要来源于从农田淋溶或径流损失的氮。本书排放源主要考虑三个方面：一是农田直接排放量；二是农田淋溶或径流损失的氮；三是田间秸秆直接燃烧排放的氮量。

基本计算原理是各排放过程中氮的输入量乘以其相应的氧化亚氮排放因子。

$$E^{N_2O} = \sum (N 输入 \times EF)$$

其中：E^{N_2O}为农用地氧化亚氮排放总量（包括直接排放和间接排放），N 输入为各排放过程氮输入量，EF 为对应的氧化亚氮排放因子。

农田直接排放的 N_2O 的计算公式：

$$N_2O 直接 = (N 化肥 + N 粪肥 + N 秸秆) \times EF_1$$

其中：

N_2O 直接 = 农田 N_2O 直接排放量（kgN/a）；

N 化肥 = 年化肥施用量（kgN/a），即氮肥折纯量；

N 粪肥 = 年有机肥施用量（kgN/a）；其数据来源公式为：

$$[(畜禽总排泄氮量 - 放牧 - 燃料用量) + 乡村人口总排泄氮量] \times (1 - 淋溶径流损失率 15\% - 挥发损失率 20\%) - 畜禽粪便管理系统 N_2O 排放量$$

$$N 秸秆 = 地面上秸秆还田氮量 + 地下根氮量$$

EF_1 = 输入土壤氮素的当年 N_2O 直接排放因子，依据相关参考文献取得。

间接排放：

大气氮沉降：$N_2O 间接 = (N 畜禽 \times 20\% + N 输入 \times 10\%) \times 0.01$；

淋溶径流：　$N_2O 径流 = N 输入 \times 20\% \times 0.0075$

3. 动物消化道甲烷排放

食草动物消化道发酵必然产生 CH_4，其排放量受动物类别、年龄、体重、采食饲料数量与质量、生长及生产水平的影响，其中，采食量和饲料质量是最重要的影响因子。结合实际，本书测算了奶牛、羊和猪消化道甲烷排放。根据各类型动物数量乘以相应的甲烷排放系数，测算分动物类型的甲烷排放量，并累加得到动物甲烷排放总量。

计算公式：

$$CH_4 \text{排放量} = \sum_i \text{牲畜数量} \times \text{排放因子}$$

其中：i为牲畜的种类。

4. 动物粪便甲烷和氧化亚氮排放

本书测算了猪、奶牛、羊和鸡粪便排放。

①甲烷计算公式：

$$CH_{4\text{总排放量}} = \sum \text{动物数量} \times \text{平均排放因子}$$

②氧化亚氮计算公式：

$$N_2O(T, AWMS) = \sum N(T) \times NEX(T) \times AWMS(T) \times EF(AWMS)$$

其中：

$N_2O(T, AWMS)$ = 动物排泄物处理系统 N_2O 排放量；

$N(T)$ = 动物类型 T 的数量；

$NEX(T)$ = 每头动物类型 T 每年氮的排泄量；

$AWMS(T)$ = 不同动物类型不同粪便管理系统处理排泄物的比例；

$EF(AWMS)$ = 不同粪便管理方式 N_2O 排放参数。

测算需要的活动水平数据包括不同类型的动物数量、不同动物类型不同粪便管理系统处理排泄物的比例及不同动物的粪便总排泄量，排放因子采用《省级温室气体清单编制指南》提供的参考值。

（四）林业温室气体排放与吸收

根据IPCC相关规定，林业和土地利用变化温室气体只报告二氧化碳的排放和吸收，不深入调查其他温室气体（CH_4、N_2O 等）。林业温室气体排放存在源与汇的界定。对于碳源，主要指根据蓄积量转换系数来计算森林消耗的碳排放；对于碳汇，主要是通过林区面积、林种等因素计算森林的碳汇量。土地利用变化包括森林转化为非林地引起的碳排放，也包括森林转化为非二氧化碳温室气体排放。本书仅测算了两部分：活立木（林分、疏林、散生木、四旁树）生长碳吸收以及竹林、经济林生物质碳贮量变化。

1. 活立木生长生物质碳吸收

根据《IPCC国家温室气体清单编制指南（2006）》，可通过不同类型林业面积、单位面积生物量增量计算林业生物量碳吸收。

计算公式如下：

$$\sum BSC_i = V_i \times GR_i \times SVD_i \times BEF_i \times CD_i$$

其中：

BSC_i = 某林种生长的生物质吸收量

V_i = 某林种蓄积量

GR_i = 某林种蓄积年均净生长率

SVD_i = 林木平均木材密度（每立方米木材的生物量干量）

BEF_i = 林木树干到全林生物质扩展系数

CD_i = 林木平均碳密度（生物质中的碳含量）

i 为不同林种。

所需活动水平数据为林分、疏林、散生木、四旁树的蓄积量，各种系数采用《省级温室气体清单编制指南》提供的参考值。

2. 经济林生物质碳储量的变化

由于经济林通常在最初几年生长迅速，并很快进入稳定阶段，生物量变化较小。同时，由于经济林一般实施集约化管理，采用修枝、疏伐等常见的管理措施，使生物量难以持续增加。因此，经济林生物质碳储量的变化主要体现在面积变化上，与林分、疏林、散生木、四旁树等林种区分计算。

计算公式如下：

$$\sum EcoTrBSC_i = \Delta EcoTrA_i \times EcoTrBIOM_i \times CD_i$$

其中：

$EcoTrBSC_i$ = 某年某地经济林生物质碳储量变化

$\Delta EcoTrA_i$ = 某年某地经济林面积的变化

$EcoTrBIOM_i$ = 某地经济林单位面积平均生物量，采用《省级温室气体清单编制指南》提供的中间值

CD_i = 某地经济林碳密度，采用 IPCC 默认值。

（五）城市废弃物及废水处置温室气体排放

一般来说，在废弃物处理场堆埋及处理废弃物的过程中，主要产生大量 CH_4 和 N_2O 的排放。同时，化石碳（塑料）在内的废弃物焚化和露天燃烧，还会排放出部分的 CO_2。本书中，作为能源（即废弃物材料直接作为燃料，或转化为燃料）使用的废弃物燃烧产生的温室气体排放，已经在能源部门中测算。目前，固体废弃物处理方式主要以填埋、堆放和焚烧为主；废水处理方式除了建设污水处理厂进行处理外，大部分是直接排入江湖河海。因此，结合湖北实际情况，本书主要对城市固体废弃物和废水处理系统进行测算研究。

1. 城市固体废弃物处置的排放

固体废弃物排放有两种处理方式，一是填埋处理，主要产生甲烷排放；二是焚烧处理，主要产生二氧化碳排放。

（1）城市固体废弃物甲烷排放的计算公式如下：

$$CH_{4排放}(Gg/a) = [(MSW_T \times MSW_F \times L_0) - R] \times (1 - OX)$$

其中：

MSW_T = 城市固体废弃物生产总量

MSW_F = 城市固体废弃物填埋处理比例

L_0 = 甲烷产生潜力 = MCF × DOC × DOCF × F（16/12）

MCF = 甲烷修正因子

DOC = 可降解有机碳含量

DOCF = 可降解有机碳的比例

F = 甲烷在垃圾填埋气体中的比例

R = 甲烷回收量（Gg/a）

OX = 氧化因子（比例）

（2）城市废弃物二氧化碳排放的计算公式如下：

$$E^{CO_2} = \sum i\ (IW_i \times CCW_i \times FCF_i \times EF_i \times 44/12);$$

式中：E^{CO_2}为城市固体废弃物焚烧产生二氧化碳排放总量；i 分别表示城市一般性固体废弃物、危险废弃物和污泥；IW_i 表示第 i 中类型废弃物焚烧量，CCW_i 表示第 i 中类型废弃物含碳量比例，FCF_i 表示第 i 中类型废弃物矿物炭在碳总量中比例，EF_i 表示第 i 中类型废弃物焚烧效率，44/12 指碳转换成二氧化碳的转换系数。

2. 废水处理系统甲烷、氧化亚氮排放

废水若无氧化处理或处置，便会造成 CO_2、CH_4 和 N_2O 排放。国外的研究结果显示，CO_2 的排放量微乎其微，因此本书只考虑 CH_4 和 N_2O 的排放量。而废水又分为生活污水、工业废水。

估算生活污水处理甲烷排放的公式为：

$$E^{CH_4} = (Tow \times EF) - R$$

式中：E^{CH_4}为 CH_4 排放总量，Tow 为生活污水有机物排放总量，EF 指排放因子，R 为甲烷回收量。

工业废水处理系统的 CH_4 排放量计算公式如下：

$$E^{CH_4} = \sum i[(Towi - Si) \times EFi - Ri]$$

式中：E^{CH_4}为工业废水 CH_4 排放总量，Towi 为工业废水可降解有机物总量，Si 指以污泥方式清除的有机物总量，EF 指排放因子，R 为甲烷回收量。

废水处理系统的 N_2O 排放量计算公式如下：

$$E^{N_2O} = Ne \times EFe \times 44/28;$$

式中：E^{N_2O}为废水 N_2O 排放总量，Ne 为废水中氮含量，EFe 指排放因子，44/28 为转化系数。

测算废弃物处理温室气体排放需要的活动水平数据包括城市固体废弃物产生总量、城市固体废弃物处理到垃圾处置场的比例及有机废水排放总量。排放因子采用《省级温室气体清单编制指南》提供的参考值。

四、建立温室气体排放统计监测指标体系面临的困难和问题

温室气体排放统计是一项涉及全社会能源、工业生产过程、农业、土地利用变化与林业、环境等各个方面的复杂工程，以前述排放源统计指标体系为标本，可以看出，我们的统计体系有一定的基础，但也很不完善。

（一）现行能源统计监测指标体系与碳排放测算要求的差异

由于目前温室气体排放测算方法主要基于 IPCC 提供的编制国家温室气体清单的方法指南，其测算所需要的部分指标与我国现行能源统计指标体系存在一定差异。例如，IPCC 提供的温室气体测算方法在确定排放源分类时，是以行业分类为基础，结合部门分类，并明确国家概念，对于国际燃料舱部分的温室气体排放单独分离，不计入国家总量。我国现行的能源统计体系是与国内生产总值的统计口径一致，并根据行业分类，两者主要存在以下三点差异：

（1）交通运输部门的统计口径差异较大。IPCC 测算体系中交通运输部门能源消耗既包括交通运输企业也包括私人交通工具和其他行业中的交通运输工具消耗，是包括全社会运输车辆在内的交通运输消耗。而目前，我国能源平衡表中的交通运输业仅指交通运输企业能耗，不包括私人交通工具和其他行业中的交通运输工具消耗。

（2）国际燃料舱问题。根据 IPCC 规定，国际航线的船舶和飞机燃料消费量，因涉及排放区域不属于本国，因此排放不计入国家总量需要单独列出。而我国现行能源平衡表中无法直接获得这部分数据。

（3）固碳问题。用于原料、材料的能源，因不属于燃料范围，具有固碳性质，这部分数据在企业基层表能够分离，而能源平衡表中无法分离。因此，在进行测算时应将这部分从终端消费中扣除，而不应直接使用终端消费数据进行测算。

（二）数据采集过程中遇到的问题

由于我国尚未建立起以温室气体测算要求为基础的温室气体排放统计体系，在开展 2005 年温室气体排放清单编制的测算过程中，数据来源分散、部分资料缺失及再加工过程复杂等问题，均对数据的采集造成一定困难。

（1）由于循环经济统计尚未开展，工业生产活动碳排放测算所需的原材料、辅

助材料投入量指标尚未纳入现行统计指标体系中，例如，水泥熟料生产过程投入的石灰石，钢铁生产过程投入的石灰石、白云石、菱镁矿。

（2）测算所需的部分数据需要从农业、林业、环保、建设等各专业部门取得，但各专业部门数据分散、部门数据报送制度不健全、报送渠道不畅、资料收集存在一定难度。

（3）由于我国现行能源统计指标体系与碳排放测算要求相比存在一定差异，因此，在提取部分数据时，必须通过对原有统计指标体系的再加工获得。如现行能源平衡表中无法直接获得包含全部运输车辆的交通运输部门统计数据，必须从各个行业中提取交通工具用能后加工而得。

（三）能源统计工作基础仍较薄弱，开展温室气体排放统计面临诸多新的困难

目前，虽然湖北省已初步建立起了一支能源统计队伍，但各地能源统计机构能源统计人员偏少，变动频繁，新任务不断增加，力量与任务的矛盾突出。同时，温室气体排放统计是一个全新的工作，必须有相应的人力、物力、财力提供保障。与 IPCC 指南要求相比，我国现行统计指标体系及其实际水平活动数据收集过程仍存在较大的困难。同时，全省各地部门和企业能源统计工作基础仍薄弱，开展温室气体排放统计工作也面临诸多新的困难。

五、建立规范、统一的温室气体排放统计监测调查体系的建议

根据 IPCC 和国家关于制定温室气体排放清单编制指南要求，结合我国能源统计指标体系现状，我们认为，建立温室气体排放基础统计指标调查体系必须扩大能源统计调查范围，细化能源统计分类标准，规范清单编制方法和数据来源，建立健全温室气体排放统计调查制度。

（一）改进现行能源统计监测指标体系

将部分指标纳入现行能源统计制度中。为了更好地完成温室气体排放测算，需完善现行能源统计制度，建议结合全国资源产出率调查制度，将工业生产过程投入的部分原材料或辅助材料纳入基层能源统计报表制度中，如水泥熟料生产过程投入的石灰石，钢铁生产过程投入的石灰石、白云石、菱镁矿。

（二）新增按部门分类的地区能源平衡表

为与国际接轨，在温室气体排放测算中采取部门与行业相结合的分类方式，特别

是为满足交通运输部门温室气体排放测算的要求，在现行按照国民经济行业分类的地区能源平衡表基础上，新增一套按部门分类的地区能源平衡表。一是在能源平衡表中单设包括全社会运输车辆在内的交通运输部门，并将各行业中的交通运输工具用能分离出来，归入其中。二是逐步将国际燃料舱数据作为交通运输部门的其中数单独列出，以便在测算温室气体排放中单独计算。

（三）建立健全满足温室气体排放统计需要的部门统计制度

建立健全农业、林业和废弃物统计，通过与相关部门建立固定的沟通、联系机制，建立一个稳定、成体系的部门数据采集平台，为温室气体排放核算提供基本数据支持，对能源统计无法取得的资料予以补充。

（1）完善现有农业统计调查制度，增加分种植模式、畜禽统计等调查目录，增加动物粪便总排泄量、主要农作物粪肥施用量统计指标。

（2）完善林业统计制度。增加林木蓄积量、经济林与土地利用变化等常规调查制度。调查土地利用变化与林业对于反映生态建设和环境保护成果、增加湖北碳汇具有重要意义。

（3）进一步完善废弃物统计制度。废弃物涉及范围广泛、单位数量众多，特别是生产废弃物与生活废弃物需要针对不同产生渠道、不同物理性质的废弃物特点，采取不同的调查方法，进行统计调查。

（四）建立应对气候变化的指标体系、监测体系和考核体系

在建立健全温室气体排放统计指标体系的基础上，加强对温室气体排放核算工作的指导，做好年度核算工作。加强温室气体计量工作，做好排放因子测算和数据质量监测，确保数据真实准确。建立重点企业直接报送能源和温室气体排放数据制度。通过对各项排放源指标的数据质量实施全面监测，评估各地、各重点领域各重点企业排放源/汇数据质量，定期编制省级、市州、重点企业温室气体排放清单，客观、公正、科学地评价控制温室气体排放工作进展，全面、真实地反映全省、各市（州）以及重点企业和行业的控制温室气体排放进展情况和取得的成效。为制定科学的节能减排政策，考核评价各市（州）、各部门、各重点企业和行业的节能减排工作提供能源统计保障。

（五）加强温室气体排放统计能力建设和保障措施

（1）建立专职队伍。构建国家、地方、企业三级温室气体排放基础统计和核算工作体系，加强能力建设，建立负责温室气体排放统计核算的专职工作队伍和基础统计队伍。

(2) 加强温室气体统计基础。加强对企业以及基层统计机构相关统计人员的培训，督促企业配备规范的用能、排放测量器具，逐步建立起温室气体排放统计台账。

(3) 认真落实保障措施。加强政策引导，加大对温室气体排放统计工作的投入，加快培养统计业务基础扎实、熟悉温室气体排放等资源环境学科知识，能有效开展温室气体排放统计的业务骨干。创新工作方式方法，使各项保障措施得到落实。

第三节 统计制度

一、湖北温室气体排放基础统计情况

自2008年开始我国启动2005年温室气体清单编制工作后，2011年又启动了省级温室气体清单编制试点工作，湖北成为全国7个编制省级温室气体清单的试点省份之一。按照省政府的部署，湖北省发改委会同省统计局、省节能监察中心组成了湖北省温室气体清单编制工作专班，研究确定了业务精、作风硬、队伍强的单位作为咨询和编制队伍，形成了“统筹安排、专家主导、部门协作”的工作原则和机制。通过近一年的努力，在广泛收集资料、发放抽样调查表，深入实地调研的基础上，编制完成了《2005年湖北温室气体清单》，2012年7月通过了国家验收。

温室气体排放统计与常规生产经营统计不同，它具有温室气体排放活动本身的自然与社会属性，温室气体排放统计是对自然和社会生活的碳足迹的统计，在统计中要计量能源活动总量和活动方式（燃烧方式）、含碳量和排放因子等。在界定范围上，温室气体排放统计涵盖能源活动、工业生产过程、农业、土地利用变化与林业、废弃物处理五个领域产生温室气体的活动水平数据。在数据处理上，核心数据涉及“活动水平数据”的表观量和各排放因子的因子量。因而温室气体排放统计的基础数据来源是复杂的、海量的、分散的，过程是烦琐的。这就决定了温室气体排放统计基础制度具有系统性、完整性。2005年以来，湖北加强了节能统计体系和监测体系建设和能源统计能力建设，形成了较为完备的能源统计制度。同时加强部门统计制度建设，建立了相应的农业、工业、环保等统计制度体系。但由于现有制度的不完整，仍难以满足温室气体清单编制的需要。目前，为2006年IPCC温室气体清单编制指南提供部分活动水平数据的统计制度主要有如下几种：

（一）政府统计调查制度

(1) 能源统计报表制度。直接适用于温室气体排放核算的能源统计制度主要有3

种，即能源平衡表、工业企业能源购进、消费、库存及附表、非工业重点耗能单位能源消费表。化石燃料燃烧主要采用国家统计局修订的《地区能源平衡表（实物量）》和与之匹配的《分行业终端能源消费量（实物量）》。其中《地区能源平衡表（实物量）》主要提供总的电力热力加工转换量和建筑业、服务业及其他，居民生活、农林牧渔的能源消费量；《分行业终端能源消费量（实物量）》主要提供电力热力的终端消费量和钢铁、有色、化工、建材的终端消费数据。工业企业能源购进、消费、库存及附表主要提供电力热力加工转换量和非能源利用数据，非工业重点耗能单位能源消费表主要提供建筑业、服务业能源消费数据。

（2）农林牧渔业统计制度。农业活动温室气体排放的指标涉及稻田、农用地、动物肠道和动物粪便管理。在农业制度中，农业生产条件、农作物生产情况、主要畜禽生产情况等能够提供基础的活动水平数据。土地利用变化和林业涉及指标较多，目前统计部门掌握的林业统计报表为林业生产情况，提供林业面积变化和林木蓄积量等基础数据。

（3）工业统计报表制度。规上工业统计报表制度中《工业产销总值及主要产品产量》可提供工业生产过程温室气体排放清单的部分基础数据资料。

（4）环境综合统计报表制度。《环境基本情况表》（K380表）可提供废弃物处理温室气体排放清单部分基础活动数据。

（二）部门统计调查制度

除政府统计制度外，各部门统计制度作为补充，则提供温室气体清单所需的部分基础数据资料，这些制度包括：

（1）农业部门统计制度。能为计算相关农业温室气体清单的制度有农业部《农业综合统计报表制度》《全国土壤肥料统计报表》《畜牧生产和畜牧业统计监测报表制度》。

（2）林业、土地部门统计制度。国家林业局制定的《林业统计报表制度》和《森林资源普查》《各地区森林资源情况》《各地区造林情况》和国土资源部《各地区土地利用情况》可提供林业和土地利用变化温室气体清单部分数据。

（3）环境统计制度。环境保护部制定的《环境综合统计报表制度》和《污染源普查》制度，住房和城乡建设部制定的《各地区城市污水排放和处理情况》，可提供废弃物处理温室气体排放清单部分基础数据。

（三）现有基础统计制度的缺陷

可以说，现有政府统计和部门统计制度满足了温室气体排放清单大部分基础数据来源，但仍存在较大的局限性。主要表现在：

（1）制度体系分散，缺乏系统性。当前基础统计制度来源于不同部门，制度设计、指标口径、统计范围和数据处理没有形成统一规范和完整体系。无规范的统计标准、没有集中的管理制度和数据业务管理体系，需要一个规范的制度进行整合。

（2）部分指标和数据缺失，难以满足核算需要。一是能源活动指标和数据的缺失。地市一级目前没有开展能源平衡表编制工作，尚不能取得地市州一级能源平衡表数据。缺乏耗能设备数据，2008 年曾经开展耗能设备普查，之后未进行连续清查。特别是发电锅炉、工业锅炉、炼钢高炉、造气炉、水泥回转窑、氧化铝回转窑等设备数据，没有统计数据来源。煤炭开采和矿后活动甲烷逃逸、油气系统甲烷逃逸基础数据缺失。二是工业生产过程数据缺失。工业生产过程的排放与其产品产量及生产工艺消耗的原材料有关，湖北涉及水泥、石灰、钢铁、电石、硝酸、铝、镁、电力设备生产等，目前湖北规上工业统计产品产量缺石灰、电石和镁等数据。三是农业、林业和土地利用变化、环境等指标和数据存在缺失。从农业基础数据看，秸秆还田、家禽和兔的存栏量没有统计数据。林业方面森林资源普查每五年进行一次，各年度森林资源数据只能进行估算。环保方面，废弃物处理数据统计范围和品种为城市，农村数据缺乏。

（3）现行能源统计制度体系与碳排放测算要求有较大差异。目前我国能源平衡表是以行业分类为基础，而温室气体清单编制要求在行业分类基础上，精确到设备分类。如交通运输部门的统计口径差异较大。其一，IPCC 测算体系中交通运输部门能源消耗既包括交通运输企业也包括私人交通工具和其他行业中的交通运输工具消耗，是包括全社会运输车辆在内的交通运输消耗。而目前，我国能源平衡表中的交通运输业仅包括交通运输企业能耗，不包括私人交通工具和其他行业中的交通运输工具消耗。其二，能源活动温室气体清单编制过程中要求取得交通行业的设备数据，如铁路就是机车，公路就是各种汽车，水运就是船舶，航空就是飞机，按要求不包括各行业系统的办公、民用等能源消费数据。因此，在提取部分数据时，必须通过对原有统计指标体系的再加工获得。如现行能源平衡表中无法直接获得包含全部运输车辆的交通运输部门统计数据，必须从各个行业中提取交通工具用能后加工而得。其三，用于原材料的能源品种在平衡表中没有体现。用于原料、材料的能源，因不属于燃料范围，具有固碳性质，这部分数据在企业基层表能够分离，而能源平衡表中无法分离。

（4）温室气体排放因子缺乏权威基础数据。我省在编制 2005 年温室气体清单过程中，使用的排放因子大多是 IPCC 指南推荐值，而实际上，湖北省各行业能源品种的排放因子与推荐值较大差异。如电厂锅炉是湖北主要燃煤设备，不同时期、不同厂家测试的数据不同，碳氧化率在 91% ~99%，差距达 8%。对于居民生活、农业、服务业及其他部门的燃烧设备分煤种的碳氧化率平均范围值在 72% ~90%。由于变化较大，使用不方便。同时湖北省碳排放因子测量与确认认证专家、机构力量薄弱，缺乏相关基础数据的测量与统计记录。

二、湖北温室气体排放统计基础制度设计初探

（一）总体思路

（1）根据温室气体排放总量的核算方法，从能源活动、工业生产过程、农业、土地利用变化和林业、废弃物处理统计五个方面建立健全温室气体排放统计调查制度。以现有基础统计制度为基础，整合各部门统计报表，根据全省各行业的特点，对现有制度予以补充、完善，对缺失制度进行创建。本着突出重点、突破难点、先建立再完善的原则，当前重点抓好能源平衡表的改进、建立市州级能源平衡表制度，以及工业生产过程、农业、林业和废弃物等领域缺失指标的统计调查制度建设。建立健全以全面调查、抽样调查、重点调查等各种调查方法相结合的温室气体排放基础统计调查体系。

（2）建立温室气体排放监测体系。在建立健全温室气体统计指标和基础制度体系的基础上，通过对各项指标的数据质量实施全面监测，评估各地、各重点企业、各重点行业温室气体基础指标数据质量，客观、公正、科学地评价控制温室气体排放工作进展，全面、真实地反映全省、各市（州）以及重点企业和行业的控制温室气体排放进展情况和取得的成效，为制定科学的节能减排政策，考核评价各市（州）、各部门、各重点企业和行业的节能减排工作提供基础统计保障。

（3）加强温室气体排放统计能力建设。构建国家、地方、企业三级温室气体排放基础统计和核算工作体系，逐步运用企业一套表联网直报平台收集企业温室气体排放统计数据，加强统计能力建设。

（二）建立健全温室气体排放基础统计制度方案

重点是完善哪些报表，新建哪些报表，增加哪些指标？

1. 建立健全能源统计制度

根据 IPCC 指南，能源活动主要包括化石燃料燃烧、生物质燃烧、煤炭开采和矿后活动、油气系统甲烷逃逸以及电力调入调出等。数据的分解需要分部门、分设备和分能源品种。根据现有能源统计制度现状，为适应温室气体排放清单编制提供科学、规范的能源活动水平数据，需要对能源平衡表等部分报表完善补充，新增煤炭开采和油气系统逃逸数据报表制度。

（1）完善能源平衡表。重点是将各能源品种明确地分配到有关部门和设备。目前能源平衡表所列部门与 IPCC 指南所列部门不同，更没有设备数据。行业划分不同，IPCC 指南要求将石油加工与炼焦、核燃料加工分成石油天然气开采与加工业、固体燃料和其他能源工业这两大行业，而在能源平衡表上石油加工、炼焦及核燃料加工是

放在一个分类里面，造成了此项分解困难。

第一，可在现有能源平衡表基础上补充基础资料表式，见表5－5。

表5－5　　分类行业对应表

活动水平数据分类	国家工业分行业分类	完善建议
石油天然气开采与加工业	石油和天然气开采业	
	原油加工及石油制品制造	增加细分类补充资料，从工业企业能源购进、消费和库存表中提取小类行业数据
	人造原油生产	同上
固体燃料和其他能源工业	煤炭开采和洗选业	
	炼焦	增加细分类补充资料，从工业企业能源购进、消费和库存表中提取小类行业数据
	燃气生产和供应业	同上
	核燃料加工	同上

第二，整合能源平衡表，增设分部门、分设备能源消费表。在能源活动中，化石燃料燃烧是我国温室气体的主要排放源。本能源活动清单编制中对化石燃料燃烧CO_2排放测算采用基于部门划分的计算方法为主要方法，基于设备划分的计算方法为参考方法。在实际测算时还需要各部门各种燃料的活动水平数据。由于IPCC指南部门方法中采用的部门分类与能源平衡表中的分类不完全相同，因此，本书对现有能源平衡表进行了重新调整分配，形成新的分部门、分设备能源消费表。

首先，根据IPCC的分类方法，本课题将其他行业中的交通运输工具消费量分离出来，合并到交通运输部门。细分出公路、水运和铁路部门的成品油消费量数据。

其次，再整理分部门能源消费数据。其中工业部门分为以下几个部门：

工业：
- 钢铁工业部门（黑色金属矿采选业，黑色金属冶炼及压延加工）
- 有色金属部门（有色金属矿采选业，有色金属冶炼及压延加工）
- 化学工业部门（化学原料及化学制品制造业，橡胶制品业）
- 建筑材料部门（非金属矿采选业，非金属矿物制品业）
- 其他部门（国家工业分行业分类中上述分类之外的分类）

再分列出服务业及其他、居民生活和农林牧渔业分品种能源消费数据。

再其次，扣除非能源利用量，主要是以煤炭作原材料利用。

最后，确定分部门发电和供热能源消费量，确定分部门、分主要设备活动水平数据表式，见表5－6。

表 5－6　　分部门分设备能源消费表

部门			无烟煤（万吨）	烟煤（万吨）	洗精煤（万吨）	焦炭（万吨）	……（亿 m^3）	原油（万吨）	其他石油制品（万吨）
能源生产与加工转换	公用电力与热力部门	发电锅炉							
		工业锅炉							
	石油天然气开采与加工业								
	固体燃料和其他能源工业								
工业和建筑业	钢铁	发电锅炉							
		工业锅炉							
		高炉							
		其他设备							
	有色金属	工业锅炉							
		其他设备							
	化工	发电锅炉							
		工业锅炉							
		合成氨造气炉							
		其他设备							
	建材	工业锅炉							
		水泥回转窑							
		水泥立窑							
		其他设备							
	其他工业部门								
	非能源利用量								
	建筑业								
交通运输	航空	国内航班							
		国际航班							
	公路								
	铁路内燃机车								
	水运	内河近海内燃机							
		国际远洋内燃机							
服务业及其他									
居民生活									
农、林、牧、渔									
合计									
合计（不含国际航空和国际远洋）									

第三，新增新能源指标。在现有能源平衡表的基础上，增加太阳能、风电、生物质发电、水电、火电等分类指标以及电力调入调出指标。

第四，增加市州级地区能源平衡表。

（2）建立煤炭生产企业煤炭产品产量、瓦斯抽采量与甲烷排放量等统计制度。

调查内容：煤炭生产量、瓦斯抽采量、甲烷排放量。

调查范围：全省煤炭生产企业。煤炭产品产量、瓦斯抽采量、甲烷排放调查的范围按照安全监管总局核定的颁发煤炭生产许可证的煤炭生产企业名单确定。

调查频率：年报，2015 年起实施。

调查方式：省统计局组织全面调查。

调查表式：煤炭生产企业甲烷逃逸调查表。

（3）建立石油天然气生产企业甲烷排放量等统计制度。

调查内容：原油开采量、井口装置、原油储运量；天然气产量、井口装置数量；甲烷排放量。

调查范围：全省石油开采、生产企业，天然气生产企业。

调查频率：年报，2015 年起实施。

调查方式：省统计局组织全面调查。

调查表式：石油天然气生产企业甲烷逃逸调查表。

（4）建立高耗能行业能耗设备重点调查制度。

调查内容：发电锅炉、工业锅炉、高炉、造气炉、水泥回转窑、氧化铝回转窑等。

调查范围：全省石油开采和加工业、纺织业、造纸业、化学工业、非金属矿物制品业、黑色金属冶炼及压延加工业、有色金属冶炼及压延加工业、电力生产企业。

调查频率：重点调查，2015 年起实施。

调查方式：省统计局组织全面调查。

调查表式：高耗能行业能耗设备重点调查表。

2. 建立健全工业生产过程活动水平数据统计制度

《IPCC2006 年指南》将工业生产过程分为五大类：非金属工业、化学工业、金属工业、电子工业和臭氧消耗物质替代品（ODS 替代品）的排放。湖北温室气体排放的工业生产过程涉及水泥、石灰、钢铁、电石、硝酸、铝、镁、电力设备生产和安装等 8 个，工业生产过程的排放与其产品产量及生产工艺消耗的原材料有关，因而指标设计以其产品产量和消耗的原材料为主。根据现有《工业统计报表制度》，一些产生温室气体排放产品产量有缺失，而产生温室气体排放的原材料也未统计。

（1）在“工业产销总值及主要产品产量”报表中新增填报目录（如表 5－7 所示）。

表 5-7　　工业生产过程产品填报目录，新增产品用▲标注

产品代码	产品名称	计量单位	补充说明
1011010	石灰石	吨	
2611030	浓硝酸（折 100%）	吨	
2613030	碳化钙（电石，折 300 升/千克）	吨	
3011010	硅酸盐水泥熟料	吨	
3011020	其中：含电石渣水泥熟料	吨	
3140010	钢材	吨	
3140020	1. 铁道用钢材	吨	
3140050	2. 大型型钢	吨	
3140060	3. 中小型型钢	吨	
3140070	4. 棒材	吨	
3140080	5. 钢筋	吨	
3140090	6. 线材（盘条）	吨	
3140100	7. 特厚板	吨	
3140110	8. 厚钢板	吨	
3140120	9. 中板	吨	
3140130	10. 热轧薄板	吨	
3140140	11. 冷轧薄板	吨	
3140150	12. 中厚宽钢带	吨	
3140160	13. 热轧薄宽钢带	吨	
3140170	14. 冷轧薄宽钢带	吨	
3140180	15. 热轧窄钢带	吨	
3140190	16. 冷轧窄钢带	吨	
3140200	17. 镀层板（带）	吨	
3140230	18. 涂层板（带）	吨	
3140240	19. 电工钢板（带）	吨	
3140250	20. 无缝钢管	吨	
3140260	21. 焊接钢管	吨	
3140270	22. 其他钢材	吨	

续表

产品代码	产品名称	计量单位	补充说明
3216020	原铝（电解铝）	吨	
3217010	镁	吨	
3811050	发电机组（发电设备）	千瓦	
3821020	变压器	千伏安	
3821080	其中：电力变压器（额定容量≥8000kVA，电压≥500kV）	千伏安	
3821170	互感器	台	
3822010	电力电容器	千瓦	
3823030	高压开关板	面	
3823050	低压开关板	面	
3823060	高压开关设备（11 万伏以上）	台	
2614310	▲己二酸	吨	
	▲半导体		
	▲一氯二氟甲烷		
	▲HFC		

（2）新增《工业生产过程主要原材料消费量表》统计制度。

调查内容：石灰石、白云石、生铁、废钢、三氟甲烷、四氟化碳、六氟化硫。

调查范围：全省工业生产企业。

调查频率：年报，2015 年起实施。

调查方式：省统计局组织全面调查。

调查表式：工业生产过程主要原材料消费量调查表，如表 5－8 所示。

表 5－8　　工业生产过程主要原材料消费量调查表

工业生产过程	计量单位	材料消耗量
1. 水泥生产过程		
电石渣消费量	吨	
2. 石灰生产过程		
3. 电石生产过程		
4. 钢铁生产过程		
石灰石消耗量	吨	

续表

工业生产过程	计量单位	材料消耗量
白云石消耗量	吨	
工业生产过程	计量单位	材料消耗量
炼钢用生铁量	吨	
炼钢用废钢量	吨	
5. 己二酸生产过程		
6. 一氯二氟甲烷生产过程		
7. 硝酸生产过程		
8. 铝生产过程		
9. 电力设备生产和安装过程		
六氟化硫使用量	吨	
10. 镁生产过程		
原镁使用量		
11. 半导体生产过程		
四氟化碳（CF_4）		
三氟甲烷（CHF_3）		
六氟乙烷（C_2F_6）		
六氟化硫（SF_6）		
12. 氢氟烃生产过程		

3. 完善农业统计调查制度

农业活动温室气体排放的范围包括稻田甲烷（CH_4）、农用地氧化亚氮（N_2O）、动物消化道甲烷、动物粪便管理的甲烷和氧化亚氮等。其中稻田的排放与其播种面积相关、农用地则与种植物产量及其化肥使用量相关、动物消化道甲烷及动物粪便管理则与动物存栏数量相关。在农业统计制度中尚缺动物粪便管理指标，需新增粪便处理统计制度。

调查内容：肉牛、奶牛、羊、生猪、鸡等粪便处理方式。

调查范围：全省养殖户企业和农户。

调查频率：年报，2015 年起实施。

调查方式：农业部门组织全面调查。

调查表式：畜禽饲养粪便管理统计表，如表 5 -9 所示。

表 5－9　　畜禽饲养粪便管理统计

指标名称	计量单位	期末存栏	当年出栏	粪便产生总量	粪坑储存	堆肥处理	农田施用	沼气处理
				吨	吨	吨	吨	吨
甲	乙	1	2	3				
一、猪	头							
二、牛	条							
1. 肉牛	条							
2. 奶牛	条							
3. 役用牛	条							
三、羊	只							
1. 山羊	只							
2. 绵羊	只							
四、家禽	只							
1. 鸡	只							
2. 鸭	只							
3. 鹅	只							

单位负责人：　　　　填表人：　　　　报出日期：20　年　月　日

4. 完善土地利用变化和林业统计调查制度

根据 IPCC 相关规定，土地利用变化和林业温室气体只报告二氧化碳的排放和吸收，对于碳源主要是林业蓄积量转换系数看森林消耗引起的碳排放，对于碳汇主要是通过林区面积、林种等因素测算碳吸收量。土地利用变化包括森林转化为非林地引起的碳排放。因而影响土地及森林碳排放与吸收的基础指标为活立木蓄积量、森林转化面积。目前土地利用变化和林业活动水平数据大多可从现有统计制度中取得，主要问题是森林资源清查数据缺乏年度统计，需增加森林生物量生长情况表。

调查内容：活立木蓄积生长量、消耗量。

调查范围：全省各市县区。

调查频率：年报，2015 年起实施。

调查方式：林业部门组织全面调查。

调查表式：森林生物量生长情况表。

5. 完善废弃物处理统计调查制度

废弃物处理温室气体排放源指标为城市固体废弃物填埋处理量、城市固体废弃物焚烧处理量、生活污水处理量和工业废水处理量。其活动水平数据为产生二氧化碳的各类型固体废弃物焚烧量，生活污水中产生甲烷和氧化亚氮的有机物总量，工业废水产生甲烷和氧化亚氮的有机物总量和直接排入环境的 COD。这些数据可从现有统计报表制度取得，但缺乏固体废弃物中生活垃圾的有机物分类数据和填埋方式数据，需要完善固体废物分类统计制度。

（三）建立规范、统一的温室气体排放统计基础制度报表体系

根据 IPCC 和国家关于制定温室气体排放清单编制指南要求，结合湖北现有统计制度现状和上述建议，建立温室气体排放和能源消费统计台账，整合现有报表制度，建立适应温室气体排放基础统计报表体系，形成完整的数据收集和核算系统，是建立我省温室气体排放统计核算体系的重要基础。

湖北温室气体排放基础报表制度体系涵盖能源活动、工业生产过程、农业、土地利用变化与林业、废弃物处理五个领域，计有 32 个报表（如表 5 - 10 所示）。

表 5 - 10　　　　湖北温室气体排放基础报表制度体系

排放源	报表名称	表号	数据来源
能源活动	《湖北省能源平衡表（实物量）》	P303 - 1	统计局
	《湖北省分行业能源终端消费量（实物量）》	P303 - 2	统计局
	《工业企业能源购进、消费和库存》	P205 - 1	统计局
	《工业企业能源购进、消费和库存附表》	P205 - 2	统计局
	非工业单位能源消费情况	P205 - 5	统计局
	公共机构能源消费情况	待定	机关事务局
	湖北省电力平衡表	待定	电力公司
	高耗能行业设备调查表	待定	统计局
	煤炭生产企业甲烷逃逸调查表	待定	安监局
	石油天然气生产企业甲烷逃逸调查表	待定	统计局
	营业性汽车运输效率和燃料消耗	交行统 14 表	交通厅
	营业性运输船舶燃料消耗	交行统 15 表	交通厅
	铁路运输业能源消费	D351	武汉铁路局
	民用汽车拥有量调查表	D301	公安厅
排放源	报表名称	表号	数据来源
工业生产过程	主要温室气体排放源产品产量	B204 - 1	统计局
	工业中间消耗原材料投入量	待定	统计局
农业活动	农业生产条件	A301 表	统计局
	农作物生产情况	A302 表	统计局
	主要畜禽生产情况	A308 表	统计局
	土壤肥料专业统计报表	待定	农业厅
	主要农作物秸秆还田情况报表	待定	农业厅
	动物粪便管理统计表	待定	农业厅

续表

排放源	报表名称	表号	数据来源
土地利用和林业	林业生产情况	A307	林业厅
	森林生物量生长情况	待定	林业厅
	森林资源清查报表	K385 - 7	林业厅
	土地利用情况	K385 - 1	国土资源厅
废弃物处理	环境基本情况统计表	K380	环保厅
	湖北省垃圾处理情况	待定	住建厅
	地区工业固体废弃物产生、排放情况	K384 - 5	环保厅
	地区废水排放情况	K381 - 14	环保厅
	地区医疗废物产生和处置情况	K384 - 6	环保厅
	污染源普查制度	待定	环保厅

三、湖北温室气体排放基础统计监测核算体系

（一）指导思想

在建立健全温室气体排放基础统计制度体系的基础上，力争在2~3年内逐步建立起较为科学的温室气体排放基础统计数据收集、监测和核算体系，制定严格的数据质量评估办法，通过对各项指标的数据质量实施全面监测，形成温室气体排放统计的基础制度和工作机制，全面、真实地反映全省、各市（州）以及重点排放企业和行业的温室气体排放的基本状况，客观、公正、科学地反映控制温室气体排放成效。

（二）逐步建立统一、规范的温室气体排放统计监测体系

温室气体排放基础统计是一项涉及全社会能源活动、工业生产过程、农业活动、土地变化与林业、废弃物处理等各个方面的复杂工程，必须以科学的统计指标体系为基础，建立统一、科学、规范的年度温室气体基础数据收集、汇总、上报和核算制度。

1. 对全省及各市（州）能源活动水平数据的监测

监测制度：

能源活动领域基础数据统计制度共有14张表，由统计局、交通厅、电力公司、安监局、机关事务管理局、武汉铁路分局和公安交管部门分别组织实施，由统计部门统一收集和汇总。

其中：《湖北省能源平衡表（实物量）》《湖北省分行业能源终端消费量（实物量）》《工业企业能源购进、消费和库存》《工业企业能源购进、消费和库存附表》

《非工业单位能源消费情况》《高耗能行业设备调查表》《石油天然气生产企业甲烷逃逸调查表》7张表由统计局负责组织实施，营业性汽车运输效率和燃料消耗、营业性运输船舶燃料消耗由交通厅负责实施，湖北电力平衡表由省电力公司负责实施，煤炭生产企业甲烷逃逸调查表由安监局负责实施，公共机构能源消费情况由机关事务管理局负责实施、铁路运输业能源消费由武汉铁路局负责实施，民用汽车拥有量调查表由公安厅负责实施。

监测频率：年度。

2. 对工业生产过程温室气体排放情况的监测

主要行业包括：钢铁、有色、建材、石油、化工、火力发电、电力设备制造等。

监测制度：主要温室气体排放源产品产量、工业中间消耗原材料投入量由统计局负责实施。

监测频率：年度。

3. 对农业活动温室气体排放情况的监测

监测制度：农业生产条件、农作物生产情况、主要畜牧业生产情况由统计局负责实施，土壤肥料专业统计报表、畜牧业生产及畜牧业监测报表、动物粪便管理统计表由农业厅负责实施。由统计部门统一收集和汇总。

监测频率：年度。

4. 对土地利用变化和林业温室气体排放情况的监测

监测制度：林业生产情况、森林生物量生长情况、森林资源清查报表由林业厅负责实施，土地利用情况由国土资源厅负责实施。由统计部门统一收集和汇总。

监测频率：年度。

5. 对废弃物处理温室气体排放情况的监测

监测制度：环境基本情况统计表、地区工业固体废弃物产生、排放和综合利用情况、地区废水排放情况、地区医疗废物产生和处置情况、污染源普查制度由环保厅负责实施，地区固体废弃物处理情况由住建厅负责实施。由统计部门统一收集和汇总。

监测频率：年度。

（三）建立科学的温室气体排放核算体系

温室气体核算体系是国际上广泛使用的温室气体核算工具，编制温室气体清单，为政府和企业理解、测量和管理温室气体排放。根据IPCC温室气体清单编制指南和国家应对气候变化统计工作意见，基础数据统计由统计局负责，核算由发改委负责的原则性要求，湖北温室气体排放核算体系建设应从机制建立、核算方案和数据质量评估等方面着手。

温室气体清单编制由发改委负责实施，主要工作包括建立活动水平数据收集机制、清单编制方案和核算办法，建立和提供排放因子等基础参数收集方法和标准，开展数据质量评估等。

1. 温室气体排放核算指标体系

温室气体排放核算指标体系分为排放源、吸收汇指标，管理指标两类。排放源指标为：所有的化石能源燃烧活动排放二氧化碳（在化石能源中，煤含碳量最高，石油次之，天然气较低）；化石能源开采过程中的煤炭瓦斯、天然气泄漏排放二氧化碳和甲烷；水泥、钢铁、石灰、化工等工业生产过程排放二氧化碳和氧化亚氮；水稻田、牛羊等反刍动物消化过程排放甲烷；土地利用变化减少对二氧化碳的吸收；废弃物排放甲烷和氧化亚氮等。土地利用变化和林业源/汇指标。

管理类指标为：温室气体排放总量（万吨二氧化碳当量）是指一个国家或地区因能源活动、工业生产、农业活动、土地利用变化和林业、废弃物处理过程中产生的温室气体排放总量，是温室气体排放统计的核心统计指标。它是二氧化碳、甲烷、氧化亚氮、含氟气体等排放量之和扣除碳汇后的净排放量。温室气体排放强度包括单位GDP温室气体排放量，是指每万元GDP所产生的温室气体排放量（吨/万元）；人均温室气体排放量（万吨当量/万人）；单位一次能源消费二氧化碳排放量（吨/吨标准煤）。排放变幅指标是指在统计报告期内（通常为1年）的排放量或排放强度与基准年相比变化的幅度。排放变幅是反映国家（地区）排放状况的重要指标，也是政府监督、控制、考核组织排放情况的重要指标。

2. 温室气体排放核算的基本流程

温室气体清单编制应遵循以下基本原则：

相关性。明确界定排放源对象、数据统计、排放因子，简化工作量。

完整性。必须涵盖能源活动、工业生产过程、农业活动、土地利用变化和林业、废弃物处理等五大领域。

一致性。数据获取方式与不确定性控制技术手段应保持一致。

准确性。数据来源必须准确，排放因子和能源折标系数尽可能采用实测系数，增加数据的精准度。

温室气体清单编制的基本步骤：

第一，做好清单编制的基础数据监测、收集和统计工作。包括边界确定，数据整理、初步审核（数据是否符合IPCC指南确定的标准）和不确定性的评估。

第二，针对各排放源分别计算各自排放量。包括选择合适的量化方法，确定各排放源的排放系数，对各排放源的排放量进行计算。

第三，确定清单基准年度与不确定性控制办法。

第四，数据质量的评估与核查。

3. 积极开展排放因子等基础参数的调查研究与测算

活动水平数据排放因子参数包括低位发热量、单位热值含碳量、碳氧化率以及甲烷、氧化亚氮以及含氟气体排放因子数据，由于排放因子数据的取得技术要求高、专业性强、调查难度大，湖北省在编制 2005 年温室气体清单过程中，能源活动部分对部分电力企业开展了碳氧化率的数据测试，大多采用 IPCC 指南推荐参考值，或使用缺省值。建议今后在重点行业或企业适时开展专项调查，测算相关排放因子，作为湖北清单编制核算参数。

（四）建立温室气体排放监测公报制度

为全面推动控制温室气体排放目标责任制的落实，建立温室气体排放监测公报制度。其中，根据国家要求对各省单位生产总值二氧化碳排放降低率等指标实行年度考核制度的要求，每年上半年公布上一年度数据；对部分初步核算的排放指标，可采取适当形式在一定范围内通报，及时为政府决策提供参考。

参考文献

［1］鲍健强，苗阳，陈锋．低碳经济：人类经济发展方式的新变革［J］．中国工业经济，2008（4）．

［2］鲍健强．低碳经济：人类经济发展方式的新变革［J］．中国工业经济，2008．

［3］蔡林海．低碳经济绿色革命与全球竞争大格局［M］．经济科学出版社，2008．

［4］柴方营，杨文月．低碳经济与黑龙江省经济发展机遇［J］．经济研究导刊，2008（18）．

［5］陈宝庆．做科学发展观的忠诚实践者［J］．科技创新导报，2008．

［6］陈飞，诸大建．低碳城市研究的理论方法与上海实证分析［J］．城市发展研究，2009（10）．

［7］陈柳钦．低碳经济：国外发展的动向及中国的选择［J］．甘肃行政学院学报，2009（6）．

［8］陈柳钦．后危机时代中国低碳经济发展之路［J］．产业与科技论坛，2010（1）．

［9］陈晓春等．中国低碳经济发展之研究［J］．科学管理研究，2010（6）．

［10］陈勇．中国能源与可持续发展［A］．见：中国可持续发展总纲第3卷［C］．北京：科学出版社，2007．

［11］陈志恒．日本构建低碳社会行动及其主要进展［J］．现代日本经济，2009（6）．

［12］迟远英．基于低碳经济视角的中国风电产业发展研究［D］．吉林大学博士论文，2008．

［13］仇保兴．从绿色建筑到低碳生态城［J］．城市发展研究，2009（7）．

［14］仇保兴．构建低碳社会，提升国家竞争力：英国减排温室气体的经验与启示［J］．城市发展研究，2008（2）．

［15］仇保兴．我国城市发展模式转型趋势［J］．城市发展研究，2009（8）．

［16］崔军．关于我国开征碳税的思考［J］．税务研究，2010（1）．

［17］杜飞轮．对我国发展低碳经济的思考［J］．中国经贸导刊，2009（10）．

[18] 樊纲. 应积极参与建立新的低碳经济国际机制 [N]. 广州日报, 2009-9-6.

[19] 范钰婷, 李明忠. 低碳经济与我国发展模式的转型 [J]. 上海经济研究, 2010 (2).

[20] 冯奎. 中国发展低碳产业集群的战略思考 [J]. 对外经贸实务, 2009 (10).

[21] 冯之浚, 牛文元. 低碳经济与科学发展 [J]. 中国软科学, 2009 (8).

[22] 冯之浚等. 关于推行低碳经济促进科学发展的若干思考 [N]. 光明日报, 2009-4-21.

[23] 付允等. 低碳经济的发展模式研究 [J]. 中国人口资源与环境, 2008 (3).

[24] 郭冬梅. 印度低碳经济对策及对中国的启示 [J]. 东南亚纵横, 2010 (04).

[25] 郭万达, 郑宇劼. 低碳经济: 未来四十年我国面临的机遇与挑战 [J]. 开放导报, 2009 (4).

[26] 郭印, 王敏洁. 国际低碳经济发展现状及趋势 [J]. 生态经济, 2009 (11).

[27] 国际能源署. 国际能源展望 2008 [R]. www.iea.org, 2008.

[28] 国务院发展研究中心课题组. 全球温室气体减排: 理论框架和解决方案 [J]. 经济研究, 2009 (3).

[29] 国务院发展研究中心应对气候变化课题组. 当前发展低碳经济的重点与政策建议 [J]. 中国发展观察, 2009 (8).

[30] 黄海. 发达国家发展低碳经济政策的导向及启示 [J]. 环境经济, 2009 (11).

[31] 黄文胜. 论低碳旅游与低碳旅游景区的创建 [J]. 生态经济, 2009 (11).

[32] 焦方义. 以低碳经济模式推进中国新型工业化进程 [J]. 学习与探索, 2010 (2).

[33] 金乐琴. 中国如何理智应对低碳经济的潮流 [J]. 经济学家, 2009 (3).

[34] 金乐琴等. 低碳经济与中国经济发展模式转型 [J]. 经济问题探索, 2009 (1).

[35] 李布. 借鉴欧盟碳排放交易经验, 构建中国碳排放交易体系 [J]. 中国发展观察, 2010 (1).

[36] 李飞, 庄贵阳, 付加锋, 宋玉祥. 低碳经济转型: 政策、趋势与启示 [J]. 经济问题探索, 2010 (2).

[37] 李顺龙. 森林碳汇经济问题研究 [D]. 东北林业大学博士学位论文, 2005.

[38] 刘传江，冯碧梅．低碳经济与武汉城市圈两型社会建设［J］．学习与实践，2009（1）．

[39] 刘海波．科学发展观与区域创新体系建设［J］．中国软科学，2005．

[40] 刘萍．看看日韩怎么发展低碳经济［J］．中国经济和信息化，2010（10）．

[41] 刘志林等．低碳城市理念与国际经验［J］．城市发展研究，2009（6）．

[42] 陆小成．技术预见对区域低碳创新系统的作用及其路径选择［J］．科学与科学技术管理，2009（2）．

[43] 陆小成，刘立．区域低碳创新系统的结构功能模型研究［J］．科学学研究，2009（7）．

[44] 罗乐娟，陈世伟．低碳经济的经济学分析［J］．科技广场，2009（12）．

[45] 马友华等．低碳经济与农业可持续发展［J］．生态经济，2009（6）．

[46] 潘家华，陈迎．碳预算方案：一个公平、可持续的国际气候制度框架［J］．中国社会科学，2009（5）．

[47] 潘家华．人文发展分析的概念构架与经验数据——以对碳排放空间的需求为例［J］．中国社会科学．2003（6）．

[48] 秦大河等．气候变化科学的最新进展：IPCC 第四次评估综合报告解析［R］．气候变化研究展，2007．

[49] 秦治来．奥巴马的新能源政策及其对中美关系的影响［J］．中国党政干部论坛，2009（4）．

[50] 任力．低碳经济与中国经济可持续发展［J］．社会科学家，2009（2）．

[51] 任力．国外发展低碳经济的政策与经验［J］．发展研究，2009（2）．

[52] 任卫峰．低碳经济与环境金融创新［J］．上海经济研究，2008（3）．

[53] 任小波等．气候变化及其适应与减缓行动的经济学评估——英国斯特恩报告关键内容解析［N］．科技创新导报，2008．

[54] 尚林，林泉．论技术创新和制度创新的关系［J］．中国科技论坛，2004（1）．

[55] 施磊．中国发展低碳经济的思考［J］．石河子科技，2010（2）．

[56] 宋德勇，卢忠宝．我国发展低碳经济的政策工具创新［J］．华中科技大学学报（社会科学版），2009（3）．

[57] 谭丹，黄贤金．我国东中西部地区经济发展与碳排放的关联分析及比较［J］．中国人口·资源与环境，2008（3）．

[58] 谭甫荣．浅谈世界高科技发展对我国的影响和挑战［J］．江西职业技术学院学报，2005（3）．

[59] 王金南等．应对气候变化的中国碳税政策研究［J］．中国环境科学，2009（1）．

［60］王军．发展中国特色低碳经济的思考与建议［J］．理论学刊，2010（2）．

［61］王仕军．低碳经济研究综述［J］．开放导报，2009（5）．

［62］文绪．刍论科学发展观视野下的技术创新［J］．学术交流，2007（5）．

［63］夏宁，夏锋．低碳经济与绿色发展战略：对海南率先建立全国第一个环保特区的思考［J］．中国软科学，2009（10）．

［64］肖爱民．低碳经济——实践科学发展观的必然选择［J］．湖南城市学院学报，2009（9）．

［65］谢军安，郝东恒，谢雯．我国发展低碳经济的思路与对策［J］．当代经济管理，2008，（12）．

［66］辛章平，张银太．低碳社区及其实践［J］．城市问题，2008（10）．

［67］邢继俊．发展低碳经济的公共政策研究［D］．华中科技大学博士学位论文，2009．

［68］徐冠华．以科学发展观为指导，依靠科技进步促进经济社会全面协调发展［J］．科技管理，2004（4）．

［69］杨志，张洪国．气候变化与低碳经济、绿色经济、循环经济之辨析［J］．广东社会科学，2009（6）．

［70］姚德文．城市低碳经济的治理体系——来自澳大利亚与中国台湾的经验和借鉴［J］．财经问题研究，2009（3）．

［71］叶祖达．城乡规划法：落实区域循环经济的机遇［J］．城市规划，2008（1）．

［72］叶祖达．生态城市：从概念到规划管理实施——上海崇明岛东滩和北京丰台长辛店［J］．城市规划，2008（8）．

［73］袁男优．低碳经济的概念内涵［J］．城市环境与城市生态，2010（2）．

［74］张芳，郭艳丽，丁海军．低碳城市建设中的金融支持体系研究初探［J］．生态经济，2008（8）．

［75］张坤明，潘家华，崔大鹏．低碳经济论［M］．中国环境科学出版社，2008．

［76］张所续．发达国家发展低碳经济对我国的借鉴［J］．中国国土资源经济，2010（4）．

［77］张雁，杨志等．中国：用行动告诉哥本哈根——我国碳减排及低碳经济发展状况调查［N］．光明日报，2009－12－10．

［78］赵建，李春梅．欧盟发展生物燃料的有关政策及其启示［J］．中外能源，2006（4）．

［79］赵霞．金融危机背景下探寻新的经济增长点——英国低碳经济实践及经验［J］．当代经济，2010（9）．

[80] 中华人民共和国发展与改革委员会. 中国应对气候变化国家方案 [R]. http://www.sdpc.gov.cn，2007.

[81] 中华人民共和国国务院新闻办公室. 中国应对气候变化的政策与行动 [R]. www.gov.cn，2008.

[82] 钟群英等. 对科学技术所产生的负面影响的几点思考 [J]. 太原师范专科学校学报，2001 (8).

[83] 周宏春. 中国发展低碳经济的意义与途径 [J]. 理论视野，2010 (2).

[84] 周剑，刘滨，何建坤. 低碳发展是我国应对经济危机与气候危机的必然选择 [J]. 中国经贸导刊，2009 (15).

[85] 周健. 我国低碳经济与碳金融研究综述 [J]. 财经科学，2010 (5).

[86] 朱四海. 低碳经济发展模式与中国的选择 [J]. 发展研究，2009 (5).

[87] 朱晓龙. 我国发展低碳经济的现实意义、可行性及财政政策建议 [J]. 经营管理者，2010 (7).

[88] 庄贵阳. 低碳经济引领世界经济发展方向 [J]. 世界环境，2008 (2).

[89] 庄贵阳. 气候变化挑战与中国经济低碳发展 [J]. 国际经济评论，2007 (5).

[90] 庄贵阳. 中国：以低碳经济应对气候变化挑战 [J]. 环境经济，2007 (4).

[91] 庄贵阳. 中国经济低碳发展的途径与潜力分析 [J]. 国际技术经济研究，2005 (3).

[92] Andrews - Speed, P. China's ongoing energy efficiency drive: Origins, progress and prospects. Energy Policy, 2009, 37 (4), 1331 - 1344.

[93] Anne K. Johnson. The Influence of Institutional Culture on the Formation of Pre - Regime Climate Change Policies in Sweden, Japan and the United States, Environmental Values, 1998, Vol. 7, Issue 2, pp. 223 - 244.

[94] Climate Change: Mitigation Contribution of Working Group Ⅲ To The Fourth Assessment RePort of the Intergovemmental Panel on Climate Change [R]. Cambridge University Press, NewYork. 2007.

[95] D. Fullerton and T. C. Kinnaman. Garbage, recycling and illicitburning or dumping. Environmental Economics and Management, 1995.

[96] Foxon, T. J., and Pearson, P. Towards Improved Policy Processes for Promoting Innovation in Renewable Electricity Technologies in the UK, Energy Policy, Vol. 35, No. 3, 2007, pp. 1539 - 1550.

[97] Foxon, T. J., Gross, R., Chase, A., Howes, J., Arnall, A. and Anderson, D. The UK innovation systems for new and renewable energy technologies, Energy Policy, Vol. 33, No. 16, 2005, pp. 2123 - 2137.

[98] Giovanni Dosi. Technological Paradigms and technological trajectories: A Suggested interpretation of the determinants and directions of technical change [J]. Research policy, 1982, 11 (3): 147 - 162.

[99] Hillard G. Huntington, US carbon emissions, technological progress and economic growth since 1870, International Journal of Global Energy Issues, 2005, Vol. 23, Issue 4, pp. 292 - 306.

[100] Larson, E. D. Zongxin, W. et al. Future implications of China's energy-technology choices. Energy Policy, 2003, 31 (12): 1189 - 1204.

[101] M. L. Hoffert. Advanced technology Paths to global climate stability: Energy for a green house Planet [J]. Science, 2002, 298 (5595): 981 - 987.

[102] Nicholas Stem. Stern Review on the economics of climate change [R]. Cambridge University Press, Cambridge, UK, 2006.

[103] Paul K. Gorecki, Sean Lyons and Richard S. J. Tol, EU Climate Change Policy 2013 - 2020: Using the Clean Development Mechanism More Effectively, Economic and Social Research Institute [J], No. WP299, 2009.

[104] Pierson, P. "Increasing returns, path dependence, and the study of politics", American Political Science Review, Vol. 94, No. 2, 2000: 251 - 267.

[105] Stenzel, T. & Frenzel, A. Coordinating technological and institutional change. How firms' capabilities and political strategies shape European energy industries, paper presented at 2007 EAEPE Conference, 2007.

[106] Stern, N. The Economics of Climate Change: The Stern Review. Cambridge: Cambridge University Press, 2007.

[107] Unruh, G. C. Understanding carbon lock in, Energy Policy, 2000, 28: 817 - 830.